IMPERADOR DE ROMA

MARY BEARD

Tradução
Claudio Carina

Revisão técnica
Fabio Duarte Joly

Copyright © Mary Beard Publications, 2023
Copyright © Editora Planeta do Brasil, 2024
Copyright da tradução © Claudio Carina, 2024
Todos os direitos reservados.
Título original: *Emperor of Rome: Ruling the Ancient Roman World*

Coordenação editorial: Sandra Espilotro
Preparação: Fernanda Guerriero Antunes
Revisão: Ana Maria Fiorini e Ligia Alves
Diagramação: Negrito Produção Editorial
Capa: Peter Dyer
Imagem de capa: J Marshall - Tribaleye Images / Alamy / Fotoarena
Adaptação de capa: Renata Spolidoro

Dados Internacionais de Catalogação na Publicação (CIP)
Angélica Ilacqua CRB-8/7057

Beard, Mary
  Imperador de Roma / Mary Beard ; tradução de Claudio Carina. – São Paulo : Planeta do Brasil, 2024.
  480, [16] p. : il.

  ISBN 978-85-422-2737-6
  Título original: Emperor of Rome: Ruling the Ancient Roman World

  1. Roma – História 2. Imperadores romanos I. Título II. Carina, Claudio

24-2218   CDD 932.022

Índice para catálogo sistemático:
1. Roma - História

 Ao escolher este livro, você está apoiando o manejo responsável das florestas do mundo

2024
Todos os direitos desta edição reservados à
EDITORA PLANETA DO BRASIL LTDA.
Rua Bela Cintra, 986, 4º andar – Consolação
São Paulo – SP – CEP 01415-002
www.planetadelivros.com.br
faleconosco@editoraplaneta.com.br

SUMÁRIO

Os principais personagens 5
Mapas 8
Bem-vindos 13

Prólogo: Jantar com Elagábalo 15
1. Governo de um homem só: o básico 37
2. Quem é o próximo? A arte da sucessão 67
3. Banquetes de poder 91
4. O que há em um palácio? 127
5. Os moradores do palácio: o imperador em sua corte 173
6. No trabalho 215
7. Tempo livre? 249
8. Imperadores no exterior 281
9. Cara a cara 315
10. "Acho que estou me tornando um deus" 357
Epílogo: o fim de uma era 383

O que há em um nome? 393
Leituras complementares e lugares para visitar 397
Lista de imagens 447
Linha do tempo 457
Agradecimentos 463
Índice remissivo 465

OS PRINCIPAIS PERSONAGENS

Dinastia Júlio-Claudiana

JÚLIO CÉSAR, depois de derrotar Pompeu, o Grande, tornou-se *ditador* de Roma em 48 a.C.; assassinado em 44 a.C.

AUGUSTO (Otaviano), filho adotivo de Júlio César. Após derrotar Antônio e Cleópatra, em 31 a.C., foi o único governante até 14 d.C. Segunda esposa: LÍVIA.

TIBÉRIO, filho natural de Lívia e filho adotivo de Augusto, governou de 14 d.C. a 37 d.C. Rumores de que Calígula esteve envolvido em sua morte.

CALÍGULA (Caio), bisneto de Augusto, governou de 37 d.C. a 41 d.C. Assassinado por membros da sua guarda.

CLÁUDIO, sobrinho de Tibério, governou de 41 d.C. a 54 d.C. Terceira esposa: MESSALINA; quarta esposa: AGRIPINA (a Jovem) – que, segundo rumores, o teria assassinado.

NERO, filho natural de Agripina, filho adotivo de Cláudio. Governou de 54 d.C. a 68 d.C. Forçado a se suicidar depois de insurreições do exército.

Guerra Civil de 68-69 d.C.

Três imperadores, cada um governando por apenas alguns meses: GALBA, OTO e VITÉLIO.

Dinastia Flaviana

VESPASIANO, vencedor final da guerra civil. Governou de 69 d.C. a 79 d.C.

TITO, filho natural de Vespasiano. Governou de 79 d.C. a 81 d.C. Houve rumores de que Domiciano esteve envolvido em sua morte.

DOMICIANO, filho natural de Vespasiano. Governou de 81 d.C. a 96 d.C. Assassinado em um golpe palaciano.

Os Imperadores "Adotivos" – Dinastia Antonina

NERVA, escolhido pelo Senado. Governou de 96 d.C. a 98 d.C.

TRAJANO, filho adotivo de Nerva, de origem espanhola. Governou de 98 d.C. a 117 d.C. Esposa: PLOTINA.

ADRIANO, filho adotivo de Trajano, de origem espanhola. Governou de 117 d.C. a 138 d.C. Esposa: SABINA.

ANTONINO PIO, filho adotivo de Adriano. Governou de 138 d.C. a 161 d.C. Esposa: FAUSTINA (a Velha).

MARCO AURÉLIO, filho adotivo de Antonino Pio. Governou de 161 d.C. a 180 d.C. Esposa: FAUSTINA (a Jovem).

 Lúcio Vero, filho adotivo de Antonino Pio. Governou, junto com Marco Aurélio, de 161 d.C. a 169 d.C. Morreu vítima de uma peste (apesar dos rumores sobre ter sido envenenado pela sogra).

 Cômodo, filho natural de Marco Aurélio e Faustina. Governou de 180 d.C. a 192 d.C. (a partir de 177 d.C., junto com Marco Aurélio). Assassinado em um golpe palaciano.

Guerra Civil de 193

Quatro imperadores ou usurpadores de curto prazo: Pertinax, Dídio Juliano, Clódio Albino, Pescênio Níger.

Dinastia Severa

 Septímio Severo, vencedor final da guerra civil, de origem norte-africana. Governou de 193 d.C. a 211 d.C. Segunda esposa: Júlia Domna, de origem síria.

 Caracala, filho natural de Septímio Severo e Júlia Domna. Governou de 211 d.C. a 217 d.C. (de início, junto com Septímio e Geta). Assassinado durante uma campanha militar.

 Geta, filho natural de Septímio Severo e Júlia Domna. Governou junto com o pai e o irmão, de 209 d.C. a 211 d.C. Assassinado por ordem de Caracala.

 Macrino, da ordem equestre, assumiu o poder após o assassinato de Caracala. Governou de 217 a 218 d.C. Deposto por apoiadores de Elagábalo.

 Elagábalo, sobrinho-neto de Júlia Domna, de origem síria. Governou de 218 d.C. a 222 d.C. Assassinado por sua guarda.

 Alexandre Severo, primo e filho adotivo de Elagábalo, de origem síria. Governou de 222 d.C. a 235 d.C. Assassinado durante uma campanha militar.

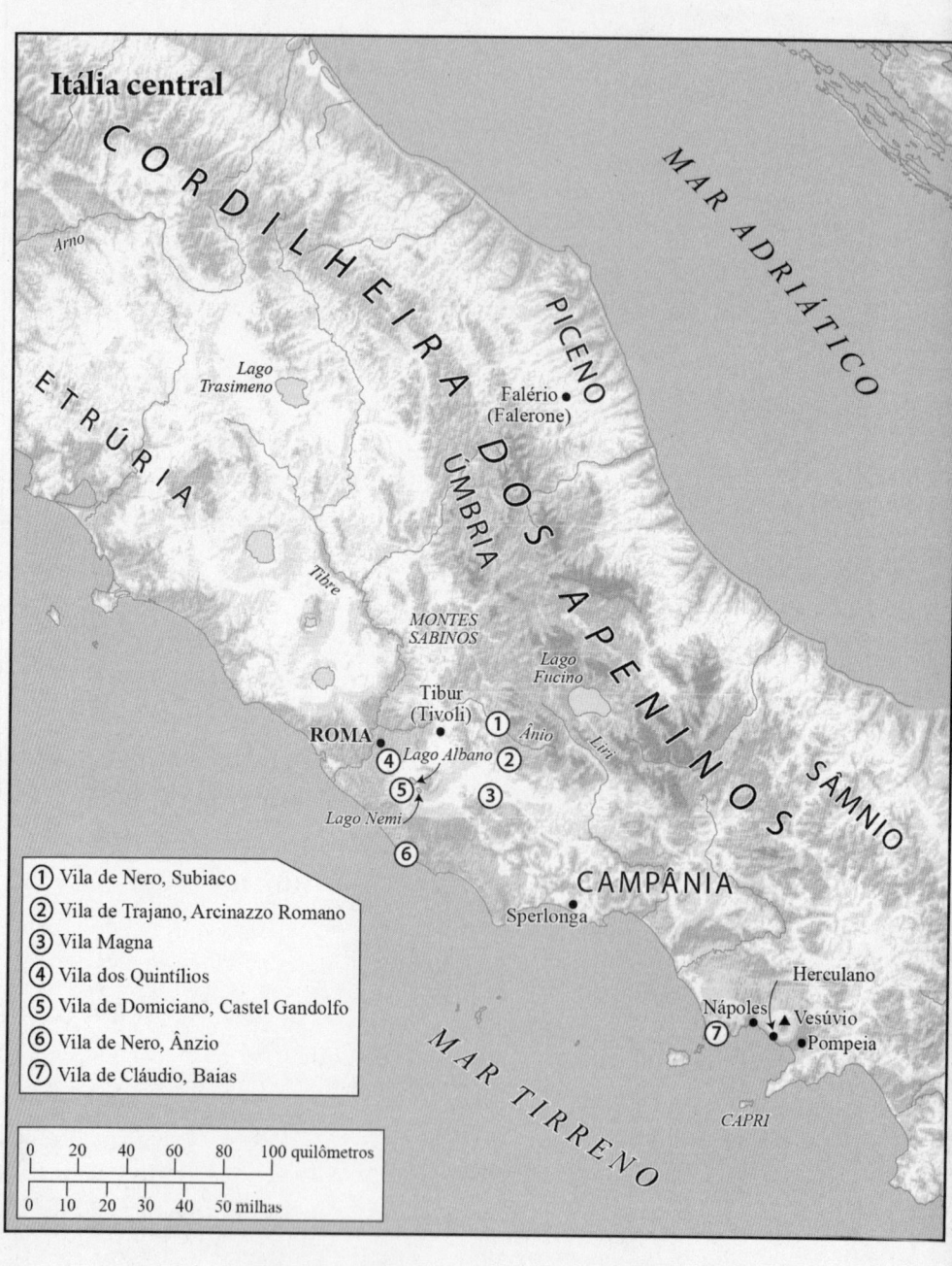

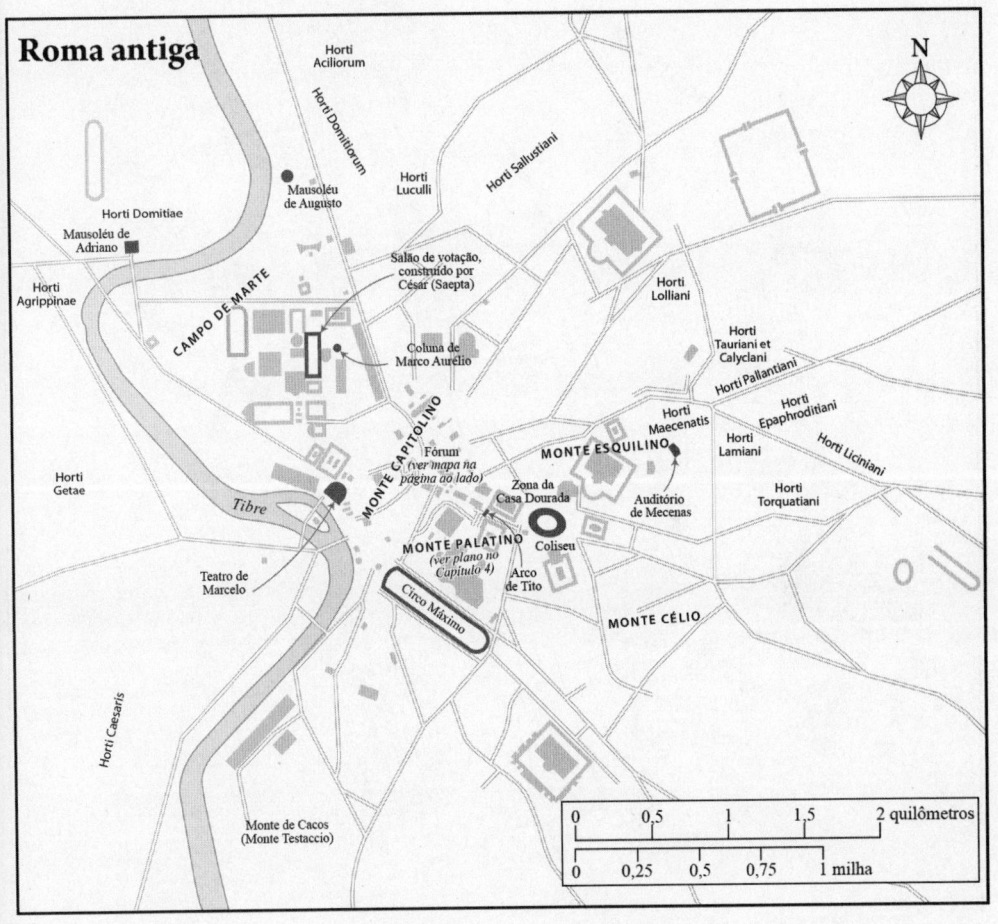

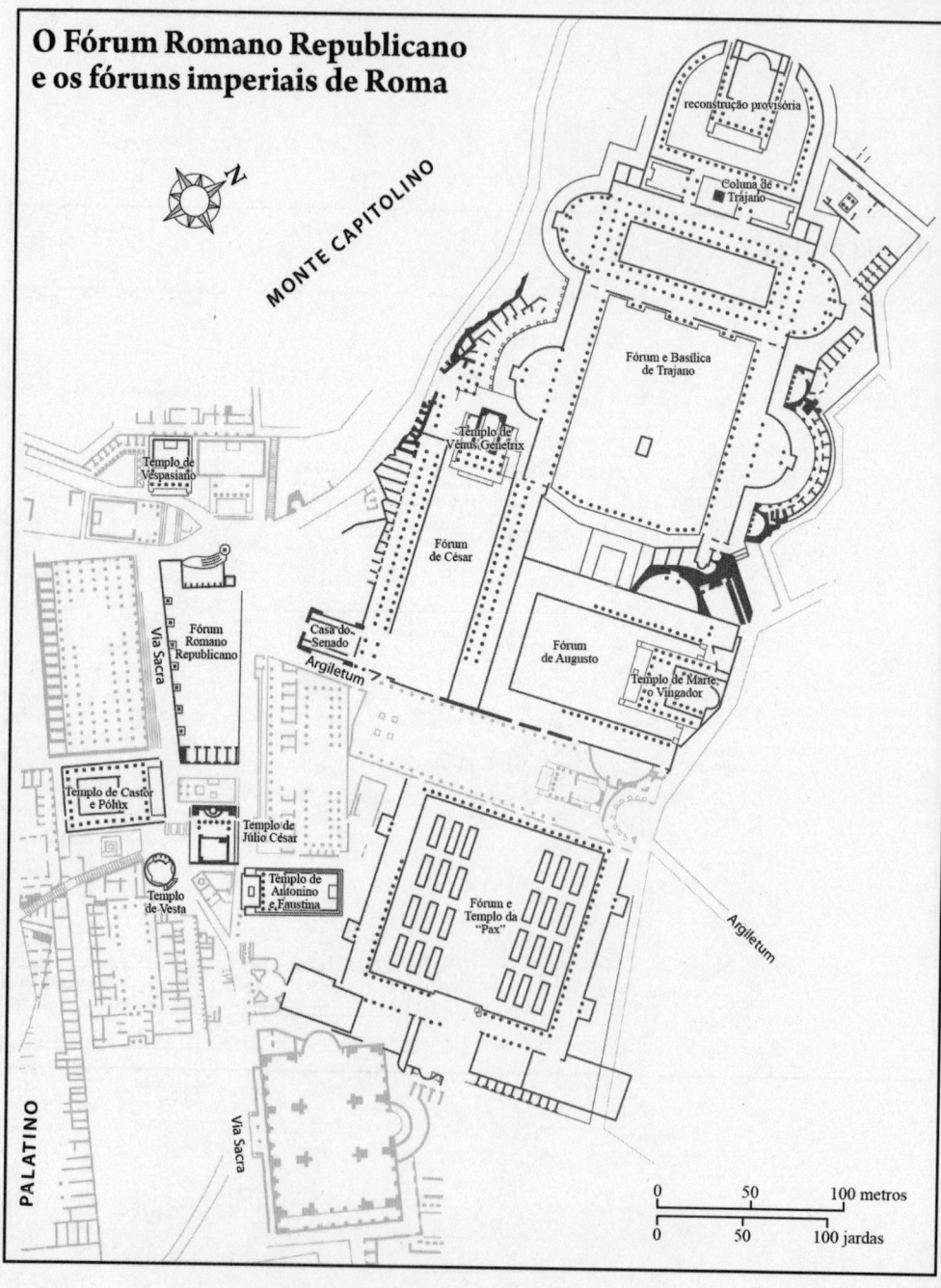

BEM-VINDOS...

... ao mundo dos imperadores romanos. Uns, como Calígula e Nero, ainda são sinônimos de excessos, crueldade e sadismo casual. Outros, como o "imperador-filósofo" Marco Aurélio, com suas *Meditações* (ou melhor, como eu as chamarei, *Anotações para si mesmo*), ainda estão entre os autores com livros mais vendidos do mundo. Alguns são quase desconhecidos, até mesmo de especialistas. Quem se lembra agora de Dídio Juliano, que, em 193 d.C., supostamente comprou seu lugar no trono por algumas semanas, quando a guarda imperial leiloou o Império pelo melhor lance?

Imperador de Roma explora o fato e a ficção desses governantes do antigo mundo romano, perguntando o que eles fizeram, a razão de o terem feito e por que suas histórias foram contadas de maneiras extravagantes e às vezes escabrosas. Este livro examina grandes questões de poder, corrupção e conspirações, mas também versa sobre os temas práticos da vidas deles. Como era seu cotidiano? O que e onde comiam? Com quem dormiam? Como viajavam?

No decorrer destas páginas, vamos conhecer muitas pessoas que não foram nem aspiravam ser imperadores, mas que tornaram o sistema imperial possível: aristocratas precavidos, cozinheiros escravizados, secretários diligentes, bobos da corte – até mesmo um médico que tratou a amigdalite de um jovem príncipe. E vamos conhecer muitas mulheres e homens que levaram seus problemas, grandes e pequenos, àquele que ocupava o trono, desde heranças perdidas até penicos caídos de janelas do segundo andar com consequências fatais.

Meu elenco principal de personagens são os quase trinta imperadores – mais seus parceiros – que governaram o Império Romano, desde Júlio César (assassinado em 44 a.C.) até Alexandre Severo (assassinado em 235 d.C.). Eles tiveram um papel relativamente pequeno no meu livro anterior, *SPQR*, que contou a história do desenvolvimento de Roma ao longo de mil anos, do século VIII a.C. ao século III d.C. Houve boas razões para isso. Assim que o sistema de governo unipessoal foi estabelecido sob o primeiro imperador, Augusto, no século I a.C., pouco mudou em grande escala por mais de 250 anos: o Império Romano mal cresceu em tamanho; foi administrado de forma mais ou menos semelhante; e a vida política em Roma seguiu o mesmo padrão geral. Neste livro, porém, quero retornar os holofotes para os imperadores. Não vou descrever suas carreiras individuais, nem farei mais que uma breve menção a tipos como Dídio Juliano. E com certeza não acredito que os leitores vão guardar na memória cada um dos governantes. Ninguém faz isso. Como referência, então, há um guia prático e resumido nas páginas 5-7 com a lista completa dos imperadores. Em vez disso, vou explorar o que *significava* ser um imperador romano. Levantarei algumas questões básicas sobre como eles de fato governavam o imenso território teoricamente sob seu controle, como seus súditos interagiam com eles e se poderemos ter um vislumbre do que era se sentar no trono.

Há menos psicopatas em *Imperador de Roma* do que se poderia imaginar com base nas imagens cinematográficas da Roma imperial. Isso não nega o fato de que o mundo romano era, em nossos termos, um lugar quase inimaginavelmente cruel de mortes prematuras. Deixando de lado as centenas de milhares de vítimas inocentes de pestes, guerras desnecessárias ou colapsos de estádios esportivos, o assassinato era em essência a forma comum de resolver disputas (políticas e outras). "Os corredores do poder", assim como muitos outros corredores mais humildes de Roma, estavam sempre manchados de sangue. No entanto, a sobrevivência do Império Romano como um sistema não faria sentido se fosse governado por uma série de autocratas desvairados. Estou mais interessada em como essas histórias de loucura surgiram, como os assuntos do Império eram de fato conduzidos e nos temores dos romanos de que o governo dos imperadores não fosse tão sanguinolento (isso já era esperado), mas, sim, uma estranha e perturbadora distopia construída sobre o logro e a falsidade.

Nenhum reinado retrata melhor esses receios de uma distopia que o do às vezes ressuscitado, porém geralmente meio esquecido, Elagábalo. É com ele que começamos *Imperador de Roma*.

Mary Beard
Cambridge, dezembro de 2022

PRÓLOGO
JANTAR COM ELAGÁBALO

O anfitrião letal

Elagábalo era um adolescente sírio que foi imperador de Roma de 218 d.C. até seu assassinato, em 222 d.C. – e um anfitrião de festas memoravelmente extravagantes, inventivas e por vezes sádicas. Segundo relatos de escritores antigos, seus cardápios eram criativos. Em algumas ocasiões, a comida era codificada em cores, todas em verde ou azul. Em outras, eram oferecidas iguarias exóticas – ou repugnantes – mesmo para os requintados padrões romanos (calcanhares de camelos ou cérebros de flamingos, com *foie gras* servido aos seus cães de estimação). Às vezes ele satisfazia seu senso de humor cruel, ou juvenil, convidando comensais "temáticos": grupos de oito homens carecas, oito homens com um olho só ou com hérnias, ou oito homens muito gordos, que provocavam risadas cruéis quando todos não cabiam no mesmo leito de jantar.

Outras travessuras festivas incluíam almofadas flatulentas (as primeiras registradas na cultura ocidental), que desinflavam gradualmente sob os convidados, de modo que estes acabavam caindo no chão; comida falsa, de cera ou de vidro, servida aos comensais menos importantes do banquete, que eram obrigados a passar a noite com o estômago roncando e vendo seus superiores desfrutarem dos verdadeiros pratos; e leões, leopardos e ursos mansos soltos enquanto os festeiros dormiam, recuperando-se dos excessos da noite anterior, causando uma surpresa tão grande a alguns que, ao acordarem, morriam não de um ataque,

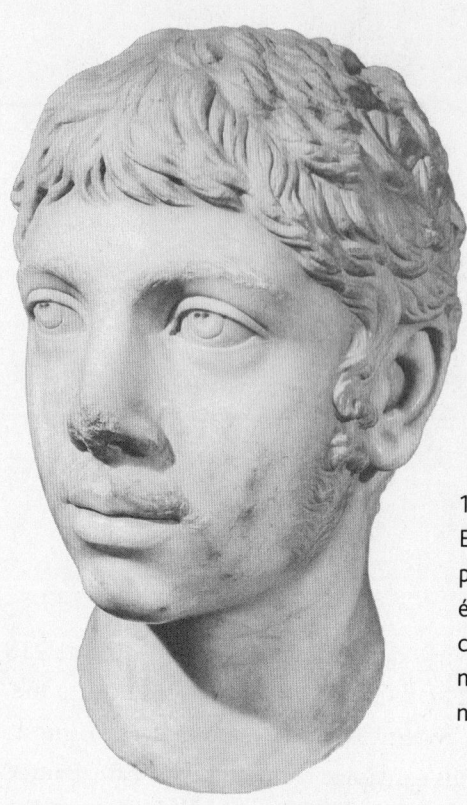

1. Busto em mármore de Elagábalo. O jovem imperador, pouco mais que um adolescente, é representado com costeletas compridas e um incipiente bigode, mal parecendo o monstro retratado nos relatos do seu reinado.

mas de susto. Igualmente mortal e captando a imaginação do pintor Lawrence Alma-Tadema, do século XIX, certa vez Elagábalo teria coberto seus companheiros de festa com pétalas de flores em quantidades tão excessivas que os convidados foram sufocados e asfixiados (il. 1).

As anomalias do imperador não se limitavam a essas táticas duvidosas como anfitrião. De tão dedicado à extravagância, nunca usava o mesmo par de sapatos duas vezes (uma improvável inspiração para Imelda Marcos, ex-"primeira-dama" das Filipinas, que supostamente tinha mais de 3 mil pares de sapatos nos seus armários). Com uma criatividade perversa e dispendiosa, Elagábalo empilhava neve e gelo das montanhas nos seus jardins de verão e só comia peixe quando estava a muitos quilômetros do mar. Enquanto isso, consta que esnobou as convenções religiosas ao se *casar* com uma Virgem Vestal, uma das mais augustas sacerdotisas romanas, obrigada à virgindade sob pena de morte. Em outra transgressão religiosa, teria iniciado uma revolução subversiva, embora de curta duração, ao substituir Júpiter como o principal deus de Roma por "Elagabal" – o deus de sua cidade natal de Emesa, atual Homs, na Síria, e a origem do nome pelo qual o imperador é conhecido quase universalmente hoje em dia (mais charmoso que "Marco Aurélio Antonino", uma versão de seu título oficial). Também não deixou intocadas as normas tradicionais de sexo e gênero. Várias histórias se concentram em seu hábito de usar roupas transexuais e de se maquiar, além de uma tentativa de transição cirúrgica. O escritor contemporâneo Dião Cássio, autor de uma enorme história de Roma em oitenta volumes, desde suas origens até o século III d.C., afirmou que o imperador "pediu a médicos que lhe dessem partes sexuais femininas por meio de uma incisão". Em nosso tempo, ele às vezes é considerado um transgênero pioneiro, desafiando radicalmente os rígidos estereótipos binários. A maioria dos romanos devia achar que ele estava virando o mundo deles de cabeça para baixo.

Os relatos antigos de seu reinado dedicam páginas e páginas a uma lista extravagante de surpreendentes excentricidades do imperador, de subversões desconcertantes e de crueldades hediondas – incluindo, no topo de algumas delas, o sacrifício humano de crianças. Essas, e outras histórias semelhantes, são um foco de *Imperador de Roma*. De onde eles vêm? Quão conhecidos eram dos habitantes comuns do Império Romano? Quem cochichava, e por quê, sobre as festas de Elagábalo? E, verdadeiras ou não, o que essas histórias podem nos dizer a respeito dos imperadores romanos, ou sobre os romanos em geral?

Imagens da autocracia, então e agora

Elagábalo – ou "Heliogábalo", numa grafia alternativa – não é exatamente um nome familiar, mesmo que seus supostos delitos (ou, se preferirem, suas tentativas desesperadas de romper os limites das convenções romanas) tenham inspirado escritores, ativistas e artistas modernos para além de Alma-Tadema, desde Edgar Allan Poe e Neil Gaiman até Anselm Kiefer. Seus crimes e delitos superam em muito os de vilões imperiais romanos anteriores e mais conhecidos e suas supostas vilanias: Nero, que tocou sua lira ("harpejou") enquanto a cidade de Roma se consumia em chamas; Domiciano, que aliviava o tédio espetando moscas com sua caneta; ou, a partir do final do século II d.C., Cômodo, o anti-herói do filme *Gladiador*, que disparava flechas contra a plateia no Coliseu. As histórias de terror sobre Elagábalo são piores. Quanto devemos levá-las a sério?

A resposta usual é "não muito". Mesmo o biógrafo romano de Elagábalo, que escreveu quase dois séculos depois da morte do imperador — e fonte da maioria dos detalhes escabrosos de suas brincadeiras em festas e fantasias alimentares —, admitiu que algumas das histórias implausíveis que acabara de relatar eram provavelmente invenções, criadas após o assassinato do imperador pelos que queriam agradar seu rival e sucessor no trono. Historiadores modernos mais escrupulosos têm seguido um caminho muito criterioso por essas histórias. Eles tentam separar a ficção dos fatos, ocasionalmente extraindo uma pepita de informação que parece ter algum suporte independente em outros lugares (o fato, por exemplo, de o nome da Virgem Vestal estar presente em moedas cunhadas sob Elagábalo indica algum tipo de ligação entre os dois, mesmo que não um casamento). Muitas vezes, porém, o que sobra não é muito mais que as datas do reinado e alguns outros elementos essenciais. Ao mesmo tempo, eles alertam com razão quanto a interpretações tendenciosas que podem ser conferidas a atividades relativamente inocentes. Em grande parte, dependeria da atitude em relação ao imperador a interpretação dos jantares com código de cores como um luxo desprezível e indulgente ou — como também é possível — uma forma mais deliciosamente refinada de *haute cuisine*. No entanto, a questão principal deve ser a idade de Elagábalo. Ele tinha apenas 14 anos quando ascendeu ao trono, e 18 quando foi assassinado. Almofadas flatulentas, talvez; políticas religiosas calculadas, dificilmente.

A história séria, contudo, vai além dos fatos puros. Estou tentando lançar uma luz, por diferentes ângulos, sobre os imperadores romanos — estadistas benevolentes mais velhos ou jovens tiranos, pretensos filósofos ou aspirantes a gladiadores, famosos ou esquecidos — e procurando abordar questões básicas, como por que tantos deles acabaram, como Elagábalo, sendo mortos pelo punhal de um assassino ou por cogumelos envenenados. Nesse tipo de exploração, os exageros antigos, ficção e mentiras desempenham um papel importante. O conjunto de ferramentas com que o povo construiu uma imagem de seus governantes, os julgou, discutiu o caráter do poder de um autocrata e marcou a distância entre "eles" e "nós" sempre incluiu fantasia, fofocas, difamações e lendas urbanas.

As histórias, por exemplo, dos 3 mil pares de sapatos de Imelda Marcos (dos quais, estranhamente, bem menos foram encontrados) têm mais a ver com a condenação de um mundo de privilégios inimagináveis e sem propósito do que com documentar a paixão de uma mulher rica por calçados. Em uma escala mais modesta, as histórias dos mimados cães de raça corgi da rainha Elizabeth II, que supostamente comem sua ração em tigelas de prata maciça, nos oferecem um ponto de referência para entender a diferença, na experiência cotidiana, entre a vida da "realeza" e a nossa, ao mesmo tempo que inspiram uma piada inofensiva sobre as tolices do consumo ostensivo no palácio.

As narrativas absurdas que recheiam as antigas descrições do reinado de Elagábalo, independentemente de sua origem, fornecem algumas das evidências mais preciosas que temos de como os romanos imaginavam um imperador em seu pior estado. Essas mentiras e exageros flagrantes funcionam quase como uma lente de aumento, revelando e superdimensionando o que parecia ser "ruim" em um governante romano "ruim". Alguns elementos podem ser bem previsíveis: os atos de crueldade e humilhação, desde os sacrifícios de crianças aos infelizes homens gordos espremidos num leito de jantar, até o luxo gratuito (os cães de Elagábalo saboreavam *foie gras*, mesmo que não o comessem em cuias de prata). Enterrados nas histórias aparentemente absurdas das excentricidades do imperador, porém, encontramos alguns horrores muito diferentes, e arrepiantes, da autocracia.

O terror do poder sem limites é um deles. As curiosas histórias sobre a decisão de Elagábalo de decorar seus jardins de verão com gelo e neve, ou de só consumir frutos do mar quando longe do mar – ou, conforme conta outra história, de viver e trabalhar à noite e dormir durante o dia –, apontam para algo além de sua peculiar e dispendiosa autoindulgência (a síndrome do "homem-que-tem-tudo"). Elas levantam a questão de onde termina o domínio do imperador, retratando-o como um governante que tentou fazer a própria natureza se curvar à sua vontade, perturbando a ordem natural das coisas (gelo no verão?) e rearranjando tempo, lugar e até mesmo as divisões do sexo biológico para satisfazer seu prazer pessoal. Elagábalo não foi o primeiro a suscitar esses temores. Um dos críticos de Júlio César – o político republicano e filósofo sagaz Marco Túlio Cícero –, 250 anos antes, ironizou o imperador dizendo que ele havia obrigado até mesmo as estrelas no céu a obedecê-lo.

No entanto, esse era apenas um aspecto do mundo distópico de Elagábalo. Era também um pesadelo de logros, no qual verdade e falsidade eram quase sempre confusas e confundidas. Nada era o que parecia. A espetacular generosidade do imperador revelava-se letal – sua bondade podia literalmente matar (essa é uma mensagem da extravagante chuva de pétalas de rosa). E, para aqueles no fim da fila hierárquica, a comida vistosa em seus pratos nos jantares no palácio era apenas uma réplica intragável, por mais artística que parecesse. Inversamente, as falsidades podiam se transformar no artigo genuíno. Em um comentário curioso, o biógrafo de Elagábalo afirma que, quando o adultério era representado no palco, o imperador insistia que fosse realizado "de verdade". Sem dúvida, isso tornava o espetáculo mais picante, com sexo ao vivo incluso. A lógica desconcertante, contudo, era que ele virava fato e ficção de cabeça para baixo, criando um mundo às avessas no qual ninguém conseguia saber quem (ou o que) estava representando um papel. A autocracia corrupta era apenas uma cortina de fumaça e espelhos distorcidos. Ou, como resumiu seu biógrafo romano, Elagábalo tinha "uma falsa vida".

A lente de aumento dessas histórias nos ajuda a ver claramente as ansiedades que cercavam o governo imperial em Roma. Era mais do que a capacidade de matar. O poder do imperador não tinha limites. Distorcia os sentidos e prosperava no caos malévolo.

A história dos imperadores

Tornarei a falar sobre Elagábalo de tempos em tempos nas páginas seguintes, sobretudo para explicar como um adolescente da Síria chegou ao trono imperial (uma resposta romana, previsivelmente, se concentrou nas maquinações da sua mãe e da avó). E também voltarei às fantasias (distópicas e outras) que cercavam a antiga corte romana, escrutinando outras histórias absurdas narradas pelos romanos sobre seus imperadores. O fato de os governantes romanos aparecerem em piadas picantes e esquetes satíricos, assim como as improváveis histórias relacionadas a Elagábalo, estará sob minha análise. Veremos até imperadores aparecendo sob diversas formas nos sonhos de seus súditos (nem sempre um bom sinal: "sonhar que é um imperador pressagia a morte de qualquer pessoa doente", como alertava um intérprete de sonhos do século II d.C.).

No entanto, isso será apenas uma parte dos capítulos que seguem. Ao lado dos "imperadores da imaginação", explorarei questões mundanas da vida cotidiana desses governantes romanos, a faceta afiada de suas políticas, as demandas da segurança militar e a rotina monótona de governar um vasto império, que costumam ser ofuscadas pelo brilho de todas essas histórias vívidas de luxo e crueldade. Vou refletir sobre o trabalho burocrático, a administração, os livros contábeis, as contratações e demissões. Até que ponto o imperador estava envolvido em tudo isso? Quem eram sua equipe e rede de apoio, desde esposas e herdeiros, secretários e contadores até cozinheiros e palhaços? E o que acontecia se o imperador só tivesse 14 anos de idade?

Examinaremos outro estereótipo poderoso, mas muito diferente, do comportamento imperial: o imperador romano não tanto como um libertino perigoso, mas como um laborioso burocrata. Ambos terão destaque em *Imperador de Roma*.

Uma vida de trabalho

Elagábalo foi o 26º imperador romano, mais ou menos (sua posição exata na ordem numérica depende de quais usurpadores malsucedidos você decida contar). Imperadores ascenderam e sumiram, e muitos foram esquecidos. Alguns deixaram uma marca distintiva na cultura ocidental. Calígula (no trono de 37 d.C. a 41 d.C.) se tornou inesquecível por sua proposta de designar um cargo político de alto escalão ao seu cavalo favorito; e Adriano (governando de 117 a 138), por construir sua "Muralha" no norte da Inglaterra. No entanto, não muita gente hoje em dia já ouviu falar de Vitélio (um notório comilão que governou por alguns meses em 69), do disciplinador Pertinax (com um reinado igualmente breve em 193) ou mesmo de Elagábalo. Nem todos foram lembrados por muito tempo.

Esses homens (todos homens: nenhuma "imperatriz" jamais ocupou o trono) governaram um vasto território que se estendia, em sua máxima dimensão, da Escócia ao Saara, de Portugal ao Iraque, com uma população estimada, fora da própria Itália, em 50 milhões. Os imperadores criavam leis e impostos, travavam guerras, julgavam disputas, patrocinavam construções e entretenimentos e inundavam o mundo romano com seus retratos, assim como os rostos dos ditadores modernos são estampados em milhares de cartazes. Eles possuíam e exploravam pessoalmente grandes extensões do Império, desde fazendas comerciais até pântanos de papiros e minas de prata, e alguns viajavam bastante para explorá-los e admirá-los, não só em busca de glória militar e de lucros da guerra. Atualmente, turistas visitam os arredores da cidade de Luxor, às margens do rio Nilo, para contemplar um par de estátuas colossais do antigo Egito (datadas de 1350 a.C.). Elas estão no mesmo local onde Adriano e sua comitiva estiveram em 130 d.C., também numa viagem turística. A comitiva do imperador deixou suas reações apreciativas (em poesia especialmente composta para a ocasião) lavradas nas pernas de uma das estátuas: "Eu estive aqui", no estilo elitista romano (fig. 64).

Como exatamente o controle de um imperador funcionava na prática é um enigma. Além das unidades do exército acantonadas em alguns "pontos de tensão", havia apenas uma equipe mínima de administradores seniores, distribuídos de forma muito dispersa por todo o Império (contando só a equipe sênior, havia aproximadamente um para cada 330 mil habitantes). Em grande parte, portanto, em comparação com alguns impérios modernos, o controle deve ter sido bem tênue. E as grandes distâncias envolvidas, bem como o período – às vezes vários meses – necessário para as informações ou instruções básicas chegarem do centro às partes mais remotas do mundo romano (e vice-versa), também tornariam impossível a microadministração diária dos territórios imperiais. Dito isso, quanto mais nos aproximamos do próprio imperador romano, mais ocupado ele costuma se mostrar.

Os escritores antigos se referem a governantes aparentemente sobrecarregados com o que chamaríamos de "trabalho burocrático" (em seus termos, anotações em tabletes de cera e papiros). Diziam que Júlio

César, lidando com sua correspondência enquanto assistia às corridas, irritava o restante da plateia, que interpretava isso como uma ofensa aos entretenimentos populares. Vespasiano, um dos afortunados imperadores a morrer na cama, em 79 d.C., acordava antes do amanhecer para ler suas cartas e relatórios oficiais. O sucessor de Elagábalo, Alexandre Severo, parece ter sido tão dedicado ao trabalho que mantinha uma série de registros militares em seus aposentos particulares para "analisar os orçamentos e a mobilização das tropas quando estava sozinho". A burocracia, contudo, era apenas uma parte de trabalho. Esperava-se que os imperadores fossem acessíveis aos seus súditos, pessoalmente e por escrito. Essa ideia é resumida em uma história sobre Adriano, que estava viajando quando foi interceptado por uma mulher tentando pedir um favor. Quando ele respondeu que não tinha tempo, ela retrucou com firmeza: "Então, deixe de ser imperador". E ele a deixou falar.

Precisamos, porém, tratar essas histórias com cuidado. Alguns imperadores obviamente trabalhavam mais do que outros. Todos os sistemas de governo de um só homem têm seus diligentes Georges VI (pai de Elizabeth II, um homem de família dedicado e modesto) e seus extravagantes Edwards VII (com sua série de amantes e obrigações negligenciadas), mas nunca devemos pressupor que as histórias das administrações não glamorosas são mais confiáveis do que as de excessos glamorosos. Elas também têm um forte viés ideológico na construção da imagem de um imperador perfeito. A narrativa sobre Adriano e a mulher que o abordou, na realidade, é contada de forma quase idêntica sobre alguns governantes anteriores do mundo grego, sugerindo que refletia um clichê antigo do "bom monarca". Contudo, alguns dos documentos mais extraordinários que sobreviveram da Roma antiga confirmam essa imagem geral. São registros de decisões tomadas por imperadores em resposta a pedidos, petições e apelos por ajuda de seus súditos comuns ou de conselhos municipais em todo o Império – às vezes inscritos em pedra (presumivelmente por um solicitante atendido para celebrar um resultado feliz), às vezes registrados em papiro ou reunidos em compêndios antigos de decisões legais. O impressionante é o quanto realmente eram locais ou triviais (embora não para as partes envolvidas, é claro) muitos dos problemas que se esperava que o imperador resolvesse.

"O caso do penico que caiu" é apenas um exemplo. Em 6 a.C., o imperador Augusto foi solicitado a arbitrar uma disputa confusa na cidade de Cnido, na costa da atual Turquia. Durante uma rixa entre duas famílias locais, um dos protagonistas acabou morrendo. Ao participar de uma briga feia na porta da casa dos seus rivais, ele foi atingido na cabeça por um penico, jogado do andar de cima por um escravo (que pode ou não ter tido apenas a intenção de despejar seu conteúdo). As autoridades pensaram em processar os donos do escravo por homicídio ilegal, mas, de acordo com o texto existente do seu julgamento, Augusto teve uma opinião oposta: a de que, acidental ou não, o ato foi em legítima defesa. Quase exatamente trezentos anos depois, o imperador da época, viajando pela região do Danúbio, foi confrontado por centenas de dilemas e disputas pessoais para resolver: desde o caso de uma mulher que queria compensação por uma vaca que havia alugado, mas que fora morta durante uma "invasão inimiga", até uma complicada disputa envolvendo a responsabilidade financeira decorrente da colisão de dois barcos fluviais e a reclamação de um homem que entrara na justiça devido ao não pagamento do preço cobrado por prostituir a própria esposa (felizmente, ele não recebeu muita atenção). Se o imperador lidava pessoalmente com essas sutilezas legais, não sabemos. Às vezes sim; outras vezes teria assinado as sentenças elaboradas por sua equipe (não consigo imaginar o jovem Elagábalo fazendo mais do que isso). O ponto é que, independentemente de quem realizava o trabalho, o imperador era *visto* como o árbitro.

Esses casos são um antídoto útil para a visão assustadora do poder imperial e nos lembram de que, enquanto alguns podem ter visto os imperadores como os orquestradores de um mundo distópico e aterrorizante, outros os consideravam uma solução para os seus problemas – até mesmo para a perda de uma vaca. Também nos asseguram que um livro focado na figura do imperador não se limitará a homens dos escalões mais altos da elite. Longe disso. Paradoxalmente, talvez, é através dos olhos do imperador e de suas interações com seus súditos que vemos com mais clareza e riqueza de detalhes as pessoas comuns de Roma e do seu império, que muitas vezes permanecem invisíveis. *Imperador de Roma* trata de governantes *e* governados.

Textos e vestígios imperiais

Os registros das decisões de imperadores e a visão impressionante que apresentam da vida cotidiana no Império Romano (e das suas dificuldades) são apenas alguns dos textos e documentos antigos que pretendo libertar das salas de conferências e dos seminários de pesquisa. Claro que alguns dos clássicos mais conhecidos da literatura antiga também orientarão nossa exploração: acima de tudo, Tácito, cujo relato sobre os governantes do século I d.C. em seus *Anais* e *Histórias* – escritos logo depois, no século II – nunca foi superado como uma dissecação cínica da corrupção da autocracia; e, mais ou menos da mesma época, Suetônio, uma fonte de dentro do palácio (funcionário dos arquivos e do secretariado imperiais sob os imperadores Trajano e Adriano), cujas biografias pitorescas dos primeiros "Doze Césares" – de Júlio César ao imperador Domiciano, que espetava moscas – têm sido um manual do período para historiadores nos últimos quinhentos anos. No entanto, também vou trazer à luz obras mais curiosas e surpreendentes, muito menos conhecidas, e celebrar a riqueza do material literário que chegou até nós. O perigoso processo de cópia e recópia, de meticulosa curadoria e finalmente da impressão, que transpôs as palavras dos escritores romanos dos estiletes e pergaminhos às páginas ou às telas modernas, preservou uma gama muito mais ampla de materiais do que costumamos imaginar.

Parte dessas histórias era destinada a provocar risadas. Temos uma minicoleção de piadas imperiais – Augusto, por exemplo, caçoava da filha Júlia por arrancar os cabelos grisalhos – e sátiras de tipos diversos. Estas incluem um esquete de seus antecessores pelo imperador Juliano, do século IV (no qual Elagábalo tem uma participação especial como "o garotinho de Emesa"), e uma hilariante sátira escrita pelo tutor de Nero, Sêneca, ridicularizando a ideia de que o imperador Cláudio deveria ser divinizado após sua morte, em 54 d.C. (retratando o velho imperador um tanto confuso lutando para subir o Monte Olimpo, até a casa dos "verdadeiros" deuses, só para ser expulso sem cerimônia quando chega lá).

Alguns desses relatos nos levam aos bastidores por caminhos inesperados. Um manual escrito por um professor grego de retórica dá conselhos sobre a melhor forma de abordar um imperador, caso seja necessário. Existem observações sobre a vida na corte (inclusive uma referência arrepiante a soldados trabalhando como agentes secretos) do filósofo Epiteto, ex-escravo do secretário de Nero, enquanto os médicos imperiais palacianos nos deixaram descrições não só das dores de garganta de seus pacientes famosos, mas também de seus problemas estomacais e regimes medicamentosos – 2 mil anos depois, ainda podemos examinar os prontuários médicos. E podemos ler uma coleção editada de relatórios do século II d.C. enviados ao imperador em Roma por Plínio, um funcionário alocado na costa do mar Negro, a centenas de quilômetro de distância, explicando seus problemas com tudo, desde alguns cristãos encrenqueiros até casas de banho em estado deplorável e um preocupante gasto excessivo com um teatro mal construído.

Outros escritos remanescentes são ainda mais estranhos do que poderíamos prever. A *Vida* de Elagábalo, por exemplo, com suas maravilhosas fantasias reveladoras e exageros sobre o estilo de vida do "garotinho", faz parte de um conjunto de mais de cinquenta biografias de imperadores, incluindo usurpadores, herdeiros e outros pretendentes, que vão de Adriano em 117 d.C. a um insignificante sanguinário morto em 285. Embora muitas dessas "Vidas" individuais sejam muito curtas (em termos modernos, são mais "perfis" do que "biografias"), juntas elas se alongam por várias centenas de páginas atuais e são conhecidas como *História Augusta*. A obra se define como um trabalho colaborativo de seis autores diferentes escrito no final do século III, com nomes bem famosos, como Trebélio Pólio e Flávio Vopisco de Siracusa, entre outros. No entanto, uma análise cuidadosa da linguagem e do estilo mostrou que não era nada disso: *História Augusta* foi escrita por uma só pessoa (desconhecida), cerca de cem anos depois do que se afirma. Como tal, é um dos grandes mistérios da literatura antiga. Por que alguém usaria de tal artifício? Foi uma falsificação? Uma piada ou sátira bem longa? Ou uma experiência radical em narrativa pseudo-histórica? Seja qual for a resposta, o texto transita intencionalmente na fronteira entre história e ficção.

Milhares de documentos originais acrescentam riqueza e variedade às histórias dos imperadores romanos. Alguns foram inscritos em pedra e bronze para exibição pública; outros, escritos em papiro, preservados nas areias do Egito e desencavados ao longo do último século por

2. Parte do texto em bronze encontrado em Lyon no século XVI, um registro do discurso de Cláudio ao Senado instando o aumento dos direitos políticos dos gauleses. A escrita no bronze é excepcionalmente clara, facilitando a leitura das palavras. A primeira linha deste trecho começa com a frase "*TEMPUS EST*" – "a hora é agora". Ver pp. 236-237.

arqueólogos modernos em grandes quantidades (muitos ainda não lidos). Temos, por exemplo, o texto em bronze de um discurso proferido em 48 d.C. pelo imperador Cláudio, argumentando a favor de conceder uma maior participação política a homens da Gália, e ao mesmo tempo presenteando sua plateia com uma história resumida de Roma. E ainda podemos ler em papiro uma transcrição das palavras de Germânico, um príncipe imperial e pai do imperador Calígula, dirigindo-se às multidões em Alexandria e dizendo, entre outras coisas, que tinha saudade da sua "vovó" (mais conhecida como Lívia, esposa de Augusto, com uma reputação mais temível que a sugerida pela palavra "vovó"). Também temos vislumbres do que acontecia nos bastidores: desde os epitáfios sobreviventes de cerca de cem servidores de Lívia (incluindo um massagista, alguns modistas, um pintor e até um limpador de janelas) até a correspondência resmungona de um funcionário no Egito enfrentando terríveis dificuldades em reunir todas as provisões para uma iminente visita imperial.

Também podemos adentrar o mundo material dos imperadores. Ainda é possível passear por seus palácios – não só no Monte Palatino, no centro de Roma (a origem da palavra "palácio"), mas também em seus jardins de prazer suburbanos e casas de campo. Uma dessas casas é a vila do imperador Adriano, em Tivoli, a cerca de 32 quilômetros de Roma. Com seus parques, blocos de acomodações, salas de jantar e bibliotecas, a vila cobria uma área quase duas vezes maior que a da antiga Pompeia. "Vila" é um eufemismo flagrante, pois parece mais uma cidade particular. E também podemos encarar os olhos de seus retratos. Os que sobrevivem são apenas uma fração do que existia (uma estimativa razoável é a de que em todo o mundo romano houvesse originalmente entre 25 mil e 50 mil estátuas só do imperador Augusto, milhares das quais ainda ocupam as prateleiras de nossos museus). E estas vêm em todas as formas, tamanhos e estilos. Alguns habitantes do Império Romano chegavam a comer biscoitos decorados com figuras de imperadores (pelo

3 e 4. Dois objetos surpreendentes para se encontrar uma imagem do imperador. À esquerda, uma réplica moderna de um antigo molde de confeitaria (possivelmente utilizado para fazer os biscoitos distribuídos em festivais religiosos), mostrando um imperador em pé numa biga em desfile triunfal (pp. 57-58), sendo coroado pela deusa Vitória. Ver também fig. 12. À direita, o imperador em um brinco (o prendedor, sem dúvida, originalmente angulado para o busto não ficar de cabeça para baixo).

menos é o que sugerem alguns moldes de confeitaria sobreviventes). Por volta de 200 d.C., uma dama romana foi além: mandou fundir a cabeça do imperador Septímio Severo, um dos predecessores de Elagábalo, nos seus brincos de ouro.

É certo que existe uma série de perguntas sobre o mundo dos imperadores às quais não podemos responder por falta de evidências (o que era esse mundo para uma mulher, por exemplo, ou como funcionavam suas finanças). No entanto, eu espero que os leitores não fiquem frustrados com este livro em razão *do pouco* que conhecemos sobre esses governantes de 2 mil anos atrás, mas, sim, que se maravilhem com *o quanto* sabemos.

Quais imperadores?

Muitos imperadores se seguiram a Elagábalo. Na verdade, se nos concentrarmos na parte oriental do Império, com sua capital estabelecida afinal em Constantinopla (atual Istambul) no século IV d.C., houve uma sucessão ininterrupta de governantes romanos até 1453, quando a cidade caiu para os otomanos. *Nós* consideramos bizantinos estes últimos governantes; *eles* se consideravam romanos. Neste livro, contudo, não irei muito além do primo, filho adotivo e sucessor de Elagábalo: Alexandre Severo, aquele que supostamente trabalhava horas extras em seus registros militares e mobilização de tropas. Foi também um imperador jovem, tendo assumido o trono aos 13 ou 14 anos e governado entre 222 e 235. Começando o livro com os arquitetos do governo de um só homem em Roma (Júlio César, assassinado em 44 a.C., e seu sobrinho-neto Augusto, que se tornou o primeiro imperador), vou abordar um período de pouco menos de trezentos anos, de meados do século I a.C. até a metade do século III d.C., ou pouco menos de trinta imperadores.

Todos esses limites cronológicos são até certo ponto arbitrários, e às vezes vou ultrapassar as linhas que estabeleci (aliás, já o fiz: os casos da perda da vaca e da esposa prostituída datam do final do século III d.C.). No entanto, existem fortes argumentos para parar onde parei. As coisas mudaram drasticamente depois de Alexandre Severo. No decorrer do restante do século, imperadores surgiram e logo desapareceram, numa série de golpes militares e guerras civis. Diversos deles agora não vinham das castas superiores da aristocracia romana, e a geopolítica mudou tanto que muitos nem mesmo estiveram na cidade de Roma durante seus breves reinados. E *foram* reinados breves. Mais ou menos o mesmo número de homens se tornou imperador tanto nos cinquenta anos após a morte de Alexandre Severo quanto nos quase trezentos anos anteriores. A mudança de estilo e personalidade foi captada em uma história contada sobre o sucessor de Alexandre, Maximino, o Trácio ("Thrax"). Dizia-se que ele foi o primeiro imperador que não sabia ler nem escrever. Pode muito bem ser uma calúnia tendenciosa, e não uma observação precisa. Verdade ou não, indica um novo mundo.

Entre o reinado de Augusto e Alexandre Severo, a estabilidade da política e da geopolítica de Roma implicava que uma pessoa poderia adormecer, por exemplo, em 1 a.C., acordar duzentos anos depois e, ainda assim, reconhecer o mundo ao seu redor. Depois de Augusto, as conquistas continuaram sendo celebradas com exuberância, sobretudo as comemoradas pela Coluna de Trajano, erguida no início do século II d.C. para exaltar suas vitórias sobre a Dácia (na região da atual Romênia) e servir como local do descanso final das cinzas do imperador. A maioria dessas vitórias, porém, acrescentou pouco ao território romano e, no geral, trouxe mais problemas do que benefícios (a Britânia poderia ser chamada, de modo apropriado, de o "Afeganistão de Roma"), ou a terra conquistada era logo perdida. Eram "projetos de vaidade" militar, como recentemente definiu um historiador, embora essa vaidade viesse a um terrível custo em vidas humanas.

É claro que houve algumas mudanças subjacentes e de longo prazo. A mais importante, como veremos, foi o aumento da diversidade geográfica – e às vezes étnica – entre os imperadores. Na primeira metade do século II d.C., Trajano e Adriano tinham origens na Espanha. Algumas décadas depois, Septímio Severo, "o primeiro imperador africano", nasceu na atual Líbia (il. 3). Elagábalo era o sobrinho-neto da mulher de Septímio, a síria Júlia Domna, e foi por meio da influência de sua família que ele chegou ao trono em um golpe, sem dúvida planejado por outros. Apesar desses desenvolvimentos graduais, porém, Augusto e Alexandre Severo desempenharam praticamente a mesma função e foram avaliados pelos mesmos critérios e estereótipos.

Historiadores, tanto antigos quanto modernos, muitas vezes apresentaram relatos minuciosamente detalhados desses séculos imperiais, analisando com cuidado as rivalidades palacianas, as disputas, os conflitos entre facções, as campanhas militares e os confrontos políticos. Eles tentaram esboçar as diversas personalidades dos diferentes governantes, desde o rabugento e hipócrita Tibério, sucessor de Augusto, até o extravagante e irresponsável Nero, o reclamão Antonino Pio e seu sucessor, o filosófico Marco Aurélio. Historiadores modernos têm se esforçado para esmiuçar as dinastias para seus leitores, mas a complexidade das relações familiares, das adoções estratégicas (como a adoção de Alexandre Severo por Elagábalo) e dos múltiplos casamentos é impossível de ser representada numa árvore genealógica convencional. Eles apreciam as cores de muitas das histórias exageradas contadas sobre esses governantes, ao mesmo tempo que desconfiam de sua precisão ou buscam uma verdade mais prosaica oculta sob a superfície (como veremos no próximo capítulo, a ameaça de Calígula de conceder um alto cargo público ao seu cavalo pode ter sido apenas uma piada grosseira que saiu pela culatra).

Também vou saborear as histórias vívidas dos imperadores romanos, com todas as peculiaridades excêntricas que os tornaram memoráveis desde então – mas vou usar essas histórias para lançar uma luz no sistema imperial romano por um ângulo diferente. Felizmente, este livro não é uma história individual de quase trinta governantes, um atrás do outro. Uma vida inteira ensinando e pesquisando sobre a Roma antiga me convenceu de que detalhes narrativos desse tipo (seja de um governante, seja de doze ou mais) muitas vezes escondem tanto quanto revelam. Afinal, uma trama palaciana interesseira e precipitada em geral é bem parecida com qualquer outra, com um elenco de personagens diferente, mas com semelhantes motivações duvidosas (ou nobres). Por diversas vezes, não há muito que distinga um príncipe ou princesa errante do seguinte. E as mesmas histórias chocantes que podem parecer tão distintas e características são frequentemente repetidas, mais ou menos nos mesmos termos, envolvendo inúmeros imperadores. Claro que estou interessada em saber por que alguns destes ficaram na história como monstros sádicos, outros como homens decentes fazendo o melhor possível; alguns como benfeitores generosos e outros como avarentos mesquinhos. No entanto, estou mais interessada em ver além disso: quero focar o quadro maior do que a autocracia, e os autocratas, representavam em Roma, e o quanto esses governantes foram *semelhantes*, não só como eram *diferentes*. Nisso, estou do mesmo lado de Marco Aurélio, que, em suas *Anotações para si mesmo*, refletiu que ao longo dos séculos o governo de um só homem não havia mudado de fato: "a mesma peça, elenco diferente".

Assim, *Imperador de Roma* aborda tanto os "imperadores" como categoria, ou "*o imperador*", quanto qualquer governante de carne e osso. Nesse sentido, quase certamente reflete a visão da grande maioria da população do Império Romano. O caráter do homem no trono, suas falhas ou preferências pessoais, podem ter sido muito importantes para os que frequentavam seus jantares, ou para a elite que estudava, ou escrevia, biografias imperiais. Os imperadores não eram todos iguais, mas, para a maioria dos cerca de 50 milhões de pessoas que viviam fora da Itália, e para os muitos que moravam na Itália, "o imperador" era importante, independentemente de quem fosse, ou do nome que tivesse na época. Era "ao imperador" que eles apelavam com seus problemas. Era com "o imperador" que eles sonhavam. Quando um imperador morria, ou era deposto, uma opção comumente adotada para acomodar o novo regime era remodelar ou "ajustar" os retratos de mármore do antigo homem no trono para se assemelhar à fisionomia do seu sucessor. Pode ter havido várias razões para isso, como economizar o custo de uma nova escultura, ou o desejo de literalmente apagar a fisionomia do predecessor. No entanto, a mensagem subjacente era que bastavam algumas passadas de cinzel para transformar um imperador em outro (fig. 91).

É muito provável que alguns habitantes do império não soubessem nomear o imperador da época. Foi o que um filósofo e bispo cristão da África do Norte sugeriu quando escreveu, um pouco mais tarde, no início do século V d.C., que havia homens naquela parte do mundo que sabiam que existia um imperador no trono pelas cobranças de impostos, e disse: "mas quem ele é não está muito claro". E continuou ironizando ao afirmar: "há pessoas entre nós que acreditam que Agamêmnon ainda é rei" – referindo-se ao comandante grego na mítica Guerra de Troia. Com certeza, muitos não seriam capazes de fornecer algo semelhante a uma lista precisa de imperadores passados e presentes. Mesmo alguém mais diligente em meados do século III, cujos esforços em compilar tal lista foram preservados em um fragmento de papiro, cometeu alguns

5. Uma lista de imperadores romanos em um papiro egípcio, escrito em grego, e intitulado "Reinados dos *basileis*" – isto é, dos "imperadores" ou "reis" (ver p. 51). Após o cabeçalho, Calígula deveria ser o terceiro na lista, mas foi omitido por completo (de modo que Cláudio se segue diretamente a Tibério).

erros graves, omitindo vários, inclusive Calígula, e se equivocando sobre os períodos de outros reinados. Vou apresentar cada um dos imperadores que discutir (nem todos os quase trinta) com os detalhes necessários, mas não precisamos nos preocupar se nem sempre conseguirmos distinguir nossos Marcos Aurélios dos nossos Antoninos Pios. Provavelmente a maioria dos romanos comuns também não conseguia.

O mundo dos imperadores

Os imperadores romanos nos colocam frente a frente com algumas das imagens mais radicais do poder antigo, e com algumas das realidades mais corriqueiras do dia a dia da vida no Império Romano. Mais do que isso, mesmo nos tempos modernos, elas continuaram a fornecer

6. Jair Bolsonaro, então presidente do Brasil, retratado como um "Nero" instantaneamente reconhecível, "tocando harpa enquanto Roma queima" na capa da revista *IstoÉ**. De Barack Obama a Boris Johnson e Narendra Modi, quase nenhum político proeminente do mundo escapou dessa sátira específica.

um modelo para os autocratas e um aviso para os políticos: desde todos aqueles reis e dinastas retratados em pinturas e esculturas vestidos com trajes imperiais romanos até todos os primeiros-ministros e presidentes satirizados em caricaturas como se fossem Nero, "tocando harpa enquanto Roma queima". Vale a pena levar os imperadores romanos a sério e se aprofundar em como os próprios romanos entendiam, debatiam e contestavam uma visão de poder que ainda paira sobre nós.

Tenho tentado compreender esses governantes elusivos, distantes, mas estranhamente familiares ao longo de toda a minha carreira. Em *Imperador de Roma*, gostaria de compartilhar essas explorações do mundo dos imperadores, reais e imaginários, desde o reino elevado dos deuses (ao qual muitos aspiravam, não só Cláudio) até as águas sujas do rio

---

* A esse respeito, sugere-se como leitura FAVERSANI, F. Tirano, louco e incendiário: Bolso-Nero. Análise da constituição da assimilação entre o Presidente da República do Brasil e o Imperador Romano como allelopoiesis. *História da Historiografia*, v. 13, n. 33, p. 375-395, 2020. [N.R.]

Tibre, onde outros acabaram, sem cerimônia. Apesar de duvidar de que muitos desses homens tenham sido os psicopatas sanguinários e desvairados usualmente retratados, também não acho útil simplesmente tentar reabilitar alguns dos piores "monstros". As diversas tentativas de transformar Calígula, Nero ou Cômodo em reformadores incompreendidos que apenas tiveram ao seu redor uma imprensa hostil nunca me convenceram de fato. É difícil agora andar na corda bamba entre o repúdio e a simpatia.

Depois de trabalhar tanto tempo com o Império Romano, passei a detestar cada vez mais a autocracia como sistema político, e a ser mais solidária não só com suas vítimas, mas com todos os engolfados, da base ao topo: desde homens e mulheres comuns, vivendo à sombra do imperador, se questionando sobre poder e a autocracia e que faziam o possível para seguir em frente, à pessoa no trono (provavelmente comum). É fácil esquecer que sem dúvida esta também se questionava sobre como ser um autocrata, e sobre o que significava ser *Imperador de Roma*.

Nos próximos capítulos, seguirei o rastro do imperador, percorrendo o intrigante mundo da ficção e do fato – desde a mesa de jantar imperial até os exércitos fronteiriços, dos relatórios de seus médicos ao seu protagonismo em piadas, sátiras e sonhos, da sua mesa de trabalho às suas últimas palavras. Antes, porém, bem longe de Elagábalo e suas almofadas flatulentas, vou contextualizar o cenário ao discorrer sobre a política e a definição do governo de um homem só no Império Romano. As autocracias assumem muitas formas diferentes. Nos próximos dois capítulos, vou estabelecer alguns dos fundamentos da autocracia, no estilo *romano* – a que equivalia a descrição do cargo de imperador romano, como o sistema começou, quem eram essas pessoas que agora chamamos de "imperadores de Roma" e como elas chegaram ao trono.

I

GOVERNO DE UM HOMEM SÓ: O BÁSICO

A descrição do cargo de imperador

Em 1º de setembro de 100 d.C., cerca de um século antes do reinado de Elagábalo, Caio Plínio Segundo se levantou para prestar um extravagante voto de agradecimento ao imperador Trajano, em frente ao Senado. O Senado era uma das instituições políticas mais antigas e prestigiadas de Roma, agora transformado em um conselho, um tribunal de justiça e uma arena de discussões com cerca de seiscentos senadores, incluindo o imperador e outras figuras públicas proeminentes. Era um grupo misto da rica elite romana, de lacaios e descontentes, da velha aristocracia e de novos ricos.

Plínio, como agora é geralmente conhecido, foi o administrador pedante cujos despachos para casa feitos de seu posto no mar Negro ainda podem ser lidos (pp. 215-218). Era também um advogado rico e bem-sucedido e autor do único relato testemunhal remanescente da erupção do Vesúvio, em 79 d.C., que presenciou com 17 anos de idade a uma distância segura. Nessa ocasião, em 100 d.C., ele tinha sido escolhido para servir, durante setembro e outubro, como um dos dois cônsules. No passado, esses eram os mais altos cargos eletivos do Estado romano, e ainda representavam uma grande distinção, porém agora eram concedidos não pelo voto popular, mas, na prática, pelo próprio imperador. Por essa razão, criou-se o costume de que os novos cônsules deveriam agradecê-lo com um discurso diante do Senado reunido. Plínio subiu ao palco, ao lado de seu colega cônsul e do próprio Trajano, na grandiosa "casa do Senado", construída com esse propósito e patrocinada por Júlio César no coração de Roma – convenientemente, a apenas dez minutos de liteira do principal palácio imperial.

Raramente esses votos de agradecimento iam além de uma obrigação monótona e rotineira. Até mesmo Plínio admitiu que poucos conseguiam mantê-lo acordado, e o imperador tinha de presenciar muitos deles. Alguns anos antes, em 97 d.C., um desses discursos ganhou uma triste notoriedade quando um cônsul octogenário morreu devido a ferimentos sofridos enquanto o preparava: ele deixou cair o livro pesado que estava consultando, abaixou-se para pegá-lo e escorregou no piso encerado, quebrou o quadril e nunca se recuperou – um tipo de acidente que ainda conhecemos muito bem. O discurso de Plínio ganhou uma fama diferente. Depois de ter discursado ao Senado (onde o comparecimento pode ter sido um pouco escasso no mês de setembro), ele bisou o discurso para seus amigos, lendo-o em três sessões de recitais privados em três dias sucessivos – uma forma de entretenimento marcante para a aristocracia romana, e não exatamente o exercício da vaidade que pareceria agora. Distribuído por Plínio por escrito como uma peça exemplar de discurso público, chegou até nós sob o título de *Panegírico de Trajano*, ou *Panegyricus* em latim. É de esperar que tenha sido ampliado com base na versão apresentada ao imperador e ao Senado. O que lemos agora, segundo meus cálculos, levaria mais de três horas para ser concluído, mesmo num ritmo alucinante. No entanto, ainda é um registro precioso de um encontro específico face a face entre súdito e imperador e das palavras ditas naquela ocasião. Mais do que isso, quase equivale a uma descrição do cargo de imperador romano.

Os leitores modernos costumam considerar as loas obsequiosas, excessivas e longas dirigidas a Trajano um aspecto quase tão impalatável da autocracia romana quanto todas aquelas histórias de crueldade caprichosa ou luxúria pervertida. Cada página do *Panegírico de Trajano* apresenta uma nova hipérbole: o imperador, proclama Plínio, é um modelo de perfeição; uma combinação deslumbrante de "seriedade e bom humor, de autoridade e leveza de toque, de poder e bondade"; um ídolo para os súditos que o adoram, que se apressam para ter um vislumbre fugaz, carregando seus pequeninos nos ombros; um estímulo singular ao índice de natalidade romano, pela simples razão de que ninguém hesitaria em trazer filhos a um mundo abençoado por um governante tão benevolente. Muito diferente, como ele insiste, do monstruoso imperador Domiciano, assassinado alguns anos antes, em 96 d.C., espreitando em seu covil manchado de sangue, banqueteando-se com pratos mais que inventivos e celebrando "falsas" vitórias militares que na verdade não conquistou: "uma terrível arrogância no rosto, ira nos olhos e palidez feminina na carne". (As semelhanças – em falsidade, feminidade e culinária – com as histórias de Elagábalo são claras.) Contrastando com Trajano, incita Plínio, um imperador que se distingue por seu palácio livre de crimes e acolhedor, seus jantares simples, seu autêntico histórico de guerras, bem como seu físico forte (com alguns cabelos grisalhos para adicionar uma autoridade extra). "Enquanto governantes do passado", lisonjeia, "perdiam o uso das pernas e eram carregados acima de nós nas costas e nos ombros de escravos, foi a própria reputação, sua glória, a devoção de seus cidadãos e a liberdade que o levaram adiante, muito acima deles." Não surpreende que um crítico moderno tenha depreciado todo o discurso de forma contundente: "O discurso caiu, não injustamente, em um desprezo quase universal".

De forma geral, somos menos sensíveis às nuances do elogio do que muitos eram em gerações anteriores, mas, no caso do voto de agradecimento de Plínio, precisamos conter um pouco do nosso "desprezo". O discurso é mais complicado do que pode parecer à primeira vista. Para começar (mesmo que não o torne mais cativante), o que é apresentado como um elogio ao imperador também é um elogio ao próprio Plínio. Ficamos sabendo, por exemplo, o quanto ele era íntimo de seu querido amigo Trajano (aliás, cumprimentando-se com beijos), e percebemos a familiaridade de suas longas noites juntos no palácio, jantando cardápios despretensiosos e desfrutando de conversas amigáveis. Também somos presenteados com algumas virtuosas demonstrações dos conhecimentos de Plínio (particularmente difíceis para o leitor moderno são as várias páginas a respeito das complexidades do imposto sobre a herança romano, que ele conhecia em minuciosos detalhes). O *Panegírico de Trajano* é uma reivindicação de status da parte de Plínio perante o imperador e os colegas senadores.

7 e 8. Em seus retratos esculpidos, o herói e o anti-herói do *Panegírico de Trajano* de Plínio – Domiciano à esquerda e Trajano à direita – apresentam uma imagem muito semelhante. Apesar de sua conhecida calvície, Domiciano é representado com bastante cabelo (a menos que imaginemos que ele esteja usando uma peruca).

Mais importantes ainda, porém, embutidas na adulação encontram-se algumas lições claras para o imperador levar para casa. Como Plínio admite quase de modo explícito, a melhor maneira de influenciar o comportamento de alguém é elogiá-lo pelas qualidades que você *deseja* que ele tenha, independentemente de ele as ter ou não. É nesse sentido que o *Panegírico de Trajano* se configura como uma longa descrição do cargo de imperador, elaborada por um membro proeminente da elite romana. Sob os elogios superficiais, ele fornece instruções a respeito de como ser um bom governante. As virtudes imperiais não têm o mesmo apelo sensacionalista dos vícios imperiais, e celebrar as qualidades de um autocrata benevolente pode soar vazio para a maioria das audiências modernas. No entanto, vale a pena interpretar a descrição do trabalho de Plínio como um contraponto às histórias fantasiosas de horror sobre o poder imperial.

Plínio lista uma série de requisitos específicos. Seu imperador deve ser generoso e proporcionar ao seu povo prazer (na forma de espetáculos) e apoio prático (por meio de alimentos e dinheiro). Deve construir monumentos não para o próprio conforto ou autoindulgência, mas para o bem público. Deve conquistar na guerra. Em um trecho arrepiante, Plínio – o administrador com toda a facilidade para se imiscuir nos detalhes tributários e cujo breve serviço militar ocorreu longe de ações inimigas – elogia qualquer imperador cujas conquistas se baseiem "em campos de batalha com cadáveres empilhados e tingindo os mares de sangue". No entanto, também estabelece princípios mais gerais para orientar o comportamento do imperador: ele deve ser transparente, sem amparar sua posição com reivindicações de falsas conquistas. Os "maus" imperadores de Plínio trapaceavam até mesmo quando caçavam por recreação, disparando em animais reunidos de antemão especialmente para eles. E – com uma expressão que revela o quanto a linguagem da escravidão era enraizada na linguagem do poder romano – ele deve agir como um pai para seu povo, não como um senhor (*dominus*), garantindo sua liberdade, sem os forçar à servidão. Para os senadores, ele deve agir como "um de nós" (literalmente, em latim, *unus ex nobis*).

Ao longo do restante deste capítulo, sobre as origens e o "básico" do governo de um homem só em Roma, as relações de Plínio com Trajano continuarão a servir como ponto de referência. Sua construção do governante ideal também será destacada – com toda a sua seriedade de alto padrão moral, sua miopia elitista (nenhum romano comum seria convidado para um jantar amigável no palácio) e alguma ocasional autocontradição flagrante. Perto do final do *Panegírico de Trajano*, quando agradece ao imperador – em suas palavras: "*ordenar* que sejamos livres" –, Plínio decerto deve ter percebido que, pela lógica romana, só os escravos poderiam ser *ordenados* a ser livres. Inadvertidamente, sem dúvida, ele estava expondo parte do duplipensar envolvido em ser um cidadão sob um autocrata benevolente ou não.

A divisão do poder na República e as origens do Império

Quando Plínio, como novo cônsul, assumiu o cargo em setembro de 100 d.C., Roma era governada por um imperador havia mais de um século. A cidade, porém, tinha mais de oitocentos anos, e na maior parte desse tempo, após uma série mítica de sete reis primevos – começando com o fundador Rômulo e terminando com a deposição de Tarquínio, "o Soberbo", por volta de 500 a.C. –, foi governada por uma *espécie* de democracia, no que agora é em geral chamado de República Romana.

Os termos "espécie de" são importantes. É verdade que os altos funcionários do Estado, inclusive os cônsules no topo da hierarquia, eram eleitos democraticamente por todos os cidadãos do sexo masculino, e esses mesmos cidadãos também tinham o poder de criar leis e tomar decisões sobre guerra e paz. No entanto, era um sistema dominado pelos ricos. Seus votos nas eleições contavam expressivamente mais que os dos pobres, e só eles tinham permissão para se candidatar a cargos e comandar os exércitos de Roma. Enquanto isso, o Senado, composto de várias centenas de ex-detentores de cargos, era a instituição política mais influente do Estado. Mesmo que seu exato poder formal seja, e fosse, difícil de definir, as decisões do Senado costumavam ser seguidas. Seria mais preciso chamar esse governo de um sistema de *partilha de poder*, não de um puro sistema *democrático*. Pois à parte o Senado, cujos membros ocupavam seus cargos de modo vitalício, todos os cargos políticos eram temporários, com duração de apenas um ano, e sempre ocupados conjuntamente. Havia sempre dois cônsules, em qualquer momento. Logo abaixo deles em senioridade vinham os "pretores", responsáveis pela administração da lei, entre outras coisas, e seu número aumentou gradualmente, de modo que houvesse dezesseis pretores em exercício juntos a cada ano. Não era apenas o caso de mais funcionários serem criados para lidar com uma carga de trabalho maior, embora isso fosse um fator. O princípio subjacente da República era: ninguém nunca exercia o poder por muito tempo, e jamais sozinho.

Esse foi o sistema de governo sob o qual – anos antes de ter um imperador – Roma conquistou seu Império, dominando grande parte do que hoje é a Europa e muito mais: "tingindo os mares de sangue", como disse Plínio. O que os motivou a isso e como tiveram tanto sucesso em suas conquistas, sobretudo durante o período de expansão, entre os séculos III a.C. e I a.C., nunca deixou de ser um tema para debates. O historiador grego Políbio, no século II a.C., já se perguntava como Roma, uma cidade mediana no centro da Itália no século V a.C., chegou a dominar a maior parte do Mediterrâneo em poucas centenas de anos.

É fácil atribuir tudo isso ao fato de os romanos serem agressivos e militaristas, ou à sua disciplina superior e expertise no campo de batalha. Eles *eram* militaristas, mas a maioria dos povos que conquistaram também era. E os romanos também tinham suas fraquezas em capacidade de combate – por exemplo, sua inicial imperícia na guerra naval, chegando a ser motivo de piada. A melhor explicação (ou suposição) é que, de alguma forma, a agressividade e o militarismo foram combinados com um etos altamente competitivo da elite romana em sua busca por glória militar, contando com recursos humanos quase ilimitados à disposição dos romanos assim que assumiram o controle da maior parte da Itália – e, muito provavelmente, com o simples fator "sorte". Tudo isso resultou em uma grande expansão imperial, rápida e violenta. No entanto, qual foi a combinação e quais foram os verdadeiros fatores decisivos? Tudo isso permanece incerto.

O *certo* é que essa série de conquistas teve um efeito quase revolucionário na política de Roma, além das consequências mais óbvias para as vítimas. Parte da disrupção foi causada pelos enormes lucros do Império, que destruíram a igualdade teórica outrora existente entre a elite que compartilhava do poder e atuava para mitigar a rivalidade competitiva. Para os comandantes, era possível amealhar fortunas pessoais com as guerras, especialmente contra os ricos reinos do Mediterrâneo Oriental, abrindo uma lacuna cada vez maior no topo da sociedade romana entre alguns "grandes homens" muito bem-sucedidos e o resto. Quando um desses grandes homens, o magnata Marco Licínio Crasso, percebeu que só poderia considerar rico alguém que pudesse montar um exército com o próprio dinheiro, ele revelou o nível de riqueza comandado pelos poucos afortunados (ele próprio tinha herdado uma fortuna e a aumentado muito com especulação imobiliária). Crasso, contudo, também insinuou os usos que essa riqueza poderia ter. Na realidade, porém, nada disso o beneficiou muito. Crasso foi morto em 53 a.C., no que prometia ser uma lucrativa campanha contra o Império Parta (que se estendia a leste da atual Turquia), com a cabeça decepada usada como adereço sanguinolento na apresentação de uma tragédia grega em um casamento da realeza parta.

Igualmente importantes foram as pressões exercidas sobre as estruturas de partilha de poder do governo republicano de Roma pelo aumento do território imperial. Tradicionalmente, os mesmos funcionários eleitos lidavam tanto com os temas internos da cidade quanto com seus assuntos externos – fosse comandando as legiões na linha de frente das guerras, fosse cuidando da "manutenção da paz" ou identificando problemas. Pelo menos de início, os romanos não tinham intenção de exercer um controle prático e direto sobre o que haviam conquistado; só queriam cobrar impostos, explorar os recursos locais (como as minas de prata da Espanha) e agir como e quando desejassem. Mesmo assim, tornou-se cada vez mais difícil acomodar todas as diferentes funções dentro da estrutura de cargos compartilhados, temporários e anuais. Afinal, chegar até um local problemático na fronteira do Império poderia ocupar alguns meses do mandato de um ano de um homem.

Os romanos não ficaram cegos a isso, e reagiram com vários ajustes. Por exemplo, ocupantes de cargos públicos começaram a servir em posições no exterior por um período temporário adicional, *depois* do seu ano em Roma. Mesmo assim, porém, as crises geradas pelo Império às vezes exigiam soluções mais radicais. Se alguém quisesse, por exemplo, livrar o mar Mediterrâneo dos "piratas" (uma palavra que soava mais ou menos como "terroristas" aos ouvidos de outrora), seria necessário conferir autoridade e recursos potencialmente de longo prazo a um só comandante, algo que contrariava os fundamentos e os princípios de temporalidade e de partilha de poder do tradicional exercício de cargos dos romanos. Em outras palavras, o Império destruiu gradualmente as estruturas de governo específicas que o haviam originado, abrindo caminho para o governo de um homem só. Foi o Império que criou os imperadores, não o contrário.

Prelúdios da autocracia

Durante a primeira parte do século I a.C., Roma passou por uma série de prelúdios da autocracia. Um dos grandes homens dos anos 80, Lúcio Cornélio Sula, marchou com seu exército sobre Roma, instalou-se como "ditador" e impôs um programa de reformas políticas conservadoras, antes de renunciar alguns anos depois e morrer na própria cama. Segundo todos os relatos, foi uma doença terminal muito desagradável, mas talvez um fim melhor do que merecia, dada a violência dos esquadrões da morte que liberou na cidade. Somente uma década depois, Cneu Pompeu Magno (Pompeu, o Grande) seguiu uma rota um pouco mais sutil em direção ao que quase se tornou um regime absolutista. Pelo voto dos cidadãos, recebeu a tarefa de se livrar dos piratas, com um orçamento enorme e precedência sobre todos os outros funcionários romanos no Mediterrâneo Oriental por um período de três anos. (Na realidade, levou só três meses, seguidos por um mandato ainda mais longo, maior orçamento e mais poder para enfrentar outros inimigos de Roma.) Pompeu acabou sendo designado como *único cônsul*, sem um colega, uma violação flagrante dos princípios republicanos, o que agora pode parecer comum. Despejou dinheiro em grandiosas construções públicas em Roma, como fizeram os autocratas posteriores, e chegou a ver sua cabeça em moedas cunhadas por cidades fora da Itália, um indicador-chave de poder monárquico na Antiguidade, como é até hoje.

O ponto de virada, no entanto, ocorreu na metade do século I a.C., com Júlio César, que ficou no limiar entre a espécie de democracia de Roma e o governo dos imperadores. A carreira de César começou de maneira bastante comum para um membro da elite romana, apesar de escritores posteriores imaginarem que ele abrigava ambições secretas e excessivas desde tenra idade. Uma história apócrifa o retrata, em seus trinta e poucos anos, em pé, melancólico, diante de uma estátua de Alexandre, o Grande (de quem Pompeu emprestou o nome, "o Grande"), lamentando seu início lento em comparação com o do precoce rei macedônio. No entanto, depois de um comando militar bem-sucedido (e chocantemente brutal) na Gália, que conseguiu prolongar por oito anos sem interrupção, César seguiu o exemplo de Sula. Em 49 a.C., marchou com seu exército sobre Roma e "atravessou o Rubicão" na fronteira entre a Gália e a Itália, dando origem a uma expressão bem conhecida, que até hoje significa "ultrapassar o ponto de não retorno". Na guerra civil que se seguiu, seus inimigos foram liderados por Pompeu, fazendo agora, para variar, o papel do tradicionalista conservador, mas acabou sendo decapitado na costa do Egito, onde buscou refúgio. César usou sua vitória para assumir efetivamente o controle exclusivo do governo romano. Foi nomeado "ditador" pelo Senado e, em 44 a.C., tornou-se "ditador *para sempre*".

No entanto, sob certos aspectos César ainda contempla a antiga República. Sua carreira começou dentro da tradicional estrutura de cargos eletivos de curta duração. Mesmo sua "ditadura" tinha no mínimo vínculos tênues com uma antiga nomeação temporária para lidar com emergências públicas, embora, desde Sula, cada vez mais isso significasse algo mais próximo do nosso sentido moderno do termo. É por essas razões que a maioria dos historiadores vem tendendo recentemente a tratar César como o último suspiro da velha ordem. No entanto, no século II d.C., quando o biógrafo Suetônio (Gaius Suetonius Tranquillus, o nome completo em latim) estava escrevendo suas *Vidas* dos primeiros imperadores romanos, ele escolheu começar por Júlio César como o primeiro de doze, em última análise o fundador da dinastia imperial. Talvez ainda mais revelador, todos os governantes romanos posteriores adotaram "César", antes apenas um mero nome romano de família, como parte de seus títulos oficiais – em uma tradição que continuou até os modernos kaisers e czares. E é exatamente assim que Plínio se dirigiu ao imperador na maior parte de seu voto de agradecimento: não como "Trajano", mas como "César" (que ele usou mais de cinquenta vezes, em comparação com apenas uma vez "Trajano").

É fácil entender por que César foi retratado nesse papel de fundador. Embora tenham se passado menos de quatro anos entre a vitória sobre Pompeu e sua morte, em 44 a.C. (e apesar de raramente ficar na cidade de Roma por mais de um mês de cada vez enquanto eliminava outros bolsões da guerra civil no exterior), César conseguiu mudar de forma radical e controversa a face da política romana, estabelecendo um padrão para futuros imperadores. Assim como eles, Júlio César controlava as eleições para os altos cargos, nomeando alguns candidatos que eram simplesmente aceitos pelos eleitores. Ele foi além de Pompeu ao ter sua imagem representada em moedas cunhadas em Roma, e não só no exterior (sendo o primeiro romano a fazer isso em vida), e se dedicou a inundar a cidade e o mundo em geral com seus retratos, em números nunca antes vistos: centenas, se não milhares, foram planejados. Exerceu um poder sem precedentes, em novas áreas, aparentemente sem resistência. A observação irônica de Cícero a respeito de as estrelas no céu serem forçadas a obedecê-lo referia-se à sua audaciosa reforma do calendário romano, que alterou a duração do ano e dos meses e introduziu

9. Uma moeda de César, cunhada pouco antes de seu assassinato em 44 a.C. Atrás do perfil vemos símbolos do sacerdócio que ocupava (uma concha e um bastão cerimonial); na frente está escrito CAESAR IM<P> – de IMPERATOR (ver p. 50).

efetivamente o "ano bissexto" como ainda o conhecemos. Apenas autocratas todo-poderosos – ou, como na França do século XVIII, os grupos revolucionários – reivindicam o controle do tempo.

César também estabeleceu um padrão para o futuro em relação à maneira como morreu, assassinado em 44 a.C., logo após ter sido nomeado "ditador para sempre". Isso se tornou tanto um alerta para seus sucessores quanto um modelo para assassinatos políticos que duraram até os tempos modernos. (John Wilkes Booth escolheu a data do assassinato de César – "os *Idos* de Março", o dia 15 do mês no nosso calendário – como palavra-código para seu planejado assassinato de Abraham Lincoln em 1865.) A verdade é que, graças a William Shakespeare e outros, os assassinos têm sido tratados de forma bastante generosa pela história. Eram um grupo previsivelmente heterogêneo de combatentes pela liberdade com altos princípios, descontentes e aventureiros interessados pelo poder por causa própria, que emboscaram e mataram o ditador durante uma sessão no Senado, deixando-o morto em frente a uma estátua de Pompeu. É provável que Marco Júnio Bruto, retratado como um patriota honrado na peça *Júlio César* de Shakespeare, fosse um dos mais interessados em benefício próprio. Bruto tinha um histórico terrível de exploração de povos no Império Romano. Notoriamente, emprestou dinheiro a uma cidade em Chipre com uma taxa de juros de 48%, quatro vezes o máximo legal, e fez seus agentes intervirem no conselho municipal local para recuperar o que deviam, deixando cinco conselheiros morrerem de fome no processo. E nos anos seguintes ao assassinato de César, apesar de sua oposição à monarquia, Bruto retratou o próprio rosto nas moedas que cunhou para pagar suas tropas.

Ainda mais notável, porém, o sucesso dos assassinos em eliminar sua vítima (que costuma ser a parte fácil) era ofuscado pela falta de um plano para o que fazer depois. Seguiu-se mais de uma década de guerra civil, na qual os apoiadores de César primeiro se voltaram contra seus assassinos e, depois, uns contra os outros. Em 31 a.C., a disputa se reduziu a um confronto entre duas facções principais: de um lado, o homem de confiança de César, Marco Antônio, agora em aliança (e mais do que isso) com a famosa rainha Cleópatra do Egito; e, do outro, o sobrinho-neto de César, Otaviano, que também se tornara oficialmente seu filho por adoção póstuma no testamento de César (uma prática romana não incomum). A batalha final foi travada no mar, ao largo da costa do norte da Grécia, perto do promontório de Ácio, ao sul da ilha de Corfu.

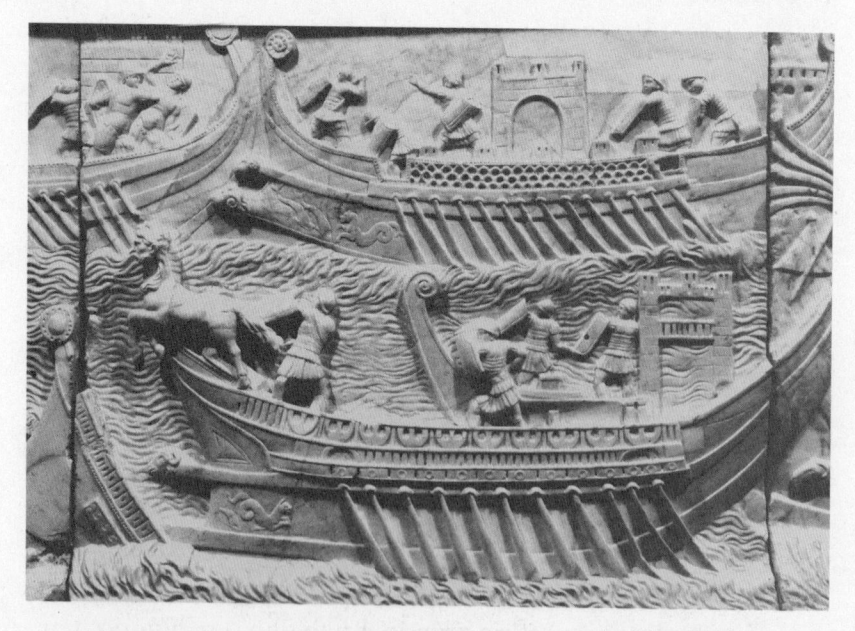

10. Seção de um relevo em mármore do século I d.C., encontrado na Itália, representando a Batalha de Ácio. O navio em primeiro plano tem a imagem de um centauro (metade homem, metade cavalo) decorando a proa, indicando que fazia parte da frota de Marco Antônio e Cleópatra.

A Batalha de Ácio, como é conhecida, foi exageradamente celebrada na propaganda posterior como a vitória decisiva e heroica de Otaviano e o glorioso início de uma nova era. Na verdade, a batalha foi vencida mais por deserção e deslealdade que por heroísmo. Os planos de batalha de Marco Antônio foram vazados para o inimigo por um dos seus generais e, na reconstrução mais plausível, Cleópatra voltou ao Egito com seus navios e seu tesouro praticamente antes de a luta começar, logo seguida por Marco Antônio. O quanto essa partida foi ignóbil ainda é tema de debates, mas muitos escritores antigos preferiram retratar Cleópatra como uma rainha covarde que não aguentou a pressão e simplesmente fugiu. Independentemente das circunstâncias, Otaviano restou como o único líder do mundo romano, e logo se tornaria o primeiro *imperador de Roma*. Em outras palavras, os assassinos concretizaram de forma indireta aquilo contra o que afirmavam estar lutando: o governo de um homem só permanentemente no poder.

As novas roupas do imperador

O histórico de Otaviano nos conflitos que se seguiram à morte de Júlio César situa-se no espectro em algum ponto entre ilegal, implacável e chocantemente sádico. Com apenas 19 anos em 44 a.C., ele montou o que era a própria milícia particular, e durante sua aliança temporária com Marco Antônio os dois deram início a um reinado de terror na Itália: uma série de assassinatos patrocinados oficialmente, com o propósito de punir os inimigos de César, acertar antigas contas e ganhar dinheiro vendendo as propriedades das vítimas. A propaganda da oposição chegou a afirmar que em certa ocasião Otaviano arrancou os olhos de um inimigo com as próprias mãos. Como ele conseguiu transformar sua imagem de jovem valentão em estadista responsável e fundador de um sistema de governo que (para o bem ou para o mal) duraria séculos é um dos maiores enigmas da história romana. No entanto, foi uma transformação e um reposicionamento sinalizados por uma astuta mudança de nome.

Em 27 a.C., poucos anos depois da derrota final de Marco Antônio e Cleópatra e do seu retorno a Roma, Otaviano recebeu – por sua própria sugestão, presume-se – o nome "Augusto". Diversos relatos antigos afirmam que ele cogitou ser renomeado "Rômulo", em referência ao lendário fundador da cidade de Roma, mas foi dissuadido em razão das associações problemáticas (afinal, Rômulo, ao matar seu irmão Remo, também foi o lendário fundador das guerras civis romanas). "Augusto" era mais seguro: um nome novo e convenientemente vago, que significava algo próximo de "o Reverenciado". O nome pegou. Futuros imperadores romanos incluíram tanto "César" quanto "Augusto" em seus títulos. E o calendário ocidental ainda comemora ambos, com julho (em homenagem a *Júlio* César) e agosto. Os antigos meses romanos Quinctilis e Sextilis foram renomeados em sua homenagem, e mais de 2 mil anos depois ainda vivemos sob esse signo.

Grandes mudanças constitucionais são quase sempre mais conturbadas no momento em que são feitas do que quando retratadas em retrospecto. Não temos ideia dos planos de Otaviano quando ele voltou a Roma, mas provavelmente não iam muito além de seguir os passos de Júlio César, evitando o mesmo destino sombrio. Histórias do novo governante usando couraça sob a toga – um traje volumoso, quente e desconfortável – são um indício de seu nervosismo em relação a um assassinato. Só podemos especular sobre quaisquer dúvidas que possa ter tido (escritores romanos sugerem que houve ocasiões em que ele considerou abrir mão de vez do governo unipessoal), ou acerca de todas as ideias brilhantes que não devem ter dado em nada, ou que foram violentamente contrapostas e convenientemente esquecidas. Nem mesmo entendemos muito bem como Otaviano/Augusto preferiu descrever sua própria posição no Estado.

Agora nos referimos aos *imperadores* romanos, remetendo à palavra latina "*imperator*", ou "comandante" – um antigo título romano dado a militares vencedores e concedido, como padrão, a Augusto e seus sucessores (quer tenham realmente sido vitoriosos ou não). No entanto, havia uma variedade de alternativas, com ênfases bem diferentes, que eram adotadas com mais entusiasmo ou evitadas. Um "imperador" romano seria menos propenso a se referir a si mesmo como *imperator* do que como *princeps*, a origem da nossa palavra "príncipe", embora em latim não significasse muito mais que "líder". "Rei" (ou *rex*), porém, era uma questão mais complicada. Na metade oriental do Império, em que muito mais gente falava mais grego do que latim, os imperadores costumavam ser chamados de "reis" (*basileis* em grego), mas isso raramente ocorria em Roma, onde os romanos ainda se orgulhavam de ter se livrado de seus últimos e lendários reis primevos séculos antes, e não tinham intenção de relembrar tais tiranos. Desde o início, a maioria dos imperadores fez questão de enfatizar ao público local que, independentemente do que mais fossem, eles *não eram reis* (outra boa razão para Otaviano evitar o nome "Rômulo", fundador de Roma, mas também o primeiro rei). Isso, contudo, não impediu alguns antigos críticos cínicos de questionarem se na verdade havia muita diferença, além da fachada, entre um *princeps*, um *imperator*, um *Caesar* e um *rex*. Como lamentou Tácito no século II d.C., nas primeiras palavras de seus *Anais*, uma história dos primeiros imperadores: "Desde o início, Roma tem sido governada por *reis*".

Todos os historiadores do mundo romano, cínicos ou não, que examinaram retrospectivamente o reinado de Augusto acreditaram que ele teve algum tipo de plano diretor. Estivessem escrevendo algumas décadas ou alguns séculos depois (e não há uma narrativa substancial remanescente desse período), eles esconderam os processos caóticos de improvisação sob a imagem imponente de um fundador em processo de estabelecer um novo regime autocrático para o futuro. Dião Cássio, em sua volumosa história de Roma – na qual lemos sobre as tentativas de Elagábalo para mudar de gênero –, dedicou um dos seus oitenta livros (equivalente a um capítulo atual) a um debate formal em que o novo governante decidia como governaria o Estado. Supostamente encenado poucos anos antes da transformação de Otaviano em Augusto, apresentava dois amigos dele discutindo os relativos méritos da democracia e da autocracia (as virtudes da igualdade versus o governo dos mais aptos) e comparando os prós e contras práticos do governo de um homem só, que, é claro, foi o lado vencedor. Esses argumentos vão desde o planejamento financeiro e a necessidade de bons conselheiros (deve se certificar de que não sejam muito jovens) até as ansiedades pessoais do governante, as ameaças de conspiração e toda a lisonja insidiosa e corruptora. É uma imagem reveladora de como um senador como Dião, no início do século III d.C., poderia avaliar o governo imperial, e que Plínio, cem anos antes, teria reconhecido de imediato. Contudo, como um relato de como o sistema romano de governo de um homem só de fato começou, é pura fantasia.

Provavelmente nunca conseguiremos reconstruir em detalhes as improvisações, os retrocessos e as mudanças de direção pelas quais Augusto e seus amigos e colegas forjaram um papel para um imperador dentro de um novo sistema de governo. Claro que eles não estavam reinventando a roda, e devem ter lido como os antigos filósofos políticos gregos definiam os reis e a realeza, o que era bom e o que era ruim – embora seja um mistério o quanto eles realmente entenderam disso. Contudo, graças a uma dessas extraordinárias e felizes resistências ao tempo da Antiguidade, temos uma visão retrospectiva de "O que eu fiz", pela pena do próprio imperador. Trata-se de um curto "ensaio", ou "manifesto", correspondendo a aproximadamente doze páginas atuais, escrito pouco antes de sua morte, em 14 d.C., aos 75 anos, preservado em pedra e inscrito em todas as paredes de um antigo templo romano onde hoje é a Turquia.

O que eu fiz

Muitos livros escritos por governantes romanos chegaram até nós. As justificativas de Júlio César relativas às campanhas na Gália e à guerra civil contra Pompeu circularam na Roma antiga, foram copiadas ao longo da Idade Média e sobreviveram como um livro didático no mundo moderno. O mesmo aconteceu com *Anotações para si mesmo* de Marco Aurélio e com os textos do imperador Juliano, do século IV, que compreendem vários volumes. As obras de Juliano incluem, ao lado de uma teologia pagã francamente explícita, uma sátira irônica e deliciosa em que ele avalia seus predecessores no trono romano, de Elagábalo ao próprio Augusto, definido de forma significativa como um velho "camaleão" – mutável, astuto e difícil de sintetizar.

O ensaio de Augusto sobre *O que eu fiz* (*Res Gestae* em latim) conta uma história bem diferente, pois ele o escreveu para ser exibido em público, lavrado em dois pilares de bronze no seu túmulo, perto do centro de Roma. Esses pilares com sua inscrição foram há muito derretidos, é provável que tenham sido reciclados em armas medievais. No entanto, o ensaio foi amplamente copiado, e o texto recuperado que temos vem da versão quase completa encontrada em Ancara, inscrito nas paredes do templo em latim e em grego (tendo em mente um público local de língua grega), com os caracteres originalmente ressaltados em tinta vermelha brilhante para se destacarem. Grandes fragmentos começaram a surgir a partir do século XVI, mas o texto só foi revelado por completo pela primeira vez nos anos 1930, sob o patrocínio de Kemal Atatürk, o fundador da atual República Turca, para marcar o bimilenário do nascimento de Augusto. Pouco depois, foi copiado mais uma vez, por ordem do ditador fascista italiano Benito Mussolini, que queria reinventar o imperador como precursor de si próprio. Mussolini tinha uma versão completa em latim, em letras de bronze, colocada na parede externa de um novo museu que construiu, com vista para o túmulo de Augusto – onde ainda está, para todos verem.

O que eu fiz é uma incansável e egocêntrica narrativa em primeira pessoa: "Eu fiz isso...", "Eu fiz aquilo..."; os pronomes da primeira pessoa, "eu", "mim", "meu", são repetidos quase cem vezes no curto texto. Não é uma leitura emocionante nem uma autobiografia reflexiva, mas à primeira vista é um registro seco de "realizações", às vezes combinadas com um eufemismo enganador. Os terríveis crimes das guerras civis são mencionados de forma evasiva ("Eu libertei o Estado oprimido pelo poder de uma facção" é o mais próximo que chegamos de qualquer referência aos massacres que iniciou). E várias páginas são monopolizadas por *listas*: de dinheiro gasto, de espetáculos realizados, de templos restaurados, de contagem da população ou de inimigos subjugados. No entanto, o documento é mais do que aparenta ser. É verdade que se trata de um relato esquelético, retrospectivo e autocentrado dos mais de quarenta anos do imperador no poder. Como sugere sua exibição pública, contudo, também era destinado a funcionar como um modelo para o futuro, uma lição sobre o que um imperador *deveria ser*. Em outras palavras, assim como o voto de agradecimento de Plínio, era também uma "descrição de cargo".

Não surpreende que haja uma boa dose de sobreposição entre Plínio e Augusto, pois Plínio deve ter tido em mente o exemplo de Augusto. Em meio à lista de fatos e números superficial e monótona de *O que eu fiz*, três requisitos específicos para um imperador se destacam, assim como no *Panegírico de Trajano* de Plínio: ele deve conquistar, deve ser benfeitor e patrocinar a construção de novos edifícios ou restaurar os que estiverem em ruínas. Lemos sobre novos territórios sob controle romano, "onde nenhum romano jamais esteve", e sobre reis estrangeiros oferecendo sua lealdade, sem mencionar a ostentação de massacres quase comparáveis aos mares tintos de sangue de Trajano. Lemos sobre as benevolências de Augusto ao povo em escala maciça (ou suborno, como alguns poderiam vê-las), na forma de entretenimento, bem como distribuição de vinho, grãos e dinheiro a centenas de milhares de cidadãos, às vezes equivalendo a vários meses de salário de uma pessoa comum. E vemos detalhes de todos os elaborados planos de construção e restauração de Augusto, provavelmente em uma posição de destaque nas colunas de bronze originais: desde novos santuários cintilantes, pórticos e praças até a renovação de aquedutos, de teatros e, em 28 a.C., de "82 templos dos deuses na cidade [...] sem negligenciar nenhum que precisasse de reparos". "[...] 82 templos" não estava muito longe do número de todos os templos de Roma. Imagino que tenha sido necessário pouco mais que uma nova camada de tinta, mas certamente esse esforço fez parte de uma campanha pós-guerra civil para "Tornar Roma grande outra vez".

Os imperadores continuaram a se inserir sempre na tessitura da cidade de Roma. Seus espaços públicos e cerimoniais (e *não* me refiro às favelas e aos cortiços onde a maioria dos cerca de 1 milhão de habitantes vivia) estampavam as marcas, em concreto e mármore, de um governante após o outro. Às vezes era uma exibição bombástica e competitiva. A Coluna de Trajano, por exemplo, um exercício triunfante de como garantir o máximo de impacto numa área mínima, foi superada meio século depois pela Coluna do imperador Marco Aurélio, quase 5 metros mais alta. Um século antes, o próprio Augusto teria se vangloriado de ter encontrado Roma como uma "cidade de tijolos" e a deixado (em parte) como uma "cidade de mármore". Esses desenvolvimentos arquitetônicos, porém, normalmente faziam parte de um projeto mais importante: o de reconfigurar a paisagem urbana em torno da ideia do imperador, para transformar sua presença em algo inevitável, até mesmo "natural".

Não há melhor exemplo disso que o novo Templo de Marte, "o Vingador", mencionado em *O que eu fiz*, e destaque do novo "Fórum de Augusto". Nele, Marte, o deus da guerra, era celebrado por "vingar" tanto o assassinato de Júlio César quanto a desastrosa batalha contra os partos em 53 a.C., quando Crasso literalmente perdeu a cabeça. Pelas descrições romanas e pelos vestígios ainda presentes no local, podemos perceber que a imensa praça em frente ao templo (o "Fórum") tinha mais de cem estátuas. Algumas retratavam os vários fundadores míticos da cidade, inclusive Rômulo. Muitas outras celebravam os "grandes homens" da República, desde os heróis nacionais que salvaram Roma de Aníbal até Sula, o ditador, e até mesmo o inimigo de César, Pompeu. No centro do átrio, dominando a cena, havia uma estátua do próprio Augusto, em pé numa carruagem dourada. A conclusão era óbvia: os conflitos políticos da era anterior já não importavam (até mesmo Pompeu, afinal de contas, era acolhido na galeria de heróis), e toda a história de Roma remetia a Augusto.

Os muitos retratos do imperador erigidos em bronze e mármore em todo o mundo romano transmitiam mensagem semelhante. Mais de duzentos retratos de Augusto ainda resistem, das dezenas de milhares que existiam (ver Capítulo 9), além dos milhões de moedas com sua efígie

11. As ruínas do Templo de Marte, "o Vingador", ponto central do Fórum de Augusto. Ostentava os estandartes militares perdidos por Crasso em 53 a.C., após sua derrota para os partos na Batalha de Carras (p. 43), e recuperados por Augusto, por vias diplomáticas, não por vitórias militares.

que tilintavam nos bolsos e bolsas romanos. Tudo isso ia muito além do exemplo que Júlio César começou a estabelecer no seu curto tempo no poder, e significava que era quase impossível participar da vida pública, urbana ou comercial no mundo romano sem topar todos os dias com a imagem do imperador. Se a maioria das pessoas fora de Roma sabia exatamente quem ele era, ou se podia associar o nome correto ao rosto certo numa fileira de estátuas imperiais, isso é outra questão. No entanto, "o imperador" como figura central era onipresente. O texto de *O que eu fiz* é, claro, outro aspecto disso. É provável que poucas pessoas conseguissem ou – dadas as baixas taxas de alfabetização – soubessem ler e assimilar todos os fatos e números, mas o próprio ato de copiar e exibir as palavras de Augusto o inscreveu, literalmente, na paisagem urbana de Roma e do seu Império.

O que eu não disse

Apesar das detalhadas listas de suas realizações, Augusto é reticente em *O que eu fiz* sobre a lógica política fria que fundamentou seu governo e definiu o padrão para seus sucessores até o século III d.C. Quase certamente isso não foi planejado em detalhes com antecedência, mas podemos reconstruir dois importantes princípios de poder que se desenvolveram durante o seu reinado.

O primeiro é que aquele era um governo *militar*. Não quero dizer que Roma pululava de desfiles de homens uniformizados, como no clichê moderno das ditaduras militares. O fato é que a cidade de Roma em si era visivelmente desmilitarizada, mesmo pelos padrões atuais das capitais ocidentais. Não havia cerimônias regulares, como a Troca da Guarda ou o Dia da Bastilha, que exibissem soldados no centro da cidade. A maioria dos soldados posicionava-se nas fronteiras do território romano, com apenas alguns guardas urbanos ou no palácio (a chamada "Guarda Pretoriana") em Roma. Ademais, a não ser pela couraça e alguns "acessórios", os soldados romanos não usavam uniformes no sentido que damos à palavra. Mas o fato crucial era que Augusto controlava todas as forças armadas no Império, mais de 250 mil homens, estabelecendo o padrão para os imperadores que o sucederam. A importância disso não passou despercebida pelos observadores romanos mais perspicazes. Uma anedota irônica fala de uma discussão pedante no século II d.C. entre o imperador Adriano e um notório estudioso sobre o uso correto de determinada palavra em latim (infelizmente, não nos é dito qual era a palavra). O estudioso cedeu ao imperador e foi criticado por seus amigos por não ter defendido seu ponto de vista, pois sabia que a opinião do imperador estava errada. Sua resposta oportuna foi: "Um homem que comanda trinta legiões sempre sabe mais".

Em termos militares foi uma revolução, mesmo que sua importância às vezes seja ofuscada por detalhes técnicos sobre o pagamento, as características do exército e a sintonia fina das nomeações militares, conforme registrado pelos escritores romanos. Augusto devia estar bem ciente do perigo representado por exércitos rebeldes nas últimas décadas da República, fosse na forma de homens poderosos com suas legiões particulares (como a que ele mesmo recrutou depois do assassinato de César), fosse na de tropas que simplesmente eram mais leais aos seus generais que ao Estado. Sua resposta foi, em nossos termos, nacionalizar o exército como uma força voluntária, com cidadãos romanos servindo nas legiões propriamente ditas e usando não cidadãos das províncias como tropas "auxiliares". Augusto estabeleceu, pela primeira vez, termos empregatícios regulamentados, com salário padrão e tempo de serviço definidos; e, quando se aposentavam, os soldados que serviam nas legiões (era um pouco diferente para os auxiliares) recebiam um valor fixo de fundos de pensão. A ideia não era melhorar as práticas empregatícias, mas, sim, vincular as tropas ao imperador e ao Estado, além de enfraquecer seus vínculos com os generais, dos quais eles antes dependiam por dinheiro ou terras quando desmobilizados.

Ao mesmo tempo, Augusto elaborou um esquema para garantir a lealdade dos representantes mais graduados de Roma em todo o Império. Isso envolveu dividir as províncias em dois grupos: de um lado, as que eram em grande parte pacíficas, como a Grécia e o sul da França ("Acaia" e "Gália Narbonense"); de outro, províncias em que a luta ativa continuava e onde se acantonava a maior parte do exército, como a Alemanha e o norte da França (a "Gália cabeluda", como era às vezes apelidada). Ele deixou para o Senado selecionar os governadores das províncias pacíficas, enquanto escolhia os governadores para as demais, a fim de servirem explicitamente como seus representantes, podendo contratá-los e demiti-los quando quisesse. Seu objetivo era manter um controle rígido sobre qualquer um que pudesse influenciar os soldados, garantir que se mantivessem na linha e monopolizar a autoridade militar para si mesmo. Também monopolizou as glórias militares, como mostra a história do que aconteceu com a cerimônia tradicional do "triunfo". Por séculos, essa cerimônia foi o ápice da ambição dos comandantes romanos: um exuberante desfile da vitória pela cidade de Roma, celebrado pelos generais mais vitoriosos, vestidos como o deus Júpiter para a ocasião. Isso, porém, mudou. A partir da metade do reinado de Augusto, só membros da família imperial "triunfavam", independentemente de quem tivesse comandado as tropas no campo de batalha. Era como se todas as vitórias fossem conquistadas pelo imperador.

Augusto poderia ter se congratulado por manter as tropas sob o controle do imperador. Até o século III d.C., soldados só intervieram diretamente duas vezes na política de poder do regime imperial: uma vez em 68, na queda de Nero, e mais uma vez em 193, durante as guerras civis que se seguiram ao assassinato do imperador Cômodo. (Não estou contando as várias ocasiões em que membros da guarda participaram de golpes e tentativas de assassinato – todos os governantes ao longo da história sempre correram riscos com suas guardas pessoais.) A nacionalização do exército, contudo, também era exorbitantemente cara. A soma dos salários regulares com o fundo de pensão para soldados aposentados representava todos os anos uma quantia equivalente a mais da metade da receita total do Estado romano.

Augusto logo precisou encontrar fontes extras de financiamento, introduzindo em 6 d.C. alguns impopulares "impostos sobre herança" para pagar as pensões dos militares. (Foi sobre esse imposto de herança que Plínio, em seu voto de agradecimento, ostentou seu conhecimento especializado.) E a julgar pelos relatos dos soldados idosos, artríticos e desdentados que se amotinaram depois da morte de Augusto, em 14 d.C., alguns permaneceram em suas unidades por muito mais tempo que o período fixo de dezesseis anos, depois estendido para vinte anos. Como os governos modernos também constataram, postergar a idade da aposentadoria era uma maneira conveniente de economizar, pois, além de adiar a necessidade do pagamento, também alguns beneficiários

12. Uma representação mais suntuosa de uma procissão triunfal romana que a da fig. 3. Esta taça de prata faz parte de uma preciosa coleção soterrada pela erupção do Vesúvio, em 79 d.C. Retrata um triunfo do futuro imperador Tibério, enteado de Augusto, que está na biga – mas aqui é um escravo que segura uma coroa sobre sua cabeça, não uma deusa.

em potencial certamente morreriam nesse intervalo de tempo. O apoio militar ao governo dos imperadores veio a um preço muito alto – para todos os envolvidos.

O segundo princípio básico de Augusto foi o de reconfigurar a "democracia mais ou menos" em Roma. Muitas coisas ainda *pareciam* iguais, e presume-se que este fosse o objetivo. Os cargos tradicionais que haviam sido cruciais para a política republicana – dos questores (os mais juniores), passando pelos pretores e chegando aos cônsules (no topo) – continuaram a ser ocupados por alguns dos cidadãos mais ricos. Os ex-detentores de cargos continuavam, como antes, a se tornar membros permanentes do Senado, com seus benefícios e privilégios até aumentados, incluindo lugares reservados na primeira fila em todos os eventos públicos. De certa forma, Augusto usou essas antigas estruturas políticas como um arcabouço para o seu governo de um homem só, e divulgou o slogan da *civilitas*. O termo significava literalmente "comportar-se como um cidadão", mas é provável que estivesse mais próximo da ideia de "comportar-se como *um de nós*", quando, como no *Panegírico de Trajano* de Plínio, "nós" se referia à elite romana. Nesse espírito, Augusto e seus sucessores eram membros ativos do Senado e participavam dos debates. Estabeleceram o hábito de recusar honrarias "excessivas" – *O que eu fiz* proclama recusas honoráveis (de estátuas de prata, de uma ditadura, de um consulado perpétuo e de "qualquer cargo que fosse contra o costume tradicional") ao lado das listas de realizações. Também se tornavam cônsules mais ou menos à maneira antiga, além de usarem a linguagem da política republicana para definir e apresentar sua posição, referindo-se, por exemplo, aos seus "poderes equivalentes aos de um cônsul".

O imperador, porém, passou a controlar cada vez mais quem ocupava os cargos-chave, tornando irrelevantes as eleições democráticas populares, até mesmo na forma da "democracia mais ou menos" de Roma. Plínio não tinha dúvidas de que devia seu consulado em 100 d.C. a Trajano (daí o voto de agradecimento), e escritores romanos se referiam casualmente à "nomeação" desses funcionários pelos imperadores. Na prática, era o que faziam. Augusto pode de início ter procedido com mais cautela que Júlio César – ou ao menos é o que parece pelas histórias de Augusto fazendo campanhas publicamente por seus favoritos nas assembleias do povo e até mesmo implantando medidas para combater subornos nas eleições (para dar a impressão de serem ainda mais acirradas). No entanto, era dado como certo que os indicados por ele para o cargo, formal ou informalmente, teriam sucesso. Logo após sua morte em 14 d.C., o sucessor de Augusto, Tibério, "simplificou" as coisas transferindo o ritual das eleições (que na época era pouco mais que um ritual) dos cidadãos em sua totalidade para o Senado. Tácito relata, como sinal da mudança dos tempos, que houve poucas reclamações por parte do povo em geral, e que a elite ficou feliz por se ver livre do incômodo da política popular.

O slogan da *civilitas* obscurece outras grandes disrupções. Para começar, Plínio se caracterizou por ocupar o consulado só por dois meses, ao contrário dos cônsules da República, que serviam os doze meses completos. Nomear cerca de uma dúzia de cônsules por ano, que serviam em pares por um curto período, era uma maneira fácil de os imperadores satisfazerem as ambições pelo cargo máximo de muitos outros senadores, mas também era um modo sutil de desvalorizar o cargo, transformando o que antes era uma posição de poder num cargo honorário. A mudança decisiva, porém, foi o fim da votação popular, que – assim como a reforma do exército – teve o efeito de romper os vínculos entre a elite romana e o povo comum, e assim evitar o surgimento de bases de poder popular rivais. A suspensão das eleições pode ter deixado muita gente feliz nos altos escalões, mas elas também formavam a interface, a cola de dependência mútua entre a elite e os cidadãos em geral. Agora, não mais.

Até mesmo a tessitura física das antigas instituições democráticas foi redirecionada. Um grande projeto de construção iniciado por Júlio César, e concluído sob Augusto em 26 a.C., foi um novo "salão de votação" em mármore (Saepta). Apenas alguns vestígios sobrevivem, mas são o suficiente para mostrar que podia abrigar mais de 50 mil eleitores, o mesmo número de pessoas que lotaria o Coliseu, construído quase um século depois. Esse salão de votação se tornou um elefante branco quase antes de ser concluído. Já durante o reinado de Augusto, era usado para uma nova forma de política. Entre outras coisas, tornou-se um local onde o imperador organizava espetáculos de gladiadores para o "seu" povo. Era um protótipo do Coliseu.

Imperadores versus senadores?

A antiga elite romana simplesmente se submeteu a tudo isso e aceitou? Uma resposta é: não. As relações tensas entre senadores e imperadores – uma falha geológica na política que permeia os quase trezentos anos de história abordados neste livro – sempre foram um tema importante nos registros do governo imperial. Elas produziram algumas das histórias mais arrepiantes, memoráveis e às vezes hilárias (para nós) de oposição senatorial e caprichos e crueldades imperiais – das quais Elagábalo e suas almofadas flatulentas são apenas uma pequena parte.

Em casos extremos, houve derramamento de sangue nos dois lados. Imperadores foram alvo de conspirações e assassinatos. Esquadrões da morte palacianos eliminavam – ou obrigavam ao suicídio, que era mais ao estilo romano – senadores incômodos ou supostamente desleais. Os chamados "julgamentos por traição" resultaram em sentenças de morte a senadores por crimes que, ao menos depois, eram apresentados como triviais (críticas casuais ao imperador, danos a uma estátua imperial e coisas do tipo). Os promotores nestes casos eram senadores, e o júri era o próprio Senado, e é difícil não desconfiar de que às vezes implicassem alguns acertos de contas entre senadores ou garantistas radicais dispostos a fazer o trabalho sujo do imperador. No entanto, nem sempre. O próprio Augusto deve ter estado por trás da execução judicial de um rico senador que ganhou apoio popular ao financiar a primeira brigada de incêndio semiprofissional da cidade – evidência tanto do nível rudimentar dos serviços públicos romanos como dos temores do imperador em relação a potenciais rivais que exploravam sua popularidade junto ao povo. E a história do filósofo Epiteto sobre soldados agindo como agentes secretos da Stasi* moderna confirma esse ponto. Fingindo ser civis comuns, eles instavam pessoas a falar mal do imperador ("eles falam mal de César, então você faz o mesmo") – para depois as prender.

Houve poucos imperadores sem sangue nas mãos, como demonstra a *História Augusta* ao considerar notável que o jovem Alexandre Severo não tenha executado nenhum senador no seu reinado. Vamos comparar com o imperador Cláudio, quase duzentos anos antes. Apesar da imagem paternal que temos do imperador (em grande parte, acredito, uma criação de *Eu, Cláudio*, de Robert Graves), Suetônio afirma que 35 senadores, de um total aproximado de seiscentos, foram executados durante seu governo – culpados, nos termos romanos, ou não.

Com muito mais frequência, no entanto, não havia derramamento de sangue, mas, sim, humilhação no estilo de Elagábalo, insultos calculados e microagressões. Plínio relata o caso do imperador Domiciano arrotando na cara de seus sofisticados convidados e jogando a comida que não lhe apetecia para eles. Consta que Calígula disse "brincando" a dois cônsules: "Bastaria um sinal da minha parte para ambos terem as gargantas cortadas aqui e agora". Mais de 150 anos depois, Dião Cássio conta que estava entre os espectadores do Coliseu quando Cômodo, em 192 d.C., teve sua vez como caçador de feras na arena (os pobres animais ficavam presos para tornar a tarefa mais fácil e segura para ele). Depois de decapitar um avestruz, o imperador se aproximou dos lugares especiais da primeira fila reservados aos senadores e acenou com a cabeça da ave, como se dissesse: "Vocês serão os próximos".

---

* Abreviatura de "Staatssicherheit", ou "segurança estatal", a temida polícia secreta atuante na Alemanha Oriental até a queda do Muro de Berlim. [N.T.]

Por sua vez, os senadores resistiam e revidavam. O riso era uma das respostas. Dião se vangloria de que ele e os outros quase tiveram crises de riso (nervosas, imagino) ao ver Cômodo e o avestruz, e que precisaram enfiar folhas das coroas de louro na boca para sufocar o que poderia ter sido uma perigosa gargalhada (pp. 261-262). Outra forma de resistência era a não cooperação. Senadores ostensivamente resilientes faziam passeatas ou ficavam em casa – como o senhor de idade que, segundo Dião, não conseguia comparecer às palhaçadas de Cômodo no Coliseu (embora prudentemente mandasse os filhos em seu lugar). Outros usavam de ingenuidade fingida ou lisonja de dois gumes para deixar o imperador em situação difícil. Em uma ocasião, em 15 d.C., por exemplo, no momento do veredito em um julgamento por traição, a hipócrita igualdade de fachada de Tibério junto aos outros membros do Senado foi exposta por um homem que implorou para que ele votasse primeiro: "porque se o senhor votar por último eu posso descobrir que votei errado por engano". (Se foi uma maneira inteligente de garantir a absolvição do réu, funcionou.) Também havia um bocado de confrontos mal-intencionados e de baixo nível. É o que alguns historiadores modernos sugeriram estar por trás da famosa ameaça de Calígula de nomear seu cavalo de corrida favorito como cônsul. Se a história for verdadeira, eles argumentam, provavelmente foi uma resposta exasperada e irônica à não cooperação mal-intencionada dos senadores. "O meu cavalo poderia ser nomeado cônsul como qualquer um de vocês", foi o recado do imperador.

Esses relatos que nos chegaram são todos contados do ponto de vista dos senadores, seja como nobres vítimas, seja como heróis (só podemos especular sobre o que de fato poderia estar por trás da ameaça de Calígula com seu cavalo, ou o que Tibério sentia em relação ao seu próprio desempenho no Senado). Embora sejam unilaterais, eles indicam uma desconfiança incômoda, combinada com uma dependência mútua igualmente desconfortável, entre a elite e o governante: senadores impotentes diante dos caprichos imperiais, e um imperador hostil ou temeroso em relação aos senadores, que eram seus rivais mais prováveis, mas dos quais dependia para governar o mundo romano. Eles também indicam parte do duplipensar desestabilizador inerente ao governo de um só homem de Roma desde o início, e em palavras de efeito como *civilitas*.

A história do senador que pediu a Tibério que votasse primeiro realçava mais do que a hipocrisia de um imperador específico. Rebaixava a própria noção de *civilitas* e expunha o fato de que – independentemente da sua participação ao lado dos colegas senadores – nenhum imperador poderia jamais ser "um de nós". Um exemplo ainda mais marcante talvez seja o comportamento de Augusto ao entrar ou sair das sessões do Senado. Dizem alguns que ele parava para cumprimentar e se despedir de cada senador individualmente, chamando-o pelo nome. Se Augusto fazia isso (e é difícil imaginar que o fizesse com frequência), toda essa ladainha, levando em conta um comparecimento razoável dos senadores, levaria no mínimo uma hora e meia, tanto na entrada quanto na saída. Apesar de toda a cortesia cuidadosamente coreografada, esse era um sinal muito claro de que Augusto *não era* um senador comum. Sua atitude era mais uma exibição de poder que um reconhecimento de igualdade cidadã.

No geral, Augusto parece ter "se safado" disso; ao menos é nisso que acreditavam escritores romanos posteriores. Muitos de seus sucessores não foram tão bem-sucedidos na elaborada dança política necessária para administrar o arriscado equilíbrio com a elite, e em parte por isso ficaram marcados na história como "maus" imperadores. Para os historiadores do mundo romano, quase todos pertencentes à elite, "mau" muitas vezes era sinônimo de "mau do ponto de vista da alta sociedade romana". Mesmo com Augusto, existem linhas de conexão com o exagerado mundo distópico, e em parte fictício, de Elagábalo. Nas relações entre o imperador e o Senado, as coisas nunca eram o que pareciam. Nos dois lados, era raro alguém dizer exatamente o que queria, e essa disjunção entre aparência e realidade alimentava a desconfiança.

O outro lado da história

Há outros aspectos na história dos imperadores e senadores. Historiadores, escritores e pintores sempre se sentiram atraídos pelos rebeldes e dissidentes. Alguns entre as vítimas dos imperadores continuaram sendo vistos como heróis lendários até os tempos modernos. Lúcio Aneu Sêneca, por exemplo, filósofo, dramaturgo e satirista, e o homem que teve a pouco invejável tarefa de ser tutor do imperador Nero, em 65 d.C., foi implicado numa conspiração fracassada contra seu ex-pupilo e recebeu ordens de se matar. Muitos pintores, desde o Renascimento, retrataram a cena em que o velho Sêneca é posto em uma banheira de água quente para melhor sangrar suas veias, imitando Sócrates (de forma um tanto histriônica, deve-se dizer) e filosofando até por fim morrer (il. 2).

Mesmo agora, todos os que raramente nos expomos nos parapeitos políticos tendemos a apoiar pessoas que vemos como oponentes íntegros e corajosos de autocratas corruptos. Suas histórias são mais emocionantes que as dos "colaboracionistas": vai contra a nossa natureza investir nossa simpatia no drama de um governante ameaçado de assassinato ou acossado por "grupos dissidentes". (Mesmo assim, talvez devêssemos levar mais a sério a afirmação do imperador Domiciano de que ninguém acreditava em conspirações contra o imperador até o imperador estar morto.) Em nossa simpatia pelos rebeldes, é fácil esquecer que – a despeito dos protestos ruidosos contra os crimes e delitos de governantes específicos ou do descontentamento com alguns aspectos do governo de um homem só – praticamente não vemos sinais de qualquer resistência significativa ao governo de um homem só pelo que *era em si*.

A última vez que vislumbramos uma resistência ao sistema imperial foi em 41 d.C., menos de trinta anos – e apenas dois imperadores – depois da morte de Augusto. Logo depois do assassinato de Calígula – o segundo desses dois, por alguns membros insatisfeitos da sua guarda –, um discurso empolgante foi proferido no Senado, exigindo um retorno à "liberdade" da antiga República. Foi muito pouco, e tarde demais. O momento para qualquer retorno à antiga ordem já tinha passado. Cláudio foi proclamado o novo imperador, e a eloquência do orador foi logo desmascarada quando se descobriu que ele usava um anel com a efígie de Calígula. O que poderia ser mais não republicano que isso? Além das fantasias de alguns filósofos irrealistas ou de sonhadores nostálgicos que mantinham em suas lareiras retratos de Bruto e Cássio, os assassinos de César, esta foi a última vez que ouvimos falar de qualquer apelo prático pela derrubada do governo de um homem só em Roma. O sistema estabelecido por Augusto perdurou por toda a história de Roma.

É fácil também esquecer que nem todos os senadores sob os imperadores estavam envolvidos nessa guerra de palavras, nem de longe. Tácito, com seu característico cinismo, identificou dois grupos principais no Senado: de um lado, os dissidentes quase sempre ineficazes, cheios de sentimentos nobres e gestos grandiosos, mas sem muito ativismo ou bom senso político; e do outro os covardes, os bajuladores e os que trocavam prontamente sua liberdade por riqueza e influência política. O próprio Plínio foi muitas vezes retratado por historiadores modernos como um desses lambe-botas medrosos (e decerto havia senadores medrosos que às vezes lambiam as botas imperiais). Plínio, contudo, também pode ser visto como um homem cuidando da própria vida e da carreira no único sistema político que conhecia. Sem dúvida, satisfeito com seu papel no Senado e na administração do Império e encantado por ser nomeado cônsul com um mandato de dois meses. Muito provavelmente, orgulhoso por se dizer amigo de Trajano, habilidoso em andar na corda bamba entre a bajulação e uma conversa franca, e capaz de se adaptar à comédia de costumes no entorno do imperador — ao mesmo tempo que lembrava enfaticamente o que um imperador deveria ser (e fazer).

É difícil saber quantos homens como Plínio existiram, muito porque no geral eles foram ofuscados por seus colegas mais ruidosos, mais descontentes e, para nós, mais glamorosos. No entanto, minha suposição é que a maioria dos senadores estava disposta, ou satisfeita, em cooperar com o *princeps*, fosse ele "bom", fosse ele "ruim" quase todo o tempo. Obviamente, há uma linha tênue entre "cooperadores" e "colaboracionistas", entre o educado e o obsequioso. Para o bem ou para o mal, porém, e independentemente das ambiguidades que às vezes envolviam, foi em parte graças aos Plínios do mundo romano que o sistema estabelecido por Augusto funcionou e perdurou.

2
QUEM É O PRÓXIMO?
A ARTE DA SUCESSÃO

Herdeiros de Augusto

Logo depois de retornar à Itália, em 29 a.C., após a Batalha de Ácio e a derrota de Marco Antônio e Cleópatra, Otaviano, como era chamado na época, começou a construir um imenso mausoléu perto do centro de Roma. Era a maior tumba que a cidade já havia visto, e ela permanece de pé até hoje, não muito longe do rio Tibre, com 90 metros de diâmetro. (No início do século XX, foi adaptada como uma das principais salas de concertos de Roma, o "Augusteo", com quase 4 mil lugares, até Mussolini desfazer as adições modernas e a reconverter em um "monumento antigo".) Era um símbolo inquestionável do poder autocrático, e o texto gravado de *O que eu fiz* exibido em sua entrada ressaltava esse ponto. O tamanho por si só quase exigia que o túmulo fosse destinado não só ao imperador e sua família direta, mas também a uma linha de sucessores. Esse mausoléu atuava como uma garantia, ou advertência, de que os imperadores não parariam em Augusto, e era uma grandiosa proclamação de continuidade dinástica.

No entanto, apesar dessa proclamação, o "planejamento sucessório" era o ponto fraco mais evidente do sistema de Augusto. Quem deveria suceder a Augusto? Ou, de forma mais geral, como deveria ser escolhido o sucessor do trono romano, por quem, com base em quais princípios e em que grupo de candidatos? Depois da morte de Augusto, nos cerca de duzentos anos seguintes e ao longo de umas duas dezenas de imperadores, a transição de poder quase sempre foi objeto de debates, tensões e por vezes assassinatos – desde o famoso prato de cogumelos envenenados, supostamente servido ao imperador Cláudio em 54 d.C. por sua quarta esposa, Agripina, até o humilhante fim de Caracala em 217, atacado por um assassino enquanto estava fazendo xixi. No entanto, a mudança de regime em Roma não gerou apenas momentos de incerteza e conflito. Como veremos, também provocou momentos em que a história foi reinventada, a reputação de imperadores passados foi construída ou destruída, e homens como Plínio tiveram de lidar com reajustes desconfortáveis. Há intrigas curiosas e quase insondáveis envolvidas nesse processo, e às vezes um elenco de personagens extenso; mas o importante é o *padrão*, não os detalhes. A sucessão e seus problemas estavam no cerne da história imperial e de como os governantes romanos ainda são julgados e lembrados.

Nesse aspecto, o normalmente afortunado Augusto teve uma incomum maré de má sorte. Primeiro, apesar de ele e a esposa Lívia terem

13. O mausoléu de Augusto, construído no início de seu reinado, foi um dos símbolos mais evidentes de suas ambições dinásticas. Aqui, na entrada principal, seu *O que eu fiz* foi inscrito em duas colunas de bronze, quase como um manifesto do governo de um homem só.

filhos de relacionamentos anteriores, nenhum dos que os dois tiveram juntos sobreviveu. Portanto, ao procurar herdeiros entre seus descendentes, Augusto teve de recorrer à família da sua única filha, Júlia, ou da sua irmã Otávia e aos filhos do primeiro casamento de Lívia: daí o título híbrido "Júlio-Claudiano" agora geralmente atribuído a essa primeira dinastia dos "Julii", da família de Augusto, e dos "Claudii" do marido anterior de Lívia, Tibério *Cláudio* Nero. Mesmo assim, todos os herdeiros escolhidos morreram, um por um – até que o último sobrevivente fosse o filho de Lívia, Tibério, que foi formalmente adotado por Augusto e ascendeu ao trono como o segundo imperador após sua morte, em 14 d.C. (il. 5).

Alguns escritores romanos, bem como romancistas modernos, especularam se Lívia não teria tramado tudo desde o início e – graças ao seu especial talento para envenenamentos – sido instrumental na "má sorte" de Augusto. Um dos boatos chegou a afirmar que ela se livrou de Augusto passando veneno nos seus figos favoritos, a fim de abrir caminho para Tibério. Quem sabe? No mundo antigo era impossível distinguir um caso grave de apendicite de um caso grave de envenenamento, ou os efeitos de figos adulterados dos efeitos de uma disenteria; e só podemos especular sobre qual combinação de teorias conspiratórias, fofocas, misoginia ou hipótese bem fundamentada estava por trás dessas alegações. O que se sabe é que Lívia foi a primeira de uma *longa* linhagem de mulheres imperiais suspeitas ou culpadas de facilitar a ascensão dos próprios filhos ou netos ao trono. Os cogumelos envenenados de Agripina podem ter assegurado a sucessão do seu filho Nero. Consta também que a sucessão de Elagábalo, em 218 d.C., seguiu um padrão semelhante, arquitetado por sua avó e sua mãe, em conluio com alguns soldados descontentes, para pôr alguém da própria família de volta ao trono, depois do breve governo de um "intruso". Verdade ou não, tem sido um clichê nos relatos históricos antigos e modernos que nos bastidores, de Lívia em diante, as mulheres eram capazes de coroar reis.

Contudo, havia algo muito mais fundamental do que má sorte, frascos de veneno ou mães e avós ambiciosas por trás das controvérsias da sucessão romana e das fissuras abertas nas estruturas de poder. As monarquias europeias modernas tendem a seguir um sistema de "sucessão do primogênito", ou "primogenitura", como é conhecido tecnicamente.

A árvore genealógica da dinastia Júlio-Claudiana

É quase impossível representar num diagrama as inter-relações entre os descendentes de Augusto. No entanto, esta (simplificada) árvore genealógica mostra as complexidades e dificuldades de sucessão na primeira dinastia imperial.

C. JÚLIO CÉSAR

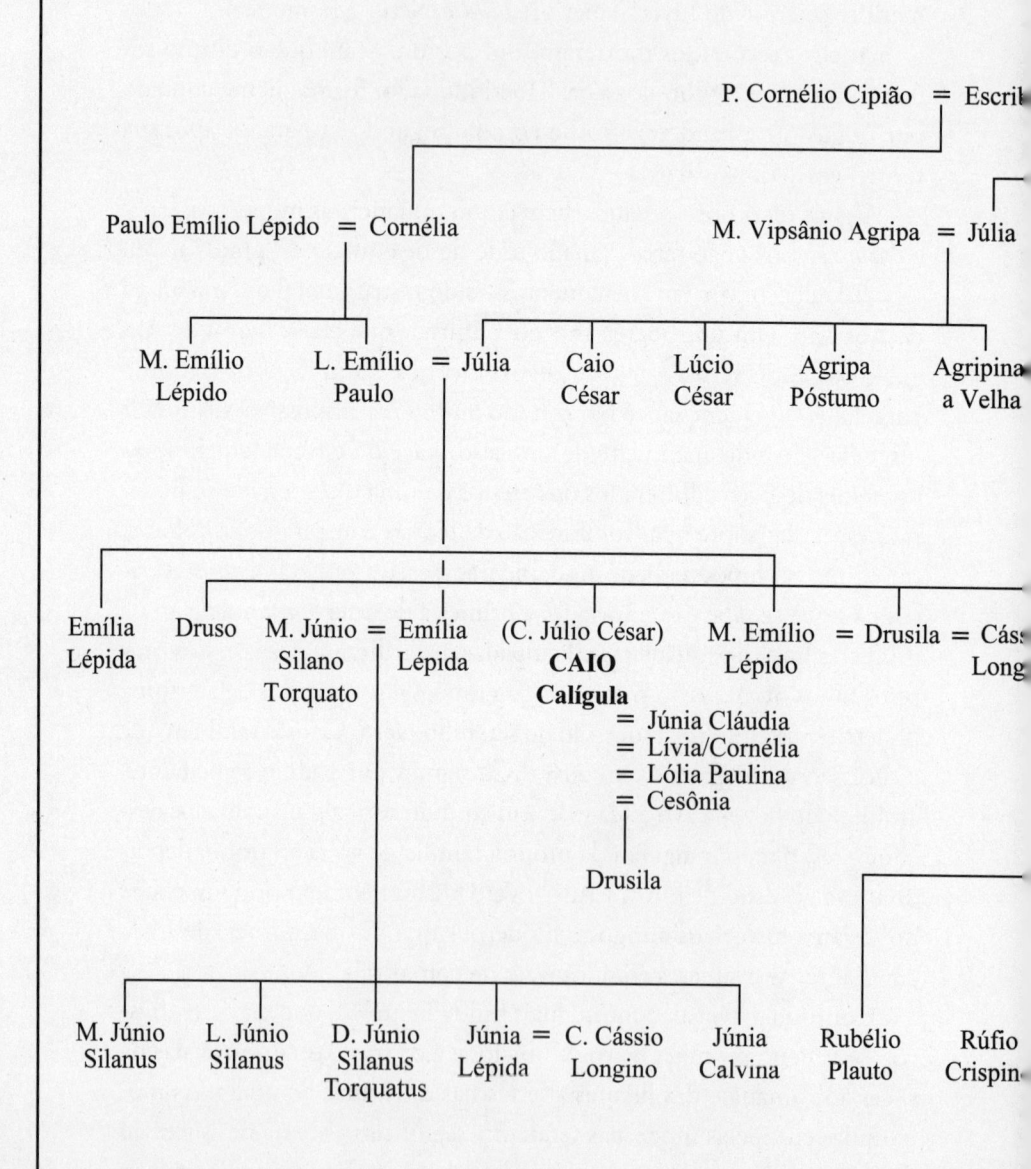

P. Cornélio Cipião = Escri[bônia]

Paulo Emílio Lépido = Cornélia   M. Vipsânio Agripa = Júlia

M. Emílio Lépido   L. Emílio Paulo = Júlia   Caio César   Lúcio César   Agripa Póstumo   Agripina a Velha

Emília Lépida   Druso   M. Júnio Silano Torquato = Emília Lépida   (C. Júlio César) **CAIO Calígula**   M. Emílio Lépido = Drusila = Cás[sio] Long[ino]

= Júnia Cláudia
= Lívia/Cornélia
= Lólia Paulina
= Cesônia

Drusila

M. Júnio Silanus   L. Júnio Silanus   D. Júnio Silanus Torquatus   Júnia Lépida = C. Cássio Longino   Júnia Calvina   Rubélio Plauto   Rúfio Crispin[o]

= M. Átio Balbo

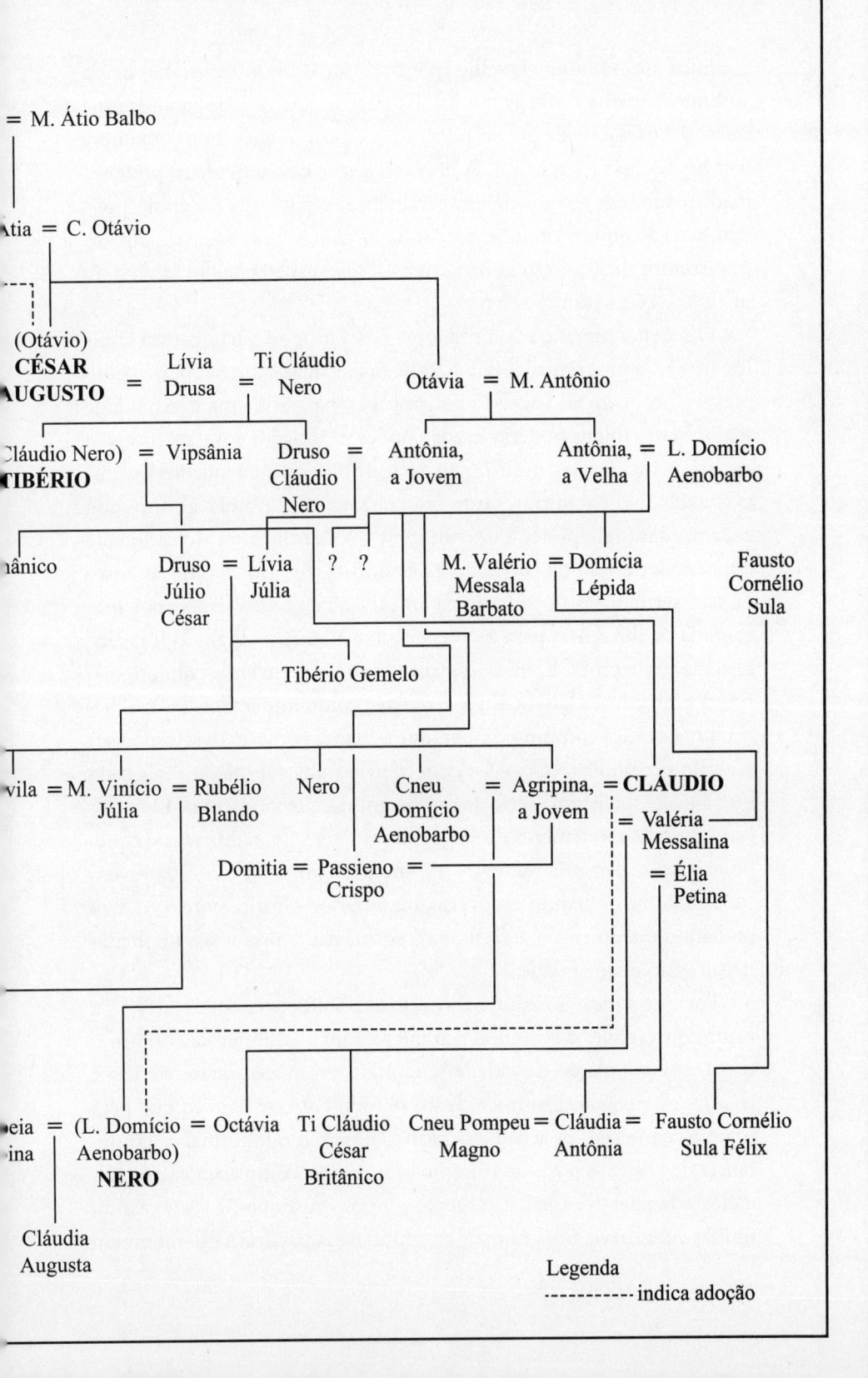

Átia = C. Otávio

(Otávio)
CÉSAR AUGUSTO = Lívia Drusa = Ti Cláudio Nero   Otávia = M. Antônio

(Cláudio Nero) = Vipsânia   Druso = Antônia,   Antônia, = L. Domício
TIBÉRIO   Cláudio   a Jovem   a Velha   Aenobarbo
                            Nero

ânico   Druso = Lívia   ? ?   M. Valério = Domícia   Fausto
         Júlio   Júlia   Messala   Lépida   Cornélio
         César   Barbato   Sula

                    Tibério Gemelo

vila = M. Vinício = Rubélio   Nero   Cneu   = Agripina, = **CLÁUDIO**
       Júlia   Blando   Domício   a Jovem   = Valéria
                                     Aenobarbo   Messalina
                                                          = Élia
                Domitia = Passieno =   Petina
                          Crispo

eia = (L. Domício = Octávia   Ti Cláudio   Cneu Pompeu = Cláudia = Fausto Cornélio
ina   Aenobarbo)   César   Magno   Antônia   Sula Félix
       NERO   Britânico

Cláudia
Augusta

Legenda
---------- indica adoção

Significa que o filho mais velho (por tradição, do sexo *masculino*) herda automaticamente a posição do pai. Isso tem a vantagem de garantir uma transição tranquila de poder, pois todos sabem quem será o próximo e não há discussão a respeito. A desvantagem é que o herdeiro pode ser inadequado, em termos de temperamento, capacidade ou apoio político, para assumir o trono. É preciso lidar com o resultado, seja um administrador dedicado, mas não criativo, seja um esbanjador lascivo ou um adolescente transgressivo.

O sistema romano não tinha uma regra fixa, nem na herança familiar (grandes propriedades não passavam automaticamente para o filho mais velho), nem na sucessão política. Isso permitia uma flexibilidade maior sobre quem poderia herdar poder e posição, com a vantagem de, em princípio, ser muito mais fácil driblar os inadequados ou impopulares. No entanto, o custo era enorme: uma potencial disputa a cada mudança de poder, ou, com mais frequência, anos de rivalidade e luta pela posição na corrida para assumi-la. As reformas de Augusto podem ter reduzido boa parte da ameaça de exércitos rivais apoiando candidatos diferentes para a sucessão, mas não impediram as lutas internas entre facções. E, mesmo quando um herdeiro era escolhido, não ficava totalmente claro quem o *designava* como imperador de fato. Virou uma prática comum o imperador reinante conferir ao seu sucessor favorito o título de "César" e conceder-lhe um consulado mais cedo que o usual, mais uma série de outras honras e recompensas. Dois dos jovens herdeiros efêmeros de Augusto, por exemplo, receberam o título de *princeps iuventutis*, "líder" – até mesmo "imperador" – "da juventude romana". Quando o governante anterior morria, porém, outros podiam transformar ou se recusar a transformar as promessas implícitas da sucessão em realidade.

Por essa razão, a maioria dos reinados começava com o novo ou futuro governante distribuindo dinheiro à guarda do palácio, a outras tropas e à população da cidade, e fazendo promessas de deferência e *civilitas* no Senado. Em troca disso, se tudo corresse bem (o que nem sempre acontecia), os senadores ratificavam de modo formal a transferência de poder, o povo no mínimo se mostrava complacente, e os soldados aclamavam entusiasticamente o novo imperador. Mesmo assim, muitas vezes havia uma campanha coordenada para torná-lo o homem óbvio, inevitável ou – o melhor de tudo – divinamente escolhido para o cargo. Este era o objetivo de todos os presságios e profecias trazidos à tona – ou, mais provavelmente, inventados –, que ainda podemos ler nas antigas biografias dos imperadores: a águia (um símbolo clássico do poder imperial) que um dia pousou como que por acaso no ombro de Cláudio; ou a sacerdotisa que "por engano" se dirigiu ao futuro imperador Antonino Pio como *imperator* muito antes de haver qualquer indício de que ele assumiria o trono. A regra básica é a de que, quanto mais frágeis fossem as reivindicações ao poder, mais insistentes e extravagantes tinham de ser os sinais e presságios. Vespasiano, que se tornou imperador em 69 d.C. na guerra civil que se seguiu à morte de Nero, um forasteiro sem ligações diretas com governantes anteriores, recebeu créditos pela realização de milagres quase bíblicos. No Egito, a caminho de Roma para assumir o trono, diz-se que devolveu a visão a um homem cego com sua saliva e fez um coxo andar com um toque. Era uma forma de compensar a falta de conexões imperiais.

Rotas para o topo

Nos primeiros dois séculos e meio de governo de um homem só em Roma, os imperadores assumiram muitas formas, tamanhos e cores diferentes. Todos eram provenientes das camadas superiores da elite, e todos, exceto um, eram senadores ou filhos de senadores. A única exceção foi o antecessor de Elagábalo, Macrino, que governou por pouco mais de um ano depois do golpe que eliminou Caracala de forma ignominiosa em 217 d.C., enquanto fazia xixi. Mesmo Macrino, porém, era um advogado bem-sucedido, administrador de alto escalão e comandante da guarda imperial, não um soldado de carreira ambicionando o trono imperial. No entanto, esses imperadores foram se diversificando cada vez mais em termos de origem, de modo que, no final de nosso período, o trono romano já tinha sido ocupado por homens que consideravam a África do Norte, a Espanha ou a Síria um "lar". De maneira contundente, embora nem sempre precisa, um historiador romano do século IV d.C. afirmou que depois da morte de Domiciano, em 96, "todos os imperadores foram estrangeiros".

Por trás dessa mudança estava a diversidade cada vez maior da elite romana de maneira geral. Uma das características distintivas da vida social e política romana foi a classe dominante das províncias ser gradualmente incorporada à classe dominante da metrópole. No final do segundo século II d.C., havia senadores cujas origens familiares remontavam à Grécia, à Espanha, à Gália e à África do Norte. (A província periférica da Britânia foi a única, até onde sabemos, a não produzir nenhum senador, nunca.) E, à medida que a elite se tornava mais diversificada, o mesmo acontecia com os homens no trono – enquanto a divisão entre quem era considerado "romano" e quem era "estrangeiro" se tornava cada vez mais difusa. Trajano e Adriano, no início do século II, foram os primeiros governantes originários da Espanha, descendentes de colonos italianos, e não espanhóis "nativos". Meio século depois, Septímio Severo, o primeiro homem da África do Norte a se tornar imperador, era senador e soldado, filho de mãe da aristocracia italiana e de um homem rico da cidade de Léptis Magna. Sua mulher, Júlia Domna, a tia-avó de Elagábalo, era membro de uma família principesca e sacerdotal de Emesa, na Síria. Em uma dessas previsões (sem dúvida, em retrospecto) de poder futuro, dizia-se que seu horóscopo mostrava que ela se casaria com um rei.

A aristocracia tradicional nem sempre aceitava bem essa diversidade. Há fortes indícios de preconceito na história de senadores caçoando de Adriano, antes de ele ascender ao trono, em razão do sotaque "rústico" ou "provinciano", o que o levou a ter aulas de dicção. E muito disso se encontra nas afirmações de que, décadas depois, Septímio Severo sempre "falava como africano" e tinha predileção por um tipo específico de feijão africano (uma zombaria de sua culinária nativa, não muito diferente do desprezo que a elite britânica poderia mostrar por um primeiro-ministro cujo prato favorito fosse purê de ervilhas com torresmo). Dizia-se até que a irmã dele mal falava latim, e que Severo "enrubesceu" quando ela o visitou em Roma e a mandou voltar logo para casa. Não há dúvida de que atitudes semelhantes também estão por trás de algumas histórias sobre as inovações religiosas "exóticas" de Elagábalo, que exageravam e deploravam suas raízes sírias. Apesar de ter ocupado um cargo sacerdotal em Emesa, ele não foi (como as histórias nos fazem acreditar) retirado de uma vida de reclusão num templo oriental para se tornar imperador romano, pois já tinha passado boa parte da infância na Itália e no Ocidente. Como costuma acontecer com frequência na história, xenofobia e preconceito cultural em Roma andaram de mãos dadas com a diversidade étnica e a abertura ao mundo exterior. Uma coisa é certa, contudo: esses governantes em carne e osso eram muito mais diversos, e cada vez mais, do que se pode imaginar ao observar todas essas fileiras de bustos imperiais de mármore branco parecidos que vemos agora nas prateleiras dos museus.

As histórias sobre como esses homens chegaram ao trono são tão variadas quanto suas origens. Alguns afortunados passaram diretamente do papel de herdeiro escolhido para o de governante incumbente, mas não todos. Muito ocasionalmente, eles foram o "último candidato sobrevivente" de uma guerra civil. Foi o que aconteceu com Vespasiano em 69 d.C. e com Septímio Severo em 193. Ou foram o homem certo no lugar certo e no tempo certo, como quando Cláudio, em 41 d.C., foi encontrado pela guarda palaciana escondido atrás de uma cortina depois do assassinato do seu sobrinho Calígula. Cláudio foi declarado imperador por não haver outro candidato plausível disponível. Foi uma variação do mesmo tema que levou o idoso Nerva ao poder meio século depois, na esteira do assassinato de Domiciano. Depois de vários outros candidatos terem respondido com um firme "não, obrigado" à oferta antecipada dos conspiradores para o trono (talvez pensando que seria muito arriscado aceitar caso o plano falhasse), Nerva foi o primeiro e único a dizer "sim". No entanto, talvez a sucessão mais suja de todas tenha sido quando, na guerra civil que terminou com a vitória de Septímio Severo, em 193, o breviíssimo imperador Dídio Juliano supostamente pagou em dinheiro pelo trono. Insatisfeita com o generoso pagamento do novo imperador após o evento, a guarda palaciana resolveu leiloar seu apoio para o licitante que pagasse mais.

Nem era apenas uma questão de um homem no trono por vez. Hoje em dia pensamos no imperador romano como um governante *único*. É como tenho me referido a ele e como continuarei a fazê-lo. No entanto, essa pode ser uma simplificação enganosa, pois houve várias ocasiões nesse período (e isso se tornou ainda mais comum depois) em que dois homens ocuparam o trono, exercendo o poder imperial em conjunto. Já no início do século I d.C., um relato sugere que Tibério planejava fazer seu bisneto, Calígula, e seu jovem neto, Tibério Gemelo, seus herdeiros conjuntos. Se foi assim, o plano não deu certo. Calígula tornou-se o único imperador, e o neto de Tibério não sobreviveu por muito tempo (pp. 118-119). Isso, porém, aconteceu em 161, depois da morte de Antonino Pio, quando Marco Aurélio e Lúcio Vero governaram como coimperadores até a morte de Vero, em 169 (provavelmente numa grande pandemia, a menos que você prefira a história de que a sogra o eliminou com uma porção de ostras envenenadas). Em outra ocasião, no final do seu reinado, Septímio Severo governou em conjunto com seu filho Caracala, e depois da morte do pai, em 211, Caracala e seu irmão Geta passaram a dividir o trono, embora por pouco tempo. Neste caso, o governo conjunto não foi a resposta mais fácil para disputas familiares. No decorrer de um ano, consta que Caracala mandou assassinar Geta num momento em que ele estava agarrado ao colo da mãe.

Em todas essas diferentes formas de chegar ao poder imperial, ser o filho legítimo de um governante anterior era visto como uma vantagem. Foi por essa razão que os líderes do golpe que puseram Elagábalo no trono, em 218 d.C., disseminaram o boato de que ele era o filho ilegítimo de seu antecessor, Caracala (reforçando a afirmação ao vestir o pobre rapaz com roupas que alegavam ter pertencido ao seu "pai" e mudando seu nome). Alguns anos depois, os apoiadores de Alexandre Severo copiaram exatamente a mesma estratégia para o seu candidato ao trono, embora, até onde sabemos, sem o disfarce das roupas. No entanto, não havia expectativa de o poder imperial ser transferido por linha sanguínea direta e, em muitos casos, não existia um herdeiro biológico. Só em 79, depois de mais de cem anos de governo imperial, um filho biológico realmente sucedeu o pai, quando o imperador Tito se seguiu a Vespasiano. Isso só voltou a ocorrer um século depois, quando, em 180, Cômodo sucedeu ao seu pai biológico, Marco Aurélio.

Aqui, minha ênfase no *biológico* é crucial, pois a base da sucessão imperial sempre foi um sistema de adoção, que permitia uma escolha mais ampla de herdeiro além da família mais próxima do imperador, sem deixar de apresentar a transmissão de poder em termos de família. Desde os primórdios que conseguimos rastrear, a adoção em Roma tinha uma função diferente da maioria das adoções de hoje. Era um meio de garantir a continuidade da propriedade e do nome da família quando não havia filhos sobreviventes por nascimento (era um mundo em que metade das crianças nascidas morria antes de completar 10 anos). Grande parte dos adotados não era composta de bebês ou crianças pequenas, mas de homens adultos, muitas vezes com os pais biológicos ainda vivos.

A adoção foi incorporada ao sistema de governo de um homem só desde o começo. A primeira dinastia romana foi iniciada com a adoção por Júlio César de seu sobrinho-neto Otaviano no seu testamento, enquanto Augusto designou uma série de sobrinhos, netos e outros principezinhos fadados ao fracasso como herdeiros, adotando-os como filhos. Da mesma forma, mais de dois séculos depois, Elagábalo – provavelmente instruído por seus tutores – tentou fortalecer sua posição e garantir a continuidade dinástica adotando seu primo Alexandre Severo (mesmo com o garoto sendo apenas quatro anos mais novo que seu novo "pai"). A adoção, em outras palavras, sempre foi o mecanismo preferido para associados ou parentes próximos que não eram filhos biológicos do imperador governante serem designados para a sucessão e postos acima de possíveis rivais no círculo interno. A conclusão lógica (e absurda) disso ocorreu quando Septímio Severo, depois de chegar ao poder na guerra civil de 193, achou um meio de inverter o processo. Para reforçar seu direito ao trono, Severo proclamou retroativamente ser o filho adotado do penúltimo imperador, Marco Aurélio, morto mais de uma década antes. "Congratulações, César, por encontrar um pai", foi a reação de um espirituoso a essa "autoadoção".

Contudo, por mais de oitenta anos, do final do século I d.C. até a maior parte do século II, a adoção foi usada ainda mais sistematicamente. Começando por Nerva, uma série de imperadores sem filhos adotou seus sucessores de um grupo familiar muito mais amplo ou até mesmo de fora. Parte da força motriz por trás desse costume deve ter sido a necessidade: a falta de herdeiros naturais próximos, capacitados ou não. No entanto, mesmo que tenha sido, em algum nível, um exercício cosmético para disfarçar a ausência de filhos biológicos ou parentes próximos, por décadas (e por quase um terço do período que é o foco deste livro), a adoção se tornou um princípio orientador no cerne da sucessão imperial, e até mesmo defendida como um meio de estabelecer uma meritocracia imperial. No seu voto de agradecimento, Plínio enalteceu explicitamente a maneira como Trajano – a escolha de Nerva

Árvore genealógica da dinastia Severo

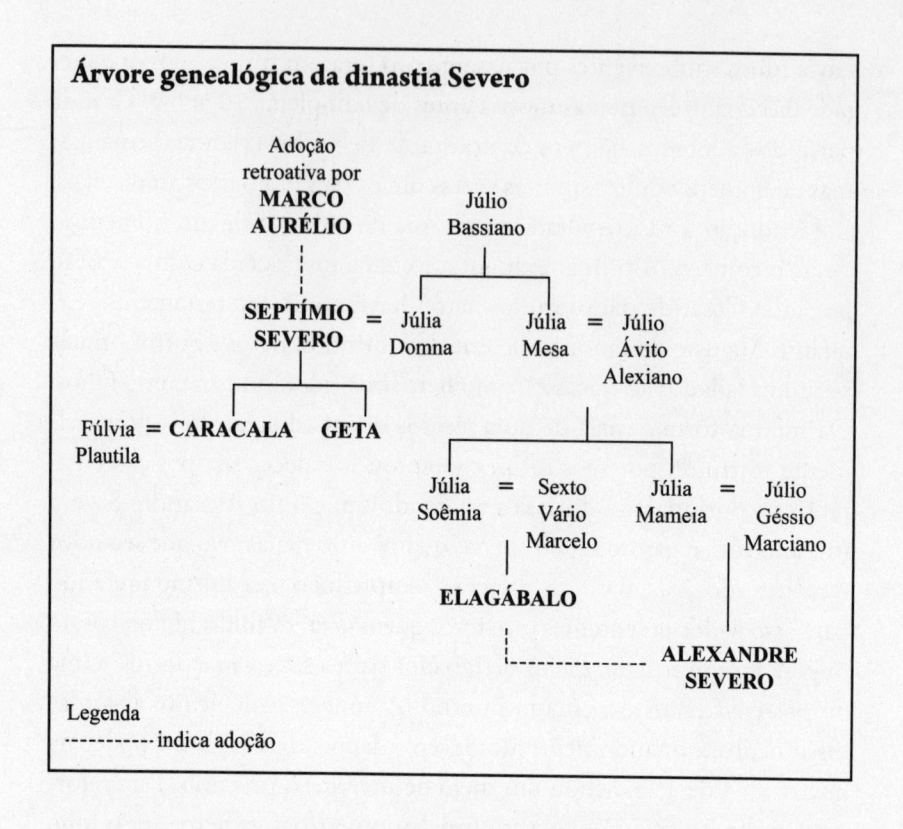

```
                    Adoção
                 retroativa por
                    MARCO              Júlio
                   AURÉLIO           Bassiano
                      |                  |
                      |          ┌───────┴───────┐
                  SEPTÍMIO  =  Júlia          Júlia  =  Júlio
                   SEVERO     Domna          Mesa      Ávito
                      |                                Alexiano
              ┌───────┴───────┐                 ┌─────────┴─────────┐
  Fúlvia  =  CARACALA       GETA
  Plautila
                          Júlia  =  Sexto      Júlia   =   Júlio
                          Soêmia    Vário      Mameia      Géssio
                                    Marcelo                Marciano
                                    |                      |
                                ELAGÁBALO
                                    |
                                    └─────────── ALEXANDRE
                                                  SEVERO
```

Legenda
---------- indica adoção

como filho e o primeiro dessa série de imperadores "adotivos", como hoje são chamados – chegou ao trono. Apresentou o fato como uma questão de orgulho, afirmando o seguinte: "o homem que vai *governar* todos os cidadãos deve ser *escolhido* entre todos eles". A escolha é uma garantia melhor de um bom imperador do que o mero acidente de nascimento ou, como ele colocou, do que o que uma esposa produz.

Não é difícil perceber, mais uma vez, a cegueira característica da elite romana em relação à esmagadora maioria dos cidadãos, que não tinham a menor chance de ser escolhidos como imperadores. Para Plínio, "todos os cidadãos" significava "todos os cidadãos *como eu*". Seu argumento, porém, é claro: a hereditariedade biológica é uma forma insatisfatória de selecionar um homem para governar o mundo romano. Edward Gibbon, no século XVIII, sem dúvida concordaria. Em sua obra *Declínio e queda do Império Romano* (e, para ser honesta, com tanta cegueira seletiva quanto a de Plínio), ele escolheu os reinados de Nerva e seus sucessores "adotivos" até Marco Aurélio, morto em 180 d.C., como o período de toda a história do mundo em que "a condição da raça humana era mais feliz e próspera". Esse período "feliz" terminou quando um filho legítimo, Cômodo, sobreviveu para suceder no trono ao seu pai legítimo, Marco Aurélio. Foi na esteira do assassinato de Cômodo que Septímio Severo retornou ao princípio da adoção, com sua nova e bizarra reviravolta retrospectiva.

Uma cultura de suspeição

Historiadores modernos sempre gostaram de dissecar a "versão oficial" das várias histórias de sucessão e a propaganda do novo regime projetada para encobrir algumas das falhas incômodas na ascensão ao poder do novo governante. Não sou a única a ter minhas dúvidas sobre o quanto Cláudio era inocente ou foi pego de surpresa quando encontrado escondido atrás daquela cortina. Não seria igualmente provável ter sido uma peça teatral inteligente, encenada para dar a *impressão* de não ter nada a ver com o assassinato do seu antecessor, Calígula? E, apesar dos nobres sentimentos de Plínio em relação à escolha, há fortes indícios, se lermos nas entrelinhas dos relatos antigos, de que Nerva estava sendo coagido com o equivalente romano a uma arma apontada para a cabeça quando adotou Trajano, em 97.

Às vezes, esses escritores expressavam até mesmo dúvidas mais explícitas sobre o que acontecia nos bastidores quando o poder trocava de mãos. O autor da *História Augusta* relata uma alegação falsa quando, umas duas décadas após ter sido escolhido por Nerva, Trajano teria adotado Adriano para ser seu filho e sucessor. A história era que, depois da morte de Trajano, sua esposa arranjou alguém para se passar por ele e anunciar sua escolha de Adriano como herdeiro com a voz fraquejando, como se estivesse em seu leito de morte (e presumivelmente atrás de uma cortina). No mesmo espírito, no estilo soviético, Lívia teria arquitetado um plano de sonegação de informações depois da morte de Augusto. Segundo o historiador Tácito, ela continuou divulgando boletins otimistas sobre a saúde do imperador falecido até seu filho Tibério entrar em cena, para que a morte do velho imperador fosse anunciada simultaneamente à ascensão do novo, sem lacunas inconvenientes.

Verdadeiras ou não, e não imagino que todas elas sejam, narrativas desse tipo mostram as ansiedades e incertezas envolvendo o momento da sucessão imperial. O mesmo acontece com as histórias de assassinato para que o antigo imperador desse lugar a um novo. Considerando apenas a primeira dinastia, a Júlio-Claudiana, de Augusto a Nero, não há um único imperador cuja morte *não* tenha despertado suspeitas de não ter sido natural, ou de ter sido no mínimo apressada. Não estou me referindo somente ao assassinato quase em público de Calígula ou ao suicídio forçado de Nero devido a rebeliões no exército. Além dos rumores de Augusto ter sido morto por Lívia ou de Cláudio ter sido eliminado com cogumelos, alguns escritores romanos afirmam que o outro membro dessa dinastia – Tibério – teria sido sufocado, quando se encontrava doente e de cama, por um dos capangas de Calígula, seu sucessor. O mesmo se aplica à dinastia Flaviana, que se seguiu, ainda que a única suspeita de jogo sujo na morte de Vespasiano só seja mencionada na *História romana* de Dião Cássio, e firmemente desmentida. É muito provável que Gibbon diria que, até onde sabemos (com exceção do caso de Lúcio Vero, coimperador com Marco Aurélio), não existem suspeitas em relação às mortes da série de imperadores "adotivos", como que insinuando que o sistema mais radical de adoção de alguma forma resolvesse o problema. Duvido. Em primeiro lugar, há menos evidências, fofocas e coisas do gênero em relação às vidas e mortes dos imperadores do século II, em comparação aos seus predecessores do século I. No entanto, não parece que as suspeitas de jogo sujo ou conluios tenham chegado ao fim – independentemente de a mulher de Trajano ter ou não engendrado alguma trama com a adoção de Adriano. O que aconteceu foi uma transferência, passando da morte do imperador reinante para as maquinações por trás da escolha do herdeiro adotivo. Fossem quais fossem os principais envolvidos, a sucessão imperial de Roma sempre esteve atolada em uma cultura de suspeição.

A história escrita pelos vencedores

As questões de sucessão tiveram um impacto muito além dos corredores palacianos ou dos leitos de governantes moribundos, e ainda determinam parcialmente como julgamos os governantes de Roma. É impossível entender a história do Império Romano sem refletir bem sobre os conflitos e controvérsias da mudança de regime. Isso nos ajuda a explicar como os imperadores romanos têm sido lembrados desde então, e como foram criadas suas reputações pitorescas, ainda que bidimensionais, de terem sido "bons" ou "maus" – desde os monstruosos Calígula ou Nero até os virtuosos Trajano ou Marco Aurélio. Claro que esses estereótipos são tão enganosos quanto convenientes e comuns (a biografia de Elagábalo na *História Augusta* começa com uma lista de imperadores do passado, "bons" e "maus", deixando claro onde o "garotinho de Emesa" se encaixava).

Na vida real, os imperadores não se enquadravam em categorias tão simples, bem como os monarcas, presidentes ou primeiros-ministros modernos. Nenhum governante agrada a todos: devemos sempre perguntar: "bom" na *opinião de quem*; ou "mau" segundo *quais critérios*? Entretanto, os estereótipos se originaram no cerne da cultura imperial romana, não tanto como uma reflexão acurada sobre as qualidades dos homens no trono, mas, sim, dos interesses dos que contaram sua história. Um dos fatores, como já vimos, era o quanto o imperador em questão se relacionava bem com a classe das pessoas que escreviam as histórias. Apesar de sua popularidade entre os pobres ou entre os soldados rasos, era provável que os governantes que conseguissem administrar bem as relações potencialmente complicadas com a elite metropolitana recebessem uma avaliação positiva. Os interesses de seu sucessor e as circunstâncias da sucessão tinham uma influência maior ainda. A história convencional dos imperadores romanos é um protótipo muito específico de "a história escrita pelos vencedores".

Uma regra básica é que os imperadores que foram sucedidos no trono pelo candidato escolhido acabaram com uma reputação no geral favorável, pois o novo governante ficava quase obrigatoriamente investido em honrar o homem que o colocou lá, de quem seu direito de governar dependia. Às vezes essa investidura incluía garantir que seu antecessor fosse adorado como um deus, com um templo, sacerdotes e oferendas (um aspecto particularmente difícil da sociedade imperial romana para muitos observadores modernos levarem a sério, que vou tentar explicar melhor no Capítulo 10). De maneira mais geral, era uma questão de administrar a imagem e a reputação do imperador anterior. Isso não significa necessariamente algo tão grosseiro quanto contratar historiadores tendenciosos para escrever relatos simpáticos a respeito, embora possa ter havido alguns casos. Em geral, envolvia uma combinação mais sutil de celebração cuidadosa, memória seletiva e uma interpretação favorável de algumas de suas ações mais duvidosas. Para dar um exemplo simples, todos (ou quase todos) os imperadores romanos usaram a pena de morte, assassinato ou suicídio forçado para eliminar alguns inimigos; uma boa administração da imagem implicava que isso fosse visto como uma resposta legítima e proporcional à traição, e não um reinado de terror.

E assim surgiram os imperadores "bons". No século I d.C., Vespasiano foi sucedido pacificamente pelo filho Tito, escolhido por ele como seu sucessor. Independentemente de Vespasiano ter governado bem ou mal, a posição de Tito se baseava em ser o filho digno e herdeiro de um pai digno, e teve grande interesse em promover e até mesmo criar uma imagem positiva de Vespasiano. Pela mesma lógica, os imperadores adotivos do século II ficavam quase inevitavelmente comprometidos em fortalecer a reputação do homem que de modo oficial os havia "escolhido" como sucessores, independentemente de como a adoção tenha sido manipulada ou falseada. Quando afirmou que esse período foi o mais feliz e mais próspero de toda a história humana, Gibbon não só ignorou os habitantes comuns do Império Romano – sem mencionar a maioria do restante do planeta – como também deixou de considerar o quanto esses imperadores se empenharam em fazer o governo de seus predecessores parecer feliz e próspero.

Acontecia exatamente o inverso quando um imperador era assassinado ou era vítima de um golpe. Assassinatos, tanto na Antiguidade como na modernidade, acontecem por muitas razões: desde oposição fundamentada até ressentimentos pessoais ou ambições interesseiras. Ao longo da história, tanto homens "bons" como homens "maus" foram assassinados. Independentemente das circunstâncias ou dos méritos em cada caso, porém, qualquer um que conquistasse o trono por meio de um conflito ostensivo, de um golpe ou conspiração (e aqui não estou falando do uso de veneno em figos nos bastidores) tinha a obrigação de justificar seu direito de governar ressaltando que seu antecessor merecia o que aconteceu. Em sua versão mais extremada, o novo regime presidia a destruição das estátuas do imperador deposto e a exclusão do seu nome dos documentos públicos. Às vezes, presságios convenientes eram divulgados posteriormente, como se já "previssem" o assassinato e concedessem a aprovação divina (em 96 d.C., por exemplo, diz-se que um corvo falante pousou no telhado do principal templo de Júpiter em Roma e crocitou o que foi interpretado como uma profecia da morte de Domiciano). Na maioria dos casos, os boatos, manipulações e acusações se tornavam a "versão oficial": cada morte inexplicada de um senador proeminente era atribuída retroativamente ao sadismo do imperador anterior; cada ato de generosidade era reinterpretado como uma prodigalidade; e cada tirada irônica ou comentário mordaz – por exemplo, a piada de Calígula com seu cavalo – era transformado em um exercício de humilhação maliciosa ou sinal de loucura. A impressão que se desejava passar era de que os imperadores foram assassinados porque eram monstros. É igualmente provável que tenham sido transformados em monstros por terem sido assassinados.

Aqui, é importante não cair numa armadilha revisionista moderna. Não estou sugerindo nem por um minuto que todos os imperadores que acabaram com uma adaga nas costas eram na verdade estadistas íntegros que foram lamentavelmente mal representados (vítimas de um assassinato injustificado do próprio *caráter*, e não só do corpo físico). Alguns podem muito bem ter sido péssimas pessoas, e no mundo distópico da corte imperial é difícil imaginar que algum imperador tenha sido "bom" e muito menos "gente boa", nos nossos termos. Meu argumento é que, fosse qual fosse o comportamento desses governantes na vida, nas negociações nos bastidores palacianos, na complexidade da política da elite romana ou no tratamento da população do resto do Império, grande parte de sua reputação póstuma sempre foi excessivamente determinada por seus sucessores e pelas circunstâncias às vezes conturbadas da sucessão. Nos capítulos seguintes, vamos ponderar sobre o que os estereótipos dos vícios e virtudes imperiais podem nos dizer e por que assumem a forma com que se apresentam, questionando ou indo mais a fundo em alguns deles (presumivelmente, as pessoas que enfeitavam regularmente o túmulo de Nero com flores nos anos após sua morte não o viam como o tirano que costuma ser considerado). A conclusão,

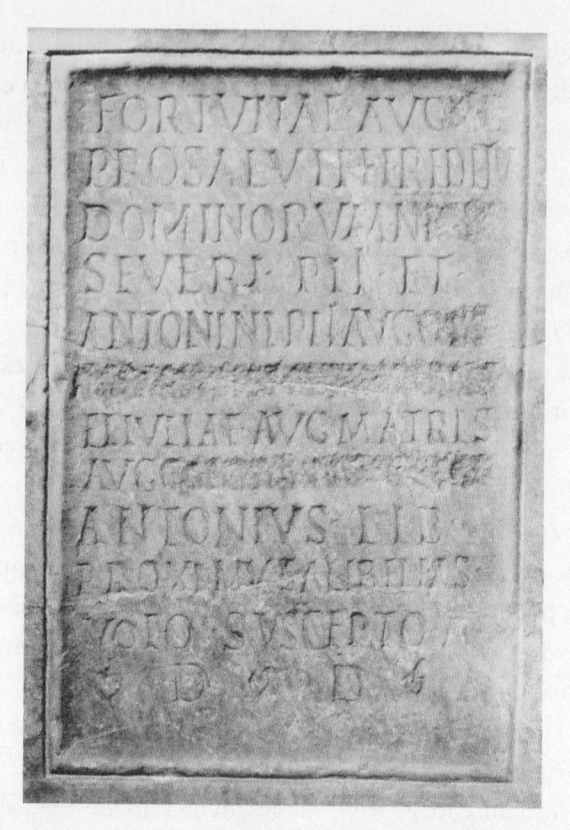

14. Apagando os nomes. Nesta dedicatória à deusa "Fortuna" (visível na primeira linha), o nome do imperador Geta foi apagado depois do seu assassinato. Não se trata apenas de *esquecer* o governante tombado; o talho marcante no centro da pedra quase comemora sua queda.

porém, é clara: o homem que sucedia um imperador no trono e os meios utilizados para isso foram cruciais para a forma como seu predecessor seria lembrado e representado na tradição histórica ao longo dos séculos.

A arte do reajustamento: o passado de Plínio

A questão, contudo, vai além de como a história foi escrita e reescrita, dos perigos imediatos enfrentados nos momentos de transição pelos círculos internos de governantes preocupados, de envenenadores criativos, de herdeiros ambiciosos e de servos leais e desleais. Os difíceis reajustes que acompanharam as mudanças de regime no estilo romano, bem como as novas versões do passado que substituíram as antigas ortodoxias, resultaram num efeito dominó em quase todos os envolvidos na política e na administração, pelo menos na capital. As circunstâncias da sucessão não afetavam muito as pessoas comuns em Roma ou nas províncias, a não ser pelo aumento de rendimentos de alguns. Quem tinha assumido o trono, e como, não importava muito para os povos da longínqua Britânia. No entanto, na cidade de Roma, e nos corredores do poder, havia um efeito em cascata que atingia até mesmo os escalões mais distantes da elite nas controversas consequências da sucessão.

À medida que um reinado dava lugar ao próximo, senadores leais ou colaborativos como Plínio – e provavelmente a maioria deles, como sugeri – precisavam se reinventar, se adaptar ao novo imperador, e às vezes se distanciar ostensivamente do antecessor. Dião Cássio explicou que em 193 d.C., quando foi ao palácio cumprimentar um dos novos imperadores de curta duração, ele precisou "moldar o rosto" para esconder a tristeza que sentia pelo antecessor daquele homem (sem dúvida com sucesso, pois o novo ocupante do trono não percebeu a ambivalência de Dião). Podemos ver, porém, essa reinvenção em ação de forma mais vívida – e algumas das concessões, meias-verdades e ajustes desesperados que ela envolveu ainda mais claramente – se voltarmos mais uma vez ao *Panegírico*. Proferido em meio a duas mudanças de regime recentes, ele nos conta quase tanto sobre a transferência de poder de um imperador para outro quanto sobre as opiniões de Plínio acerca do governante ideal.

O imperador Domiciano, o último da dinastia Flaviana, foi morto em 96 d.C. – quatro anos antes de Plínio fazer seu voto de agradecimento – em um complô envolvendo servidores palacianos e a própria esposa do imperador, possivelmente também com alguns senadores à margem. Não foi um assassinato apoiado universalmente; *nenhum* assassinato era universalmente apoiado na época. Uma história apócrifa conta que um filósofo itinerante, ao perceber que alguns soldados estavam prestes a se amotinar em protesto pelo assassinato, subiu nu em um altar disponível e atacou Domiciano, evitando assim a revolta. Mesmo apócrifa, é só mais um indício entre vários de que houve reações conflitantes ao golpe, ao mesmo tempo revelando um lado mais nuançado da oratória romana do que costumamos imaginar. (Será que as tropas foram convencidas por seus argumentos ou distraídas por sua performance?) O sucessor de Domiciano, o idoso e sem filhos Nerva, foi prontamente ratificado pelo Senado, mas seu reinado de apenas quinze meses pode ser visto como pouco mais que um interregno. Quando morreu, Nerva tinha superado pelo menos uma tentativa de deposição e sido pressionado (não está muito claro por quem) a adotar Trajano, um senador e soldado bem-sucedido, como seu herdeiro. Foi apenas alguns anos após o início do novo reinado, e quatro anos depois do assassinato de Domiciano, que Trajano se tornou o foco principal do *Panegírico* de Plínio.

Mas aí ele dividiu os holofotes com Domiciano, que é quase tão memorável como o *anti*-herói do discurso quanto Trajano é o herói (figs. 7 e 8). O Domiciano de Plínio era um tirano arrogante, um trapaceiro cruel, ladrão e assassino, cujas mãos gananciosas se assenhoravam de "cada lagoa, lago ou prado" de propriedades alheias, e que se regozijava com a eliminação dos personagens mais ilustres de Roma. Nenhum senador, nem suas propriedades, estava a salvo. Todos viviam apavorados com o convite para jantar no covil do monstro, com as acusações inventadas pela sua polícia secreta e, por fim, com as funestas batidas à porta. É óbvio que o *Panegírico* fazia parte do processo de reajustamento que estou descrevendo. A condenação de Plínio tinha a intenção de obscurecer quaisquer elogios a Domiciano que tenham circulado no seu tempo de vida (e alguns poemas elogiosos ainda sobrevivem, agora em geral definidos como "lisonja vazia") e criar a nova ortodoxia segundo a qual o tirano Domiciano foi morto com razão – e, mais importante, legitimar Nerva e Trajano no novo arranjo legítimo e apropriado.

E quanto às relações de Plínio com Domiciano? Seria fácil ter a impressão, ao ler seu discurso por alto, de que ele próprio foi uma vítima do tirano, um membro filiado da "oposição". Podemos dizer que essa impressão é transmitida em algumas de suas muito bem escritas cartas "privadas", e sem dúvida muito editadas, que ele reuniu e tornou públicas, e que chegaram até nós depois de passar pelo processo habitual de cópia e recópia. É em uma dessas cartas que Plínio descreve a famosa erupção do Vesúvio, em 79 d.C., e a morte do tio, que se aproximou demais da atividade vulcânica. Outras cartas são mais ostensivamente políticas: descrevem como seus "amigos" foram mortos ou exilados sob Domiciano e afirmam que – do ponto de vista da segurança do novo regime – havia "razões para suspeitar de que o mesmo destino [o] aguardava". Uma das cartas chega a mencionar um documento encontrado na escrivaninha de Domiciano após sua morte com acusações contra Plínio que teriam resultado em um julgamento por traição. É de imaginar que ele tenha escapado por um triz.

Nada disso. Temos acesso a uma quantidade incomum de evidências da carreira de Plínio, tanto de seus escritos quanto da afortunada descoberta do seu currículo completo, originalmente exposto em sua cidade natal de Comum (Como), no norte da Itália, mas que – numa dessas histórias complicadas – foi reutilizado para fazer um túmulo em Milão na Idade Média. Ignoremos suas pretensas credenciais como dissidente. Com base nessas fontes, fica claro que Plínio se deu muito bem sob o governo de Domiciano, ascendendo politicamente e ocupando cargos importantes concedidos pelo imperador. Na seção final do *Panegírico*, ele próprio admite isso, mesmo tentando se esquivar do constrangimento ao insinuar que sua carreira foi interrompida durante a pior parte do reinado de Domiciano, nos seus últimos anos. Ao que tudo indica, parte do propósito desse discurso (e de sua de versão escrita, posteriormente) era reposicionar o próprio Plínio à luz de sua colaboração com o imperador assassinado, reinventando-o assim no mundo pós-Domiciano.

15. Moeda de ouro do imperador Nerva. Ao redor do perfil, seus títulos formais de IMP(ERATOR) NERVA CAES(AR) AUG(USTUS) etc. No outro lado, a deusa da "liberdade pública" – sem dúvida destinada a ser um símbolo do novo acordo sob Nerva, após o reinado de Domiciano.

Estudiosos têm debatido incessantemente sobre a severidade com que Plínio deveria ser julgado por isso. Quão hipócrita foi ele? Quanto omitiu da verdade? Será possível acreditar na sua afirmação de que não se envolveu com os piores aspectos do reinado, mesmo que tenhamos de ajustar ligeiramente as datas de alguns cargos que ocupou? Plínio foi um colaborador cínico que depois tentou encobrir seus rastros, ou um homem fazendo o melhor possível em um regime abaixo do ideal (mas não o pior)? Recentemente, surgiram tanto detratores passionais (ele "teria feito carreira em qualquer [...] regime despótico") quanto analistas mais simpáticos à corda bamba em que ele andava. O ponto principal, porém, é que Plínio não estava sozinho. Não foi apenas um dilema pessoal.

O historiador Tácito também foi promovido por Domiciano durante seu reinado, e depois fez a mesma reviravolta, tornando-se um crítico feroz do imperador assim que este foi deposto, quase dando a impressão de sempre ter sido um opositor. Os senadores que compunham a audiência original de Plínio devem ter enfrentado o mesmo dilema. A grande maioria não tinha corrido perigo nenhum sob o reinado de Domiciano, nem sido vítima de julgamentos por traição que o imperador possa ter usado contra seus inimigos ("traidores", como ele os chamaria). Na verdade, os senadores foram juízes e júris, cúmplices de todo o procedimento, por mais relutantes que mais tarde afirmassem terem se sentido. Se sabiam que Plínio estava sendo econômico com a verdade, era improvável que o desmentissem, pois eles faziam o mesmo. Existem aqui algumas semelhanças com a capciosa coreografia política na Europa nos meados do século XX, por meio da qual alguns colaboradores dos nazistas conseguiram inventar (e se esconder atrás de) uma carreira secreta na resistência. Em Roma, todos na hierarquia política passavam o tempo se realinhando, inventando desculpas, se ajustando às novas circunstâncias, até a normalidade ser restaurada, com mais ou menos o mesmo elenco de personagens, ainda que sob um novo imperador. Desde o início do Império, a problemática da sucessão imperial era quase sempre seguida pelo incômodo do realinhamento político.

Jantar com Nerva

Esse ponto fica bem destacado em uma réplica espirituosa feita num pequeno jantar oferecido pelo imperador Nerva em 97 d.C., descrita em uma carta pelo próprio Plínio, que provavelmente estava entre os convidados (embora não o afirme de modo explícito). A conversa, ele explica, girava em torno de um senador romano chamado Catulo Messalino, que tinha morrido recentemente. Messalino era cego, muito bem-sucedido (tendo ocupado o cargo de cônsul duas vezes) e conhecido como um dos "executores" de Domiciano. A palavra em latim para isso, *delator*, é ambígua e engloba diversos significados. Pode se referir a uma espécie de "polícia secreta" ou a um "informante" não oficial (com todas as conotações modernas de terror), ou denotar um promotor público pronto para fazer o trabalho sujo do imperador em troca de dinheiro.

A certa altura, Nerva perguntou aos convidados, naquele momento envolvidos em fofocas sobre o sanguinolento histórico de Messalino: "O que nós achamos que teria acontecido com ele se ainda estivesse vivo?". Como resposta, um dos presentes, Júnio Maurico, que fora exilado no reinado de Domiciano, gracejou: "Ele estaria jantando conosco". Plínio elogia a coragem da resposta de Maurico, principalmente levando em conta que pelo menos um dos convidados tinha a mesma reputação de Messalino. No entanto, a pergunta do imperador é considerada irremediavelmente ingênua pela maioria dos críticos modernos.

Eu não concordo. É fácil agora pensar em Nerva como um governante sem força, que ocupou o trono por pouco mais de um ano e foi mais manipulado do que manipulador. Mas Nerva, na verdade, foi um dos grandes sobreviventes do século I. Ele foi um valioso informante para o imperador Nero quando da tentativa de golpe em 65 d.C. (na qual Sêneca estava implicado); tinha ligações familiares com Oto, um dos imperadores de curta duração de 69 d.C.; e foi cônsul duas vezes, sob Vespasiano e Domiciano. Nerva sabia exatamente qual era a resposta à sua pergunta. E os convidados sabiam que a resposta se aplicava a todos eles. Maurico não estava sendo corajoso. Estava resumindo de forma inteligente uma verdade crucial sobre a mudança de regime romana e como sobreviver a ela – e fazendo isso diante de um grupo que havia sobrevivido e prosperado, que incluía o próprio imperador.

E estava fazendo isso em um jantar, uma situação em que podemos ver o imperador com detalhes mais vívidos que nunca, quando as tensões do papel imperial eram expostas de forma mais incisiva, e durante a qual ainda quase podemos saborear os prós e contras da generosidade imperial. Agora, portanto, vamos focar nosso primeiro olhar mais detalhado no imperador em ação na sala de jantar, e não no Senado ou no campo de batalha.

3

BANQUETES DE PODER

Um jantar negro

Alguns anos antes do aconchegante jantar de Plínio com o imperador Nerva, seu antecessor, Domiciano, no final dos anos 80 d.C., organizou um jantar para um grupo seleto de notáveis romanos, descrito em detalhes pelo historiador Dião Cássio. Domiciano é um dos imperadores cujos hábitos à mesa os escritores mais antigos nos contam, de várias perspectivas. Dião passa uma imagem de Domiciano muito diferente do "arrotador" grosseiro descrito por Plínio, que jogava no chão a comida que não lhe agradava. Essa imagem, porém, é ainda mais assustadora.

A história conta que os convidados, quando chegaram, encontraram a sala de jantar do imperador redecorada na cor preta. Até mesmo os leitos de jantar em que se reclinavam estavam tingidos de preto, assim como os escravos nus que os serviam. Lá, encontraram os lugares de cada um marcados por falsas lápides, com seus nomes meticulosamente inscritos. Os pratos, segundo Dião, eram aqueles normalmente oferecidos aos mortos, servidos em recipientes pretos, enquanto o imperador só falava sobre morte. No final da noite, os convidados foram autorizados a voltar para suas casas. Logo em seguida, ouviram uma batida à porta, e presumiram terem chegado ao fim da vida, porém não era nada disso. Esperando na porta, um grupo de carregadores enviados por Domiciano trazia a lápide de imitação de cada homem (feita de prata), e outros carregavam os preciosos pratos oferecidos naquela noite. E, como presente final, o escravo que os havia servido, com a tinta preta lavada e agora vestido com esmero.

Escrevendo alguns séculos depois do evento, não sabemos de onde Dião tirou essa história, nem até que ponto é uma fantasia imaginativa, mas é muito reveladora. É provável que um público moderno fique chocado com a mercantilização casual dos escravos. Dificilmente poderia haver um sinal mais indicativo da desumanização desses "rapazes" do que o fato de poderem ser embrulhados, por assim dizer, e mandados de presente de um proprietário a outro. Foi um ato de "generosidade" pós-prandial que dizem ter sido experimentado algumas décadas depois por Lúcio Vero, cogovernante de Marco Aurélio, quando os "lindos rapazes" que os serviram foram dados aos comensais, junto com os preciosos pratos, taças e copos e alguns espécimes (vivos) dos animais exóticos (mortos) que haviam sido comidos. Para Dião, porém, a história trata exclusivamente da humilhação dos convidados e de uma lição objetiva de como o terror nem sempre implicava derramamento de sangue literal, pois poderia ser disfarçado de generosidade. Quão assustador era um jantar no palácio? Quão mal *poderia* um imperador se comportar durante o jantar?

Não há cultura na história do mundo em que uma refeição comunal – sobretudo, mas não só, quando organizada por reis, aristocratas e outras figuras importantes – não tenha desempenhado um papel nos conflitos de poder, ou não tenha exposto todo um escopo de aflições sociais, políticas e hierárquicas. Sempre há um conflito entre a igualdade nominal implicada no simples fato de comer *juntos* e a desigualdade representada pela preeminência do anfitrião e pelas distinções sutis, ou nem tão sutis assim, do cardápio e da organização dos lugares à mesa. O convidado acomodado longe da mesa principal raramente se sente igual aos demais. Elagábalo não foi o primeiro romano a servir alimentos inferiores ou não comestíveis a seus convidados menos importantes (e – sejamos honestos –, como professora, quando janto na minha faculdade de Cambridge, eu me sento à "mesa alta" e me servem vinhos melhores que os dos alunos "abaixo").

Ser anfitrião também tem seus riscos. Pode-se tanto ganhar como perder prestígio. Os imperadores romanos não foram nem os primeiros nem os últimos a constatar que observadores hostis poderiam interpretar sua generosidade esplêndida como gastos vulgares excessivos, ou suas refeições simples como um sinal de mesquinhez. Os excessos das refeições imperiais eram um velho clichê previsível: fortunas gastas numa simples festa; guardanapos tecidos com fios de ouro (reputadamente, uma inovação de Adriano); ou pratos de jantar tão caros que o ocupante seguinte do trono os leiloou para pagar por campanhas militares, demonstrando, no processo, seu compromisso com o trabalho, e não com o prazer. Tibério, porém, parecia avarento, além de prudente, quando servia restos no banquete do dia seguinte e mandava preparar só *metade* de um javali, e não um javali inteiro, para minimizar o desperdício.

Já comentei várias vezes sobre os imperadores à mesa, pois este é o contexto em que eles foram tantas vezes imaginados e julgados pelos escritores romanos. Suas características, boas e ruins, foram avaliadas tanto na sala de jantar quanto na casa do Senado. E seu comportamento – como anfitrião, companhia, gourmet e organizador de festas – foi interpretado e reinterpretado como prova de sua virtude ou depravação. Independentemente da verdade por trás do jantar negro de Domiciano, basta refletir um pouco para ver como a história *poderia* ter sido contada sob diferentes vieses: fosse como uma festa à fantasia elegante e espirituosa, ou como um exercício na filosofia prática de encarar a mortalidade. Na verdade, Sêneca, tutor de Nero (que acabou sendo também sua vítima), em um de seus miniensaios filosóficos, enfatizou a importância de ensaiar para a morte, referindo-se a um senador romano que configurava seus jantares diários em uma encenação teatral do próprio futuro funeral, que incluía eunucos cantando "Ele viveu. Ele viveu". Até mesmo Sêneca achava que aquilo ia um pouco longe demais. No entanto, se era esse o objetivo de Domiciano, esse sentido acabou se perdendo.

Os jantares imperiais são uma lente particularmente reveladora do mundo do imperador e de alguns dos principais temas deste livro, de sadismo a generosidade, de luxo a terror. A sala de jantar imperial era um local tanto de perigo como de prazer, para o imperador e seus comensais (o envenenamento tem uma relação estranhamente próxima com a culinária). Também era um lugar onde a ordem social de Roma era tanto exibida quanto incomodamente subvertida. Encontramos uma variedade de detalhes vívidos, intrigantes e importantes soterrados em histórias antigas, por vezes engraçadas, por vezes inquietantes: desde o convidado que não resistiu a surrupiar alguns talheres até o infeliz escravo que quebrou uma preciosa taça de cristal e quase acabou sendo jogado num lago de moreias devoradoras de homens. Muitas dessas histórias provavelmente não estão mais próximas da verdade literal que os mitos modernos sobre jantares de reis ou celebridades, temas para fofocas de tabloides e revistas. Histórias suspeitamente similares são contadas sobre diferentes imperadores, insistindo nos mesmos assuntos e conflitos subjacentes. É por isso que elas oferecem algumas das melhores evidências que temos sobre como "o imperador" (e não qualquer indivíduo) era *imaginado*, nos jantares ou em qualquer outro lugar.

No entanto, o que torna o jantar uma instância melhor ainda para um mergulho na vida e no estilo de vida dos governantes romanos é podermos ir além da ideologia e da imaginação para ver como o imperador realmente vivia. Ainda é possível visitar algumas das luxuosas salas de entretenimento onde o imperador atuava como anfitrião, e relacionar os vestígios arqueológicos com algumas descrições de testemunhas oculares dos governantes que ali festejavam. Em alguns desses locais, podemos dizer com confiança: "Nero" – ou Domiciano, ou Adriano – "jantou aqui", ou até mesmo "a imperatriz Lívia jantou aqui". As pinturas vívidas e naturalistas de plantas e da vida selvagem em geral denominadas simplesmente "Sala dos Jardins de Lívia" faziam parte da decoração de uma sala de jantar numa das vilas periféricas da mulher de Augusto (il. 4). Porém, mais do que isso, às vezes podemos ir além do imperador, da sua família e de seus convidados da alta sociedade e ver alguns personagens que tornavam toda essa hospitalidade possível: os cozinheiros e degustadores imperiais que registraram suas profissões nas suas lápides, bem como uma infinidade de artistas animadores dos jantares. É uma oportunidade de situar o imperador no seu hábitat e inquirir sobre as outras pessoas no palácio cujo trabalho sustentava seu regime. O mundo do imperador começa na sala de jantar.

Onde os romanos comiam

Quase todos os filmes ambientados na Roma antiga incluem uma cena de banquete: homens e mulheres reunidos (a prática de jantares mistos distinguia Roma de muitas outras culturas antigas, e também de algumas modernas) reclinados desconfortavelmente em longos leitos, apoiados nos cotovelos, sendo servidos de comes e bebes – em geral uvas, com um ocasional arganaz assado – por escravos. Pelo menos dessa vez, Hollywood não está totalmente errada, pelo menos em relação aos ricos (os pobres tendiam mais a comer sentados à mesa de um bar, não se reclinando para comer com mais frequência do que a maioria de nós hoje desfruta de um banquete com serviço completo de prata). As versões mais bem preservadas desse arranjo antigo são encontradas na cidade de Pompeia, soterradas pela erupção do Vesúvio em 79 d.C. Algumas decorações de interiores apresentam pinturas de banquetes alegres e inebriantes, no estilo romano (il. 11), e muitas casas maiores ainda abrigam os inconfundíveis salões de jantar. Alguns foram construídos para o clima quente, ao ar livre e à beira de jardins, com três leitos de alvenaria fixos dispostos em forma de U, cada um com espaço para três pessoas se reclinarem; aqueles mais luxuosos eram rodeados por piscinas e fontes. Para a elite romana, como veremos, não havia nada melhor que um

16. Sala de jantar ao ar livre na "Casa do Efebo" em Pompeia. Os leitos de alvenaria (é provável que forrados com almofadas quando em uso) estão dispostos em frente a uma fonte na parede. Uma pérgula, originalmente coberta de plantas, propiciava sombra.

bom jantar, acompanhado da imagem e do som de água corrente ou em cascata. Outros salões de jantar ficavam dentro da casa, com leitos portáteis de madeira, ou *klinai*, cuja posição padrão, também em forma de U, às vezes era marcada no piso em mosaico (são essas marcações que agora podem nos ajudar a identificar o propósito principal de um cômodo, que, caso contrário, permaneceria genérico). Todos esses espaços para refeições costumavam ser chamados de *triclinia*, que significa literalmente "três leitos".

Os super-ricos na própria Roma e em outros lugares superavam a aristocracia local de Pompeia na escala, grandiosidade e engenhosidade de seus arranjos para jantares, mas seguiam o mesmo esquema básico. Múltiplos *triclinia*, ou conjuntos de leitos num mesmo ambiente, possibilitavam ao anfitrião oferecer jantares para mais de oito pessoas, com diferentes níveis de requinte no que era oferecido. Há relatos de um aristocrata, contemporâneo de Júlio César, que tinha uma série de salas de jantar classificadas, cada uma com um nome (a que conhecemos era chamada de "Apolo"; as outras, talvez igualmente pretensiosas, levavam os nomes de outras divindades). Ele só precisava dizer aos serviçais em qual sala iria comer, e todos sabiam prontamente a qualidade e o orçamento da comida a ser providenciada. Mais ou menos um século depois, Plínio descreve numa carta a configuração de uma de suas casas perto da cidade, mostrando como extravagantes arranjos com água podiam aprimorar a experiência gastronômica, se o indivíduo tivesse dinheiro – e, alguns diriam agora, uma tendência ao exibicionismo sem sentido. Em uma parte do terreno, Plínio tinha uma área de jantar de verão, sombreada por uma treliça de videiras, sob a qual havia uma disposição ligeiramente diferente de leitos: em um semicírculo, não em U, ao lado de uma série de fontes e com vista para uma piscina abastecida por água que brotava de debaixo dos próprios leitos – "como se", explica Plínio, "fosse forçada a jorrar pelo peso dos que estão reclinados em cima". Era na piscina que os comensais se serviam de algumas deliciosas iguarias, lançadas por escravos da borda mais afastada em pratinhos em formato de barcos e pássaros, que flutuavam em direção aos convidados. É de supor que havia algum jeito de resgatar os pratos que encalhassem fora de alcance, mas Plínio não parece preocupado com tais aspectos práticos.

Jantares no palácio

Os imperadores superavam até mesmo os super-ricos. Os palácios romanos eram construídos para banquetes, não só com uma, mas várias salas de entretenimento, inclusive com espaços esquisitos e maravilhosos para comer, que iam muito além dos leitos apertados e ambientes convencionais das versões cinematográficas. Os arqueólogos nunca conseguiram identificar de forma conclusiva quaisquer vestígios da famosa sala de jantar de Nero, que, segundo Suetônio, adicionava maravilhas da engenharia ao luxo simples ao "girar continuamente como [o faz] a Terra dia e noite". (Não por não terem se empenhado: a tentativa mais recente de identificar seus vestígios e reconstruir seu funcionamento se concentrou no que sobrou de uma estrutura semelhante a uma torre, que pode ou não ter incorporado uma sala de jantar giratória no andar superior e um mecanismo hidráulico embaixo.) No entanto, eles *conseguiram* identificar – e ainda é possível acessar – um local entre as propriedades imperiais no Monte Palatino, em Roma, onde Nero certamente recebia seus convidados para jantar. Embora ele seja agora pouco mais que tijolos e concreto industriais, os vestígios de decoração remanescentes ou que foram registrados pelos primeiros escavadores nos permitem reconstruir com algum detalhe o luxo que cercava o imperador e seus amigos enquanto reclinados nos leitos, desde fontes e pisos de mármore até tetos ornamentados.

É uma sala preservada por acaso nas fundações de estruturas posteriores do palácio construídas por cima, e datada pelos arqueólogos com certa precisão da primeira parte do reinado de Nero, antes do grande incêndio de Roma de 64 d.C., e dos projetos de construção ainda mais drásticos que se seguiram, notoriamente a "Casa Dourada" (pp. 142--147). Quando da sua redescoberta, no início do século XVIII, o local ficou conhecido – de forma poética, porém errônea – como as "Termas de Lívia", em referência à esposa de Augusto, por causa de todas as tubulações de água corrente. A edificação, contudo, foi construída meio século depois do auge dessa imperatriz, e a água não tinha nada a ver com termas, como na Vila de Plínio, mas, sim, com um cenário para banquetes. Era um *triclinium* construído abaixo do nível do solo, a céu aberto, mas bem sombreado e protegido do sol.

17. Visitantes exploram o agora ligeiramente sombrio submundo das salas de jantar de Nero, no dia em que foram reabertas ao público, em 2019. A imagem mostra o que resta do sofisticado "palco" que os principais comensais contemplavam do pavilhão. Uma pequena seção da fachada de mármore, sobre o tijolo, foi reconstruída em uma das extremidades, dando uma ideia da aparência original. A água jorrava (ou escorria) pela abertura no alto da parede. O começo de uma série de degraus levando ao nível do solo é logo visível à frente da visitante.

Os convidados desciam por uma de duas escadas, que levavam a um pavilhão sustentado por colunas de pórfiro roxo, onde ficavam os principais leitos de jantar. Estes davam vista para uma sofisticada fachada de mármore multicolorido, feita para imitar a parede de fundo de um teatro, incorporando um estreito "palco" no qual podiam ser realizadas apresentações de poesia, de música, de comediantes, ou até mesmo debates filosóficos. No entanto, o principal foco de atenção era uma cascata caindo de cima do palco, construída de forma intrincada para o excesso escoar numa bacia no nível do solo, com parte sendo canalizada para outra piscina que ondulava entre os comensais sob o pavilhão. De cada lado do espaço central de jantar havia outras salas, também com pequenas cascatas, onde mais leitos podiam ser acrescentados para banquetes maiores. A área tinha cerca de 30 metros de comprimento, mas não mais de 10 metros de largura.

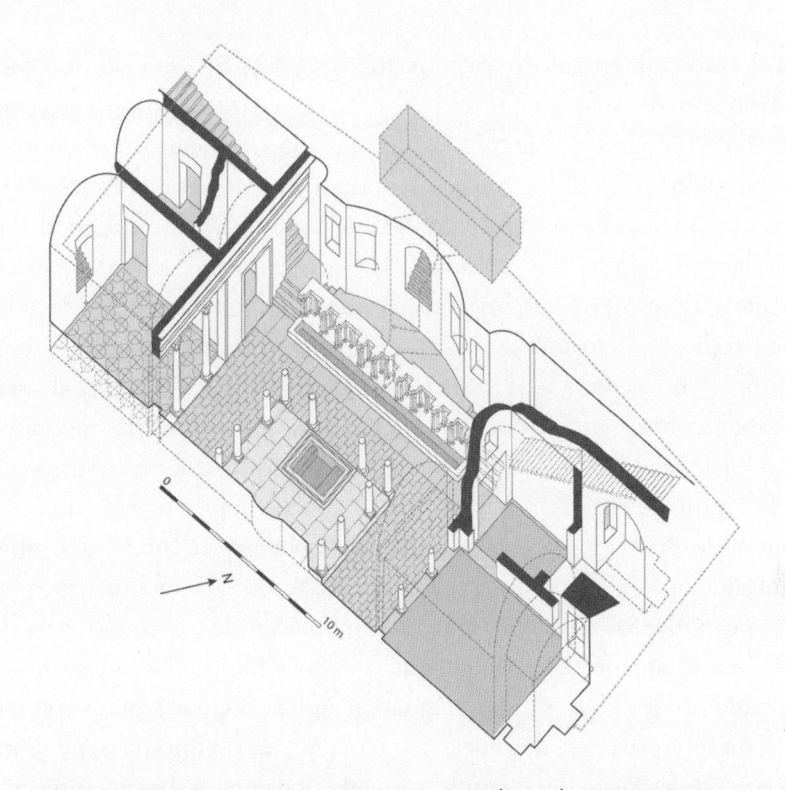

18. Reconstrução em corte do *triclinium* de Nero (fig. 17). O "palco" no centro é abastecido com água do tanque acima. Parte da água é então canalizada para o pavilhão principal de jantar, rodeado por colunas, onde três leitos teriam sido dispostos ao redor da pequena piscina. Salas adjacentes, dos dois lados, ricamente decoradas e também abastecidas com água, acomodavam outros comensais. Havia duas escadas de acesso, uma em cada extremidade.

A decoração era de alta qualidade, porém tão pouco restou do local que, quando aberto ao público, todos recebem óculos de realidade virtual para ajudar na recriação da atmosfera. As pinturas de uma das séries de salas laterais foram retiradas no começo do século XVIII, e por caminhos tortuosos acabaram no Museu Arqueológico Nacional de Nápoles, enquanto parte do revestimento de mármore descoberto na mesma época foi levada pelo duque de Beaufort para sua casa de campo em Badminton, no interior da Inglaterra, embora nunca utilizada na "Sala de Mármore" que planejou para lá. (Ironicamente, algumas pedras da sala de jantar de Nero podem ter sido usadas, anos depois, para decorar a capela de Badminton.) Grande parte do que foi encontrado em escavações posteriores foi retirada do seu contexto e levada ao museu mais próximo. Mas podemos imaginar que deve ter sido um cenário deslumbrante, com os capitéis dourados nas colunas, "gemas" de vidro cintilantes no teto, requintados pisos de mármore decorativo e preciosas incrustações nas paredes (inclusive um encantador friso de figurinhas dançantes multicoloridas de mármore – talvez indicando outra atividade festiva dos participantes). Os painéis pintados com cenas da mitologia grega e as intricadas decorações do teto tornaram-se um dos modelos favoritos de pintores europeus no século XVIII (il. 18). Talvez seja levar as coisas longe demais propor, como alguns arqueólogos têm feito, que as histórias retratadas são referências cuidadosamente codificadas à história da corte de Nero. Mas algumas cenas deixam bem claro – por exemplo, a de Hércules empossando Príamo como rei de Troia – que podem ser entendidas como uma analogia mítica com o poder imperial romano e sua sucessão.

Só podemos especular sobre a combinação de apreensão, privilégio, encantamento e ansiedade que os convidados de Nero podem ter sentido ao descer as escadas para jantar nessa preciosa gruta, ou como teriam interpretado a decoração nas paredes. Não conhecemos nenhum relato ou descrição de testemunhas oculares da época. No entanto, não muito longe, temos os remanescentes agora menos impressionantes do que foi outrora uma sala de jantar imperial ainda mais suntuosa, para a qual temos um eco contemporâneo. Trata-se de um poema de quase setenta versos, escrito no final do século I d.C. por Públio Papínio Estácio – o maior poeta da época, bem relacionado nos círculos da corte e o equivalente "moderno", como ele mesmo se gabava, do grego Homero e do romano Virgílio de séculos passados, que cem anos antes fora patrocinado pelo imperador Augusto. Estácio foi um dos convidados a jantar com Domiciano, e seu poema descreve essa ocasião, ocorrida na ala mais grandiosa do novo palácio, então construído sobre os níveis anteriores de Nero. Ele diz que era a primeira vez que recebia um convite para uma festa no palácio, e se deleita com isso.

Não se tratava de um encontro íntimo entre amigos, mas de uma grande reunião de romanos proeminentes, equivalente a um banquete de Estado. Talvez Estácio tenha exagerado ao escrever que mil mesas foram preparadas, mas isso dá uma ideia da grandiosidade imperial. O local deve ter sido uma ou mais de uma das enormes salas de exibição, cujos vestígios ainda podem ser vistos no Monte Palatino (p. 151, ns. 10, 11, 12, 14). Muito pouco da decoração sobreviveu, sem sequer ter sido arrancada e removida. As salas estão agora reduzidas basicamente ao contorno do plano térreo, a partes do piso e aos tijolos expostos de algumas paredes. Uma delas (n. 14), com cerca de 30 metros quadrados, ladeada pelas indefectíveis fontes e (de acordo com uma reconstrução recente) originalmente com mais de 30 metros de altura, corresponde a um projeto de salas de jantar em grande escala descrito em um manual de arquitetura romano. As outras salas poderiam ter múltiplos conjuntos de divãs instalados, mesmo que tivessem outras funções quando não usadas para banquetes.

Os versos de Estácio nos ajudam a imaginar como essas salas eram antigamente, cheias de comensais. O poema é uma mistura muito bem elaborada de admiração, lisonja e autopromoção, com lampejos ocasionais de ironia. Alguns dos elogios ao anfitrião e ao ambiente podem parecer, pelo menos aos ouvidos modernos, forçados e artificiais, ou terrivelmente insinceros mesmo para a poesia da corte: "Sinto que estou reclinado com Júpiter entre as estrelas/ [...] Os anos estéreis da minha vida passaram./ Este é o primeiro dia para o que nasci, aqui está o limiar da minha vida./ És tu, soberano da Terra e do mundo subjugado/ poderoso progenitor, [...]/ com quem deleito meus olhos do meu divã?". Mesmo assim, Estácio nos dá uma ideia do evento. O imperador era o centro das atenções: nem o "arrotador" de Plínio nem o anfitrião sádico e fantasiado de Dião, mas uma presença quase divina, presidindo isolado diante dos comensais reunidos e sob seus olhares de admiração.

A imensidão avassaladora dos arredores e o brilho das paredes proporcionavam um pano de fundo propício para o evento. O que agora decepciona como tijolo opaco era originalmente revestido de mármore de diferentes cores, preto e rosa, azul e verde-água, vindo de todo o mundo romano, um mapa virtual do Império. "Ali, as montanhas da Líbia e de Troia rivalizam no brilho", escreve Estácio, apontando para duas das variedades – insinuando também, em um desses lampejos de ironia que salvam o poema da total bajulação, que a rivalidade se estendia para além da decoração de mármore. Estácio e os outros convidados também "rivalizam no brilho", todos parecendo o melhor possível, tentando impressionar e atrair a atenção do imperador no grupo.

19. Este pedaço de alvenaria sem glamour outrora fazia parte das atrações aquáticas da imensa sala de jantar do palácio de Domiciano. Originalmente, teria sido revestido de mármore e encantava os comensais com o som da água corrente. É mostrado na parte inferior direita da reconstrução, fig. 20.

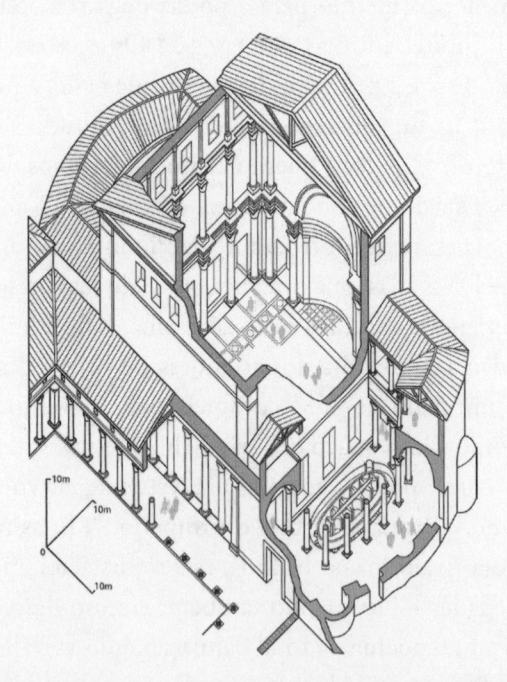

20. Uma reconstrução em corte da sala para jantares mais imponente (e, sem dúvida, para outras atividades) no palácio flaviano, tentando imaginar os níveis superiores e o telhado, que já não existem mais (p. 151, n. 14).

Talvez seja exatamente o que o poeta conseguiu fazer, pois alguns críticos modernos têm conjecturado (e não passa de uma conjectura) que partes desse poema foram escritas antecipadamente, e que Estácio se levantou e o recitou para o "poderoso progenitor do mundo subjugado" no final da noite: um exercício de autopromoção combinado com uma exagerada carta de agradecimento.

Comer de outra forma?

Por mais grandioso que fosse, o palácio de Roma representava apenas uma parte relativamente pequena da hospitalidade imperial. Por toda a Itália e além das fronteiras, tanto nas cidades como no campo, ainda podemos identificar os vestígios de dezenas de salas de jantar nas quais o imperador um dia foi o anfitrião. Ocasionalmente, essas salas ficavam nos equivalentes antigos dos iates reais, como os dois luxuosos barcos de divertimento que Calígula construiu no lago Nemi, um ponto turístico a cerca de 40 quilômetros de Roma. Eram restaurantes flutuantes, com acomodações para dormir, áreas para festas e jantares, pisos de mosaico e instalações para banhos a bordo (il. 6). No entanto, nenhuma casa de campo imperial normal em terra firme estava completa sem suas suntuosas salas de entretenimento, muitas vezes múltiplas. Na grande cidade particular de Adriano em Tivoli, essas salas foram construídas em diversos e engenhosos cenários arquitetônicos, desde uma ilha artificial no meio de um lago até um "jardim-estádio" projetado como uma pista de corrida. O mais famoso de todos, e atualmente o local mais fotografado de todo o complexo, era o chamado "Canopus" – uma longa piscina ladeada por lindas esculturas, projetada para evocar (segundo o que parece sugerir uma referência passageira da biografia de Adriano na *História Augusta*) o famoso Canal de Canopo no delta do Nilo, no Egito (pp. 163, 164, n. 9). Em uma das extremidades do "canal", à sombra de uma arquitetura grandiosa, o imperador e seus amigos reclinavam-se em uma complexa disposição de leitos em diferentes níveis, ao lado de várias cascatas. Os comensais recebiam parte dos pratos da maneira descrita por Plínio, em barquinhos flutuando na sua direção. Nas laterais havia três toaletes, com água corrente, ostentativamente decoradas em mármore e mosaicos, para ninguém precisar ir muito longe para se aliviar.

Às vezes o imperador olhava para além de suas propriedades e se apossava de outros lugares para sediar suas festas. Nem mesmo árvores estavam a salvo do seu alcance, se acreditarmos na história de que Calígula organizou um jantar para quinze pessoas, mais garçons, nos galhos de um plátano, que ele chamava de seu "ninho". Edifícios emblemáticos da cidade também podiam ser temporariamente adaptados para jantares imperiais, e isso incluía o Coliseu. Os atuais visitantes do monumento o imaginam lotado por uma multidão clamorosa, ululando com o massacre das pobres vítimas humanas e de animais na arena. Assim pode ter sido algumas vezes (embora não necessariamente com tanto "clamor", como veremos no Capítulo 7). Em pelo menos uma ocasião, porém, o imperador o utilizou para sediar um jantar para milhares de cidadãos agradecidos: um salão de banquete imperial no lugar de uma arena sangrenta.

21. A sala de jantar mais impressionante na residência de Adriano em Tivoli, talvez inspirada no Canal de Canopo, um dos pontos de referência do antigo Egito. Aqui vemos uma piscina, cercada de esculturas, e uma área sombreada onde o imperador e seus convidados jantavam. Ver também fig. 40.

A ocasião em questão foi outra festa organizada por Domiciano, seguindo uma longa tradição que remontava à República, na qual homens ilustres demonstravam sua generosidade ao oferecer jantares em massa para o povo. Consta que Júlio César, por exemplo (embora de forma um tanto implausível), ofereceu um banquete público em algum lugar de Roma com 22 mil *triclinia*, o que, calculando nove pessoas em cada um desses conjuntos de três divãs, resultaria em 198 mil comensais. O evento de Domiciano foi numa escala mais modesta, estimando que a capacidade do Coliseu fosse de 50 mil lugares. No entanto, a ideia era de que, independentemente de como fossem escolhidos, romanos de todas as classes, desde ilustres senadores até o cidadão comum, iam ao anfiteatro para desfrutar de uma refeição, servida nos assentos (e não em leitos) e paga pelo imperador, que presidia os procedimentos. A comida era acompanhada por apresentações no chão da arena: não com gladiadores ou feras selvagens, mas – talvez quase tão desagradável aos olhos modernos – com batalhas encenadas entre equipes rivais de mulheres e anões, e às vezes apresentações picantes de músicos e artistas. Quando a escuridão caía (isso acontecia em dezembro), todo o local era iluminado por archotes: a noite se transformava em dia.

A única descrição do evento vem de outro poema de Estácio, que implica ele estar presente. O poeta se maravilha com a logística de tudo e com a organização impecável: "Veja, por todas as seções de assentos,/ chega mais uma multidão [de garçons], revelando-se em veste esplêndida,/ tanto quanto os convidados sentados./ Alguns trazem cestas de pão, guardanapos brancos e finas iguarias./ Outros oferecem generosas porções de vinho embriagante". Estácio descreve algumas das acrobacias mais espetaculares. Os petiscos de entrada – nozes, confeitos, frutas e tâmaras – literalmente choviam sobre os convidados nos assentos, lançados de redes e cordas esticadas no alto (um truque dos banquetes ilustrado em escala mais modesta em pinturas de Pompeia, il. 7). O arrebatamento de Estácio, porém, não o impediu de fazer algumas piadas irônicas sobre tudo isso. A chuva de guloseimas no início era impressionante, ele insiste, mas também tinha seus perigos. Algumas frutas que caíam ainda estavam verdes, e causavam desconforto e machucavam se acertassem alguém (uma verdadeira "pancada", diz ele – *contudit*, em latim). Aqui, há similaridades com as histórias posteriores das chuvas de pétalas lançadas por Elagábalo durante os jantares, embora com um desfecho mais feliz. As pétalas de rosa que caíam suavemente do teto de Elagábalo sufocavam seus convidados até a morte. As maçãs e peras duras de Domiciano só causavam alguns calombos e hematomas. Ainda assim, contudo, era uma instância de generosidade imperial, vinda de cima e causando impacto.

No cardápio?

Mesmo no relato detalhado de Estácio, parece bem claro que a comida servida no Coliseu não passava de um piquenique sofisticado, com petiscos e vinho, e que os truques engenhosos talvez compensassem a pouca quantidade dos alimentos. É difícil imaginar como poderia ter sido mais do que isso com dezenas de milhares de convidados. Em outras ocasiões, o que era servido na mesa imperial podia variar desde os simples jantares de Trajano até "arranjos de pratos" mais extravagantes. As histórias que lemos sobre os pratos mais sofisticados do cardápio refletem as ideias da complicada alta gastronomia do mundo todo. Envolviam ingredientes muito caros e difíceis de obter, e muitas vezes eram combinados para que parecessem algo que não eram (como o "cisne feito inteiramente de açúcar de confeiteiro", para dar um equivalente moderno). Era o caso de muitas das iguarias preferidas por Elagábalo e outros *bons vivants* no trono. O prato preferido do imperador Vitélio, por exemplo, era conhecido como o "Escudo de Minerva", devido à enorme travessa que ocupava, e seria composto de fígado de lúcio, faisão e cérebro de pavão, línguas de flamingo e entranhas de lampreia, sobretudo importadas por navios de guerra da Pártia (a leste) e da Espanha (a oeste). Versões explicitamente fictícias de tais criações estão entre os destaques de um suntuoso banquete oferecido por Trimalquião, um ex-escravo incrivelmente rico personagem do romance *Satyricon*, do século I d.C., escrito pelo romano Petrônio, antes amigo e depois vítima do imperador Nero. Entre as iguarias há um prato que se assemelha a uma elaborada mistura de peixe, ganso e outras aves. A piada é que, na verdade, era feito só com carne de porco.

Grande parte disso tudo era mais fantasia do que realidade, sem dúvida refletindo excessos ocasionais, mas amplamente exagerados por devaneios característicos dos que ficavam de fora sobre o que se consumia nos alojamentos do imperador. Há boas razões para supor que na maior parte do tempo a culinária imperial era mais simples. Deixando de lado os truques espetaculares dos cozinheiros fictícios do *Satyricon*, é difícil imaginar como pratos dessa complexidade poderiam ser preparados no palácio romano com regularidade. Não havia cozinhas em escala semelhante às enormes instalações de bufê do palácio Topkapı em Istambul, por exemplo. Para ser mais exata, raramente havia cozinhas nas casas de elite em qualquer parte do mundo pré-moderno. O cheiro, o barulho e a fumaça muitas vezes faziam com que se localizassem a uma distância considerável das salas de jantar, mesmo que a consequência fosse a comida chegar morna à mesa. Além disso, mais do preparo e do cozimento dos pratos pode ter ocorrido ao ar livre, ao estilo dos churrascos, do que podemos imaginar (a cena de um dos escravos de Trimalquião descascando ervilhas sentado na soleira de uma porta aponta nessa direção). Ainda assim, é intrigante que até agora não tenham sido identificadas boas instalações de cozinhas no Palatino. Mesmo as encontradas em algumas das casas de campo imperiais dificilmente estão à altura de pratos tão supostamente requintados. Todas as cozinhas bem identificadas na Vila de Adriano em Tivoli, com suas grandes áreas de entretenimento, são pequenas e apertadas. E, apesar de os vários fornos alinhados na Vila de Tibério na ilha de Capri sugerirem que se cozinhava para um grande número de pessoas, não há dependências nas proximidades, nem superfícies convenientes, para moer, rechear, picar, misturar, enrolar e temperar pratos tão complicados.

A forma como a comida era consumida só aumenta o meu ceticismo em relação a alguns dos pratos complexos. Que tipo de comida os comensais poderiam comer tranquilamente com uma mão só, quase deitados e sem o benefício de um garfo moderno – mesmo com prática? Minha suposição é de que, de alguma maneira, pratos grandes e mais elaborados só se preparavam de tempos em tempos, e eram servidos com grande cerimônia para impressionar os convivas. Essa é a cena sugerida pelo "Escudo de Minerva" de Vitélio, se não for totalmente fantasiosa. Contudo, depois dessa grande entrada em cena, quase tudo devia ser cortado em pedaços pequenos antes de ser servido aos convidados, ou de chegar por meio flutuante até eles em bandejinhas. Se for esse o caso, o estilo do banquete imperial romano estava mais para petiscos do que para carne com legumes.

Abaixo das escadas

Por mais suntuosos que esses jantares tenham sido, podemos conseguir uma imagem surpreendentemente clara de algumas das pessoas que os tornavam possíveis: não os convidados que desciam as escadas para a área de entretenimento de Nero, com todas as suas expectativas ou ansiedades, mas os que labutavam para descer esses mesmos degraus com bandejas de bebidas e iguarias para servir aos convidados – e que depois labutavam para subir com os pratos sujos. É óbvio que os jantares da elite romana (fossem organizados pelo imperador, fossem planejados por homens como Plínio) eram baseados na exploração de centenas, se não milhares de escravos, que superavam em muito os convivas reclinados nos leitos. Como veremos, quase todos os aspectos do funcionamento do palácio romano dependiam do trabalho escravo e do trabalho de ex--escravos, homens e mulheres que tinham ganhado ou comprado sua liberdade mas continuavam "na equipe". No entanto, podemos ir além disso e compreender um pouco da organização por trás das refeições do imperador, os diferentes trabalhos envolvidos e até alguns detalhes das histórias de vida de algumas dessas pessoas escravizadas. Isso se deve em parte aos olhares ocasionais lançados sobre elas por homens como Estácio, que observou de relance os garçons "em veste esplêndida" no Coliseu e os "esquadrões de escravos" na sala de jantar do palácio. Devemos ainda mais a pequenos fragmentos de informações que eles, ou suas famílias, escolheram registrar nas suas lápides, que nos permitem quase ouvir um pouco de suas vozes.

A impressão inequívoca que surge dessas comemorações é a de um mundo hierárquico e especializado na alimentação palaciana, com uma multidão de servos geralmente invisíveis (por ficarem literalmente abaixo das escadas ou por estarem presentes, porém serem socialmente "despercebidos"). Ainda existem memoriais a cozinheiros, administradores de bufê, mordomos, garçons e *sommeliers* na residência do imperador, assim como a mestres padeiros de tipos específicos de pão, provadores de comida e encarregados dos convites ou dos guardanapos de mesa (um lembrete, talvez, de que o prazer de jantar à moda romana dependia de poder limpar o rosto e as mãos). Até mesmo encontramos homenagens a artistas de entretenimento pós-jantar peculiarmente esotéricos, bem diferentes dos músicos, poetas ou filósofos famosos associados aos requintados jantares romanos. Muitos "piadistas" são mencionados por escritores romanos como parte das diversões, incluindo alguns gozadores denominados *copreae*, que significa, literalmente, "merdinhas". O mais curioso de todos é um homem conhecido apenas por sua placa comemorativa numa sepultura comunitária, um escravo imperial (cujo nome se perdeu) e um dos "artistas do imperador". Como diz o texto, sua fama se deve ao fato de ter sido um "imitador" na casa do imperador Tibério, "o primeiro a descobrir como imitar advogados". É difícil evitar a conclusão de que os jantares de Tibério (onde mais essas apresentações teriam ocorrido?) eram animados por um homem escravizado arrancando risos com suas imitações de advogados livres e de alta classe.

Esse tipo de infraestrutura especializada, com responsabilidades minuciosamente definidas – chegando até mesmo aos responsáveis pelas toalhas de mesa ou comediantes de nicho –, era em parte uma ostentação do poder do imperador, refletida em menor escala em outros ricos domicílios romanos, tanto reais quanto fictícios. No *Satyricon*, por exemplo, Trimalquião classifica comicamente seus escravos em "divisões" hierarquizadas e ameaça um deles com o rebaixamento da "divisão de cozinheiros" para a "divisão de mensageiros". As lápides, contudo, também trazem alguns desses personagens esquecidos ao centro das atenções por um momento, e elas sugerem que alguns escravos e ex-escravos na casa imperial, independentemente de sua justa revolta contra sua própria exploração, encontravam uma identidade nessa hierarquia laboral.

Tito Élio Primitivo, um ex-escravo na corte imperial em meados do século II d.C., parece ter sido um desses. A elegante inscrição no memorial encomendado por ele e pela esposa Élia (também ex-escrava do imperador) para si mesmos não o define como um simples "cozinheiro", um *cocus* em latim. Ele é homenageado como um *archimagirus*, uma rara palavra grega para "chefe de cozinha", equivalente, com todo

22. Memorial de T(ito) Élio Primitivo, definido como "*archimagirus*" ou "*chef de cuisine*", e de sua esposa Élia Tiqué. A frase "*Aug(usti) Libertus*", na primeira linha, indica ter sido um "ex-escravo do imperador". A segunda parte do texto trata de violações do túmulo, referindo-se ao papel do "colégio dos cozinheiros" ("*collegium cocorum*", claramente visível no lado direito).

23. Este significativo epitáfio foi erigido em Roma para homenagear o ex-escravo Ti(bério) Cláudio Zózimo, morto na Alemanha com Domiciano. Seu lugar na hierarquia é detalhado nas linhas 3-4, "*procurat(ori) praegustatorum*", "gerente dos provadores". Sua esposa e filha, que encomendaram o memorial, são mencionadas nas últimas quatro linhas.

o glamour culinário, do termo francês *chef de cuisine*. Tibério Cláudio Zózimo era outro ex-escravo cujo trabalho era definido como provador (*praegustator*) da comida do imperador, para verificar se havia veneno, e não para atestar a qualidade do alimento. Ele foi homenageado em dois locais. Um deles na Alemanha, onde morreu acompanhando Domiciano numa campanha militar. Imperadores cautelosos não iam a parte alguma sem essa primeira linha de defesa contra assassinatos (embora Zózimo, até onde sabemos, não tenha morrido envenenado). O outro memorial foi erguido em Roma por sua mulher e sua filha, Entole e Eustáquia, homenageando-o como "marido benemérito" e "pai amoroso". Ambos os textos ressaltam que ele não era apenas um "provador" comum. Essa era a função de escravos de patente inferior, como Coeto Herodiano, definido em seu memorial meramente como "provador de Augusto" (e cujo segundo nome sugere ter sido um "presente humano" de Herodes, o Grande, de fama bíblica, para o imperador romano). Zózimo estava posicionado acima: seus memoriais insistem em afirmar que era o "*gerente* dos provadores".

Essas homenagens também revelam um pouco sobre a comunidade dos trabalhadores nos salões e cozinhas imperiais. Alguns textos se referem, por exemplo, a um *collegium* (algo entre uma organização trabalhista e um clube social) de cozinheiros, ou a um *collegium* de provadores. Alguns inclusive insinuam que tinham certo patrimônio financeiro. As regulamentações mencionadas no memorial de Primitivo sugerem que a violação era punida com uma multa a ser paga ao *collegium* de cozinheiros do Palatino. Contudo, à parte essas informações, é difícil ter uma ideia clara do ambiente da vida diária embaixo das escadas nas cozinhas do palácio. O vislumbre mais revelador é encontrado na biografia escrita por Plutarco no século II d.C. de Marco Antônio, rival de Otaviano, ao final derrotado por este na Batalha de Ácio, em 31 a.C. A história não se passa em Roma, mas no palácio em que Antônio vivia com Cleópatra na cidade egípcia de Alexandria – onde as instalações de cozinha, ao que parece, não eram nada acanhadas.

Plutarco explica que as informações vêm do seu avô, que tinha um amigo que uma vez visitou as cozinhas do palácio, onde viu nada menos que oito javalis assando em espetos. "Por que tantos?", ele perguntou. Haveria tanta gente assim para o jantar? "Não", explicou um dos cozinheiros. "São só doze." Como era impossível saber exatamente quando eles iriam querer comer, os cozinheiros começavam a assar os javalis em momentos diferentes, para um deles estar sempre no ponto quando a refeição começasse. É uma história que pode ser destinada a celebrar o alto profissionalismo da operação do bufê, além de insinuar a abundância de sobras para os que trabalhavam na cozinha. Também é, claro, um clichê do consumo exagerado e dos desperdícios da realeza. Foi uma inspiração para William Shakespeare, em sua peça *Antônio e Cleópatra*, na qual há os seguintes dizeres: "Oito javalis assados inteiros [...] e só doze pessoas presentes! Isso é verdade?". E continua servindo de inspiração até hoje. Uma história que costumava ser muito contada sobre o então príncipe Charles (agora rei), e sempre negada pelo Palácio de Buckingham, era que ele pedia que cozinhassem sete ovos para o seu café da manhã, com tempos ligeiramente diferentes, para um deles estar com a gema perfeitamente mole, como ele gostava. E assim continuam os mitos da realeza.

Mais uma vez, estamos na fronteira entre as realidades práticas do dia a dia das comidas do imperador e as fantasias imaginativas sobre os banquetes dinásticos. Por certo, é uma fronteira difusa, e existe uma "terra de ninguém" entre fantasia e realidade (abrangendo diversos exageros, meias-verdades e fofocas). Assim, agora retornamos à *ideologia* da alimentação que emerge dos fatos, de factoides ou da pura ficção (por mais que seja impossível distingui-los) das histórias contadas sobre o imperador à mesa. Algumas dessas narrativas que vou contar podem não ser literalmente verdadeiras, mas revelam diferentes verdades sobre os banquetes imperiais e como eles eram imaginados.

Um teatro do poder

Uma das ideias por trás do banquete imperial era pôr o imperador em exibição, torná-lo o centro de um espetáculo. Mesmo quando ele jantava "em particular", a disposição do *triclinium* – como no Canopo da Vila de Adriano – muitas vezes implicava que o imperador estivesse pelo menos *virtualmente* exposto. (De certa forma, os turistas modernos captam bem a mensagem do Canopo ao transformá-lo em sua principal oportunidade de foto.) O mesmo tema moldou o *triclinium* subterrâneo de Nero. O cenário pode ter proporcionado um local para as apresentações dos artistas pós-jantar, mas parte importante da decoração também sinalizava a *teatralidade* da sala de jantar em si.

Em algumas ocasiões, o espetáculo *era* o imperador. É fácil imaginar multidões na margem do lago Nemi vendo Calígula jantar nas suas barcaças, assim como um grande número de visitantes endinheirados no século XVII iam a Versalhes para assistir aos banquetes de Luís XIV (a quantidade de gente era tanta que atraía os batedores de carteira locais). E essa mesma ideia de exibição deve estar por trás da conversão por Domiciano do Coliseu – um dos principais locais de espetáculos públicos da cidade – no *espetáculo de um banquete*; ou, aliás, por trás da história da conversão por Nero de um dos teatros da cidade em um restaurante-boate flutuante. Consta que ele fez o prédio ser inundado de alguma forma e construiu uma plataforma para si mesmo e seus convidados no meio do que passou a ser um lago artificial. Imperador e convidados se empanturravam, deitados em tapetes e almofadas roxas, enquanto ao redor, presumivelmente à beira d'água, outros frequentavam as tabernas e os bordéis lá construídos, ou simplesmente ficavam boquiabertos. É provável que grande parte de tudo isso seja uma fantasia sensacionalista, inclusive as alegações de um grande número de mortes, com homens e mulheres na multidão sendo pisoteados na confusão. Fantasia ou não, a questão é que o imperador à mesa era enquadrado como alguém *para ser observado*. Alexandre Severo, no século III d.C., sabia do que estava falando quando reclamou que ser anfitrião de um grande banquete o fazia se sentir como que comendo num teatro.

No entanto, era mais do que o imperador que se encontrava em exibição. Também estava sendo apresentada uma visão da ordem social, política e até mesmo "corporal" do mundo romano, igualmente discutida e questionada nas histórias sobre os banquetes imperiais. Esta é a razão óbvia da insistência de Suetônio de que Augusto nunca recebia ex-escravos em seus jantares. À parte as ocasiões públicas de refeições em massa, a mesa do imperador estabelecia uma divisão rígida entre os convidados, que eram livres, e os serviçais e garçons, que eram escravos ou ex-escravos. Era uma divisão da humanidade entre os que *serviam* e os que *eram servidos*.

Questão semelhante é ressaltada por alguns dos "entretenimentos" oferecidos no jantar. Uma escavação recente descobriu uma sala de jantar peculiar em uma das propriedades rurais de Antonino Pio e seu filho adotivo Marco Aurélio, a cerca de 60 quilômetros de Roma, que proporcionava aos comensais da elite uma vista especial na estação da produção de vinho. Dando direto para uma área utilizada para esmagar as uvas, ligeiramente elevada, fazia parecer que o trabalho estava acontecendo num palco. Isso enfatizava a distância entre os comensais da elite e os trabalhadores escravizados, que se tornavam eles próprios tema de um espetáculo como *trabalhadores*, lembrando aos festeiros embriagados de onde vinha o vinho que tomavam e mostrando (de modo bem consciente) uma atmosfera tradicionalmente rústica e agrícola bem próxima ao elegante jantar. No mais das vezes, eram os anões e os deficientes físicos que se apresentavam à mesa do imperador, inclusive surdos ou cegos, como se tornou "moda" nas cortes europeias séculos depois. Tratados como objetos de curiosidade, ou de "diversão", eles nos parecem hoje vítimas de uma piada cruel. Mas qual era a intenção? Em parte, eles também desempenhavam um papel importante na hierarquia dos banquetes. Os corpos anômalos desses personagens marginais e excluídos ajudavam a definir os corpos daqueles que eles "entretinham" – o imperador, o rei ou os cortesãos – como perfeitos em comparação. As imperfeições corporais da elite eram ofuscadas pela presença de corpos considerados ainda mais imperfeitos. Ao menos na imaginação, jantar à mesa imperial definia os nascidos livres, dotados de um corpo integral, cultivado e, em termos romanos, "normal".

É certo que os imperadores "maus" inverteram totalmente essa lógica, mas as histórias de como eles *violaram* as regras revelam os mesmos princípios básicos. Além de supostamente ter convidado seu cavalo favorito (desprovido de um corpo humano "normal"), Calígula também é conhecido por ter feito alguns dos homens mais ilustres da cidade o servirem à mesa. A versão em latim da biografia de Suetônio não é muito clara, por isso não sabemos ao certo se esses senadores transformados em garçons "tinham guardanapos nas mãos" ou se "usavam as túnicas levantadas de forma constrangedoramente reveladora". De qualquer forma, porém, foi mais que uma humilhação da elite. Ao inverter os papéis, confundiu-se a ordem social do banquete. Outra variedade de inversão de papéis é sinalizada nas histórias de Elagábalo enfileirando em seus leitos de jantar oito homens com hérnia, com um olho só e coisas do gênero. Era uma brincadeira cruel, sem dúvida, mas também solapava a ideia de perfeição corporal que deveria definir os convidados. Essas histórias, muitas vezes vistas apenas como os caprichos insanos (verdadeiros ou fictícios) de algum psicopata imperial, têm uma lógica simbólica no contexto dos "banquetes de poder".

Essa lógica também se encontra em algumas histórias fantasiosas que pretendem mostrar os imperadores "maus" não tanto por escarnecer dos princípios dos banquetes imperiais, mas por levá-los ao extremo, levantando, no processo, questões sobre a força com que as regras sociais poderiam, ou deveriam, ser impostas. Poucas são mais fantasiosas que a do imperador Cômodo exibindo, em uma festa, "uma grande bandeja de prata com dois corcundas retorcidos besuntados com mostarda". Mais que uma versão para a sala de jantar de um cruel espetáculo de aberrações, essa história levava ao limite absoluto (mesmo para os leitores romanos) a ideia dos corpos anômalos no banquete. Uma coisa era usar deficientes como entretenimento durante o jantar, mas colocá-los em exposição numa travessa cobertos de molho, como se fossem um prato a ser consumido, era algo bem diferente. De forma semelhante, outras histórias questionam os limites apropriados do poder do imperador, expondo brutalmente seu abuso de poder como *anfitrião*. Calígula, por exemplo, foi criticado pela punição sádica de um escravo utilizado em um de seus banquetes públicos. O escravo teria roubado uma tira de prata de um dos sofás. Como castigo, o imperador mandou cortar as mãos do escravo e pendurá-las no pescoço, para depois ser exibido aos convidados com um cartaz explicando seu crime.

Os limites da crueldade eram muito diferentes no mundo romano, e algumas práticas regulares de punição e represália na Antiguidade são chocantes para os padrões modernos. No entanto, isso não significa que não havia limites. Essas histórias de banquetes, ou fantasias escabrosas, eram uma das formas de debater até que ponto era legítima a atitude do imperador. Somos levados a concluir que o poder total talvez pudesse ser mais bem contido, ou ao menos encoberto.

A mesma ideia teria sido expressa pelo imperador Augusto em outro jantar, em um famoso incidente envolvendo moreias devoradoras de homens. Não foi em um evento organizado pelo imperador, mas num jantar para o qual foi convidado por um amigo fabulosamente rico, Públio Védio Pólio, numa vila na baía de Nápoles. Entreter o imperador – "retribuir um convite" – muitas vezes tinha suas desvantagens. Podia ser ruinosamente caro. Uma história conta que Nero fez um de seus amigos oferecer um jantar em que todos os convidados usaram turbantes de seda. O evento custou 4 milhões de sestércios, o equivalente à soma das fortunas de alguns senadores comuns. Mesmo que seja exagerado e em parte simbólico ("milhões"), o número realmente representa um gasto muito alto. Os inconvenientes podiam ser quase tão ruins. Depois de ter recebido o ditador Júlio César em 45 a.C., que apareceu com 2 mil soldados e diversos acompanhantes, Marco Túlio Cícero, o político republicano, comentou com ironia que a festa e a conversa tinham sido deliciosas, mas que ele não voltaria a fazer aquilo tão cedo: "Uma vez é o suficiente". Augusto não teria levado uma comitiva tão grande, mas Pólio com certeza queria impressionar.

A história conta que, no banquete, um dos escravos de Pólio deixou cair e quebrar um precioso cálice de cristal. O castigo imposto de imediato por Pólio foi sua morte, jogado num lago com moreias letais – a forma favorita de tortura de Pólio para escravos desobedientes. Nessa ocasião, porém, a vítima conseguiu escapar dos que o seguravam e implorou por uma morte mais amena ao convidado de honra. O fato de nenhuma moreia ser capaz de matar e devorar um homem, e de esse relato ser uma espécie de lenda urbana, só aumenta a força da moral da história, pois a reação de Augusto foi ordenar a libertação do escravo, exigir que todos os cristais de Pólio fossem quebrados diante dos seus olhos e que o lago das moreias fosse aterrado. "Se um dos seus cálices é quebrado", disse Augusto a Pólio, "isso é pretexto para arrancar as entranhas de um ser humano?" O próprio Augusto não tinha um histórico totalmente imaculado de hábitos modestos nos jantares. Foi notório um banquete à fantasia em que ele teria se vestido e se comportado como o deus Apolo. Aqui, contudo, ele é apresentado como uma voz (todo-poderosa) de moderação, que mantém um limite para os prazeres à mesa.

A narrativa também nos remete mais uma vez aos conflitos entre imperador e elite ao redor da mesa de jantar. Como vimos nas histórias sobre as comidas de faz de conta, nem todos os convidados eram iguais.

Nos banquetes imperiais, muitos romanos viam o poder do imperador em ação de forma mais vívida – e eram ocasiões em que se imaginava governante e aristocracia frente a frente. Neste caso, Védio Pólio foi posto em seu devido lugar.

Banquetes mortais

Não devemos ser macabros *demais* quanto a essa questão. Para cada senador que se horrorizava em certas ocasiões, como a do jantar negro de Domiciano (seja qual for a verdade por trás delas, ou sua intenção), provavelmente havia vários, como Plínio, ansiosos por se vangloriar de suas noites agradáveis no palácio, fosse qual fosse o imperador. Suetônio afirma, por exemplo, que o jovem Vespasiano, muito antes de ascender ao trono nas guerras civis de 68-69 d.C., manifestou-se no Senado para agradecer a Calígula por um convite, presumivelmente para que seus colegas senadores ficassem sabendo do fato. Há também uma história de um forasteiro, um "provinciano", tentando comprar um lugar num jantar imperial (contada tanto como um sinal da vaidade do imperador em ser lisonjeado pelo interesse do homem como para mostrar o valor de um lugar à mesa). O fato era que comer com o governante, sobretudo em um contexto íntimo, devia fazer os convidados se sentirem no centro do poder e lhes dava acesso aos ouvidos dele, não muito diferente do que acontece com líderes políticos nos dias de hoje. Algumas antigas afirmações de que cargos prestigiosos eram concedidos aos companheiros de festas do imperador, ou de que grandes decisões eram tomadas à mesa, ainda reverberam no mundo moderno. Um caso clássico desse tipo de persuasão durante um jantar diz respeito à estátua de ouro de si mesmo que Calígula planejava erguer no Templo de Jerusalém, ofendendo despudoradamente as convicções religiosas judaicas. Segundo uma das versões dessa história intrincada, que só se resolveu com a morte de Calígula, foi em um dispendioso jantar oferecido em Roma por Herodes Agripa, então rei da Judeia e bem relacionado com a casa imperial romana, que Calígula se convenceu a reconsiderar seus planos para a estátua.

No entanto, a imagem do jantar imperial também estava inegavelmente associada a um alto risco. Era uma cena do crime quase tão clássica para os romanos quanto uma casa de campo para a ficção britânica moderna (com adagas na biblioteca etc.) – seja com Cláudio morrendo ao comer um prato de cogumelos venenosos, seja com os rumores de Lúcio Vero ter sido eliminado por ostras envenenadas. A simples presença dos "provadores" era parte disso. Eles podiam proteger o imperador e sua família mais imediata da ameaça de envenenamento, mas ao mesmo tempo lembravam a todos ali presentes que, se não tomassem cuidado, o que comiam poderia matá-los. Era parte dos fundamentos de uma cultura de suspeição. Às vezes isso tinha um tom levemente cômico. Por exemplo, Cômodo tinha fama de misturar fezes humanas em alguns dos pratos mais requintados (não letal, mas não tão engraçado se você for um dos convidados), mas há muitas histórias em que – apesar dos esforços dos provadores – os banquetes *foram* mortais.

A história mais reveladora é a da morte do jovem príncipe Britânico, aos 13 anos de idade, num jantar palaciano em 55 d.C. Isso aconteceu no início do reinado de Nero. Como filho legítimo do imperador Cláudio, o garoto era um potencial rival ao trono, por isso foi eliminado pelo novo regime. O historiador Tácito descreve a cena com detalhes vívidos e sem dúvida imaginários (nascido no ano seguinte aos eventos, com certeza não estava presente, portanto não temos ideia do tipo de informação confiável que poderia ter sobre o assunto). Segundo Tácito, Britânico estava sentado à mesa das crianças, um pouco afastada dos divãs dos comensais adultos. Para evitar os provadores, os envenenadores de Nero não injetaram veneno na sua bebida quente, que *era* provada previamente, mas na jarra de água fria usada como refresco, que não era provada (ninguém suspeitava de água comum). O garoto desmaiou de imediato, e a justificativa de Nero foi um ataque epilético. Talvez fosse verdade – e seria uma maneira de desmistificar as fantasias de veneno na água. A explicação, porém, foi comprometida pelo fato de que a pira funerária foi preparada de modo antecipado. Pelo menos é o que diz Tácito, que não tinha interesse em atenuar a escabrosidade da ocasião.

No entanto, talvez o aspecto mais chocante de tudo isso seja a descrição que Tácito faz da reação dos outros convidados. Alguns transparecem suas suspeitas correndo em pânico, outros continuam em seus lugares, mas sem conseguir tirar os olhos de Nero. A única a entender a situação é Otávia, irmã mais velha de Britânico, casada com Nero num matrimônio despudoradamente dinástico. Otávia não esboçou o menor sinal de emoção e – como fica implícito – continuou comendo como se nada tivesse acontecido. Aqui, Tácito está insistindo em que os perigos da sala de jantar imperial se deviam em parte a este ser um local onde ninguém nunca podia demonstrar suas verdadeiras emoções ou suspeitas, nem mesmo se seu irmão desmaiasse na sua frente.

Foi por revelar suas suspeitas de forma muito óbvia que uma princesa imperial se deu mal no reinado de Tibério. Envolvida num conflito com o imperador – a quem atribuía uma participação na morte do marido –, ela hesitou um pouco demais antes de morder uma maçã oferecida por Tibério, dando a impressão de temer que a fruta estivesse envenenada. Depois disso, nunca mais foi convidada para jantar, e pouco depois foi exilada. A história pode ser boa demais para ser verdade. Algo semelhante é contado sobre o jovem Tibério Gemelo, que, depois de cogitado como possível cogovernante, pode ter tido suas razões para desconfiar de um jantar com o novo imperador Calígula. Segundo Suetônio, o cheiro persistente de um medicamento para tosse no hálito de Gemelo foi interpretado como o de antídoto contra veneno, que ele teria tomado para neutralizar qualquer substância que pudesse ser borrifada na sua comida. Foi o suficiente para Gemelo ser ordenado a se matar. Verdade ou não, o ponto em questão é que o banquete imperial podia facilmente ser visto como um local de autoincriminação, com resultados fatais.

Bons e maus anfitriões

A relação entre imperador e elite nos jantares – fosse de gratidão, bonomia e bajulação da maioria silenciosa, fosse de ressentimento, sadismo velado e crueldade caprichosa enfatizados pela maioria dos escritores, tanto modernos quanto antigos – não se resumia a morte e sanguinolência. O terror no *triclinium* não implicava que alguém fosse efetivamente morto. Como mostrou a história do jantar negro de Domiciano, também se apoiava em piadas de mau gosto (ou que saíam pela culatra), pequenas agressões e humilhações calculadas (ou percebidas). São dezenas de casos antigos, muitas vezes apresentados em detalhes vívidos e aparentemente específicos, mas todos se concentram nas mesmas questões básicas, transferíveis de um governante ao seguinte. Até que ponto o banquete imperial era uma ocasião de igualdade (pelo menos) *teórica*? Até que ponto o imperador à mesa era "um de nós"? O que fazia do imperador um bom ou um mau anfitrião?

O bom comportamento por parte do imperador às vezes envolvia exatamente a mesma cortesia exibida nas histórias de Augusto cumprimentando cada membro do Senado e se despedindo deles pelo nome de cada um. Apesar da sua cisma com a desconfiança da maçã, Tibério foi enaltecido por cumprimentar os cônsules na porta e ficar no meio da sala de jantar para se despedir pessoalmente de todos no final da noite. Outros foram bem-vistos por sua tolerância, ou punições espirituosas, a pequenas infrações cometidas por seus convidados. Quando, por exemplo, um deles surrupiou a taça de ouro em que tinha bebido (um delito comum nos hotéis e restaurantes modernos), a "moderação de Cláudio tomou um rumo cômico", como enunciou Plutarco. Quando apareceu para jantar na noite seguinte, o mesmo homem percebeu que era o único convidado a ser servido com utensílios de cerâmica. Na mesma verve, diz-se que Júlio César puniu seu padeiro por fazer pão de melhor qualidade para o próprio César do que para seus convidados – combinando habilmente o exercício de poder sobre o "subordinado" com a asserção de igualdade entre anfitrião e comensais.

Ao mesmo tempo, era nos banquetes que os imperadores costumavam esfregar o nariz da elite em sua própria subserviência. Às vezes isso se resumia a diferenciações calibradas na comida e na bebida, como quando Alexandre Severo consumia cinco taças de vinho para cada uma de seus convidados (havia certo esnobismo em relação ao vinho em Roma, ainda que menor que nos dias de hoje: a quantidade era o que realmente importava). No entanto, havia também questões mais sérias. O mesmo Tibério, tão cuidadoso com as formalidades nos encontros e cumprimentos, teria rompido relações com um homem que descobriu o segredo de suas perguntas enigmáticas depois do jantar (e mais tarde o forçou a se suicidar). O imperador tinha o hábito de fazer perguntas aos convidados sobre o que quer que ele mesmo tivesse lido naquele dia, e a infeliz vítima tentou superá-lo ao descobrir de antemão a lista de leituras de Tibério por serviçais do palácio. Há relatos de outros que usavam o poder político como poder sexual. Dizem que Calígula, por exemplo, levava para a cama as esposas dos convidados, em meio ao jantar, e depois humilhava o casal, fazendo comentários desfavoráveis (ou favoráveis) a todos os presentes a respeito do "desempenho" da mulher. Se for verdade, deve ter parecido, especialmente para as mulheres, um dos aspectos negativos dos jantares com aparente igualdade de gênero.

As histórias mais memoráveis, contudo, se concentram no riso e nas brincadeiras, não como um sinal de bom humor tolerante, mas como uma arma nas mãos do imperador contra membros da elite (rir *deles*, não rir *com* eles). A piada de Calígula durante o jantar insinuando que poderia cortar a garganta dos cônsules a qualquer momento foi um sinal tanto dos seus excessos desmedidos quanto da vulnerabilidade potencial dos senadores. Uma história ainda mais desconfortável é a de um ilustre romano cujo filho foi executado diante dos próprios olhos, também por ordem de Calígula. Mais tarde naquele dia, depois da execução pela manhã, o pai foi convidado para um jantar pelo imperador, que, com uma tremenda demonstração de afabilidade, forçou o pobre homem a rir e gracejar (como se pudesse controlar até mesmo essas reações e emoções humanas mais "naturais"). Mas por que o pai enlutado concordou com isso? Porque "ele tinha outro filho", observou argutamente um escritor romano.

As relações de poder nessas histórias são mais complexas do que podem parecer. Apesar das suas origens e dos abusos na vida real, o alvo – como elas chegaram até nós – sempre foi o próprio imperador. Não são tanto evidências do comportamento do imperador, mas parte de uma denúncia contra ele, e um alerta para os governantes subsequentes, conforme circulavam e eram contadas e recontadas, de como *não* se comportar. Solidários com o pai que perdeu o filho, os leitores estão na verdade deplorando o poder que um imperador poderia, teoricamente, escolher exercer. E as histórias se tornam mais complicadas ao sobrepormos a imagem de um anfitrião potencialmente abusivo à de um imperador potencialmente abusivo (e vice-versa).

Essas complexidades são resumidas em uma última sala de jantar imperial, num cenário espetacular à beira-mar, decorada com um conjunto suntuoso, porém inquietante, de esculturas. É difícil imaginar que muitos conseguissem jantar ali sem refletir sobre a relação problemática entre anfitrião e convidado, entre imperador e a companhia à mesa.

A caverna de Polifemo

Essa sala de jantar foi redescoberta em 1957, perto da costa de Sperlonga, um pequeno vilarejo entre Roma e Nápoles. Ainda mais ousada do que as atrações aquáticas que já vimos, esta era uma plataforma para leitos numa ilha artificial no mar, em frente a uma caverna natural onde arqueólogos desenterraram milhares de fragmentos de esculturas. Muitos desses fragmentos foram agrupados, reconstituindo uma série de estátuas de mármore que antes decoravam o interior da caverna, inspiradas em temas da mítica Guerra de Troia e no épico *Odisseia* de Homero (obra tão aclamada pela elite da Roma antiga quanto da Grécia antiga). A ideia provavelmente era levar os comensais de barco até a ilha, onde os pratos flutuavam até eles, e de onde podiam admirar a gruta cheia de estátuas, iluminada como um palco quando o sol se punha atrás deles a oeste.

Existe uma grande possibilidade de que este tenha sido o lugar onde, em 26 d.C., o imperador Tibério escapou por pouco de um acidente durante um jantar. Ele estava comendo em uma gruta natural numa

24. A gruta de Sperlonga. Em primeiro plano vemos a base da área de jantar e sofás; mais ao fundo, a caverna natural diante da qual os comensais ficavam, com grupos de esculturas ilustrando temas da Guerra de Troia e das viagens de Odisseu.

residência de campo chamada *Spelunca* (ou "caverna") a caminho do sul da Itália quando algumas rochas da entrada desabaram, matando alguns dos presentes. O próprio nome (*Spelunca*/Sperlonga) torna essa hipótese muito provável. No entanto, mesmo não tendo sido o caso (e as estátuas podem ser de uma época posterior), é muito plausível imaginar que essa gruta de jantar de última geração, ligada a uma grande vila, fazia parte de uma propriedade imperial.

Mas o que as estátuas retratavam exatamente? Havia várias cenas "épicas", incluindo Odisseu carregando o corpo de Aquiles no campo de batalha de Troia e o monstro Cila, que quase destruiu o barco de Odisseu voltando de Troia para sua casa na ilha grega de Ítaca. O foco da composição, porém, era outra aventura do retorno de Odisseu ao lar: quando ele cega Polifemo, o gigante canibal de um olho só. A história da *Odisseia* conta que nas suas longas viagens o herói grego e seus companheiros desembarcaram na ilha de Polifemo e acamparam na caverna

25. O grupo focal das esculturas na caverna de Sperlonga retratava a história da cegueira de Polifemo, da *Odisseia* de Homero. Tem sido difícil reunir os fragmentos de mármore das figuras destruídas (quebradas quando a caverna desabou), mas esta reconstrução – parte original, parte moderna – dá uma ideia razoável da composição: homens de Odisseu arrancam o olho do gigante bêbado estatelado.

onde o gigante morava, enquanto ele estava fora cuidando das suas ovelhas. Ao voltar e encontrar os invasores, Polifemo literalmente fez uma refeição com alguns deles – até que, para evitar a perda de mais homens e preparar sua fuga, Odisseu embriagou o gigante e o cegou quando estava desacordado, furando seu único olho com uma estaca em brasa.

É uma história ilustrativa do conflito cultural e das ambivalências da "civilização". De que lado nós estamos? Do canibal cuja casa foi invadida ou do líder que usa de sua esperteza para salvar sua tripulação? O que está entre a suposta "barbárie" de Polifemo e a "civilização" grega de Odisseu? Foi uma grande conceituação visual usar uma caverna real para recriar a caverna mítica da história. Mas, para os que contemplavam essa cena de seu *triclinium* na ilha, era ainda mais do que isso. No cerne do mito de Odisseu e Polifemo encontram-se exatamente as mesmas questões envolvendo anfitrião e hóspede ilustradas por tantas histórias de banquetes imperiais. Pois essa era uma história que expunha os riscos da hospitalidade, na qual o assassinato fazia parte do cardápio, a comida era maculada e a bebida acabava destruindo o próprio anfitrião, ao mesmo tempo vulnerável e letal. Era um banquete mítico infernal.

A caverna de Sperlonga foi a sala de jantar imperial mais imaginativa na representação da história de Polifemo, mas não a única. De certa forma, essa cena se tornou uma marca registrada dos jantares palacianos. Uma estátua de Polifemo foi instalada, em determinado momento, no conjunto de Canopo da Vila de Adriano. Havia outra estátua numa sala, provavelmente usada para jantares, em uma vila de propriedade de Domiciano nos arredores de Roma (pp. 132-133). Havia ainda outra na costa da baía de Nápoles, numa luxuosa área de entretenimento de uma vila construída pelo imperador Cláudio, onde os convidados se reclinavam ao redor de uma piscina em uma caverna artificial, na qual foram colocadas estátuas de Odisseu oferecendo vinho ao gigante – antes de cegá-lo. Essa área submersa só foi totalmente explorada nos anos 1980, e uma teoria recente sugere que foi a sala em que Nero recebeu sua mãe Agripina para seu último jantar, na noite em que a mandou matar.

Se assim foi (e é uma teoria otimista, mas não impossível), só podemos nos perguntar se Agripina refletiu sobre os perigos que essas estátuas sinalizavam. Mesmo que não tenha refletido, os arquitetos dessas salas ofereceram aos comensais muito o que pensar. Alguns podem ter

26. Um arqueólogo mergulhador resgata uma das esculturas do conjunto de Polifemo da sala de jantar de Cláudio em Baias, na baía de Nápoles; é a figura de um dos companheiros de Odisseu.

se sentido tranquilizados por acreditar que seus banquetes representavam uma sofisticação civilizada que faltava na história épica. Os mais observadores teriam visto um reflexo de alguns de seus próprios dilemas, tensões e ansiedades. Os perigos dos banquetes, reais e imaginários, foram resumidos na própria decoração da sala de jantar. Para nós, Sperlonga é um lembrete muito específico da complexidade do amálgama que era um jantar imperial: as dificuldades organizacionais (imaginem transportar todos aqueles barquinhos aos comensais, praticamente em mar aberto); o prazer dos convidados, lisonjeados por estarem à mesa do imperador, flutuante ou não; e os subtextos perigosos do poder imperial que a hospitalidade do imperador revelava, assim como a de Polifemo.

Podemos ver isso de uma perspectiva mais abrangente se formos além da sala de jantar e entrarmos no próprio palácio.

4
O QUE HÁ EM UM PALÁCIO?

Os grandes projetos de Calígula

Em 40 d.C., o imperador Calígula foi chamado para atuar como mediador entre facções em guerra na cidade de Alexandria, uma província romana no Egito. Uma combinação de xenofobia, antissemitismo, disputas sobre direitos cívicos locais e um governador provincial que (deliberada ou inadvertidamente) tornou as coisas piores resultou em violência entre as comunidades grega e judaica. Os dois lados enviaram delegações a Roma para convencer o imperador. Podemos aprender algo do que aconteceu quando as diferentes facções se apresentaram graças a um relato vívido, embora tendencioso, de um dos delegados judeus. Esse delegado era o erudito filósofo Fílon, provavelmente mais conhecido por suas discussões sobre a Bíblia hebraica e capciosas questões teológicas do que por seu encontro com Calígula.

Não deve ter sido uma ocasião confortável para nenhuma das delegações rivais, solicitadas a comparecer ao mesmo tempo para apresentar seus respectivos casos. O imperador as fez esperar meses antes de recebê-las, isso depois de já terem feito uma viagem fracassada para tentar encontrá-lo no sul da Itália. (As inconveniências de todo esse processo, os gastos, as informações privilegiadas e conexões necessárias para marcar uma reunião são questões a que voltaremos no Capítulo 6.) Não há indícios de que Calígula tenha tomado sua decisão antes de ser assassinado, no início do ano seguinte. No curto período em que estiveram frente a frente com ele, os judeus foram alvo de galhofas hostis de Calígula ou, como Fílon apresentou, vítimas de sua ameaça tirânica. O imperador os questionou e os provocou sobre sua religião e suas regras alimentares. "Por que vocês não comem carne de porco?", perguntou a certa altura, fazendo os gregos caírem na gargalhada de forma exagerada, pois foram severamente repreendidos por alguns funcionários imperiais. Fílon afirmou, sem muito conhecimento direto, desconfio, que até mesmo sorrir era perigoso na presença do imperador, a menos que você fosse um amigo íntimo. No entanto, a prudente resposta dos judeus pouco ajudou sua causa. Quando explicaram pacientemente que diferentes culturas têm costumes e proibições distintos – uma lição de antropologia elementar que o imperador talvez não tenha apreciado –, um dos membros da delegação apontou, como um bom exemplo, que muitas pessoas optam por não comer cordeiro. Isso provocou uma risada do próprio Calígula, não apreciador da carne de cordeiro, e provavelmente também determinado a trivializar a questão. "Não me surpreende", retrucou. "De fato, não tem um gosto muito bom."

Um insulto adicional, para ambos os lados, foi o fato de o imperador não estar totalmente concentrado no trabalho, deixando bem claro que tinha outras prioridades. Como aquela não era uma audiência formal, as duas delegações foram obrigadas a acompanhá-lo enquanto inspecionava sua residência: os diferentes pavilhões, os aposentos masculinos e femininos, os andares térreo e superiores – identificando reparos necessários e sugerindo uma variedade de melhorias na casa. Interrompeu uma intervenção dos judeus para dar instruções a fim de que as janelas de um grande aposento fossem "envidraçadas" com pedras transparentes, "de forma a não obstruírem a luz, mas impedirem a entrada do vento e do sol escaldante". No cômodo seguinte, ele os interrompeu de novo para pedir algumas "pinturas originais" às paredes. Ao registrar essas desatenções, Fílon está claramente criticando Calígula por se concentrar em futilidades da decoração de interiores em detrimento das importantes reivindicações dos judeus de Alexandria. No entanto, seu relato também nos dá uma rara oportunidade de relacionar o imperador à estrutura de uma das residências em que morava e ter um vislumbre dos seus grandes projetos. Na verdade, uma pequena seção dessa residência imperial específica foi escavada no início deste século, não muito longe do que hoje é a principal estação ferroviária, e um museu recentemente inaugurado no local exibe algumas das descobertas, quase nos permitindo seguir os passos do imperador.

Este capítulo amplia nosso foco para além das salas de jantar imperiais a fim de explorar as propriedades reais de maneira mais geral, desde os corredores de serviço até os lagos ornamentais, das preciosas obras de arte a objetos curiosos coletados em todo o mundo romano, sem falar de inúmeras surpresas (poucas pessoas sabem hoje que o que pode ser a representação mais antiga de uma crucificação cristã foi descoberta nos aposentos de alguns dos escravos do imperador no Monte Palatino, em Roma). Onde os imperadores moravam e o que eles chamavam de "lar"? Além de destacar os vestígios, exteriores e interiores, tentarei reconstruir o que era originalmente um palácio romano e o que acontecia lá dentro, e como as residências imperiais mudaram ao longo do tempo. A residência de Augusto era semelhante à dos imperadores de um século depois? Quando surgiu a ideia de um "palácio"?

Também existem perguntas que vão além dos tijolos e da argamassa. O que o palácio dizia sobre o imperador e seu poder? Que tipo de afirmação ambiciosa, além da exibição ostentosa (ou de uma modéstia igualmente ostentosa), era incorporado a sua estrutura? Que conflitos essas construções provocavam? ("Saiam daqui, cidadãos. Roma está se tornando a casa de um homem só", escreveu um antigo grafiteiro anônimo, citado por Suetônio, satirizando a imensa nova mansão de Nero na cidade.) Como os imperadores viam isso? Domiciano foi o único a perceber o perigo dentro de casa quando mandou revestir as paredes das colunatas privadas onde caminhava com uma pedra refletora especial, talvez para ver o que estava acontecendo – e quem estava se aproximando – atrás dele? No final do capítulo, visitaremos uma residência imperial que funcionava quase como um microcosmo minuciosamente construído do Império Romano em sua totalidade, uma réplica em miniatura do mundo do imperador.

Casas e jardins

A casa que Calígula estava redesenhando não era o palácio (ou *palatium*), no centro de Roma, assim chamado em referência ao Monte Palatino onde se situava. A maioria dos monarcas ao longo da história se transladava entre várias residências, e o imperador romano não era exceção, com dezenas de residências imperiais espalhadas por toda a Itália. O encontro de Calígula com as delegações rivais de Alexandria ocorreu em um dos inúmeros jardins de prazer suburbanos (*horti*), de propriedade do imperador nos arredores da cidade, a alguns quilômetros do centro (p. 11, "Roma antiga"). Mais do que apenas áreas verdes, essas propriedades incluíam chalés e pavilhões, quartos de dormir e salas de entretenimento – e, claro, salões de banquetes e sofisticadas instalações aquáticas. Também eram repletas de obras de arte. As "pinturas originais" e as janelas translúcidas que o imperador planejava instalar em 40 d.C. eram parte disso. Arqueólogos vêm desenterrando há séculos centenas de esculturas e outros tesouros dos sítios desses *horti*: cristais delicadamente lapidados, incrustações de ouro e joias inseridas em paredes ou móveis (il. 20); estátuas que já deviam ser antigas quando chegaram a Roma, retiradas ou saqueadas da Grécia e do Egito; e alguns dos retratos mais extravagantes de imperadores romanos já descobertos em qualquer lugar (fig. 56). O propósito desses jardins era proporcionar um estilo de vida mais prazeroso e expansivo do que era possível no centro da cidade, mas ao alcance do coração da atividade metropolitana de poder: uma combinação conveniente de propriedade rural e centro de poder urbano.

A maioria dos *horti* foi construída originalmente por aristocratas romanos super-ricos, que viveram no final da República ou durante o reinado dos primeiros imperadores, e continuou tendo o nome dos proprietários originais. Por exemplo, os *horti Lamiani* eram os que Calígula pretendia melhorar quando deveria estar concentrado nas disputas dos alexandrinos. Eram chamados assim em referência ao primeiro proprietário, um amigo do imperador Tibério, Lúcio Élio Lâmia. Na segunda metade do século I d.C., porém, todas as propriedades desse tipo tinham "caído nas mãos do imperador", para usar o eufemismo padrão, que abrange desde generosos presentes a roubos descarados. No processo, além do palácio no centro, a cidade ficou quase inteiramente cercada pelos *horti* imperiais, cobrindo hectares e mais hectares de terras de ótima qualidade. Talvez houvesse algum acesso semipúblico a partes dessas terras, para as pessoas comuns terem uma breve visão de espaços verdes e construções de luxo. No entanto, em uma cidade com 1 milhão de habitantes, onde a maioria vivia em acomodações apertadas, em favelas esquálidas, ou dormia ao relento, as dimensões da "pegada" do imperador na paisagem urbana eram uma prova do seu poder.

Os jardins de prazer imperiais eram só o começo de uma rede de residências que se estendia até a baía de Nápoles e à ilha particular dos imperadores em Capri, que era ainda mais chique no mundo antigo do que é hoje. De certa forma, isso seguia o padrão de posse de terras da aristocracia de modo geral. Plínio tinha pelo menos quatro propriedades rurais, além de uma casa em Roma. No entanto, as propriedades imperiais eram maiores e mais grandiosas, aumentando ao longo do tempo, pois cada imperador as herdava de seus predecessores, e construía outras. Cerca de trinta residências imperiais foram identificadas só na região ao redor de Roma (atual Lácio), superando até mesmo a extensão de terras da família real britânica no seu auge mais opulento.

Ruínas de algumas dessas residências são atrações turísticas há centenas de anos, desde o "Grand Tour"* do século XVIII e até mesmo antes disso. A Vila de Adriano em Tivoli é uma delas. Bem como as inúmeras vilas imperiais em Capri, para onde Tibério se retirou de forma notória em 26 d.C. e nas quais passou os últimos dez anos da vida, com todos os fantasiosos rumores posteriores de jogos sexuais na piscina e inimigos eliminados lançados do alto dos penhascos. Segundo Suetônio, a residência principal do imperador na ilha incluía quartos forrados de pinturas eróticas e uma biblioteca de manuais sobre sexo, para o caso de seus exaustos convivas precisarem de inspiração. Arqueólogos modernos, mais pragmáticos, não se interessam tanto pelas supostas orgias, mas ficam maravilhados com as cisternas e com a maneira como os engenheiros imperiais conseguiam fornecer tanta água para os jardins, as piscinas e as termas num afloramento seco e rochoso, porém com uma ótima vista.

---

* O Grand Tour foi um fenômeno social típico da cultura europeia do século XVIII, e a expressão denomina as viagens aristocráticas pelo continente europeu. [N.R.]

27. Estátua grega do século V a.C., encontrada em um dos jardins imperiais de prazer (*horti Sallustiani*): a figura é de uma das filhas de Níobe (mortas por castigo divino porque a mãe se vangloriou de ter tido mais filhos que a deusa Leto). Não se sabe como ou quando ela chegou a Roma – se na forma de espólio de guerra ou no comércio de antiguidades.

Há locais menos conhecidos, ou de acesso mais difícil em tempos atuais, mas igualmente notáveis sob vários aspectos. Em termos de tamanho, uma das propriedades de Cômodo nos arredores de Roma, a poucos quilômetros da Via Ápia, rivalizava com a de Adriano em Tivoli – tão imensa que chegou a ser considerada uma cidade ("Vecchia Roma", ou "Velha Roma", assim como a Vila de Adriano foi denominada "Vecchia Tivoli"). Agora é conhecida como Vila dos Quintílios, porque só "caiu nas mãos de Cômodo" quando ele eliminou seus ricos proprietários, os irmãos Quintílios. Como localização espetacular, uma das casas de campo de Nero ganha o prêmio máximo. Foi construída em colinas pitorescas a cerca de 80 quilômetros da capital, perto da atual Subiaco, e os arquitetos do imperador aprimoraram a atmosfera – e a vista da vila – represando um desfiladeiro e criando um lago artificial. Não muito longe dali, o mais famoso e ostentoso "refúgio" rural de Domiciano, um dos vários que ele possuía, foi construído num lugar igualmente cênico, sobre enormes terraços artificiais com vista para o lago Albano, com todas as comodidades romanas que o dinheiro imperial podia comprar,

28. Vista aérea do que resta da maior Vila de Tibério em Capri, originalmente cobrindo mais de 7 mil metros quadrados. A abside no topo tinha vista para a baía de Nápoles. As principais cisternas estão localizadas no centro do edifício visível aqui.

inclusive uma gruta com uma escultura do gigante de um olho só Polifemo. Até recentemente, esse local era mais inacessível que a maioria das outras propriedades imperiais, pois grande parte fica dentro dos limites da residência de verão do papa, em Castel Gandolfo, já que desde o Renascimento a alta hierarquia da Igreja Católica viu os mesmos encantos da paisagem local que os imperadores romanos. As partes residenciais e as ruínas, contudo, foram agora reabertas ao público.

Havia muito mais, incluindo uma variedade de vilas luxuosas à beira-mar, desde a de Tibério em Sperlonga, a de Cláudio na Riviera italiana em Baias, até a ampla mansão construída por Nero com vista para a praia na atual Ânzio (agora, mais conhecida pelos desembarques na

Segunda Guerra Mundial do que por uma residência imperial romana). O historiador Dião Cássio, escrevendo no século III d.C., percebeu que essas propriedades eram mais do que simplesmente opulentos refúgios campestres. Ele explicou que, ao menos em sua época, o título *palatium* era conferido a qualquer lugar onde o imperador estivesse morando na época. A península da Itália, em outras palavras, era cheia de palácios.

A razão pela qual agora podemos identificar muitas dessas residências com tanta confiança se deve em parte ao seu tamanho e luxo (embora os imperadores às vezes optassem por aparentar um estilo de vida mais modesto e, muito ocasionalmente, como mostra a Vila dos Quintílios, alguns ricos proprietários de terras pudessem construir numa escala de grandes proporções). E também ao fato de que algumas ruínas arqueológicas podem ser relacionadas a descrições encontradas na literatura antiga a que temos acesso (é plausível vincular os relatos da vida de Tibério em Capri com a vila mais palaciana da ilha). No entanto, os hábitos dos fabricantes e construtores antigos também nos ajudaram a associar o nome de determinados imperadores a ruínas específicas de

29. Um papa explora ruínas romanas. Papa João XXIII examina alguns vestígios romanos, da Vila de Domiciano, em sua residência de verão em Castel Gandolfo.

30. Encanamento de chumbo dos *horti Lamiani*, com um selo que quase certamente identifica o contratado, ou fabricante, do cano como escravo ou ex-escravo de um imperador da família Cláudia. Lemos aqui as palavras: de '*Claudi Caes(aris) Aug(usti)*.

maneira inesperada. Como se tivessem em mente o interesse de futuros arqueólogos, às vezes eles marcavam os tijolos e canos de chumbo não apenas com a data precisa de fabricação, mas também com o nome do proprietário, o encarregado responsável pela instalação ou o dono da fábrica – o que, em alguns casos, torna a conexão imperial absolutamente certa. Por exemplo, é com base nos nomes nos encanamentos que podemos identificar com precisão uma grande mansão escavada nas colinas cerca de 80 quilômetros a leste de Roma, não muito longe do pitoresco refúgio de Nero em Subiaco, como uma propriedade rural de Trajano.

O que aconteceu onde

As coisas ficam muito mais turvas, contudo, quando nos voltamos para a configuração interna dessas residências e tentamos descobrir como os cômodos eram usados, para reconstruir o estilo de vida e situar as pessoas nesses lugares – ao menos em nossa imaginação. Não existem remanescentes de plantas anotadas ou guias detalhados, como os que nos ajudam a decodificar Versalhes e outros palácios modernos. E apenas em alguns casos podemos deduzir a função de um recinto com base em suas ruínas. Salas de jantar com leitos embutidos, ou marcas no chão, são um exemplo de onde muitas vezes isso é possível, como vimos no capítulo anterior. Instalações de banhos e vasos sanitários (facilmente reconhecíveis) são outro exemplo. Às vezes isso leva a conclusões mais significativas do que se pode imaginar. A distribuição de privadas individuais versus coletivas no palácio de Adriano em Tivoli, por exemplo, ajudou a identificar áreas reservadas sobretudo ao imperador e seus convidados de elite e as usadas pelos serviçais, que não tinham a mesma privacidade que seus patrões. E tudo fica mais complicado pelo fato de muitas suposições modernas sobre arquitetura doméstica não poderem ser aplicadas ao mundo antigo. Não adianta procurar "o quarto do imperador" pela simples razão de as casas romanas não terem quartos de dormir. É possível que a elite romana dormisse num leito no que se chamava *cubiculum*, mas não era um "quarto" no sentido que damos agora à palavra, apesar de ser muitas vezes traduzido assim. Era um cômodo intimista e privado, usado para dormir, fazer sexo, entreter amigos mais próximos, conspirar ou, se você fosse imperador, tratar de casos jurídicos delicados.

Neste capítulo, muitas vezes usarei nomes que tradicionalmente foram atribuídos a partes dos palácios imperiais, tão bem estabelecidos que não podem ser ignorados, mas que na melhor das hipóteses são suposições otimistas e, na pior, irrefutavelmente enganosas. Um exemplo extremo é um pavilhão no local de um dos *horti* imperiais, provavelmente pertencentes a Mecenas, amigo e conselheiro de Augusto, e legado ao imperador em seu testamento. Desde sua redescoberta, durante obras de construção nos anos 1870, o pavilhão é conhecido como "Auditório de Mecenas", em razão do que parece ser um semicírculo de assentos em degraus voltados para um espaço aberto ou palco para apresentações. Mecenas era um conhecido patrono das artes, e às vezes é tratado como o "ministro da cultura não oficial" do imperador. Foi muito tentador imaginar que era onde ele apresentava alguns de seus protegidos literários, talvez até mesmo o local em que Virgílio pode ter apresentado a uma plateia selecionada partes da *Eneida*, seu grande épico a respeito da fundação de Roma, escrito sob o patrocínio de Augusto. Muito

31. Interior do "Auditório de Mecenas" nos dias de hoje, na sua versão de espaço para apresentações. Aqui, numa recente reunião de um "fórum de arte", o que originalmente era uma atração aquática na extremidade é usado como palco, com o público ocupando o espaço onde os leitos de jantar estariam dispostos.

tentador, mas provavelmente errado. O que parece ser assentos em degraus era provavelmente o local de mais uma cascata, e o "palco para apresentações" provavelmente era uma sala de jantar com leitos móveis.

Nas páginas seguintes, vou discorrer sobre essas identificações incorretas e tentar apurá-las quando puder. Meu ponto de partida é o "palácio" original no Monte Palatino, em Roma, e a história da sua transformação de pouco mais que um conjunto de casas esparsas (não um "palácio", nos nossos termos) em uma mansão labiríntica no estilo palaciano mais conhecido. Concluirei com uma análise mais detalhada da propriedade de Adriano em Tivoli, a mais altissonante residência imperial romana que já existiu, abordando desde as centenas de esculturas lá escavadas até sua rede de passagens subterrâneas e mesmo os vasos de flores.

Uma casa no Palatino

A história do Palatino nos diz muito acerca das mudanças do poder em Roma. Era uma das sete (ou mais) colinas sobre as quais a cidade de Roma foi construída, e em meados do século I a.C., antes do governo dos imperadores, abrigava a maioria dos homens influentes da política romana. Aqui, os rivais que competiam por poder, influência e votos do povo na "democracia mais ou menos" de Roma moravam como vizinhos de porta, em casas negociadas por preços ridículos, às vezes muito perto umas das outras (era fácil bloquear a luz do vizinho com qualquer melhoria mais ostentosa). Vistas de fora, essas casas não pareceriam particularmente impressionantes, ao menos aos olhos ocidentais modernos. As tradicionais casas romanas tinham fachadas voltadas para o interior, construídas em torno de pátios internos, e não se investia muito na parte externa. Em sua rivalidade, porém, seus proprietários competiam na arquitetura quase tanto quanto na política. Quantas colunas alguém possuía nos pórticos internos, se eram de mármore caro importado ou de simples pedras locais, ou se um indivíduo decidia rejeitar o luxo e posar com um estilo de vida modesto – tudo isso tinha importância na disputa por prestígio.

A atração do Palatino era em parte sua proximidade com a ação política da Roma Republicana. O Fórum e a casa do Senado ficavam a poucos minutos de caminhada morro abaixo (ou transportado numa liteira, se preferissem). Cícero se gabava de que da sua casa no Palatino ele podia ver toda a cidade e – não menos importante – que toda a cidade podia vê-lo. Essas casas serviam tanto para proporcionar uma boa vista aos proprietários quanto para os colocar em proeminente destaque. O Palatino, contudo, também tinha importantes associações míticas e históricas. Foi onde o fundador Rômulo teria estabelecido seu primeiro assentamento em Roma. (Uma cabana de taipa ainda visível no século IV d.C. – um símbolo importante, porém falso – foi reivindicada como o local onde o próprio Rômulo morou séculos antes.) Também foi no Palatino que os romanos construíram o Templo de Magna Mater, ou "Grande Mãe", que se dizia ter salvado Roma da derrota contra Aníbal no final do século III a.C. Essa deusa venerada foi importada, por determinação de um oráculo divino, da atual Turquia, acompanhada por seus notórios sacerdotes eunucos que se autocastravam, ao menos pelo que se dizia.

Mais ou menos um século após o início do governo de um homem só em Roma, no final do século I d.C., a paisagem do Palatino tinha mudado de modo drástico. Os monumentos históricos e os templos permaneceram (raramente se diz que, durante a maior parte da história imperial, um grupo de eunucos religiosos vivia perto da porta dos fundos do imperador). No entanto, as casas aristocráticas não mais existiam, e a maior parte da colina era ocupada por um único palácio. Em uma das sinalizações mais vívidas da nova ordem política, o imperador – graças a compras estratégicas, expropriações, roubo ou simplesmente criando um "ambiente hostil" – expulsou a antiga aristocracia de seus bairros tradicionais e prestigiosos. O simbolismo da mudança foi flagrante, mas também gradual. A elite começou a ceder os bairros residenciais da colina para a família imperial quase de imediato, desde Augusto (Júlio César não foi responsável por isso). Mas o palácio, nos termos como o entendemos hoje, não foi construído da noite para o dia.

Os escritores romanos tiveram muito a dizer sobre as propriedades dos primeiros imperadores no Palatino, em geral tentando relacionar as moradias com seus carácteres e reputações. Augusto foi caracterizado por um desfile de tradicionalismo antiquado, habilmente combinado com marcos significativos do poder autocrático. Diz-se que ele morava numa casa "comum", que antes pertencia a um membro "comum" da elite romana, sem decoração luxuosa em mármore ou pisos sofisticados e com mobiliário simples. (Suetônio insiste em que ele dormiu quarenta anos no mesmo quarto, no inverno e no verão, num leito baixo e modesto.) Não tão comum era o "pátio" da casa, que – segundo relatos do próprio Augusto em *O que eu fiz* – era decorado com grinaldas de louro e outras honrarias, e até inscrito com as palavras "Pai da Pátria", contrastando com a decoração simples do interior. Meio século depois, os supostos excessos de Calígula se equiparavam aos da sua residência no Palatino. Iam muito além das novas janelas das construções nos *horti*. Suetônio afirma que o "pátio" da casa de Calígula foi de alguma forma construído com o venerável e antigo Templo de Castor e Pólux, que ficava no Fórum, bem no sopé do Palatino. Foi um sinal que resumia sua megalomania e impiedade, pois ele costumava sentar, segundo relatos, entre as estátuas dos dois deuses no templo, esperando ser venerado.

O problema tem sido sempre o de como conciliar esses relatos ou projeções ideológicas com as evidências arqueológicas. As primeiras camadas imperiais do Palatino são especialmente difíceis de explorar. Isso muito se deve às fundações do palácio romano subsequente, ou palácios, que praticamente apagaram o que havia antes (a sala de jantar de Nero é uma das poucas áreas ainda acessíveis). A presença dos Jardins Farnese em parte do local – uma preciosidade do paisagismo renascentista –, porém, tem limitado grandes escavações modernas, compreensivelmente. Deixando de lado algumas tentativas engenhosas, mas pouco convincentes, de encontrar vestígios do "vestíbulo" de Calígula no Fórum, adjacente ao ainda existente Templo de Castor e Pólux, não se pode afirmar nada com certeza. É particularmente decepcionante que as ruínas das casas esplendorosamente decoradas do século I a.C. – agora conhecidas como "Casa de Augusto" e "Casa de Lívia" e uma das principais atrações do roteiro turístico pelo Palatino – não possam estar situadas onde Augusto morava. É quase certo que Augusto adquiriu essas propriedades no início da sua tomada do Palatino, mas ele as demoliu para dar lugar a um novo templo do deus Apolo, concluído em 28 a.C. (antes mesmo de ter adotado o nome Augusto). O que visitamos agora não são os salões de recepção do imperador, como em geral nos dizem, mas os alojamentos subterrâneos da casa de algum dignitário da República, sobre os quais foram construídos a plataforma do novo templo e os pórticos que o circundam.

O fato é que todas as evidências físicas da residência ou das residências de Augusto provavelmente se perderam para sempre sob as construções posteriores. No entanto, um indício revelador de como os imperadores moravam naqueles primeiros tempos do governo de um homem sobrevive em uma fonte inesperada: um relato do assassinato de Calígula no Palatino em 41 d.C., escrito em grego pelo historiador judeu Josefo, do final do século I. Ele deixa claro que, ao menos na época desse assassinato, não devemos imaginar uma só mansão grandiosa (por mais que a história do "templo transformado em vestíbulo" possa sugerir isso), mas, sim, uma residência em expansão que gradualmente ocupou a maioria das casas anteriores na colina. Algumas foram reconstruídas, outras geminadas ou ligadas por túneis (ainda existem alguns vestígios desses túneis), contudo a maior parte permaneceu como moradias independentes.

Calígula foi morto, segundo Josefo, em uma "ruela tranquila" dentro da propriedade, um atalho para as termas imperiais privadas para onde estava indo quando foi surpreendido. Assim que o ato foi consumado, os assassinos fugiram pela "Casa de Germânico, o pai do homem que tinham acabado de matar", situada nas proximidades. Em seguida, talvez para benefício dos leitores não familiarizados com a configuração do local (entre os quais agora nos incluímos), ele explica um pouco mais. "Pois apesar de o palácio ser um único espaço", escreve, "era composto de várias construções pertencentes aos outros membros da família imperial, referendados com os nomes de seus construtores." E, em sua versão de uma história mais conhecida – de que Cláudio foi encontrado por membros da guarda escondido atrás de uma cortina (p. 75) –, Josefo diz que o novo imperador se refugiou em outra "ruela" tranquila e subiu um lance de escada.

É preciso algum esforço para imaginar agora a residência de Augusto e de seus sucessores diretos não como uma estrutura unificada, mas como um "complexo", com os membros da grande família imperial morando cada um em sua casa. Por mais grandiosamente decoradas que fossem essas várias edificações (algumas, sem dúvida, muito grandiosamente), quaisquer que fossem os símbolos de poder distinguindo suas fachadas, a despeito dos muitos guardas corpulentos policiando as entradas e passagens escuras, era um complexo de residências frouxamente conectadas, não o edifício único que veio a ser depois, reconhecido nos cenários de filmagem e em reconstruções arqueológicas mais austeras (il. 9). Nero começou a mudar esse arranjo no começo do seu reinado. Embora a arqueologia continue sendo difícil de interpretar, a elegante sala de jantar que já exploramos quase decerto é parte de sua primeira tentativa de reforma radical, assim como algumas ruínas enterradas sob os Jardins Farnese. Estranhamente, isso é chamado de *Domus Tiberiana*, "o palácio tiberiano", pois é provável que não tivesse nada a ver com o imperador Tibério (a não ser pelo fato de que poderia estar no local da casa da sua família no antigo complexo). No entanto, o grande incêndio de Roma no final do reinado de Nero, em 64 d.C., foi o ponto de virada crucial, pois devastou grande parte da cidade, inclusive o Palatino, presumivelmente destruindo todas as casas particulares que ainda estavam lá e, assim, abrindo espaço para a construção do primeiro "palácio" central da cidade erguido para esse propósito. Isso levantou novas questões sobre como um imperador deveria morar e tornou-se um modelo de como uma residência imperial *não* deveria ser.

Morando como um ser humano

Esta construção era a Casa Dourada de Nero, ou *Domus Aurea*. Segundo Suetônio, era tão grande que ocupava terras que se estendiam do Palatino até o Monte Esquilino, a uma distância de quase 2 quilômetros, com uma estátua do imperador de mais de 35 metros de altura e incluindo no terreno um lago artificial que parecia "mais um mar". Uma das "alas" desse palácio – preservada no Esquilino no nível das fundações de termas públicas romanas construídas posteriormente por cima e datadas com precisão, em parte graças às estampas nos tijolos – é um dos destaques da arqueologia e do turismo na cidade há mais de meio milênio. No início do século XVI, o pintor Rafael e seus alunos entraram nas ruínas por passagens escavadas nos tetos, desenharam minuciosamente o que viram e alguns escreveram seus nomes nas pinturas que tanto admiraram. Os visitantes modernos têm mais facilidade de acesso. Muito dos escombros e entulhos foi removido, e é possível entrar andando pelo antigo nível do solo, pôr um capacete de proteção e passear pelas salas de exposição e corredores, que permanecem mais ou menos com a beleza original.

Isso ainda *parece* um palácio. É verdade que a maior parte da suntuosa decoração se foi (os visitantes atuais recebem óculos de realidade virtual para recriar o revestimento de mármore que cobria as paredes de tijolos e as esculturas que adornavam os cômodos agora vazios). Os estuques e pinturas que resistiram são menos deslumbrantes do que quando Rafael os viu. E, à parte as salas de jantar e atrações aquáticas, é difícil saber para que a maioria dos cômodos era usada, sendo mais de cem na seção desenterrada. No entanto, alguns continuam impressionantes, mesmo sem seus suntuosos ornamentos. Uma enorme sala octogonal,

32. Reconstrução hipotética de partes da Domus Aurea vista do sul: 1. entrada principal da Domus Aurea vista do Fórum; 2. vestíbulo com a estátua colossal de Nero; 3. o lago (futuro local do Coliseu); 4. construções neronianas no Palatino; 5. ala que restou do palácio; 6. Templo de Cláudio; 7. Circo Máximo.

muito provavelmente reservada para refeições, merece ser enaltecida por historiadores da arquitetura como uma estrutura revolucionária, com uma audaciosa técnica no uso de tijolos e concreto que definiu um modelo para as construções romanas que durou séculos. Quase todos agora nos deslumbramos com os corredores compridos e altos, que mostram parte da decoração que impressionou os pintores do século XVI. Na verdade, a maioria desses corredores era usada como passagens de serviço.

Foi a única seção substancial da Casa Dourada de Nero que resistiu até hoje, embora alguns vestígios arqueológicos tenham sido descobertos no Palatino e em outros lugares. Quanto aos outros detalhes, dependemos dos relatos reprovadores escritos depois da morte do imperador, quase todos ressaltando o luxo e a engenhosidade pervertida do local: desde a elusiva sala de jantar giratória até as tubulações ocultas que borrifavam perfume nos convidados e as áreas de natureza artificial (com bosques, vinhedos, campos e animais) no entorno do lago artificial. Às vezes as evidências no local contradizem esses relatos. Suetônio, por exemplo, descreve o "lago" quase como uma versão neroniana de uma paisagem rústica moderna, com ovelhas e tudo, no jardim de uma casa

33. Sala octogonal da Casa Dourada, outrora cenário para banquetes de Nero. Quase toda a iluminação vinha da abertura no teto. Uma das menores salas adjacentes abrigava a fonte quase obrigatória. A decoração original incluía estuque, mosaicos de vidro e talvez dosséis drapejando a cúpula.

de campo inglesa do século XVIII. E insinua uma inversão distópica da ordem natural das coisas, no estilo de Elagábalo: o campo implantado no meio da metrópole por um capricho imperial. A realidade estava bem longe disso. Os poucos fragmentos escavados tornam quase certo que esse "lago" não era uma imitação de um elemento natural em meio a uma paisagem verdejante, mas, sim, uma piscina urbana convencional e retangular numa bacia de pedra, rodeada por pórticos de mármore.

De maneira geral, muitas perguntas continuam sem resposta. Temos pouca noção das dimensões desse palácio. Todas as evidências escritas, inclusive a pichação sobre Roma se tornar "uma casa só", enfatizam seu tamanho e a imponência na cidade, mas não conhecemos os seus limites. As estimativas atuais variam de 40 hectares (mais ou menos o dobro do tamanho do Palácio de Buckingham, incluindo a casa e os jardins) a uma área implausível de 160 hectares. Tampouco entendemos como se configurava. Com certeza não era um único edifício gigantesco. Só podemos especular sobre como as partes no Palatino se relacionavam com a seção preservada no Esquilino, ou se havia algum acesso público

34. Um vislumbre da escala palaciana da Casa Dourada – trabalho de restauro nos afrescos que tanto impressionaram os artistas do século XVI que a exploraram.

a certas áreas da propriedade. A construção nem sequer estava concluída quando Nero morreu. O incêndio que abriu o terreno para o projeto aconteceu no verão de 64 d.C., e Nero foi forçado a se suicidar quatro anos depois, o que implicaria um ritmo de construção impossivelmente rápido para tudo estar concluído. Alguns tijolos datados remanescentes confirmam que havia fases da construção ainda em andamento depois de Nero, no reinado de Vespasiano.

O palácio era algo sem precedentes na paisagem urbana de Roma, mas quase certamente era um pouco menos extravagante do que os escritores romanos fazem parecer. Talvez seja significativo que o imperador Vitélio – que morou pouco tempo em alguma parte da Casa Dourada durante as guerras civis do ano seguinte à queda de Nero – tenha ironizado o palácio por suas acomodações precárias e instalações modestas (embora esse relato possa estar mais relacionado às expectativas ridículas de Vitélio do que aos baixos padrões de Nero). Contudo, acurados ou não, os comentários hostis a respeito do palácio escritos por Suetônio e outros revelam conflitos e controvérsias fundamentais sobre como e onde o imperador deveria morar. O destaque dado às suas grandes dimensões levantava a questão de quem era o *dono* da cidade, o imperador ou o povo romano – uma questão ressaltada pelas alegações de que Nero teria provocado o incêndio em 64 d.C. a fim de limpar o terreno para sua nova moradia e pelos rumores de que planejava rebatizar Roma como Nerópolis. Afinal, qual seria o tipo de residência apropriada para um autocrata romano? Como traçar a linha entre a (falsa) modéstia de um Augusto e o luxo (exacerbado) de um Nero? E o que a casa de um imperador revelava sobre o poder imperial? Quando Nero é citado dizendo que a Casa Dourada o fazia sentir que "finalmente [estava] começando a morar como um ser humano", não era apenas uma indicação de megalomania irrestrita. A questão subjacente era que tipo de "ser humano" *era* o imperador de Roma.

Vespasiano, o primeiro governante da dinastia que sucedeu a Nero, em 69 d.C., respondeu a algumas dessas perguntas ao patrocinar a construção de um novo edifício bem diferente. No lugar do lago de Nero, e usando os enormes lucros auferidos ao reprimir uma rebelião judaica e destruir o Templo de Jerusalém, ele construiu o que então ficou conhecido simplesmente como o "Anfiteatro". Só mais tarde foi chamado de Coliseu, em referência à colossal estátua de Nero que continuou de pé nas proximidades por séculos depois do desaparecimento da Casa Dourada (pp. 345-347, 348-349). A mensagem de Vespasiano era clara. O espaço da cidade que Nero tinha transformado em sua propriedade privada estava sendo devolvido ao uso e aos prazeres do público: "Roma foi restaurada a si mesma", como celebrou um poeta que o apoiava ao comemorar a abertura oficial do Coliseu em 80 d.C., depois de uma década de construção. Independentemente do que se passava pela cabeça de Nero, foi conveniente para a dinastia seguinte apresentá-lo como um imperador que tinha roubado Roma dos romanos.

Os sucessores de Nero, contudo, não deixaram de imediato a Casa Dourada. Apesar de suas opiniões, não havia outro palácio central na cidade para o imperador morar. Vitélio tolerou as instalações "abaixo do padrão" pelo pouco tempo que passou na capital. Vespasiano deixou claro que preferia ficar nos *horti* imperiais nos arredores da cidade e fez o grande gesto de transformar o lago de Nero num local de entretenimento público, mas concluiu algumas seções inacabadas da Casa Dourada e sem dúvida utilizou algumas áreas dela. Em poucas décadas, porém, a maior parte do palácio desapareceu ou foi incorporada em reformas posteriores até se tornar irreconhecível. Vespasiano e seus filhos, Tito e Domiciano, começaram a construir outro palácio no Palatino, que não se estendia até a cidade, mas sua exuberância não denotava mais a moradia do governante "como um de nós" do que a *Domus Aurea*. Concluído no reinado de Domiciano, que costuma ser visto como seu principal idealizador, a partir do final do século I d.C. passaria a ser o palácio oficial do imperador pelo restante da história romana, e foi repetidamente enaltecido pelos escritores romanos (segundo o mesmo poeta que celebrou a abertura do Anfiteatro: "Não há nada mais esplêndido em todo o mundo"). Era onde Estácio ia jantar, e são as ruínas que os visitantes ainda podem ver, e explorar parcialmente, no Monte Palatino.

O que aconteceu ao Palatino?

Sabemos mais sobre o que aconteceu dentro, ou fora, das paredes deste palácio do que quase qualquer outro edifício do antigo mundo romano (só comparável à casa do Senado no Fórum, onde Plínio fez seu voto de agradecimento).

Foi aqui que muitos dos eventos marcantes da história imperial ocorreram: imperadores foram empossados e depostos, conspirações foram tramadas e declarações foram proferidas. Em 96 d.C., Domiciano morreu apunhalado em um *cubiculum* do palácio, assassinado por alguns de seus serviçais, no prédio que ele próprio havia encomendado. Cem anos depois, Pertinax, que governou brevemente durante o período de guerra civil nos anos 190, também morreu apunhalado "em casa", por um grande grupo de soldados enfurecidos que invadiram o local. Segundo a *História Augusta*, eles "passaram pelos pórticos do palácio, até chegarem ao local chamado 'Sicília' e à 'sala de jantar de Júpiter' (*Iovis cenatio*)", e a partir dali encontraram o imperador nas "partes internas" da

35. Grande parte da área principal do palácio do Palatino está em ruínas e é difícil decifrá-lo na superfície. O destaque mais marcante nesta vista é, de fato, a *Casina Farnese*, um pequeno edifício renascentista.

residência – onde seu "longo e sério discurso" não conseguiu convencê-los. (Um dos problemas de Pertinax sempre foi o de simplesmente não "captar" o estado de espírito dos soldados.) Em ocasião mais afortunada, em 98, quando Trajano ascendeu ao trono, sua esposa Plotina se postou nos "degraus do palácio" e se dirigiu à multidão. Em uma exibição de modéstia que teria agradado aos tradicionalistas (e num raro exemplo de discurso público de uma mulher, o que não os teria agradado tanto), Plotina prometeu não mudar por causa do poder do marido: "Exatamente como cheguei aqui, espero partir um dia... a mesma mulher".

No entanto, a literatura romana também fornece algumas pistas sobre as atividades cotidianas dentro do palácio do Palatino: desde os jantares regulares (que decerto não eram oferecidos "todos os dias" para a maioria dos convidados) até a "casa aberta" controlada que acontecia na maioria das manhãs. Essa ocasião – tecnicamente chamada de *salutatio*, ou "saudação" – não foi uma invenção dos imperadores. Os homens influentes da República costumavam iniciar o dia recebendo seus amigos e dependentes, e os aristocratas da cidade continuaram a prática sob o governo imperial. Os imperadores, no entanto, conferiram a essa instituição uma nova ênfase e uma nova escala. Suas "saudações" em geral eram restritas a membros seletos da elite romana que, ao virem prestar seus respeitos, tinham uma oportunidade (ou a obrigação) de mostrar que conseguiam conciliar a igualdade cidadã e a deferência ao governante. Às vezes, porém – ao menos em teoria –, um número de pessoas comuns tinha permissão para "saudar" o imperador e, presumivelmente, tentar convencê-lo a ajudá-las ou conceder um favor (pp. 219-220, 228-229).

Essas reuniões em massa deviam ser uma situação difícil para o imperador em questão. Consta que o ancião Antonino Pio, em meados do século II d.C., se empanturrava de seu pão seco favorito de antemão, para aumentar sua resistência e conseguir lidar com a situação. E para as multidões que compareciam deviam envolver muita espera, mesmo que no final elas tivessem a sorte de ser admitidas. Um polímata, também na metade do século II, descreveu ocasiões em que esteve entre o povo esperando fora do palácio (na "Praça Palatina", *in area Palatina*) ou no pátio (*in vestibulo*): "Homens de quase todos os níveis sociais, esperando pela oportunidade de prestar seus respeitos ao imperador". Alguns dos intelectuais na multidão, inclusive o nosso polímata, aproveitavam o tempo para discutir ostentativamente questões complexas de gramática latina ou da história do direito romano. Nós conhecemos o tipo.

Apesar dessas descrições ricas e às vezes peculiares do palácio do Palatino, o que hoje vemos no local pode parecer muito decepcionante em termos de arqueologia. A planta detalhada é ainda mais difícil de decodificar do que parece à primeira vista. Em parte porque algumas áreas essenciais não foram inteiramente escavadas, e faltam peças do quebra-cabeça. E também porque agora é difícil saber como seriam os andares superiores do edifício, que há muito foram destruídos ("O que acontecia *lá em cima*?" é uma das perguntas mais capciosas de toda a arqueologia clássica.) Mas sobretudo porque o palácio sempre foi uma "obra em construção". Ao longo dos séculos, foi aprimorado, aumentado, reformado e reconstruído com base na mesma planta básica. O incêndio de 64 d.C. não foi o último a danificar as construções do Palatino. Em 192, por exemplo, grandes seções do palácio, inclusive os arquivos, viraram fumaça. E ele foi várias vezes adaptado a novos e imprevisíveis requisitos. No início do século III – era o que dizia uma história –, o edifício foi dividido em duas metades separadas para dar conta do ódio mútuo entre os filhos de Septímio Severo, Caracala e Geta, que assumiram o trono como cogovernantes. Em um caso bizarro de ocupação compartilhada, consta que eles usavam a mesma entrada principal, mas bloquearam as portas internas entre os dois lados. O resultado de tudo isso é que agora vemos uma composição de estruturas quase impenetrável, com ajustes de diferentes períodos – um amontoado de paredes, como lamentou Lord Byron no começo do século XIX, um sentimento ecoado por muitos outros visitantes desde então.

Não deveria surpreender, portanto, que algumas descrições modernas desse palácio se resumam a uma lista do que *não sabemos*, ou que empaquem na lacuna geralmente intransponível entre o que os escritores antigos nos dizem e o que podemos decifrar no local. Não é só o fato de não conseguirmos identificar o *cubiculum* onde Domiciano foi morto, ou traçar o caminho dos assassinos de Pertinax (é muito provável que a "sala de jantar de Júpiter" fizesse parte do conjunto de salas onde foi servido o jantar de Estácio, mas o lugar chamado, ou apelidado, de "Sicília" é um total mistério). Nem sequer sabemos onde era a entrada principal do palácio, relutantemente compartilhada por Caracala e Geta, nem a "Praça Palatina" na qual ficavam os acadêmicos pretensiosos, ou os degraus dos quais Plotina se dirigiu à multidão. Portanto, a maneira como as *salutationes* formais eram organizadas é mais ou menos um trabalho de adivinhação. Parece plausível que, para as ocasiões em massa, algumas das grandes "salas de exibição" (que em outros momentos também serviam como salas de jantar) fossem usadas para a "saudação". No entanto, a maioria das tentativas modernas de reconstruir a coreografia do ritual – como as pessoas chegavam à presença do imperador, ou vice-versa – concebeu o que à primeira vista é uma rota tortuosa e implausível ao redor do edifício, subindo e descendo por passagens e escadas estreitas. Ainda mais misterioso é onde eram realizadas as funções administrativas ou de serviço do palácio. Onde os escravos moravam? Onde trabalhavam os secretários, os contadores ou os serviçais da lavanderia? E quanto aos depósitos, ao departamento de transporte ou aos estábulos? Será que havia "escritórios" no nosso sentido da palavra? Se havia, onde?

Se nos deixarmos subjugar por essas perguntas para as quais *não* temos resposta, não escutaremos o quanto as ruínas desse palácio *podem*

Palácio do Palatino

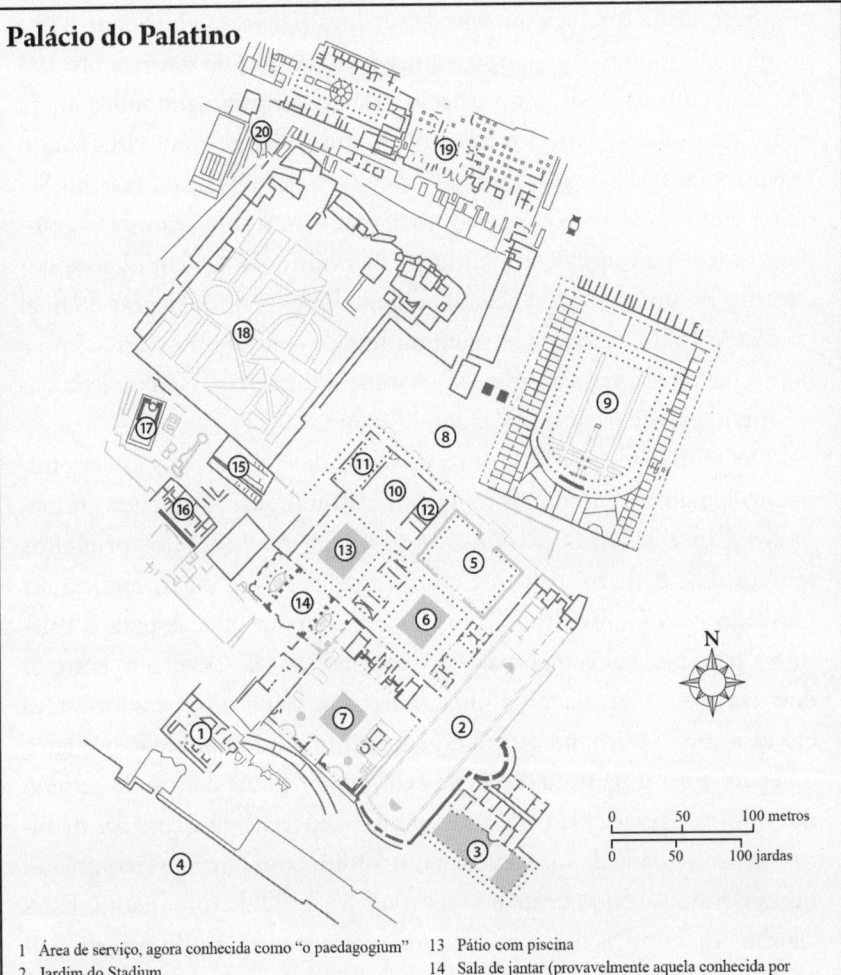

1 Área de serviço, agora conhecida como "o paedagogium"
2 Jardim do Stadium
3 A chamada "Domus Severiana" ("residência Severiana"), mas as fases iniciais datam da dinastia Flaviana
4 Circo Máximo
5 Provável vestíbulo
6 Pátio com piscina
7 Pátio com jardim, num andar mais baixo
8 Provável localização da "Praça Palatina"
9 Originalmente, uma área ajardinada; depois, local do templo de Elagábalo ao seu deus
10 "Grande Salão" ("Aula Regia")
11 "Basílica"
12 "Lararium" (altar dos deuses domésticos)
13 Pátio com piscina
14 Sala de jantar (provavelmente aquela conhecida por escritores da Antiguidade como "Sala de Jantar de Júpiter")
15 Casa republicana, tradicionalmente conhecida como a "Casa de Lívia"
16 Casa republicana, tradicionalmente conhecida como a "Casa de Augusto"
17 Templo de Magna Mater
18 Área da residência imperial original ("Domus Tiberiana"), agora em grande parte encoberta pelos famosos Jardins Farnese
19 Fórum Romano
20 Rota da rampa do Fórum ao Palatino

Esta planta baixa simplificada mescla diferentes períodos e resolve muitas incertezas, mas ainda mantém a complexidade da configuração. A legenda da planta usa alguns dos nomes convencionais para partes do edifício, mas a função das diferentes salas é um exercício de adivinhação.

nos dizer. Primeiro, há a questão da sua localização. Já vimos que o imperador efetivamente expulsou a antiga aristocracia da sua área favorita da cidade, mas a posição do palácio teve um impacto simbólico ainda maior do que isso. Um dos lados do Monte Palatino dava vista para o Fórum, o antigo coração político da cidade, onde ficava a casa do Senado, onde os cidadãos costumavam se reunir para votar, e onde os grandes homens da República se dirigiam às multidões. Quem olhasse por cima do Fórum ao sair do Senado, em qualquer período depois do final do século I d.C., veria a paisagem dominada – mais ou menos como é hoje – pela imponente residência do imperador acima. Não poderia haver dúvida sobre onde o poder residia agora.

Do outro lado do Palatino, o palácio dava vista para um monumento igualmente importante na vida cultural e na imaginação romanas: o Circo Máximo. Para nós, esse Circo, que desde os primeiros tempos da cidade foi palco de corridas regulares de bigas, tende a ser ofuscado pelo Coliseu (pp. 262-266), mas quem olhasse para o Palatino a partir do sul veria o palácio e o Circo juntos. O vínculo entre os dois era crucial e transmitia uma mensagem clara: o imperador estava em casa com o povo, no centro do entretenimento popular. Havia até o que parece ser uma pista de corrida em menor escala dentro do terreno do próprio palácio. Não era onde o imperador assistia a corridas de bigas na privacidade da sua casa. Era um jardim com pórticos e colunatas, flores e fontes, tudo construído *seguindo a planta* de um estádio. Esses "jardins-estádios" faziam parte do repertório mais geral do projeto paisagístico da elite romana. Plínio se orgulhava da sua versão, com rosas e cercas vivas bem cuidadas, em uma de suas vilas fora da cidade, e o imperador Adriano tinha algo semelhante, mobiliado para jantares (p. 103). No Palatino, porém, o circo em miniatura deve ter sido um lembrete do verdadeiro local de entretenimento popular, bem perto de lá.

O segundo ponto é a pura complexidade da configuração do palácio. Mesmo que os planos compostos e a quantidade de paredes de diferentes épocas deem agora uma impressão exagerada da confusão impenetrável, ainda assim aquilo era um labirinto: disposto em diferentes níveis, com pátios abaixo do nível do solo e imponentes salas de exibição, becos sem saída, curvas e reviravoltas, uma mistura de espaços abertos, jardins internos e corredores escuros. É uma frustração para nós, que agora tentamos entender a planta. Mas servia a um propósito. Palácios reais do mundo todo costumam usar configurações intrincadas e insondáveis como um dispositivo de segurança. Um viajante europeu que visitou o Japão no século XVIII relatou que o palácio real de Tóquio, o Castelo Chiyoda, tinha "tantas interseções, fossos e muralhas diferentes que eu não conseguia entender sua planta baixa". Muito parecido com o Palácio de Buckingham nos dias de hoje. Na Roma antiga, a arquitetura também devia ter como objetivo desorientar os forasteiros, que simplesmente não seriam capazes de se locomover pelo local de forma independente, estivessem ou não a fim de causar problemas. Sabemos que parte do influxo de pessoas que vinham saudar o imperador de manhã era vista como um risco à segurança. Cláudio não foi o único a fazer os visitantes serem revistados em busca de armas escondidas sob as togas. Um dissidente romano relatou que Augusto também mandava apalpar os senadores e – em contradição com a imagem do imperador como "um de nós" – só permitia que se aproximassem um por vez. E, se a rota "tortuosa e implausível" aventada para chegar à presença do imperador na *salutatio* estiver correta, minha suposição é que tenha sido

36. O jardim-estádio do Palatino era originalmente ladeado por pórticos sombreados, decorado com esculturas e enfeitado com fontes: um cenário, imaginamos, para caminhadas e conversas, exercícios e ócio.

concebida como uma estratégia de desorientação, não como uma oportunidade para mostrar o esplendor do palácio (segundo um arqueólogo sugeriu de forma um tanto afobada).

No entanto, há outro lado nisso. Esse labirinto também aprisionava o imperador, quase tanto quanto confundia e controlava seus visitantes. Deixava-o à mercê da família, dos escravos, dos serviçais e dos seus guardas, fossem eles leais ou desleais. Cláudio podia estar preocupado com o perigo dos que vinham de fora quando os revistava. Domiciano provavelmente estava mais preocupado com o perigo vindo de dentro quando mandou revestir as paredes dos seus pórticos com pedras refletoras, para ver quem se aproximava por trás. O palácio era onde os imperadores se exibiam com orgulho: recebendo convidados, oferecendo banquetes ou jantares privados, desfilando diante dos que vinham prestar respeito. No entanto, também era o lugar mais perigoso em que poderiam estar. O assassinato de Júlio César em público, numa sessão do Senado, foi quase um caso isolado no período. A maioria dos imperadores que se tornaram vítimas de assassinos foi morta em casa. Não era apenas onde o veneno era sorrateiramente adicionado à comida. Era também onde adagas eram desembainhadas: desde o assassinato de Calígula, atacado por alguns guardas insatisfeitos enquanto percorria o complexo do palácio, passando por Domiciano e Pertinax, até a morte de Cômodo, em 192, estrangulado no banho (ou na cama, os relatos diferem) por seu treinador pessoal. O caso mais extremo, contudo, foi o assassinato de Geta, em 211. Escritores antigos contaram a história escabrosa de que, quando o acordo de ocupação múltipla no palácio finalmente se desfez, Caracala mandou os soldados apunhalarem o irmão nos aposentos da mãe no Palatino, com Geta se agarrando a ela em busca de segurança. Verdade ou não, isso transmite a ideia do palácio como uma gaiola dourada para o imperador, onde não se podia confiar em ninguém.

Só existe um lugar no Palatino em que ainda se pode quase sentir esse clima. É a rampa de acesso, construída em sua forma atual no governo de Domiciano, que vai do Fórum até o topo do monte e ao próprio palácio. Consistia em um corredor estreito, com mais ou menos 11 metros de altura, ziguezagueando pela encosta, originalmente com sete voltas e reviravoltas. É fácil imaginar quanto isso poderia intimidar um visitante comum: não se conseguia ver quem ou o que poderia surgir de

37. As voltas tortuosas da rampa que vai do Fórum ao palácio do Palatino. Um guarda posicionado em cada curva podia controlar quem subia e quem descia.

uma curva, e é provável que houvesse guardas armados de prontidão em cada uma delas (supõe-se que os banheiros ao longo do percurso eram para uso deles). O imperador, todavia, também não sabia quem estava surgindo de uma curva, e sua segurança em qualquer lugar dependia da lealdade desses guardas armados. O temor que percebemos aqui é um importante contrapeso para a empolgação de Estácio no seu banquete no palácio, o entusiasmo de Plínio pela generosa hospitalidade de Trajano ou o discurso ponderado de Plotina na escadaria.

A arte da reconstrução

Na sua forma original, essa rampa não apresentava uma imagem tão industrial como a que vemos hoje, que parece mais um armazém que uma residência imperial. Também aqui, os tijolos expostos seriam originalmente revestidos de mármore ou estuque, criando uma impressão muito mais suntuosa, mas não menos arrebatadora. Isso nos lembra da força de imaginação necessária para visualizar como era o palácio do Palatino nos tempos antigos. Muitos arqueólogos e ilustradores têm tentado atenuar esse problema, apresentando reconstruções minuciosas e escrupulosas, baseadas nas evidências remanescentes de partes do edifício menos bem preservadas que a rampa (il. 9). No entanto, com que precisão eles captam a atmosfera, o estilo ou impacto do original? Quão fiéis são à impressão causada pelo palácio do imperador?

Como na maioria das reconstruções arqueológicas, elas não retratam muita gente, desde o imperador aos faxineiros, os quais tentarei enfocar mais no próximo capítulo. Aqui, no melhor cenário, vemos algumas figuras diminutas ofuscadas pelo edifício. O contexto da grandiosidade arquitetônica em si – uma mistura de ditadura fascista, estética pós-moderna e filmes de Hollywood –, contudo, também é gravemente enganoso. Trata-se de uma visão das áreas públicas de exposição do palácio (ninguém ainda se interessou muito em recriar o que havia "embaixo das escadas") sem mobília e clinicamente imaculadas, quando há uma boa razão para supor que, apesar de todo o luxo extravagante, mesmo essas áreas seriam muito mais bagunçadas e atravancadas. Era mais uma caverna de Aladim do que uma série de câmaras vazias e ecoantes.

É relativamente fácil imaginar as paredes nuas sendo revestidas com estuque, pintura e mármore. Também é relativamente fácil reimaginar as pinturas, as esculturas e as preciosas obras de arte que possivelmente ficavam expostas. As descobertas arqueológicas nos *horti* e, como veremos, na propriedade de Adriano em Tivoli fornecem algumas pistas sobre a riqueza escultural e o estilo decorativo do palácio, dos pisos incrustados e painéis de mosaico requintados até as melhores obras-primas que o dinheiro romano podia comprar. E algumas obras de arte menores, agora em exibição em museus de todo o mundo ocidental, quase certamente pertenceram a propriedades imperiais, mesmo que não possamos identificá-las com precisão. As legendas dos museus raramente deixam claro quais obras-primas romanas remanescentes foram de propriedade de um imperador. Mas em que outro lugar poderíamos imaginar o desproporcional camafeu (com mais de 30 centímetros de altura) retratando a família do imperador Tibério senão numa casa? Pode ter sido transladado um pouco sob diferentes regimes, porém com certeza ficava em algum lugar da propriedade imperial (il. 17).

Os escritores antigos nos ajudam a completar a imagem com suas listas de tesouros pertencentes a imperadores específicos. O tio do cônsul Plínio – um erudito escritor de enciclopédias conhecido como Plínio, o Velho, para diferenciá-lo do sobrinho – registra que a famosa escultura do sacerdote troiano Laocoonte sendo estrangulado por serpentes já esteve no palácio do imperador Tito. Também comenta que Tibério era particularmente apegado a uma pintura do pintor grego Parrásio, do século IV a.C., que mantinha em seu *cubiculum*, retratando um sacerdote autocastrado da Grande Mãe (como os que moravam ao lado dele no Palatino). Como era essa pintura, ou como ele a adquiriu, nós não sabemos – pois se perdeu há muito tempo, tal qual a maioria das pinturas antigas, mas estava avaliada em 6 milhões de sestércios em dinheiro romano, bem mais que a fortuna total de muitos senadores. Foi sua paixão, ou ganância, por grandes obras de arte que acabou se voltando contra ele. Tibério gostava tanto de uma estátua grega antiga (datada do século IV a.C.) que ficava em frente a um conjunto de termas públicas em Roma que a levou para casa, substituindo-a por outra no local. No entanto, depois de uma manifestação no teatro, onde a plateia gritou "Devolva a nossa escultura", o imperador foi obrigado a restituir a peça. É o "Problema da Casa Dourada" em menor escala: até que ponto o imperador podia, ou deveria, assumir como propriedade *privada* a arte *pública* da cidade? Presumivelmente, foi para se defender contra acusações desse tipo que outros imperadores organizaram espetáculos de transferência de parte das joias do palácio, e bandejas de ouro e prata, para templos públicos. Diz a história que Alexandre Severo se desfez de tantos preciosos utensílios de mesa que, ao organizar um grande banquete, precisou pedir emprestado a amigos.

Para recriar a aparência original do palácio, contudo, precisamos ir além das preciosidades artísticas e do luxo. É necessário reconstituir os móveis, a iluminação, os queimadores de incenso, os tecidos macios e as tapeçarias das paredes (as passagens internas na parte escavada da Casa Dourada não mostram vestígios de portas basculantes, sugerindo que eram "fechadas" com cortinas). Devemos ter em mente elementos de design muito mais idiossincráticos. Septímio Severo mandou pintar constelações reproduzindo as estrelas sob as quais ele nasceu no teto de palácio, e os viveiros reais que eram o projeto de estimação de Alexandre Severo abrigavam – segundo uma superestimativa não confiável – 20 mil pombos, além de patos, galinhas, perdizes e outros pássaros. A mascote de Augusto parece modesta em comparação: uma cabra de estimação, com um leite doce e delicioso, que supostamente o acompanhava por toda parte. Também devemos nos lembrar da coleção de bugigangas, lembranças, troféus e maravilhas de todo o Império que acabavam no palácio, transformando-o no equivalente a um monumental "gabinete de curiosidades".

Alguns desses itens eram espólios de guerra. Quando o exército romano, liderado pelo futuro imperador Tito, destruiu a cidade e o Templo de Jerusalém, em 70 d.C., seu pai, Vespasiano, mandou todos os tesouros serem depositados no seu novo Templo da "Pax" ("Pacificação" capta melhor o sentido do que a usual tradução "Paz"), com exceção de "a Lei", provavelmente os pergaminhos da Torá, e as tapeçarias roxas do templo, que foram levadas para o palácio. É certo que algumas das obras-primas da arte grega que chegaram a Roma, séculos antes, como espólios de conquista também teriam acabado lá. No entanto, outras "curiosidades" eram maravilhas da natureza, ou falsificações que se passavam por maravilhas. Os imperadores faziam questão de colecionar as maravilhas do próprio Império, enquanto seus súditos doavam uma série de espécimes curiosos, sem dúvida na esperança de uma generosa recompensa.

Existem referências a coisas estranhas e maravilhosas em várias propriedades imperiais. Em sua vila de Capri, Augusto montou o que foi chamado recentemente de "o primeiro museu paleontológico do mundo" ou, como o descreveu Suetônio, uma coleção de "coisas notáveis por sua antiguidade e raridade, como os enormes ossos de feras terrestres e marinhas, conhecidos como 'ossos de gigantes'". Em um dos jardins imperiais nos arredores de Roma havia uma grande presa, que se dizia ser do monstruoso "javali de Cálidon" (morto, na aurora dos tempos, pelo mítico herói grego Meleagro). A presa foi levada por Augusto de um santuário na Grécia, e no século II d.C. encontrava-se sob os cuidados dos chamados (um termo revelador) "guardiões das maravilhas" do imperador. Algumas dessas coisas, porém, acabavam mesmo no palácio do Palatino. Um exemplo especialmente pitoresco, discutido num antigo compêndio sobre diversas "maravilhas" compilado por um homem que foi escravo de Adriano, seria um centauro, metade homem, metade cavalo. Segundo o compilador, Flégon, o centauro teria sido capturado por um líder local nas montanhas da Arábia e enviado à província do Egito como um presente ao imperador, presumivelmente para seguir viagem. Fosse o que fosse na verdade, a pobre criatura morreu e teve de ser embalsamada para o corpo ser encaminhado a Roma, onde chegou a ser exibido no palácio. É provável que no século II d.C., já desgastado e talvez cheirando mal, tenha sido relegado aos porões ou depósitos imperiais (onde Flégon o viu, ficando um pouco decepcionado por não ser exatamente do tamanho que imaginava). Era como se as maravilhas do Império e suas surpresas convergissem para o palácio imperial.

Para nós, porém, a maior surpresa na decoração do palácio não são essas curiosidades naturais ou mitológicas, que vão desde presas e dentes a supostos centauros, mas, sim, um estranho grafite encontrado em uma das poucas partes do Palatino onde o reboco – e o que foi rabiscado por cima – continua na parede. Trata-se de um conjunto de cômodos ao redor de um pátio, com vista para o Circo Máximo, utilizados a partir do final do século I d.C. e recobertos por mais de 350 grafites ainda preservados. É difícil saber exatamente para que esses quartos serviam, mas decerto faziam parte da área de "serviço" do palácio, e não daquela de exibição. Uma frase encontrada mais de uma dezena de vezes – "fulano saiu do *paedagogium*" (*exit de paedagogio*) – sugere que o lugar pode ter sido uma "escola de treinamento de escravos" (um dos possíveis significados da palavra *paedagogium*), e que esses grafites poderiam ser o registro da "formatura" de um escravo da escola. Outras suposições – menos plausíveis – sobre a função desses cômodos, porém, incluem uma prisão para escravos, um hospital, um quartel e o departamento de guarda-roupa do palácio (graças a um grafite relacionando itens de vestuário). No entanto, sua fama se deve a algo totalmente diferente e muito mais claro: um desenho riscado parodiando uma cena da crucificação de Jesus. Não chega a ser uma grande surpresa, pois São Paulo já afirmou que a casa do imperador era uma incubadora do cristianismo. Mas aqui vemos uma impressionante prova disso: uma figura humana com cabeça de burro pregada a uma cruz, com um homem rezando abaixo. A legenda, em grego, diz "Alexâmeno, venera o teu deus". Presume-se ter sido uma piada direcionada a um cristão entre os escravos (indivíduos não cristãos do Império eram conhecidos por chamar Jesus de "cabeça de burro"). Se datar do final do século II, como em geral se supõe, é uma das representações mais antigas da crucificação, talvez até mesmo a *mais antiga* preservada em qualquer lugar do mundo. Há certa ironia no fato de que, enquanto muitas das mais caras decorações do palácio desapareceram quase sem deixar vestígios, uma das preservadas seja um impressionante grafite rudimentar, provavelmente feito por um escravo tirando sarro de outro por ser membro de uma seita radical minoritária, que acabaria sendo adotada pelos próprios imperadores.

38. Paródia de um adorador cristão rabiscada em gesso (à esquerda) – com sua reconstrução desenhada (à direita) –, encontrada nas dependências de serviço do Palatino. A "piada" está escrita em grego rústico, começando com o nome do alvo, Alexâmeno, continuando com "venera o teu deus", ou talvez "venerando o seu deus".

O mundo de Adriano

Outra ironia é que alguns governantes romanos – provavelmente muitos – passaram pouco tempo no Palatino. A despeito dos eventos significativos que ocorreram lá, desde ascensões a assassinatos, apesar de sua posição-chave na geografia política da cidade e dos elogios exagerados feitos por poetas leais (tanto ao palácio do Palatino quanto ao seu ocupante), era quase um clichê que a maioria dos imperadores romanos tivesse outros domicílios favoritos bem distantes do centro dali, lugares que haviam herdado, reformado de acordo com seus gostos ou construído do zero. O retiro de Tibério em suas vilas em Capri na última década do seu reinado é apenas o exemplo mais notório de um imperador que morou em outro lugar. Vespasiano, além de preferir os *horti* suburbanos quando estava em Roma, costumava passar os verões na casa da família nas montanhas de Sabina. No século III, Alexandre Severo foi o último de uma longa linhagem de imperadores-construtores, construindo para si mesmo um novo palácio à beira-mar no balneário de Baias, perto de Nápoles. Segundo relatos, ele o batizou em homenagem à mãe, Júlia Mameia (como se quisesse enfatizar sua reputação de ser um pouco "filhinho de mamãe").

Parte do apelo dessas residências fora da cidade era a praticidade, pois pessoas com dinheiro sempre saíam de Roma em direção às montanhas ou à costa no calor do verão, mas sem dúvida também era parte do estilo de vida diferente que podia ser desfrutado fora dali, longe da gaiola de ouro do Palatino. Às vezes isso levantava suspeitas. Quando Tibério se mudou para Capri, uma das suposições foi a de que ele teria buscado um lugar para se entregar a seus hábitos monstruosos longe de olhares curiosos (além de desrespeitar Roma com sua prolongada ausência). No entanto, uma imagem muito mais salutar da vida de um imperador numa vila de campo é apresentada pelo jovem Marco Aurélio, em uma de uma série de cartas trocadas entre ele e seu tutor Marco Cornélio Fronto (pp. 209-211). O futuro imperador, ainda em seus vinte e poucos anos, escreve da propriedade que havia incorporado a imagem dos pisadores de uva que se via da sua sala de jantar, descrevendo como tinha passado seu dia: levantou cedo para ler um tratado sobre agricultura; gargarejou em razão de uma dor de garganta; compareceu a um sacrifício conduzido por seu pai adotivo, Antonino Pio; colheu algumas uvas; teve uma longa conversa com *sua* "mamãe", sentados juntos num leito; tomou um banho antes do jantar, ao som de "campônios discutindo" acerca do esmagamento de uvas; e depois cama. Onde exatamente isso se situa no espectro que vai de assuntos sérios do campo a Maria Antonieta brincando de camponesa é difícil saber.

De qualquer forma, foi diferente para o imperador reinante, Antonino Pio. Assuntos imperiais, desde a *salutatio* (embora em menor escala) até questões legais, continuavam onde quer que o imperador estivesse, mesmo na Capri de Tibério, local em que provavelmente o sexo na piscina ficava em segundo plano em relação à rotina administrativa. Essas outras residências eram "palácios" no sentido gerencial da palavra, não apenas refúgios privados. O jovem Marco Aurélio menciona "prestar seus respeitos" (*salutare*) ao pai de manhã, na casa de campo. E Plínio explica em uma carta o quanto gostou de uma visita a uma das propriedades à beira-mar de Trajano, na qual ajudou o imperador e outros conselheiros a resolver alguns complicados problemas legais. Precisaram de três dias (acompanhados por um número maior de refeições simples) para julgar os casos: o da mulher de um oficial do exército que tivera um caso com um soldado de patente mais baixa, mas que parece ter sido perdoada pelo marido (mesmo assim ela foi exilada); uma disputa sobre um testamento forjado, na qual um ex-escravo do imperador era um dos acusados (Trajano fez questão de não o favorecer, segundo Plínio); e algumas alegações infundadas e não especificadas contra um homem de Éfeso, que viajara da sua cidade natal na costa da atual Turquia para se defender (as alegações foram rejeitadas).

Enquanto isso, cópias de decisões imperiais ou cartas oficiais escritas pelos imperadores, sempre inscritas em pedra e exibidas publicamente em cidades de todo o Império (daí sua preservação), costumavam incluir detalhes sobre *onde* a decisão fora tomada ou de *onde* a carta era enviada. Seria o equivalente a uma espécie de diário ou caderno de endereços virtual do imperador. Em 22 de julho de 82 d.C., por exemplo, foi "em Albano" – sua vila nas montanhas de Albano, no atual Castel Gandolfo – que Domiciano arbitrou uma disputa de terras entre duas cidades italianas vizinhas. Pouco mais de quarenta anos depois, no final de agosto ou início de setembro de 125 (só parte da data foi preservada),

Adriano escreveu para a cidade grega de Delfos e seu conselho sacerdotal para confirmar o recebimento de uma carta entregue por uma embaixada. A resposta do imperador, fragmentos da cópia inscrita preservada em Delfos, diz explicitamente que foi escrita em sua vila "em Tíbur".

A vila do imperador "em Tíbur" é o que conhecemos hoje como "a Vila de Adriano em Tivoli" (Tíbur sendo o antigo nome do local), a cerca de 30 quilômetros de Roma. Essa cidade em particular, com teatros, termas, colunatas, bibliotecas, jardins, blocos residenciais, dormitórios de escravos, várias salas de jantar e muito mais, se estendia por 120 hectares e nunca foi coberta por construções posteriores, como a maioria das propriedades imperiais urbanas. O atual sítio arqueológico ocupa apenas cerca de 40 hectares desse espaço, com vestígios de quase mil cômodos ainda visíveis. O restante, em grande parte não escavado, encontra-se sob os campos vizinhos. Esta não foi uma "obra em construção" que se expandiu gradualmente ao longo de décadas ou séculos. Em um feito extraordinário de projeto integrado, investimento de capital, cadeia de suprimentos coordenada e força de trabalho humana, foi construído seguindo um único plano diretor em uns poucos anos do reinado de Adriano, como confirmam os tijolos marcados e datados. Continuou a ser usado como palácio imperial após sua morte, em 138 d.C. (como explicar de outra forma as estátuas retratando imperadores posteriores encontradas no local?), mas a concepção original parece não ter sido alterada. Foi uma criação exclusiva de Adriano em uma escala quase paródica, embora – sobretudo por causa de suas muitas viagens (Capítulo 8) – não esteja claro quanto tempo ou com que frequência ele morou ali.

Não menos impressionante que seu tamanho é a quantidade de esculturas e outras obras de arte que inundaram essa propriedade, aparentemente esquecidas quando o lugar foi abandonado, no século IV d.C. Muitas das obras-primas clássicas de museus da Europa e dos Estados Unidos foram desenterradas daqui: desde o requintado mosaico de pombos num bebedouro, um dos destaques dos Museus Capitolinos de Roma (il. 10), até oito grandes Musas, outrora em posse da rainha Cristina da Suécia e agora no Museu do Prado em Madri, e um Hércules de mármore meio sonhador que agora ocupa lugar de destaque no Museu da Getty Villa em Malibu. Ao todo, sabemos de mais de quatrocentas estátuas razoavelmente bem preservadas do local, sem falar dos

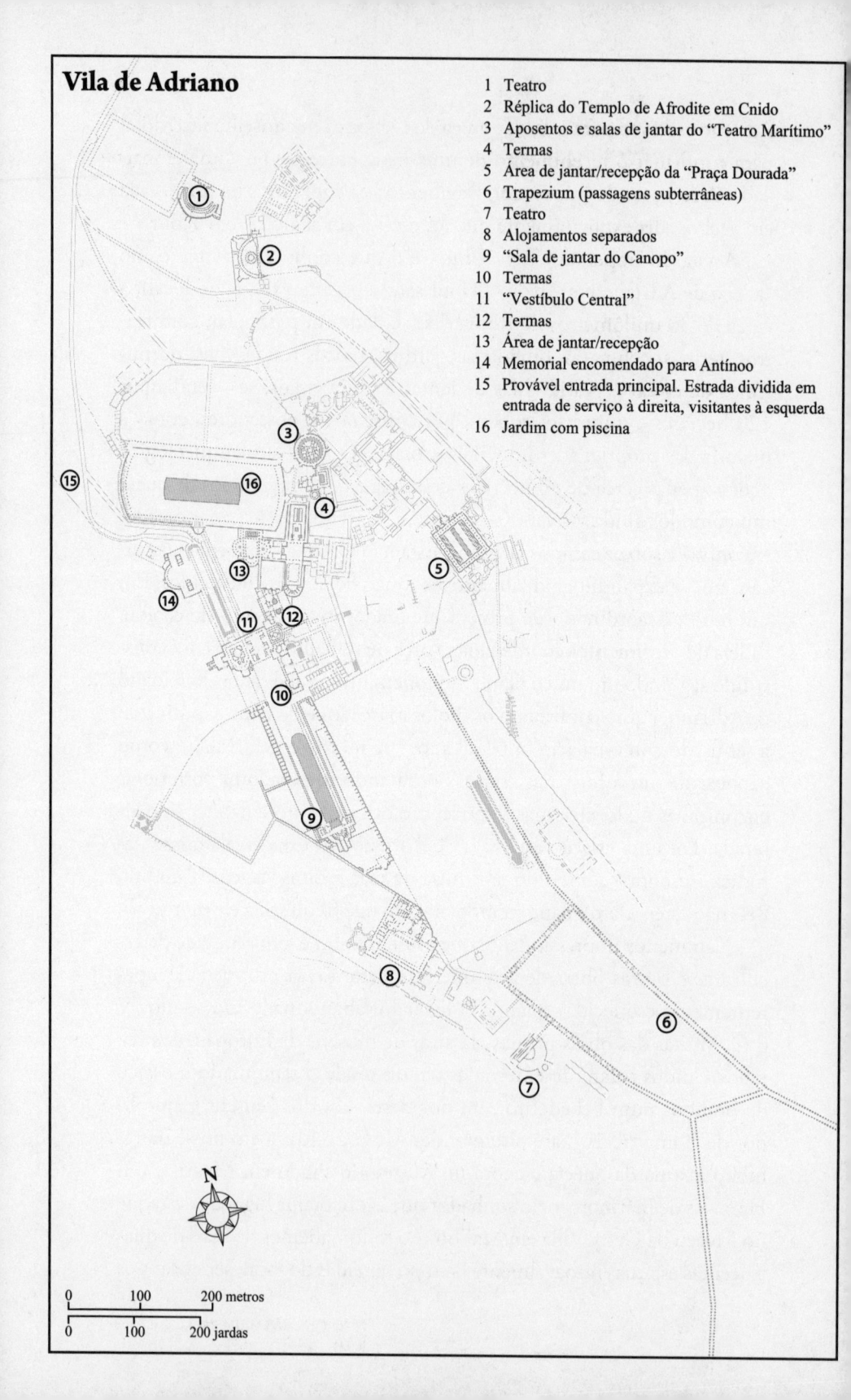

Vila de Adriano

1. Teatro
2. Réplica do Templo de Afrodite em Cnido
3. Aposentos e salas de jantar do "Teatro Marítimo"
4. Termas
5. Área de jantar/recepção da "Praça Dourada"
6. Trapezium (passagens subterrâneas)
7. Teatro
8. Alojamentos separados
9. "Sala de jantar do Canopo"
10. Termas
11. "Vestíbulo Central"
12. Termas
13. Área de jantar/recepção
14. Memorial encomendado para Antínoo
15. Provável entrada principal. Estrada dividida em entrada de serviço à direita, visitantes à esquerda
16. Jardim com piscina

fragmentos de centenas de outras empilhados nos depósitos de Tivoli, e outras ainda sendo escavadas. A grande maioria delas foi feita mais recentemente, seguindo um grande projeto, em geral cópias ou versões de obras-primas anteriores e não antiguidades preciosas ou espólios do Império. Foi uma produção artística em escala industrial.

Para deleitar os comensais ao redor do "Canal de Canopo", por exemplo, os destaques esculturais incluíam quatro réplicas perfeitas das Cariátides da Acrópole de Atenas, uma dupla de amazonas feridas (mulheres guerreiras) baseadas em famosos protótipos gregos do século V a.C. e um grupo de deuses clássicos gregos (Ares, Atena, Dionísio), sem mencionar um crocodilo de mármore que também funcionava como fonte (a água jorrava da boca). Um tema proeminente no projeto da vila em sua totalidade era a arte do Egito, com estátuas de Ísis e outras

39. Duas das Musas da Vila de Adriano, descobertas por volta de 1500. Originalmente decorando o palco de um teatro privado, estão agora no Museu do Prado, em Madri. Foram restauradas no século XVII, ganhando novos atributos para torná-las individualmente identificáveis: à esquerda, Urânia, a musa da astronomia; à direita, Érato, a musa da poesia lírica.

divindades, sacerdotes e adoradores egípcios e faraós parecidos uns com os outros. Adriano viajou ao Egito como turista, e foi lá que seu amado namorado, o jovem escravo Antínoo, morreu afogado no Nilo em circunstâncias misteriosas, quando os dois estavam "de férias", em 130 d.C. ("Caiu ou foi empurrado?", foi a grande pergunta). Não pode ser coincidência que algumas das dezenas de imagens de Antínoo encomendadas por Adriano para a vila após sua morte o retratassem sob a forma de um deus egípcio – por uma preferência estética, uma alusão ao local da sua morte ou uma proclamação de seu status imortal (fig. 41).

Sob certos aspectos, Tivoli era uma Casa Dourada de campo. Com certeza foi o que pensaram os pintores e colecionadores que a partir do Renascimento a exploraram em busca dos verdadeiros e intocados vestígios do mundo romano, ou por uma oportunidade de pôr as mãos nesses tesouros da Antiguidade que até hoje admiramos nos nossos museus. (Um dos alunos de Rafael, Giovanni da Udine, que rabiscou seu nome nas paredes da Casa Dourada, também deixou sua assinatura no estuque de Tivoli.) Embora sua vila fosse quase tão grande quanto as estimativas mais exageradas e implausíveis do tamanho do palácio de Nero, Adriano se saiu bem, pois, além da boa sorte de ter um sucessor, Antonino Pio – que investiu em garantir uma boa imagem a Adriano –, sua megalomania arquitetônica estava afastada dos olhos do público, e não na cidade de Roma. Ou melhor, *quase* se saiu bem. Alguns críticos viram nisso uma versão do "problema de Tibério". Como relatou um escritor romano posterior, o retiro de Adriano para o campo e sua predileção pelo luxo domiciliar "deram origem a rumores nefastos de que ele abusava de jovens rapazes". A lógica da Antiguidade era a de que imperadores que evitavam os olhares de seus concidadãos – fosse em Capri, fosse em Tivoli – não deviam estar tramando nada de bom.

Para nós, a arqueologia da Vila de Adriano tem revelado diversos detalhes intrigantes sobre a gestão cotidiana da moradia e da vida doméstica do imperador, chegando até mesmo às técnicas dos jardineiros imperiais, que reciclavam velhas ânforas de vinho e azeite de oliva (*amphorae*) para usá-las como vasos de plantas. Uma das descobertas mais surpreendentes foi uma rede de túneis subterrâneos com cerca de 6 quilômetros de extensão (estima-se que uma das seções – o "*trapezium*" – exigiu a remoção de 20 mil metros cúbicos de um sólido leito rochoso). Presume-se que o principal objetivo desses túneis era facilitar a movimentação dos escravos longe dos olhos dos moradores da elite localizados acima, assim como a entrada principal da casa parecia ter um "caminho para serviçais" separado, num nível inferior, invisível para os visitantes chiques, que chegavam pela estrada superior e mais grandiosa (p. 164, n. 15). No entanto, outros usos mais engenhosos também têm sido propostos, desde uma câmara fria até um estacionamento subterrâneo. Partes da rede têm largura suficiente para um transporte com rodas e poderiam servir de acesso e possivelmente de estacionamento para as carruagens dos visitantes.

Mesmo em Tivoli, apesar da enorme quantidade de material preservado, ainda é quase impossível entender como a residência *funcionava* de forma mais geral, ou (mais uma vez) para que servia a maioria dos cômodos. A única descrição antiga que temos do lugar – na biografia de Adriano na *História Augusta* – só diz que o imperador chamava as diferentes partes da sua vila pelos nomes de lugares famosos do mundo:

40. Quatro Cariátides enfileiradas (colunas de suporte em forma de mulheres), baseadas nas figuras do Templo de Erecteion, do século V a.C., na Acrópole de Atenas. Adriano deve ter visto essas esculturas nas suas viagens (pp. 288-291), mas em sua vila essas figuras de um santuário sagrado se transformaram em um luxuoso adorno de uma sala de jantar.

41. Busto de Antínoo encontrado na Vila de Adriano (agora no Louvre). O jovem é mostrado à moda egípcia (com o característico toucado). Pode haver aqui a intenção de estabelecer um paralelo – como em outros lugares – entre Antínoo e o deus Osíris, que, segundo a mitologia egípcia, se afogou no Nilo e depois renasceu.

o Liceu (a escola de filosofia de Aristóteles em Atenas), a Academia (de Platão), o Canopo e até mesmo um Hades (o mundo subterrâneo), e assim por diante. Esse relato, porém, foi escrito mais de duzentos anos depois da morte de Adriano, por um autor que não era imune à fantasia, e nenhum dos esforços acadêmicos conseguiu relacionar de forma convincente qualquer um desses nomes aos edifícios preservados – a não ser a relação entre o Canopo e a sala de jantar que já exploramos (e alguns arqueólogos duvidam até mesmo disso). Quanto ao restante, há uma longa história moderna de identificação, reidentificação e debates.

O que as gerações anteriores de estudiosos costumavam considerar bibliotecas (acreditando que Adriano era um tipo intelectual) muitas vezes foi reclassificado como áreas de entretenimento. Alojamentos da guarda do imperador foram reinterpretados como quartos de hóspedes, ou vice-versa. Mesmo áreas descobertas em tempos mais recentes, e meticulosamente escavadas, são contestadas. Uma construção em estilo egípcio próximo à entrada principal da residência, só descoberta no final do século XX (com vestígios das tamareiras lá plantadas para combinar com a arquitetura), foi vista por alguns arqueólogos como apenas uma parte bem grandiosa do tema decorativo "egipcianizante", e por outros como o local do sepultamento do corpo de Antínoo, retirado do Nilo e trazido para descansar na vila do seu amante. Só isso já levanta questões mais abrangentes sobre esse lugar. Seria, apesar do tamanho, uma residência relativamente "comum", ou pelo menos o tipo de residência que qualquer membro da elite romana poderia ter construído se tivesse recursos e riqueza ilimitados? Sabemos de outros romanos ricos, como Cícero e Plínio, entre outros, que deram nomes "exóticos" a elementos de seus jardins, inspirados em lugares do Mediterrâneo Oriental. Então, seria apenas uma exagerada *reductio ad absurdum* de uma vila romana? Ou um projeto intensamente individual e idiossincrático, recriando a vida e a paixão de Adriano com tijolos e mármore, incluindo o enterro do seu amado Antínoo? Seria, como recentemente afirmou um arqueólogo, *o sonho do imperador*? Ou seria um pouco de tudo isso?

42. Parte da rede de passagens subterrâneas que servia como rotas de serviçais sob os salões de exibição e as salas de entretenimento da Vila de Adriano – mantendo as classes inferiores e a infraestrutura longe da vista do imperador e do seu círculo íntimo.

43. Réplica do templo na Vila de Adriano que se acredita ser uma cópia do santuário de Afrodite em Cnido, com uma versão da famosa estátua nua ao fundo.

Depois de anos de especulações sobre a "Vila" de Adriano, tenho certeza de que há algo mais em jogo. Já vimos nas salas de jantar do palácio do Palatino que a decoração em mármore, extraído de todo o mundo romano, era uma forma de evocar a geografia e a vastidão do Império no centro do poder. As maravilhas da natureza de províncias distantes que acabaram em exposição nas residências imperiais eram outra forma de representação. O palácio do imperador em Tivoli leva essa ideia ainda mais longe. É o que sugere o autor da *História Augusta* quando alude a partes da propriedade com nomes referentes a esses lugares famosos. No entanto, também fica implícito pelas reproduções de obras-primas famosas que a decoravam: as maravilhas do Egito, as belezas de Atenas do século V a.C. e até mesmo uma reprodução em tamanho natural do famoso Templo de Afrodite em Cnido, na costa da atual Turquia, com uma réplica da ainda mais famosa escultura de Praxíteles – conhecida por ser a primeira estátua em tamanho real de uma mulher nua no mundo clássico.

Adriano deve ter visto muitas dessas obras-primas em suas viagens, mas há mais do que simples lembranças de um turista nisso. E também vai além de um parque temático de um homem rico, mesmo que seja difícil eliminar totalmente uma comparação com Las Vegas ou com a Disneylândia (inclusive com a grande área subterrânea de alojamentos e corredores de abastecimento, como na Disney, projetados para atender ao mundo de fantasia acima). A Vila de Adriano era um microcosmo do império de Adriano. O que ele amplificou em Tivoli foi que o imperador pertencia ao centro do mundo romano. O império era o seu palácio; o palácio era o seu império.

5

OS MORADORES DO PALÁCIO: O IMPERADOR EM SUA CORTE

O pai de Cláudio Etrusco

Um homem que conhecia os corredores dos palácios romanos melhor do que quase qualquer um é o tema de outro extravagante poema de Estácio: desta vez não um membro da família imperial ou o grande anfitrião de banquetes oficiais, mas um homem que nasceu escravo e, após décadas de serviços a um governante romano depois do outro, tornou-se o chefe da divisão de finanças do imperador (o *a rationibus*, como era chamado em latim, ou "contador-chefe"). Na verdade, nós não sabemos o seu nome. O longo poema de Estácio, com mais de duzentos versos, é endereçado ao filho dele, Tibério Cláudio Etrusco, em consolo pela morte do pai, em 92 d.C. Para nós, ele é conhecido simplesmente como "o pai de Cláudio Etrusco".

Em um estilo florido ("ao longo de duas vezes oito lustros as gerações afortunadas fluíram" e assim por diante) e carregado de alusões mitológicas que seriam obscuras até mesmo para a maioria dos leitores romanos, Estácio resenha a carreira do pai – começando por suas origens como escravo em Esmirna, na costa da atual Turquia, e passando por sua venda para a casa de Tibério em Roma, onde se tornou o "amigo do peito" de sucessivos imperadores. Esteve com Calígula em campanha nas "terras geladas do Ártico" (mais conhecidas como Germânia), foi promovido por Cláudio, até acabar se tornando chefe das finanças sob Vespasiano (controlando, como o poeta exagera, "tudo o que a Espanha vomita de suas minas auríferas/ [...] tudo nas colheitas africanas/ é congregado [...] tudo o que o vento Norte, o violento Leste ou o nublado Sul/ trazem"). Ao mesmo tempo, ele escalou no status social: libertado da escravidão por Tibério, casou-se com uma mulher de uma família senatorial e foi formalmente agraciado com a ordem "equestre" por Vespasiano (um nível abaixo dos senadores na hierarquia romana). Parecia um sucesso atrás do outro, até as coisas darem errado sob Domiciano. Apesar de Estácio tentar disfarçar como longas férias à beira-mar, esse bem-sucedido administrador do palácio e sobrevivente de longo prazo foi demitido de seu cargo e exilado de Roma para o sul da Itália em 82 ou 83 d.C. Teve permissão de voltar sete ou oito anos depois e morreu logo em seguida, com quase 90 anos de idade.

O pai de Cláudio Etrusco nos leva aos bastidores do palácio imperial. É um mundo, em certo sentido, de mobilidade social. Aqui, um homem nascido como escravo poderia – graças a sua proximidade com uma série de imperadores – chegar aos níveis da aristocracia romana, mesmo se fosse afastado da corte. No entanto, era uma mobilidade social sob certas condições. No início do poema, Estácio chama abertamente o nascimento humilde do seu homenageado de "defeito" ou "desgraça". E não fala o nome dele uma única vez. É quase como se o pai nunca tivesse se livrado totalmente da falta de *existência social* que era uma característica definidora da escravidão em Roma. Apesar da promoção e da celebridade, e a despeito do seu papel de destaque no poema, ele ainda continuava (e continua) sendo um "ninguém".

Era também um mundo de riscos e perigos. A lição que a maioria dos historiadores modernos tirou dessa história foi que a vida na corte imperial romana podia ser muito insegura. Qualquer vassalo fiel ou amigo do imperador podia ser banido da corte ou da capital a qualquer momento, quando os governantes mudassem, se a política interna tomasse um rumo diferente ou se ressentimentos pessoais viessem à tona. Isso é absolutamente verdade, como veremos. A órbita do imperador era sempre um lugar perigoso para estar. No entanto, também há outras lições na história do pai de Cláudio. Vamos supor que ele tivesse morrido uma década antes do seu exílio. Nesse caso, estaríamos focando a continuidade do serviço que ele representava, trabalhando para governante após governante, mesmo quando uma dinastia dava lugar à seguinte. E nossa imagem seria a de um leal funcionário do palácio, que poderia ser enaltecido em termos quase tão extravagantes quanto o próprio imperador. O fato é que o palácio imperial era *ao mesmo tempo* um perigoso ninho de víboras, um antro de traidores *e* um lugar no qual centenas de homens e mulheres, escravizados e livres, viviam suas vidas, exerciam suas funções, faziam amigos e conheciam parceiros, quer protestassem contra sua exploração, quer se orgulhassem do seu trabalho (ou ambas as coisas).

Quero trazer à nossa imagem dos palácios imperiais algumas das *pessoas* que viveram ou trabalharam lá, ou as que entravam regularmente pela porta da frente. Os homens que desempenhavam o que chamaríamos de "trabalhos de escritório" (se ao menos soubéssemos como era um "escritório" romano), lotados no departamento de finanças do imperador, nas bibliotecas, no secretariado, nos arquivos, eram apenas uma das partes importantes. A população do palácio se estendia desde o próprio imperador até o mais humilde cabeleireiro ou faxineiro, de poetas em ascensão aos agentes de poder que comandavam a guarda imperial ou, quase tão importante, supervisionavam o abastecimento de água da cidade. Somente alguns deles chamaram a atenção dos observadores e comentaristas romanos, em particular os escravos e ex-escravos que, na visão da elite tradicional, usavam sua proximidade com o imperador para "se elevar acima de si mesmos"; as mulheres da família do imperador, em geral retratadas como ardilosas conspiradoras ou envenenadoras que manipulavam o poder nos bastidores do trono; e os outros que compartilhavam a cama com o imperador, de companheiros dedicados a vítimas exploradas. De quão perto podemos agora observar qualquer uma dessas pessoas e o que elas fizeram? E de quão perto podemos olhar nos olhos do próprio imperador? Será possível enxergar um ser humano em meio à névoa do jogo de aparências, da propaganda, dos elogios e denúncias?

As atividades dentro do palácio romano costumavam ser tratadas pelos próprios romanos como um mistério por trás de portas fechadas, e suas fantasias escandalosas sobre a vida no palácio prosperavam em parte por essa razão. Na verdade, porém, temos uma surpreendente variedade de perspectivas de testemunhas oculares sobre o imperador "em casa", dos mais baixos aos mais altos escalões da hierarquia social. Um escritor romano de contos morais – um poeta e adaptador do mais conhecido Esopo, chamado Fedro, e muito provavelmente ex-escravo na corte imperial – apresentava em suas *Fábulas* (*a* literatura clássica dos oprimidos) imperadores e seus acólitos, às vezes ligeiramente disfarçados de animais. O filósofo Epiteto foi escravo de um ex-escravo do imperador (em uma dessas complicadas redes de exploração romana) e se baseava em exemplos das suas próprias experiências no palácio quando teorizava sobre a natureza do poder. Mais acima na hierarquia estava o biógrafo imperial Suetônio, que passou anos trabalhando no secretariado de Trajano e de Adriano e conhecia pessoalmente as fofocas dos corredores do poder – enquanto o médico imperial Galeno, conselheiro clínico de Marco Aurélio, de Cômodo e de Septímio Severo, preservou anotações dos casos de fragilidades corporais dos imperadores que tratou e um vislumbre do conteúdo dos armários de medicamentos imperiais. No topo, em suas *Anotações para si mesmo*, Marco Aurélio apresentou algumas meditações escolhidas e por vezes devaneios improváveis sobre a vida no palácio, afirmando, por exemplo, que queria dispensar "guarda-costas e roupas chamativas" e ter uma vida o mais próxima possível da de um cidadão comum.

A cultura da corte

As cortes reais costumam receber críticas negativas, normalmente deploradas como incubadoras de rivalidades, hipocrisia e lisonjas insinceras ou, pior ainda, de conspirações e assassinatos. Podem ser microcosmos obcecados por si mesmos, em que o orgulho pela inclusão no círculo interno ou a humilhação pela exclusão são só o que importa; em que elaboradas regras de etiqueta servem para distinguir ou prejudicar os inexperientes ou incautos (usar uma faca ou um garfo errados seria um caso insignificante em comparação); em que ninguém de fato diz o que está pensando; e locais nos quais só uma coisa é importante: estar próximo e ser *visto* publicamente ao lado do governante. Suas convenções da corte são alguns dos mecanismos com que o monarca controla os que estão mais próximos e seus rivais.

Existe, porém, outro lado dessa questão, mesmo que seja um aspecto que raramente chegue às manchetes históricas, pois a corte também

44. Estátua de bronze de Marco Aurélio, hoje nos Museus Capitolinos, mas até recentemente exposta ao ar livre – em diferentes locais – desde o século II d.C. Ver pp. 297 e 343.

possibilita à autocracia operar com sucesso. É onde estão os conselheiros, os assessores e os amigos que ajudam o monarca a governar (ninguém pode governar sozinho) e que atuam como um filtro, ou um sistema de intermediação, entre o monarca e o mundo exterior (o acesso ao rei é policiado pelos funcionários da corte). Sua elaborada etiqueta fornece um conjunto de regras para restringir tanto o governante quanto seus subordinados. E toda sua a pompa e circunstância são sempre vulneráveis a críticas satíricas, dentro e fora dos muros do palácio.

A mistura variada de pessoas no entorno do imperador romano "em casa", e que compreendia sua corte – sua *aula*, em latim –, se enquadra nesse padrão. Eram centenas e centenas. O banheiro com quarenta

45. Banheiro com várias latrinas no palácio de Nero (pré-Casa Dourada) no Palatino – presume-se que para uso de escravos e outros serviçais, não para convidados da elite. O canal em frente às privadas transportava água limpa corrente, onde os usuários molhavam as esponjas presas a bastões com que se limpavam.

latrinas escavado próximo (mas não diretamente ligado) à luxuosa sala de jantar de Nero é apenas uma das claras indicações de quantas pessoas deviam ter circulado pelo palácio. E elas eram *muito* diversas. Em determinado momento de suas *Anotações*, Marco Aurélio relaciona alguns dos indivíduos que compunham a corte do imperador Augusto, mais de cem anos antes. A lista abrange desde a família do imperador ("sua esposa, filha, neto, enteados, irmã, o genro Agripa e outros parentes") até os "empregados domésticos", "amigos" (Ário, um filósofo residente, e Mecenas, seu guru cultural, recebem menção especial), seus "médicos" e "adivinhos".

Marco Aurélio não precisava ter parado por aí. Poderia ter continuado a relacionar muitos outros membros do círculo do imperador, de anões a bufões, de astrólogos a videntes, de oficiais militares a guarda-costas (talvez todos sob a abrangente categoria de "empregados domésticos"), até salas de aula cheias de jovens – grupos de crianças escravas nuas que algumas damas imperiais gostavam que as acompanhassem, filhos de nobres estrangeiros mantidos em Roma como reféns e troféus ou filhos de membros seletos da elite romana que ali se hospedavam. Quando criança, muito antes de o pai reivindicar o trono imperial, o imperador Tito, por exemplo, foi criado no palácio no reinado de Cláudio. Em 55 d.C., Tito foi testemunha ocular de um dos crimes mais notórios cometidos dentro do "círculo interno". Ele estava presente no jantar, sentado ao seu lado à mesa especial das crianças, quando seu jovem amigo Britânico caiu morto, supostamente envenenado por ordem de seu meio-irmão Nero (pp. 118-119). Era um mundo de crianças e adolescentes, bem como de adultos e homens de meia-idade. Aliás, Epiteto concluiu cinicamente que alguns dos homens de meia-idade, em busca de migalhas de favores do imperador, não eram muito diferentes das criancinhas.

É claro que nem todos dentro da corte eram tratados da mesma forma. Os escravos que moravam no local (onde quer que fossem seus alojamentos) teriam uma experiência muito diferente da vida no palácio, em comparação a pessoas como Plínio, ou da de quaisquer outros amigos-funcionários de alto escalão que chegassem de liteira para prestar homenagens pela manhã ou jantar à noite (essa não era uma corte residencial como Versalhes; os cortesãos de elite não moravam no palácio). No entanto, muitos dos comentários romanos sobre a cultura da corte refletem a mesma visão padrão da vida na órbita de um monarca encontrada em quase todas as autocracias do mundo. As principais questões eram, como sempre, "quem estava *dentro* e quem estava *fora*", e "o que sinalizava os favores ou *des*favores do imperador". Públio Clódio Trásea Peto — senador, moralista e de um grupo dissidente — recebeu uma mensagem muito clara quando foi explicitamente proibido de aparecer com outros senadores para congratular Nero pelo nascimento da filha. Às vezes bastava uma única palavra. No reinado de Augusto, um amigo do imperador, que se descuidou ao transmitir informações sobre planos para a sucessão imperial, chegou uma manhã para prestar seus respeitos e disse, como de costume, "Bom dia, César". Augusto simplesmente respondeu "Adeus, Fúlvio". Um dos objetivos da história era demonstrar a sagacidade do imperador, mas diz-se que a dispensa foi tão cheia de farpas que o (ex-)amigo entendeu a insinuação, voltou para casa e se matou.

Os elaborados códigos de etiqueta propiciavam uma maneira mais sutil de calibrar o próprio status e os favores. Todos no palácio sabiam, ou logo aprendiam, quem deveria se levantar e quem deveria se sentar, e quando. Tibério recebeu um aceno de aprovação só por se levantar para se despedir dos convidados do jantar. Os rituais de beijos eram mais nuançados. Era prática comum em Roma, ao menos entre homens da elite, dar um beijo como cumprimento amigável, e havia tanta troca de beijos na corte que em determinado momento ela teve de ser proibida para evitar a propagação de um desagradável surto de herpes infeccioso. Na sua forma mais básica, a questão-chave era *quem* poderia trocar beijos com o imperador e se orgulhar da intimidade que isso implicava. Plínio fez questão de lembrar aos ouvintes do seu *Panegírico de Trajano* que sua intimidade com Trajano possibilitava a troca de beijos, enquanto consta que Nero insultou os senadores quando, segundo relatos, ele não os beijou ao partir para uma viagem à Grécia, e de novo ao voltar. *Oscula* (beijos) eram algo importante.

No entanto, *como* se beijava, e especificamente onde no corpo, acrescentava outros níveis de significado. Um beijo na boca ou na face sinalizava (mais ou menos) igualdade. O imperador oferecer a mão para ser beijada, em vez do rosto, era um ato visto como demonstração de superioridade. Diz-se que uma das razões que levaram Cássio Quérea, um oficial da guarda, a assassinar Calígula foi o imperador ter pedido para ser beijado na mão (mas o fato de Calígula ter feito um gesto rude no momento deve ter aumentado o insulto). Beijos nos joelhos e nos pés eram ainda piores. Para os romanos, isso remetia ao despotismo oriental, e era uma das acusações comuns que contribuíam para definir imperadores "maus". Calígula foi criticado por estender o pé para ser beijado por um homem que acabara de perdoar pelo envolvimento numa suposta conspiração; porém (como um sinal do quanto esses gestos podiam ser difíceis de interpretar) os apoiadores do imperador disseram que ele só queria que as pessoas admirassem suas elegantes pantufas de ouro e pérolas, e não ganhar beijos. Quase duzentos anos depois, Maximino, o Trácio ("Thrax"), que chegou ao trono em 235 d.C. com o assassinato de Alexandre Severo, pode até ter aceitado beijos nos joelhos, mas estabeleceu um limite para qualquer coisa mais abaixo: "Deus me livre de qualquer homem livre precisar plantar um beijo em meus pés", teria afirmado.

É claro que alguns homens livres se imaginaram fazendo exatamente isso, condenando a si mesmos por uma demonstração de subserviência e ao mesmo tempo expondo o imperador como um tirano. A história mais constrangedora, que levou a subserviência a profundidades ainda maiores, jogou os holofotes em Lúcio Vitélio, pai do imperador Vitélio, que reinou por curto período durante as guerras civis de 69 d.C. Definido travessamente por Suetônio como "um homem com um talento estupendo para a bajulação", Lúcio teria tentado agradar a Cláudio levando de um lado a outro os sapatos da mulher do imperador, Messalina, e os beijando de tempos em tempos.

Se tudo isso agora nos parece ridículo – sendo verdade ou pura fantasia –, os romanos também gostavam de satirizar as afetadas convenções de alguns aspectos da vida no palácio, bem como a insinceridade que as sustentava. Plínio pode ter escrito com orgulho em suas *Epístolas* sobre sua viagem a uma das propriedades rurais de Trajano para ajudar o imperador a decidir sobre aqueles casos jurídicos complicados. Contudo, mais ou menos nesse mesmo período, Juvenal, o grande satirista de Roma – que cunhou a frase "pão e circo" (*panem et circenses*) para sintetizar as limitadas ambições do povo romano –, ridicularizou uma dessas reuniões de conselheiros com o imperador. Ele fala do reinado passado de Domiciano, sobre uma ocasião, a meu ver imaginária, em que um grupo de associados do imperador já falecido foi convocado para uma reunião em sua vila com vista para o lago Albano. No poema de mais de 150 versos, Juvenal os descreve acorrendo agitados em resposta ao chamado do imperador, para prestarem seus conselhos ao grande problema que sua majestade tinha em mente. Não era uma questão importante de guerra ou paz, de leis ou política, mas, sim, de como preparar um peixe gigante (um robalo), pescado no Adriático e transportado pelas montanhas até a casa de campo do imperador nos arredores de Roma.

Em parte, trata-se de uma paródia da banalidade bombástica da "vida no topo". (O que diabos você *faz* com um robalo gigante? Resposta: manda fazer uma panela muito grande e, no futuro, mantém uma oficina de ceramistas no palácio imperial.) No entanto, também mira na hipérbole untuosa que sai da boca dos cortesãos. Um dos membros da comitiva imaginados na Vila do Albano é Cátulo Messalino, que alguns anos depois foi tema das reminiscências de Nerva durante o jantar (p. 89). Sua contribuição para o debate acerca do robalo sintetizou a vacuidade do assunto. Foi um dos mais eloquentes em sua admiração pelo grande peixe, mas era totalmente cego e por isso não conseguia ver o que estava elogiando, nem mesmo onde o peixe estava (Juvenal o retrata olhando para a esquerda ao enaltecer a grande criatura, que na verdade estava "à sua direita"). Trata-se de uma lição moral sobre o discurso enganoso da corte imperial. Como vimos no palácio de Elagábalo, nada era o que parecia, e neste caso o elogio era literalmente cego. Mas é difícil não imaginar que nesse poema evasivo Juvenal também estava dirigindo parte da sátira a si mesmo, pois ele também está lembrando aos seus leitores que a "liberdade de expressão" é fácil depois que um imperador está morto (na verdade, ele avança para o assassinato sangrento de Domiciano nas últimas linhas do poema). Falar livremente na presença de – ou sobre – um imperador vivo, fosse ele bom ou mau, sempre foi uma questão mais delicada.

O que os escritores romanos mais lamentavam sobre o funcionamento da corte, contudo, era o fato de o poder no Estado ser agora determinado pelo grau de proximidade com um homem só, o próprio imperador. Era inevitável, como eles viam, que isso gerasse corrupção. "Vender fumaça" tornou-se a expressão romana coloquial para negociar influência com o homem no topo, com a forte implicação de que as promessas eram mais feitas do que cumpridas. Subjacente a tudo isso, porém, havia a sensação de que as antigas certezas sociais e políticas da vida romana tinham sido ainda mais radicalmente subvertidas.

Nos tempos da República, o poder e o prestígio, ao menos formalmente, estavam nas mãos de uma elite masculina, eleita para cargos públicos por cidadãos homens livres e que se reunia no Senado para debates abertos. Algumas dessas instituições tradicionais continuaram sob o governo imperial, mesmo que de forma inadequada e à sombra do imperador. O palácio, no entanto, representava agora uma fonte alternativa de poder, onde muitos desconfiavam de que as decisões políticas realmente importantes eram tomadas em particular (por mais que os sucessivos imperadores afirmassem respeitar a autoridade do Senado). É verdade que havia considerável sobreposição de papéis. Aparentando papéis diferentes, por assim dizer, quase todos os senadores também eram cortesãos, ou se consideravam como tal. O caminho da casa do Senado no Fórum até o Palatino, e vice-versa, deve ter sido bem movimentado, mas no entorno do imperador o poder passou a ser calibrado de maneira bem diferente: de acordo com quem tivesse acesso a ele e com quem pudesse influenciá-lo. Esse era o poder da proximidade, que poderia (e às vezes conseguia) favorecer as esposas, escravos ou amantes do imperador em detrimento de qualquer senador importante. Pode-se até argumentar que uma das funções das elaboradas regras de etiqueta e da pompa da corte era mascarar a relativa impotência da elite tradicional (um ponto também insinuado no poema de Juvenal sobre o robalo: toda aquela cerimônia e seriedade por causa de um peixe?). Enquanto isso, o barbeiro do imperador, por exemplo, tinha vinte minutos por dia, cara a cara, para falar sobre suas preocupações pessoais diretamente com o homem no comando.

Há dezenas de ocasiões em que os escritores romanos descrevem (ou imaginam) a influência na corte de quem estava do lado "errado" da hierarquia política tradicional. Suetônio, por exemplo, afirmou ter sido testemunha ocular de um mero bufão anão convencendo Tibério em um jantar no palácio, com um comentário oportuno, a continuar processando um homem acusado de traição, no que foi atendido (embora Suetônio tenha dito também que Tibério repreendeu o bufão por falar fora de hora, o que sugere haver outra forma de contar essa história). No entanto, a maior causa de indignação quanto ao poder no palácio concentrava-se em dois grupos ainda muito proeminentes nas análises modernas sobre o entorno do imperador: de um lado, alguns escravos e ex-escravos; de outro, as esposas, parentes do sexo feminino e as mulheres e homens que frequentavam sua cama. Por trás de muitos imperadores, dizia-se que pairava a figura sinistra de um ex-escravo presunçoso, dominando seu senhor, exercendo poder demais e acumulando uma enorme riqueza e renome. Por trás de cada trono, segundo se dizia, havia uma mulher ardilosa manipulando o poder, por vezes até cometendo assassinatos.

Uma sociedade de escravos

Os palácios romanos, tanto em Roma como em outros lugares, eram sociedades escravistas. Eram habitados, administrados e geridos por milhares de escravos (alguns "nascidos em casa", usando um termo romano direto; outros adquiridos do tráfico de seres humanos da Antiguidade), e por pelo menos a mesma quantidade de *ex*-escravos. Era uma característica singular da sociedade romana – vista com muita estranheza por alguns observadores antigos do mundo grego – o fato de os romanos libertarem tantos escravos, ao menos os domésticos (os escravos que trabalhavam no campo ou nas minas eram tratados de forma bem diferente). No entanto, esses *ex*-escravos, ou *libertos*, como costumam ser chamados atualmente, em geral continuavam ligados por alguma forma de dependência aos seus antigos donos. Na corte imperial, eram os escravos e libertos que mantinham a infraestrutura básica da organização do palácio, muitas vezes superando em número os residentes ou visitantes livres.

A literatura antiga, como o elogio de Estácio ao pai de Cláudio Etrusco, às vezes joga uma luz sobre esses homens e mulheres. Eles também deixaram as próprias palavras, muito menos elaboradas, escritas em paredes ou lavradas em suas lápides. Existem, por exemplo, cerca de 350 grafites preservados nos alojamentos de escravos do Palatino, onde foi descoberta a paródia da crucificação. Estes incluem cartuns e uma parcela previsível de falos romanos, mas na maioria são apenas "assinaturas" com uma ocasional nota sobre suas funções: "*Marinus ianitor*" (Marino, porteiro), "*Euphemus opifer*" (Eufemo, socorrista), e assim por diante. Podemos ter certeza de que a *maioria* era formada de escravos (prova disso é só terem um nome, às vezes dois, enquanto cidadãos livres normalmente usavam três), mas alguns até fazem questão de revelar a própria origem, com uma abreviação adicional, "VDN", que significa "*verna domini nostri*" ("escravo criado na casa do nosso senhor/imperador"). Nada no Palatino, contudo, é tão evocativo quanto o grafite inscrito na parede de um banheiro numa mansão na cidade de Herculano, pouco antes da erupção do Vesúvio, em 79 d.C.: "*Apollinaris medicus Titi imp(eratoris) hic cacavit bene*", ou, para manter o tom do latim, "Apolinário, o médico (escravo) do imperador Tito, deu uma bela cagada aqui". É uma evidência vívida das andanças (e do humor) de um escravo de Tito, a menos que – como alguns acadêmicos modernos desmancha-prazeres têm especulado – seja uma usual piada romana de banheiro, uma versão ancestral de "Kilroy esteve aqui"*, e não escrita pelo médico do imperador.

Informações muito mais detalhadas podem ser extraídas de suas lápides. Os memoriais que exploramos no Capítulo 3, dos que trabalhavam nas cozinhas e no departamento de alimentação, são apenas uma pequena parcela das mais de 4 mil lápides preservadas, principalmente em Roma, em memória de escravos e ex-escravos que trabalhavam a serviço do imperador e na administração em geral. Isso nos dá uma ideia da hierarquia interna na comunidade escrava: um "secretário particular de primeiro grau", por exemplo, era superior a um "secretário particular de segundo grau", assim como um "*gerente* dos provadores" tinha uma posição mais alta que um simples "provador". Também fornecem um panorama das microespecialidades e serviços de que dependia a vida do imperador e da sua família, que eram ao mesmo tempo uma exibição de status imperial (ter um escravo dedicado para cada minúscula tarefa era um sinal de poder e privilégio) e possivelmente também uma inconveniente restrição. Sem dúvida havia convenções quase tão complicadas quanto as do protocolo da elite na corte, e quase tão difíceis de entender: o trabalho do ex-escravo que supervisionava o guarda-roupa que Trajano usava "no teatro" era diferente do trabalho do ex-escravo que supervisionava suas "roupas íntimas"; o mesmo se aplicava ao trabalho do "topiário" e do jardineiro comum.

Os homens e mulheres que trabalhavam na casa de Lívia, no complexo original do palácio do Palatino, são conhecidos, pois um túmulo comunal usado para os empregados da imperatriz preservou dezenas de memoriais. Nem sempre fica absolutamente claro quais eram suas funções, mas sabemos do seu "carregador de bolsa" (a menos que o título em latim, *capsarius*, signifique o "homem encarregado do baú de lençóis"); de uma impressionante variedade de escravos e ex-escravos médicos, incluindo um "médico ocular", um "supervisor médico" e duas

---

* "*Kilroy was here*" foi um grafite feito por soldados de tropas dos Estados Unidos durante a Segunda Guerra Mundial e que acabou se tornando uma peça de cultura popular. [N.R.]

parteiras (presumivelmente, tanto para os empregados como para Lívia); e de toda uma gama de empregados domésticos, desde "copeiros de prataria", "cabeleireiros" e "lacaios" até um "carpinteiro", o "supervisor de suas vestes púrpuras" (ou talvez o "supervisor de seus trabalhos de tingimento"), "reparadores e cerzidores", "lustradores de móveis" e "limpadores de janelas" (ou talvez, em outra tradução, "fabricantes de

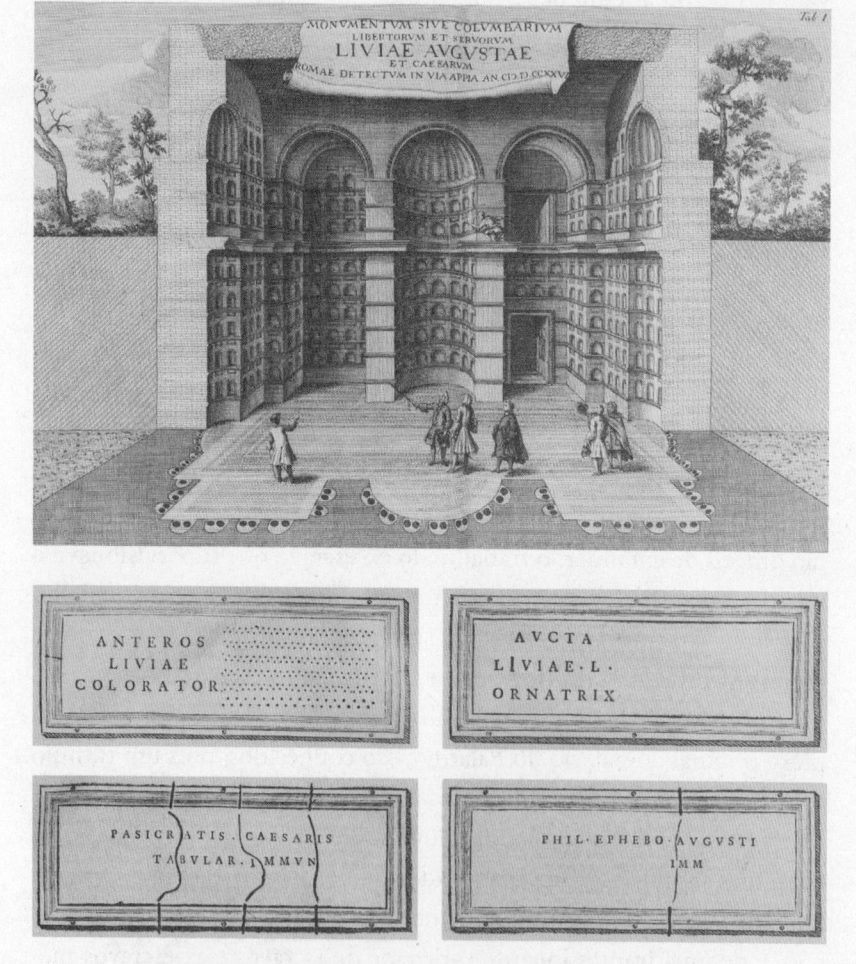

46. Reconstrução do século XVIII do túmulo comunal da casa de Lívia, com quatro das pequenas placas que identificavam suas urnas crematórias: Antero, um lustrador (*colorator*); Aucta, uma cabeleireira (*ornatrix*); Pasícrates, um contador aposentado, "não mais trabalhando" (*tabular(ius) immun(is)*); e outro "não mais trabalhando" (*imm(unis)*).

espelhos"). Há até um ex-escravo chamado Prosopas, que morreu com 9 anos (deve ter ganhado sua liberdade excepcionalmente cedo), definido em seu epitáfio como um *delicium* – "docinho" ou, num sentido mais técnico, membro de uma das trupes de crianças nuas exibidas (ou exploradas, ou acarinhadas, ou as três coisas) por algumas damas da família imperial. Prosopas não viveu para ser nada mais que um docinho.

Além dessa variedade de serviço doméstico, escravos e ex-escravos que ocupavam cargos administrativos mais graduados estão registrados em Roma e outros lugares. O pai de Cláudio Etrusco era chefe da divisão financeira do imperador, e teria uma grande equipe de escravos trabalhando sob sua supervisão. Muitos outros são conhecidos por terem trabalhado nas outras seções em que a administração do palácio era dividida: o "departamento de petições" (*a libellis*), o "secretariado latino" e o "secretariado grego" (*ab epistulis Latinis e Graecis*), a "seção de entretenimento" (*a voluptatibus*), a "divisão da biblioteca" (*a bibliothecis*) e outras mais. Havia ainda escravos que se reportavam ao imperador de seus trabalhos em outras propriedades imperiais ou na administração de províncias em geral. Um dos personagens notáveis do século I d.C. foi um escravo de Tibério, Musicus Scurranus, definido em sua lápide como um "funcionário financeiro" responsável pelos fundos do imperador na Gália. Ele morreu em Roma – talvez em uma breve visita, ou talvez depois de deixar seu cargo financeiro –, onde seus escravos (ou seja, os escravos de um escravo, ou "subescravos") ergueram seu memorial. Ao todo, eram *dezesseis*, incluindo um agente comercial, três secretários, dois cozinheiros, um médico, um supervisor de guarda-roupa, dois copeiros de prataria e uma mulher com funções não especificadas, mas provavelmente sua parceira. É uma inegável confirmação de que os escravos do imperador não formavam uma única categoria homogênea. Alguns seriam menos desiguais do que outros.

Por vezes, os epitáfios listam uma breve sequência de funções realizadas pelo homem ou mulher celebrados, e nos permitem elaborar ao menos uma biografia rudimentar, mesmo dos pertencentes aos níveis mais baixos da hierarquia. Um "provador" passou a "supervisor da sala de jantar", e depois a trabalhar como oficial financeiro em departamentos que supervisionavam os jogos, o abastecimento de água e, por fim, os gastos militares do imperador, ganhando sua liberdade a certa altura da trajetória. Mais abaixo na hierarquia, ficamos sabendo pelas poucas palavras na sua placa memorial que Coeto Herodiano deve ter vindo a Roma como um "presente humano" do rei Herodes ao imperador (p. 111), e promovido de provador de comida no palácio a gerente de um dos jardins de prazer (*horti*) imperiais nos arredores da cidade. Só podemos especular se isso foi uma promoção almejada por Coeto ou só mais um episódio de uma vida sendo empacotado e despachado, mas vemos um indício da fragilidade das aspirações dos escravos em uma das fábulas de Fedro (que, como ex-escravo, ele deveria conhecer). É a história de um porteiro escravo numa das casas de campo de Tibério que, na esperança de ganhar sua liberdade, tentou agradar ao imperador durante uma caminhada pelos jardins aspergindo água à sua frente para umedecer a poeira. Tibério não foi enganado, e simplesmente disse: "Desculpe, amigo, mas conseguir sua liberdade comigo custa mais do que isso". Fedro conta a história como uma lição sobre a futilidade da adulação. É também uma lição a respeito da impotência do escravo.

As traduções e terminologia que usei – "divisão financeira", "scção de entretenimento", "departamento de petições" – tendem a dar a impressão de que essa força de trabalho especializada se assemelhava a um "serviço público" moderno: por exemplo, os muitos anos que alguns

47. O epitáfio de Musicus Scurranus começa com seu nome: "Musicus, escravo de Tibério César Augusto, Scurranus". E termina com uma lista em três colunas dos seus escravos que ergueram o memorial. Os dois cozinheiros estão legíveis: "Tiasus *cocus*" (o T e o I estão combinados) e "Firmus *cocus*". A mulher, que provavelmente era sua parceira, é "Secunda" (no canto inferior direito).

desses altos funcionários serviam em seus cargos proporcionavam uma continuidade administrativa de um imperador para o seguinte. No entanto, praticamente não há indícios de regras, organização racional ou diretrizes de promoção que definam o que entendemos como uma burocracia. Outra moral da fábula de Fedro é que a promoção de um escravo não dependia de nada mais sistemático que a veneta do imperador. Sob certos aspectos, a casa imperial não era tanto um novo estilo de administração, mas, sim, uma casa particular romana tradicional em grande escala. Os membros mais ricos da elite romana costumavam empregar centenas de escravos em suas residências na cidade, às vezes em funções muito especializadas, e havia séculos usavam seus ex-escravos como agentes na política e nos negócios. O imperador apenas seguia essa tradição. No entanto, como muitas vezes acontecia com o status, as honras e as instituições do imperador, sua organização doméstica era uma mistura do antigo com algo novo, exclusivo e diferenciadamente imperial. Não há sinal mais claro disso do que os casos levantados durante o reinado de Nero contra dois descendentes diretos do imperador Augusto, creditados por alguns como rivais pelo trono. Entre as acusações havia o fato de os dois terem ex-escravos em casa com as mesmas responsabilidades e designados com os mesmos títulos dos do palácio: os encarregados da "divisão financeira" (*a rationibus*), do "departamento de petições" (*a libellis*) e do "secretariado" (*ab epistulis*). O ponto em questão era que esses títulos e as estruturas de gestão em que se baseavam (mesmo que tivessem raízes na República) agora podiam ser interpretados como um sinal de poder exclusivo do imperador.

Orgulho e preconceito

As invectivas mais fulminantes dos escritores da elite romana eram direcionadas aos ex-escravos encarregados desses mencionados departamentos no palácio imperial, ou aos que desempenhavam o papel de "secretário particular" do imperador (*cubicularius* costuma ser curiosamente traduzido como "camareiro", mas "secretário particular" transmite melhor as funções do homem "que supervisionava o que o imperador fazia em seu *cubiculum*"). Até certo ponto, qualquer serviçal do imperador era vulnerável a boatos maldosos acerca da influência indevida que teria sobre seu senhor, simplesmente em virtude da proximidade. Epiteto, por exemplo, ele próprio um liberto, contou a didática história de um dono que vendeu um escravo sapateiro "que era inútil em seu trabalho". O homem foi comprado pela casa imperial para ser o sapateiro do imperador e, a partir de então – apesar de ele ser "inútil" –, seu antigo dono teve de reverenciá-lo. "Como é que uma pessoa se torna instantaneamente sábia quando César a põe no comando do seu penico?", como a irônica pergunta de Epiteto resumiu a história. As descrições mais vívidas, porém, são de escravos e libertos no palácio que ocupavam posições muito mais elevadas do que a de um simples assistente de penico.

O pai de Cláudio Etrusco, o chefe da divisão financeira, teve a sorte de ser o tema da elegia de Estácio. A maioria desses personagens – que, em outras circunstâncias, poderiam ter sido elogiados pelas virtudes ressaltadas por Estácio – é atacada ferozmente ou ridicularizada em relatos preservados, por sua influência "inapropriada" na esfera pública e privada. Marco Antônio Palas, um ex-escravo da mãe do imperador Cláudio, e antecessor do pai de Cláudio Etrusco no cargo de *a rationibus*, é o caso mais famoso. Foi ele quem – ou assim foi dito – persuadiu Cláudio a escolher Agripina, mãe de Nero, como sua quarta esposa (outros conselheiros tinham outras ideias). E recebeu os créditos por ter encontrado a solução, formalmente referendada pelo Senado, de um daqueles complicados, e caracteristicamente romanos, problemas de status legal: o de como tratar mulheres nascidas livres que coabitavam com escravos (segundo seu julgamento, dependia de o dono do escravo aprovar ou não). Por tudo isso, Palas foi ricamente recompensado. Por causa de uma combinação de generosidade oficial e, talvez, suborno enrustido, ele acumulou uma fortuna (algumas de suas propriedades no Egito são mencionadas em cadastros de registros de terras descobertos em papiros lá). Ainda mais ofensivo para os preconceitos romanos tradicionais, Palas recebeu, apesar de ter nascido escravo, o título honorário de pretor, abaixo apenas de cônsul na hierarquia dos cargos senatoriais. Meio século depois da morte de Palas, Plínio escreveu numa carta que havia encontrado seu túmulo nos arredores de Roma, com um epitáfio no qual se jactava de que o próprio Senado havia concedido a ele esse status pretoriano. Apesar de Palas ter sido depois demitido por Nero, as distinções concedidas a esse "monte de merda", a esse "safado", eram "farsescas", lamentou Plínio. Ele não sabia se ria ou chorava.

Palas não foi o único ex-escravo do imperador a ser criticado dessa forma. Hélico, o secretário particular de Calígula, foi outro. Ele se banhava, comia e jogava bola com o imperador e, para irritação de Fílon, tomou partido dos gregos contra os judeus nas disputas em Alexandria. O mesmo aconteceu com Cleandro, secretário particular de Cômodo e chefe semioficial de sua guarda imperial no final do século II d.C., que segundo rumores vendia cargos de cônsul ao candidato que pagasse mais. Parte dessa sujeira também atingiu membros da elite tradicional que toleravam essas pessoas, ou que pareciam apoiá-las. Plínio pode ter ficado decepcionado com a honraria concedida a Palas pelo Senado, mas isso não era nada se comparado ao comportamento do senador obsequioso que escondia o sapato da mulher de Cláudio, Messalina, nas dobras da sua toga (p. 191). Ele também foi criticado por exibir estatuetas douradas de Palas e de outro ex-escravo do imperador num santuário religioso na sua casa. Então, por que esses ex-escravos proeminentes provocavam tantas invectivas?

Parte do problema era o dilema prático em que o imperador se encontrava. Ele precisava de funcionários para realizar as tarefas administrativas necessárias a fim de governar o Império. A elite senatorial se contentava em governar uma província ou comandar uma legião à moda antiga, mas lidar com a papelada no palácio, à disposição do imperador, era algo bem diferente. Ademais, deixar a elite se assentar nos bastidores, nos recônditos do poder, provavelmente parecia uma maneira óbvia demais de favorecer internamente os aspirantes rivais ao trono. Os ex-escravos proporcionavam uma solução tradicional e conveniente, nos limites de uma hierarquia de serviço e obediência. (É significativo que entre as virtudes celebradas na lápide de Palas vista por Plínio constassem "o dever e a lealdade a seus senhores", que não eram as virtudes demonstradas por um senador comum.) No entanto, a consequência inevitável era dar a alguns ex-escravos certo poder sobre pessoas de status social muito mais elevado. Alguns imperadores tentaram mitigar a tensão social recorrendo aos equestres nascidos livres, logo abaixo dos senadores, para preencher os cargos responsáveis pelas divisões administrativas do palácio. Foi assim que o equestre Suetônio, por exemplo, passou a servir como "assessor", "bibliotecário-chefe" e "chefe do secretariado" sob Trajano e Adriano. Os cargos de *a studiis*, *a bibliothecis* e *ab epistulis* estão todos registrados em seu currículo, lavrado em pedra e provavelmente colocado sob sua estátua. Um século antes, o poeta Horácio, também de posição equestre (apesar de filho de um ex-escravo), recebeu uma proposta – e recusou – para ser secretário de Augusto. Nunca, porém, houve um período em que ex-escravos *não* ocupassem alguns dos principais "cargos de serviço" na corte imperial.

As controvérsias em torno desses servos do imperador mexiam com mais do que uma simples questão de esnobismo. É verdade que em Roma a prática de libertar escravos em grande número estava associada a um forte preconceito contra os libertos dessa forma. A representação condescendente de Petrônio, em seu romance *Satyricon*, do liberto e novo-rico Trimalquião, com seus regimentos de escravos próprios e gosto por banquetes vulgares, é apenas um exemplo claro, mas havia mais do que isso em jogo. Esses ataques aos libertos imperiais em altos cargos são um sinal de um dos pontos de pressão do mundo caótico do governo de um homem só e da apreensão da elite de que (do seu ponto de vista) a ordem "natural" da sociedade fora invertida pela autocracia. Algumas das grandes perguntas eram: quem na corte era escravo de quem? Será que a elite nascida livre tinha se tornado escrava de (ex-)escravos? Esse era exatamente o ponto destacado por Tácito ao descrever a viagem extravagante de um dos ex-escravos de Nero, "com sua enorme caravana de carruagens", enviado no início dos anos 60 d.C. para inspecionar a situação na Britânia depois da rebelião de Boudica*. O inimigo viu como uma piada: "Para eles o fogo da liberdade ainda ardia, eles ainda não conheciam o poder de libertos, e ficaram surpresos que um general romano e seu exército, saídos de tal grande guerra, obedecessem à classe de escravos". Para Tácito, aqui e em outros lugares, era um dos paradoxos do Império que as antiquadas virtudes romanas, inclusive o amor à liberdade, só existissem agora entre os bárbaros.

---

* Rainha celta que liderou os icenos e outras tribos em um levante contra a ocupação romana da Britânia. [N.T.]

1. Em grande escala (o quadro tem mais de 2 metros de largura), Alma-Tadema capta a cena da generosidade mortal do imperador Elagábalo (ou "Heliogabalus") – com os convidados sendo sufocados sob uma extravagante chuva de pétalas de rosa. Usando uma toga dourada, o imperador observa de um estrado elevado.

2. *A morte de Sêneca*. Este quadro imenso (com mais de 4 metros de largura), agora no Museu do Prado, do pintor espanhol do século XIX Manuel Domínguez Sánchez, imagina o momento do último alento do filósofo na banheira, rodeado por amigos chorosos.

3. Septímio Severo com a esposa, Júlia Domna, e os filhos Caracala e Geta (cujo rosto foi apagado) – um raro exemplar preservado, originalmente do Egito, de pinturas outrora comuns. O retrato reflete acuradamente o tom mais escuro da pele do imperador; ou talvez simplesmente siga a convenção pictórica antiga de usar tons mais escuros para representar a pele de homens adultos. Ver pp. 344-345, 349

4. Um dos mais impressionantes painéis romanos preservados, originalmente num salão de jantar de uma vila fora da cidade pertencente a Lívia, agora no Museu Palazzo Massimo de Roma. Traz para dentro da casa um mundo natural utópico minuciosamente elaborado – com flores, árvores frutíferas e pássaros.

5. Camafeu de turquesa, com menos de 4 centímetros de largura, mostrando Lívia segurando um busto que provavelmente é de seu filho Tibério (um sinal de seus cuidados e ambições para com ele). Outros identificaram o busto como de seu marido Augusto.

6. Centenas de pessoas fazem fila para ver as barcaças de Calígula em 1932, quando foram retiradas do fundo do lago Nemi por ordem de Mussolini. Embora umas poucas partes delas ainda existam, foram praticamente destruídas durante a Segunda Guerra Mundial; até hoje se discute se os principais responsáveis foram soldados aliados ou alemães.

7. Cópia do século XIX de um painel de parede da "Casa da Antiga Caçada", em Pompeia. No alto vemos redes cheias de frutas. Era um artifício para criar uma chuva de iguarias cadentes sobre os comensais – e alimentos mais volumosos –, por vezes em escala imperial.

8. Sala com adornos de pinheiros na casa do Monte Palatino, usualmente mostrada aos visitantes como a "Casa de Augusto". Por mais sofisticada que seja a decoração, é quase certo não ser o lugar onde o imperador morava.

9. Reconstrução de uma das grandes salas de exposição do palácio do Palatino. O mármore de cores vívidas reflete com precisão um dos aspectos da aparência original. Mas sem bagunça, e só com umas poucas pessoas...?

10. Uma das mais famosas obras de arte da Vila de Adriano é este elemento central de um grande piso de mosaico, mostrando quatro pombos ao redor de um bebedouro de pássaros. É feito de milhares de minúsculos pedaços de pedra (*tesserae*), que permitiam a composição de intrincados detalhes.

11. Uma imagem clássica de um jantar romano na "Casa dos Amantes Castos", em Pompeia. Homens e mulheres reclinam-se lado a lado – enquanto o festeiro ao fundo já está precisando de alguma ajuda para ficar de pé.

12. Uma Messalina totalmente moderna e muito determinada: visão de Peder Severin Krøyer, pintor holandês do século XIX.

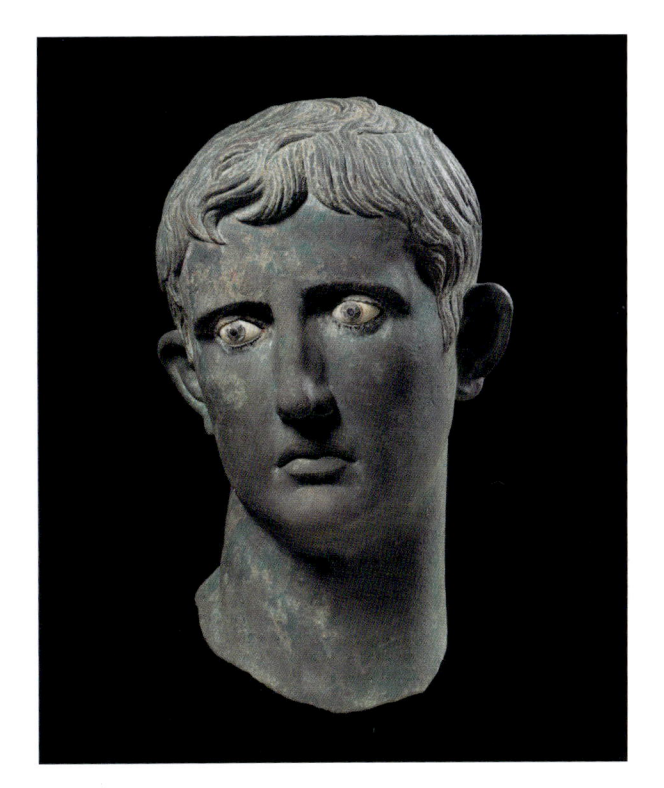

13. Cabeça de bronze de Augusto, de uma estátua em tamanho natural outrora no Egito romano. Foi decepada por invasores de fora do império vindos do sul e enterrada como troféu sob os degraus de um templo em Meroé, no atual Sudão – onde foi encontrada por arqueólogos em 1910 (p. 350).

14. Vitórias militares dos imperadores podiam ser mais exageradas do que reais. Nesta moeda de ouro cunhada sob Trajano, veem-se os títulos do imperador ao redor da cabeça e nas inscrições no verso. Mas a mensagem está na frase *Parthia capta* ("Pártia derrotada"), com um troféu de vitória e dois cativos abaixo. Na verdade, a "vitória" só durou alguns meses.

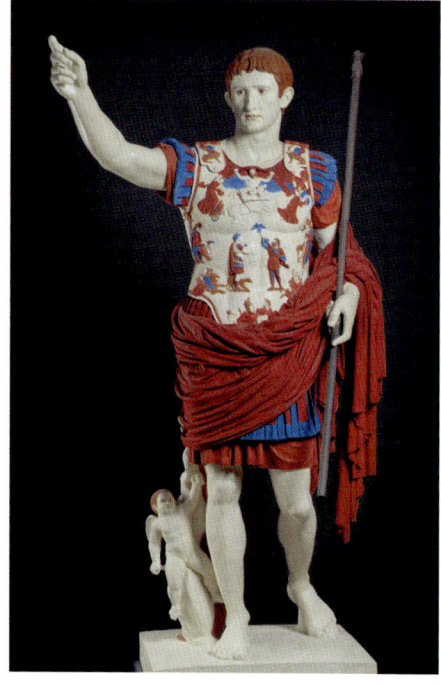

15 e 16. Estátua de Augusto encontrada na vila de sua mulher Lívia (il. 4). À esquerda, a escultura como está agora. O imperador usa uma sofisticada armadura peitoral celebrando sua recuperação dos estandartes militares perdidos por Crasso em 53 a.C. (p. 43). Aos seus pés, ajudando a estátua a ficar ereta, um pequeno cupido – também um lembrete da suposta descendência da família de Augusto da deusa Vênus. À direita, uma tentativa de reproduzir as cores originais da obra.

17. O mais exuberante de todos os camafeus imperiais, "O Grande Camafeu da França" (agora na Bibliothèque Nationale em Paris). Com mais de 30 centímetros de comprimento e confeccionado no século I d.C., mostra Augusto no nível mais alto, como que no céu; Tibério e Lívia são provavelmente as figuras centrais no nível médio; no nível mais baixo estão os bárbaros conquistados.

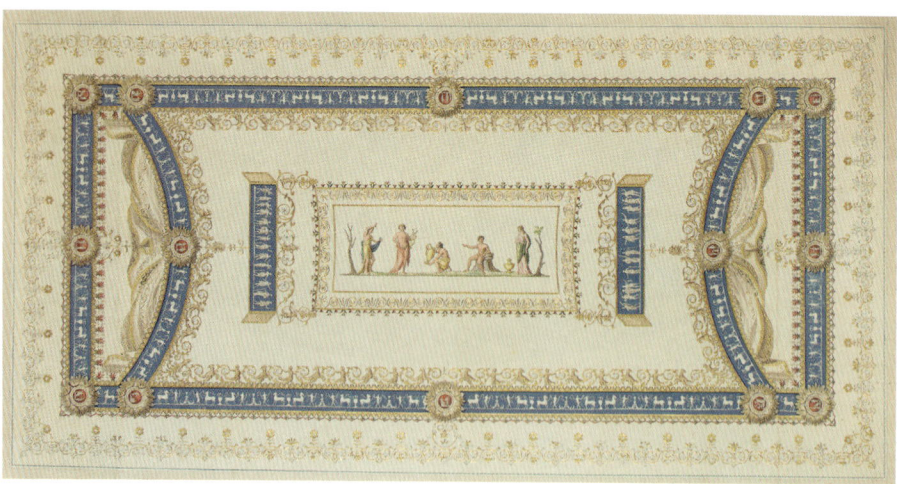

18 e 19. Acima, uma delicada pintura no teto das salas de jantar de Nero no Palatino. Abaixo, uma aquarela do século XVIII (de Agostino Brunias) inspirada na decoração neroniana.

20. Uma mostra da suntuosidade dos *horti* imperiais. A faixa de bronze dourado, incrustada de pedras preciosas, teria adornado as paredes ou valiosos mobiliários.

21. Augusto como faraó, à direita, fazendo oferendas às deidades egípcias Hathor e Hórus – do templo de Ísis em Dendur, no Egito, encomendado pelo imperador e exibindo diversas imagens de si mesmo com trajes egípcios. Agora remontado no Metropolitan Museum, em Nova York, um show de luzes evoca as cores originais.

22. Mosaico do século II a.C. de Lyon mostrando uma corrida no Circo Máximo.
À esquerda, uma colisão; em primeiro plano, duas quadrigas numa disputa apertada
(com os condutores usando as cores dos vermelhos e dos brancos). No centro
vemos a *spina*, ou *eripus*, onde ficam um obelisco e artefatos para contar as voltas
completadas. O mosaico foi extensamente restaurado, mas com razoável precisão.

23. Retrato de um jovem em múmia egípcia do século III d.C. Quadros como este, inseridos em múmias do período romano e preservados por causa do clima seco e quente, atualmente nos dão a melhor visão das tradições perdidas de pinturas de painéis romanas. Deve ter havido quadros de imperadores por toda parte no mundo antigo.

24. Um dos pavões de bronze dourado – às vezes vistos como símbolo de imortalidade – que outrora decoravam o mausoléu de Adriano. Agora está empoleirado em degraus de pedra no Museu do Vaticano.

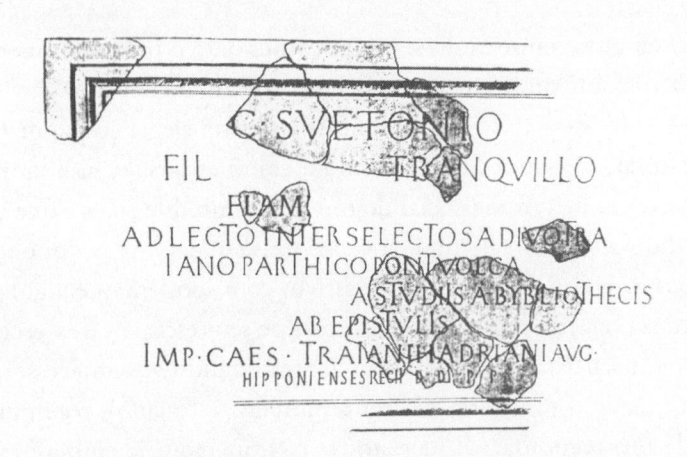

```
         C·SVETONIO
    FIL           TRANQVILLO
         FLAM
   ADLECTOINTERSELECTOSADE    RA
   IANOPARTHICOPONT VOLCA
                   A STVDIIS A BYBLIOTHECIS
              AB EPISTVLIS
   IMP·CAES·TRAIANIHADRIANI AVG·
             HIPPONIENSES RECH  D  D  D
```

48. Fragmentos de uma inscrição registrando a carreira de Suetônio foram descobertos no sítio de Hipona (Hippo Regius), atual Annaba, na Argélia, em 1950. Provavelmente colocados sob uma estátua do biógrafo, podem indicar que ele tinha alguma relação específica com a cidade – fosse como visitante ilustre, fosse como benfeitor ou por meio de sua família. A reconstrução acima indica em negrito as partes preservadas e tenta preencher as lacunas; abaixo estão alguns dos fragmentos preservados. À primeira vista, é difícil perceber como é possível reconstruir tanto com base em tão pouco, mas inscrições desse tipo, listando um cargo ou emprego após o outro, são muito estereotipadas, e por diversas vezes não é difícil imaginar o que havia nas partes faltantes. Aqui provavelmente há referências a nomeações legais e sacerdócios de meio período (*FLAM(EN)*, por exemplo, é um título sacerdotal comum). No entanto, o mais impressionante são as referências quase inteiramente preservadas ao seu serviço na administração do palácio. Já era sabido, desde a *História Augusta*, que ele serviu de *ab epistulis*. Esta inscrição deixa claro que também foi um *a bibliothecis* (aqui escrito como *bybliothecis*), um "bibliotecário imperial", e *a studiis*, que desconfio ser algo como "assessor" (mas também pode indicar um cargo de pesquisa).

No entanto, também havia implicações para o próprio imperador, e questões sobre onde ele se enquadrava na calibragem da escravidão e da liberdade. Estácio se batera com isso em sua elegia ao pai de Cláudio Etrusco, ao ponderar a respeito de como encaixar seu honorando ex-escravo na hierarquia social de todo o cosmo. Ele sugere que todos no mundo obedecem ao imperador, ao passo que o imperador obedece aos deuses. Um pensamento alternativo, contudo, era que alguns imperadores poderiam estar sob o controle de seus escravos e ex-escravos. Plínio, em seu *Panegírico de Trajano*, remontando aos antecessores de Trajano (e, com um alerta indireto, também a Trajano), resumiu essa ideia de forma mordaz: "Quase todos os imperadores, embora senhores de seus súditos cidadãos, foram escravos de seus ex-escravos [...] o principal sinal de um imperador *impotente* sendo a existência de *poderosos* libertos". De fato, essa noção era axiomática na caracterização dos governantes romanos. Na realidade, todos os imperadores dependiam de sua equipe de ex-escravos. Alguns anos depois, como mostra uma de suas cartas, o próprio Plínio estava à espera de instruções de um ex-escravo de Trajano na província que governava. No entanto, uma das definições automáticas de um imperador "mau" – independentemente da verdade por trás dela – era ser *dominado* por seus libertos. Não se tratava apenas de o palácio ser uma sociedade escravista. A escravidão propiciava uma forma de entender, debater ou criticar o poder do imperador.

Na cama com o imperador

Os escravos também estavam entre os que compartilhavam, ou eram *obrigados* a compartilhar, a cama do imperador. O mais notório de todos os amantes imperiais foi Antínoo, o jovem escravo de Adriano que morreu afogado no rio Nilo ainda adolescente. O problema aqui não era o fato de o imperador estar sendo infiel à esposa ao se relacionar com Antínoo (a maioria dos romanos da elite consideraria a fidelidade sexual por parte de um homem casado, imperador ou não, algo estranho). Também não se viam entraves no relacionamento entre pessoas do mesmo sexo (um homem ser o parceiro sexual ativo de um jovem de menor status social era em geral aceitável nos termos romanos). O problema foi o luto descontrolado de Adriano – visto por alguns romanos como quase efeminado – pela morte de Antínoo. Adriano deificou o jovem, fundou cidades em sua homenagem (como Antinoópolis) e inundou o mundo com suas estátuas, muito além das celebrações em Tivoli. Estou falando sério quando digo inundou: existem mais esculturas retratando Antínoo do que de qualquer outro membro da "família" imperial, com exceção de Augusto e do próprio Adriano. Foi mais um sinal de como um imperador podia parecer escravizado por um escravo.

A vida sexual dos monarcas é sempre um território histórico capcioso. Na vida real, pode ter sido monótona, comum e insatisfatória (quem sabe?). No entanto, existe uma longa tradição, que remonta à Roma antiga e a um passado ainda mais distante, de se imaginar que as escapadas eróticas dos governantes são muito mais extravagantes do que as da maioria de seus súditos (monarcas fazem sexo numa escala grandiosa, com parceiros mais glamorosos), e que o caráter de um governante se reflete nas suas atividades sexuais (monarcas transgressores têm relações sexuais transgressivas). Ao mesmo tempo, as histórias contadas pelos que estão do lado *de fora* dos muros do palácio sobre o mundo erótico *interno* também são em parte projeções de ansiedades ou descontentamentos mais genéricos, ou imaginadas por terceiros. Assim como as fofocas sobre celebridades modernas, as discussões e fantasias a respeito da vida sexual de um governante – que tantas vezes ultrapassam a frágil fronteira entre o aceitável e o inaceitável, entre o acreditável e o inacreditável – ressaltam as áreas problemáticas da moral sexual e dos papéis de gênero de maneira mais geral. O resultado é que os palácios são imaginados como cheios de amantes de todos os tipos – homens e meninos, mulheres e eunucos –, estendendo-se para muito além do leito matrimonial.

Certamente era o caso de Roma. Adriano não foi o único. Nos primeiros 250 anos ou mais de governo de um homem só, quase nenhum imperador romano deixou de ser associado a boatos de atividades sexuais exageradas, a excessos ou transgressões. Às vezes era uma questão da beleza incomparável dos escolhidos ou escolhidas para serem parceiros do imperador, inalcançáveis para qualquer cidadão comum. No século II, por exemplo, a amante de Lúcio Vero, Panteia ("deusa de tudo"), foi descrita em alguns ensaios contemporâneos – parte elegíacos, parte satíricos – como uma combinação das maiores belezas da arte e da literatura gregas. O formato da sua cabeça foi comparado ao da famosa estátua de Afrodite de Cnido (p. 170), o nariz ao de uma estátua de Atena de Fídias, o mestre escultor do Partenon, e por aí vai. É como se a amante do imperador estivesse além da imaginação humana, e só pudesse ser descrita em termos das maiores obras de arte conhecidas (embora alguns críticos modernos vejam aqui uma motivação anti-imperialista mais subversiva: com a amante de um imperador romano sendo descrita em termos das obras-primas da Grécia conquistada e saqueada; dissecada, fatiada e remontada).

Outras histórias focam aspectos menos palatáveis de excessos. Dizia-se que Augusto, por exemplo, tinha uma preferência especial por deflorar virgens, as quais – segundo fofocas antigas – sua esposa Lívia preparava para ele e supostamente levava para o palácio. Trajano, por sua vez, apesar da imagem de integridade transmitida por Plínio, era conhecido por não conseguir resistir a jovens rapazes (em nossos termos, um predador). O imperador Juliano, do século IV, estava bem ciente dessa característica. Em sua sátira sobre seus antecessores, em que os imperadores se encontram com os deuses romanos, o divino Júpiter é alertado a ficar de olho no seu namorado, o jovem Ganimedes, quando Trajano estivesse por perto – para o caso de este tentar roubá-lo. Em algumas dessas histórias, porém, podemos detectar questões ainda mais profundas. Já vimos que as declarações a respeito da afirmação de gênero de Elagábalo podem ter sido tanto reflexões aflitas acerca da mutabilidade de gênero quanto ataques ao mundo distópico e "antinatural" do imperador. Algo semelhante se aplica às histórias do jovem escravo de Nero, Esporo, que seria tão parecido com sua falecida esposa que o imperador mandou castrá-lo e se casou com ele. Decerto essas narrativas eram contadas como ilustrações vívidas da perversidade de Nero, mas também apontavam para discussões mais abrangentes sobre o casamento em si. Será que o imperador estava violando as regras ou desrespeitando radicalmente os antigos limites? Essas questões devem de alguma forma estar subjacentes em um desconcertante poema de Estácio, em que ele tanto glorificou um eunuco "favorito" de Domiciano (que atendia pelo estranho nome de Eárino, ou "Primavera") como elogiou o imperador por proibir legalmente a castração. Mas o que *exatamente* ele estava tentando dizer?

Seja qual for a verdade sobre esses amantes imperiais, eles estavam ainda mais próximos do imperador e, portanto, eram potencialmente ainda mais influentes que seu barbeiro pessoal ou quem cuidasse do seu penico. Antônia Caenis, a ex-escrava que foi por muito tempo amante de Vespasiano, é apenas uma das que teriam se beneficiado dessa proximidade. Consta que ela se tornou uma romana muito rica vendendo diversos cargos públicos, desde governos provinciais a sacerdócios, e ao usar conversas íntimas para influenciar decisões imperiais, cobrando um preço. No entanto, por mais influentes que Caenis e outros como ela possam ter sido, as antigas histórias mais persistentes a respeito do uso e abuso de poder no círculo mais íntimo do imperador não se concentravam em amantes, belos rapazes ou eunucos. O foco recaía nas esposas legítimas, nas mães, irmãs e filhas do imperador. Os supostos envenenamentos e complôs, incestos e adultérios, assassinatos e traições ganharam mais atenção que as histórias de paixões pervertidas, castração e devoção efeminada.

Esposas e mães

A implacável e sádica Lívia, a dissoluta Messalina, terceira esposa de Cláudio, e a dominante Júlia Domna, mulher de Septímio Severo, são três das residentes mais famosas, ou infames, do palácio imperial. Nenhuma mulher em Roma jamais teve qualquer poder formal ou executivo no Estado, a menos que consideremos algumas veneráveis sacerdotisas. Nem mesmo havia um papel oficial de "imperatriz" ou "consorte" do imperador (o mais próximo que algumas esposas e mães chegaram disso – quase trinta, contando Lívia e Júlia Mameia – foi serem agraciadas com o título de "Augusta", a versão feminina de "Augusto"). Escritores antigos e modernos, porém, investigando a vida no palácio, muitas vezes se fixaram nas relações femininas do imperador. Indignavam-se com sua influência política e dinástica. Lamentavam (ou babavam com) suas audaciosas traições, sua libertinagem ou – para suavizar um pouco o foco – o ritmo vertiginoso com que viviam em Roma.

Era quase um clichê na Antiguidade que a corte fosse dominada por mulheres tentando exercer o controle. Às vezes isso se resumia a manipular secretamente os processos de sucessão. Lívia foi um caso clássico da manipuladora e assassina, alguém que diziam ter eliminado sistematicamente todos os que se interpuseram no caminho entre seu filho Tibério e o trono e que era abertamente considerada a responsável, segundo Dião Cássio, por tê-lo feito imperador. Lívia, porém, foi apenas a primeira de muitas. Consta que Agripina, sucessora de Messalina como esposa de Cláudio, fez o mesmo por seu filho Nero (fig. 84); a viúva de Trajano, Plotina, supostamente de forma menos letal, teria encenado alguns truques teatrais amadores para pavimentar a ascensão de Adriano; e o "filhinho de mamãe" Alexandre Severo era visto como tal – devendo o trono a sua mãe, Júlia Mameia.

Em outros períodos, as histórias se voltavam para astutas e engenhosas manipulações do poder de forma mais genérica, fosse nos bastidores, fosse se arriscando no centro do palco. Rumores sobre incesto insinuaram a influência de algumas mães sobre seus filhos imperadores (Agripina com Nero; Júlia Domna com Caracala). Quase tão chocante, num mundo em que as mulheres sempre foram excluídas de um papel político oficial, foi a forma como algumas se imiscuíram na linha de frente da política. Dizia-se que Agripina frequentava sessões do Senado, algo totalmente proibido para mulheres, oculta por uma cortina grossa para não ser vista; e parece que às vezes assumia o próprio lugar, ou tentava, em festas de boas-vindas a delegações oficiais. (Tácito conta a história de como um dos espertos conselheiros de Nero encontrou uma forma de impedi-la de subir ao palanque ao lado do imperador.) Mais ou menos um século depois, Júlia Domna teria assumido o controle da correspondência comercial de Caracala, o que deve ter sido mais ofensivo para as convenções elitistas romanas do que ter um ex-escravo no comando.

Tudo isso andava de mãos dadas com outras acusações mais escabrosas: histórias exageradas de relações sexuais com pessoas totalmente inadequadas, em lugares inapropriados. As mulheres do palácio incluíam algumas das transgressoras sexuais mais notórias de toda a história de Roma, que continuam sendo representadas como libertinas, adúlteras e ninfomaníacas na pintura, na ficção e no cinema modernos. Dizem que Júlia, filha de Augusto, se divertia para causar o máximo de ofensa, dormindo com seus amantes na "tribuna dos oradores", ou *rostra*, no Fórum, o coração político da cidade de Roma na Antiguidade. Verdade ou não, o falatório deve ter evocado uma imagem incômoda da relação entre a antiga ordem política e a nova (os oradores de outrora se dirigiam ao povo, agora a filha do imperador fazia sexo...). Algumas décadas depois, diziam que Messalina percorria a capital fazendo sexo. Segundo uma história que faz parte da enciclopédia de Plínio, o Velho, um moralista ainda mais portentoso que seu sobrinho, Messalina chegou a vencer uma famosa prostituta numa competição para ver quem conseguia fazer sexo com mais homens em um dia. Faustina, mulher de Marco Aurélio, parece ter mantido a tradição. Uma das esposas e mães imperiais (filha de outra Faustina, que foi casada com Antonino Pio), sua reputação como libertina da pesada quase se igualava à de Messalina. Uma história chegou a dizer que Cômodo – um entusiasta de lutas de gladiadores e em nada parecido com seu pai filósofo – era na verdade filho biológico de um gladiador amante de Faustina. No entanto, também havia versões alternativas. Uma das mais estranhas e sensacionalistas dizia que ela tinha se banhado com o sangue de um gladiador morto e depois engravidado do imperador, após confessar sua paixão por um desses lutadores. De acordo com uma antiga teoria científica, o sangue por si só foi o suficiente para conferir a Cômodo suas conhecidas "habilidades como gladiador".

Quantas dessas histórias são verdadeiras – ou *quão* verdadeiras são – é uma questão em debate. São inequivocamente difíceis de verificar.

49. Moeda com o perfil de "Faustina Augusta", esposa de Marco Aurélio. No verso, imagem da deusa Juno Lucina, que supostamente protegia as mulheres no parto (acompanhada de três crianças). Não há indícios dos escandalosos boatos sobre Faustina.

O único indício crível da influência direta de Júlia Domna em decisões de Caracala, por exemplo, é uma carta dela à cidade de Éfeso, ainda preservada em uma versão inscrita em pedra no local, na qual parece prometer falar bem dos efésios para "seu filho mais meigo": muito distante de provar seu envolvimento direto na administração da correspondência do filho. E, por mais que Faustina tenha aprontado, isso não impediu Marco Aurélio de armar uma elaborada demonstração de luto após sua morte e conceder à mãe honrarias póstumas espetaculares (inclusive renomeando a cidade onde ela morreu como Faustinópolis). De todo modo, os temas mais citados apresentam uma visão muito parcial da vida dessas mulheres. O outro lado da história raramente é incluído nos relatos dos escritores antigos (e também não muito frequente nos modernos). No entanto, o fato é que, como quase todas as mulheres da elite romana, e quase todas as princesas em tradicionais casas reais em qualquer lugar, o papel básico delas era o de serem peões em um jogo dinástico. Eram casadas, com pouca ou nenhuma influência na decisão, numa idade que para nós é assustadoramente jovem, a fim de estabelecer relações na árvore genealógica da família. A mesma Júlia, que teria se esbaldado nos *rostra*, se casara com o primo Marcelo com 14 anos, para marcar a posição dele como herdeiro do trono (ela ficou viúva aos 16 anos e logo se casou mais duas vezes em razão de outras iniciativas dinásticas). Um século depois, para fortalecer o plano sucessório, a notória Faustina foi prometida (mas ainda não casada) a Marco Aurélio, mais de vinte anos mais velho que ela, com apenas 8 anos de idade – enquanto a jovem Lucila, uma entre quatorze filhos de Faustina, foi casada aos 14 anos com o coimperador do seu pai, Lúcio Vero, provavelmente para consolidar a parceria.

Talvez nossa perspectiva fosse diferente se tivéssemos algum relato extenso escrito por essas mulheres imperiais, mas, apesar de sabermos que algumas delas escreveram memórias, nenhuma destas foi preservada (a autobiografia da mãe de Nero, Agripina, na minha opinião, é uma das maiores perdas de toda a literatura clássica). O resultado é que agora é quase impossível saber ao certo onde traçar a linha entre a realidade da vida dessas mulheres e as fantasias suspeitosas dos escritores homens, que sempre usaram o estereótipo da mulher ardilosa para explicar as decisões tomadas a portas fechadas por imperadores e reis, por presidentes e primeiros-ministros. "Culpar a mulher" ainda é uma explicação conveniente para tratativas idiossincráticas nos corredores do poder, como Nancy Reagan, Cherie Blair, Carrie Johnson e outras poderiam atestar.

Mulheres e o poder?

No entanto, apesar dessas incertezas, fica absolutamente claro que o papel e a proeminência das mulheres na corte imperial eram diferentes de tudo o que se havia visto antes em Roma, e as histórias contadas sobre elas, mesmo que nem todas sejam verdadeiras, evidenciam alguns conflitos e aflições importantes no mundo do imperador e da sua corte.

Para começar, apesar de não terem poder formal, as mulheres da família do imperador tinham muito mais visibilidade que qualquer outra mulher em Roma no passado. As mulheres pertencentes à aristocracia republicana sempre tiveram mais liberdades que as mulheres da elite da Atenas clássica: tanto econômica e socialmente como em termos de direitos legais. No entanto, não desfrutavam de honrarias ou títulos públicos, e só eram representadas por umas poucas estátuas (em geral, figuras semimitológicas do passado) decorando a cidade. Isso mudou para as mulheres proeminentes da corte, que eram celebradas publicamente como parte da família imperial e garantidoras da continuidade da dinastia. *Seus* perfis começaram a adornar moedas. *Suas* estátuas foram colocadas ao lado das de homens, cujas imagens em mármore e bronze outrora dominavam a cidade (pp. 321-331). *Seus* nomes foram estampados em prédios, de templos a colunatas sombreadas, erguidos sob seus auspícios (embora não possamos saber ao certo o tamanho da participação prática que tiveram no financiamento ou no projeto). E as mulheres passaram a gozar de uma variedade de vantagens e honrarias associadas aos homens: lugares privilegiados nos jogos; para algumas, o emprego de um *lictor*, um atendente-guarda-costas que normalmente acompanhava autoridades masculinas do Estado; e diversos títulos honoríficos além de "Augusta", quase se equiparando aos epítetos pomposos (por exemplo, "Senhor da Terra e do Mar") às vezes aplicados aos imperadores. Apesar da sua vida sexual, Faustina, mulher de Marco Aurélio, foi condecorada com o título militar pomposo e austero de "Mãe dos Acampamentos

Militares" (*Mater Castrorum* em latim); e Dião Cássio afirmou que, depois da sua morte, alguns admiradores chamaram Lívia de "Mãe da Pátria", seguindo o modelo do título imperial "Pai da Pátria". Em outras palavras, a autocracia abriu um espaço visível para algumas mulheres na paisagem cívica e simbólica de Roma, que agora não era mais exclusivamente masculina. Foi uma das maiores revoluções geradas pelo governo de um homem só de Roma.

Até certo ponto, as mulheres da família imperial eram mais influentes do que qualquer mulher já havia sido em Roma. Mais uma vez, em parte foi o poder da proximidade que lhes conferiu essa influência potencial sobre o governante do mundo romano. Em 121 d.C., a viúva de Trajano, Plotina, escreveu para Adriano pedindo (e foi atendida) que mudasse as regras de nomeação do diretor de uma das academias filosóficas de Atenas, permitindo que o cargo fosse ocupado por não cidadãos romanos. Essa intervenção foi registrada numa cópia da carta que a academia inscreveu em pedra e deixou em exposição. Em certa ocasião, no início do reinado de Augusto, sabemos que – assim como Júlia Domna mais tarde prometeu aos efésios – Lívia tentou intervir com o marido a favor da cidade grega de Samos, que buscava um status de isenção de impostos. "Minha esposa está muito ativa em seu benefício", escreveu Augusto aos samosianos, em outra carta publicada em pedra. Com um pequeno detalhe, porém: na mesma carta, ele declarou explicitamente que mesmo assim estava *recusando* o pedido dos samosianos. Foi uma recusa pública que reconhecia simpaticamente o interesse de Lívia por uma de suas cidades favoritas, mas também afirmava a independência inabalável do Augusto.

Esse delicado jogo de equilíbrio também fica evidente em outros documentos que nos chegam dos próprios imperadores. Além das interpretações e reconstruções dos historiadores, tanto antigos como modernos, as palavras reais dos imperadores revelam uma ambivalência sutil em relação ao poder das mulheres imperiais. Um dos documentos mais intrigantes nesse sentido é parte do que provavelmente foi o discurso fúnebre proferido em 119 d.C. pelo imperador Adriano para sua sogra, Matídia, que também era sobrinha de Trajano. (Neste caso, a pedra em que o texto do discurso foi inscrito não foi preservada, mas felizmente existem várias cópias manuscritas feitas no século XVI.) Adriano enaltece sua dedicação a Trajano, sua longa e casta viuvez, sua beleza, suas qualidades como mãe, sua boa vontade e seu temperamento, antes de dizer: "Ela era tão moderada que nunca pediu nada de mim, e não pediu muitas coisas que eu teria preferido que tivesse pedido [...] Ela preferiu *se rejubilar* com minha posição a *fazer uso* dela". A maioria dos comentários de Adriano enfatiza as virtudes tradicionais esperadas de uma dama romana: uma companheira leal, bela e maternal. No entanto, as complicadas frases sobre a sogra não ter lhe pedido coisas (favores, presumivelmente), quando na verdade ele preferiria que ela o tivesse feito, andam na mesma corda bamba que a carta de Augusto para Samos. É uma exibição do poder potencial da sogra, ao mesmo tempo que insiste que ela não o explorou.

Uma abordagem semelhante foi adotada pelo Senado no reinado de Tibério, em 20 d.C., durante o julgamento do caso de um homem acusado de traição e assassinato do príncipe imperial Germânico. Sua mulher também estava sendo acusada, junto com ele, e consta que a já idosa Lívia teria intervindo em seu favor, como amiga. O historiador Tácito, escrevendo um século depois, apresenta uma versão dramatizada de todo o incidente, mas o registro do Senado sobre o julgamento das acusações foi preservado, textualmente, em várias cópias meticulosamente inscritas em placas de bronze, a maioria delas descoberta em escavações ilegais na Espanha no final dos anos 1980 (os principais fragmentos do texto surgiram pela primeira vez no mercado de antiguidades). Tácito fala da oposição à participação de Lívia no caso, como mais um exemplo do poder que exerce nos bastidores. O registro do Senado, por sua vez, reconhece publicamente o papel de Lívia, mas também se mostra incomodado ao justificá-lo. Eles explicam que, ao exonerar a mulher do réu, levaram em consideração as representações de Lívia, contudo observam que ela não costumava tentar usar de sua influência ("Ainda que, justa e merecidamente, devesse ter a maior influência no que pede ao Senado, ela usa esse poder com muita parcimônia"). Mais e mais vezes, encontramos tanto o reconhecimento do poder potencial (ou real) das mulheres do palácio quanto a tentativa de minimizá-lo ou de evitar sua inconveniência.

Mas o que estava por trás das histórias de transgressões sexuais de tantas dessas mulheres? É de presumir que fossem motivadas em parte por fantasias antigas e modernas de sexo nos altos escalões, e em parte pelas próprias mulheres rejeitando as restrições sexuais sob as quais se esperava que vivessem (às vezes, fantasia e realidade se sobrepõem). Os vários rumores em torno de Faustina e seu gladiador, porém, revelam preocupações dinásticas específicas. A perspectiva de adultério feminino abria – em Roma, assim como em quase todas as sociedades pré-modernas – a possibilidade desestabilizadora de o "filho do pai" não ser realmente o "filho do pai", ameaçando assim a ordem estabelecida, a linhagem patriarcal e a legítima sucessão. O elaborado voo de fantasia de sujar Faustina com o sangue de um gladiador propicia mais do que uma curiosa visão da ciência romana. Ele mostra até onde os manipuladores e escritores romanos estavam dispostos a ir para defender a paternidade do governante. A adoção era uma coisa; a sucessão de um homem ser produto do adultério da mãe era outra completamente diferente.

Deixando de lado as histórias implausíveis, o adultério na família imperial era visto como parte integrante da traição. Raramente havia uma conspiração dentro do palácio na qual alguma esposa imperial ou princesa não fosse acusada de ter estado na cama com alguém indevido. No reinado de Tibério, os planos de Sejano – um chefe da guarda imperial que assumiu um papel cada vez mais sinistro – para derrubar o imperador e assumir o poder estavam associados ao seu adultério com a sobrinha de Tibério. Poucas décadas depois, foram as intrigas de Messalina com um de seus amantes mais aristocráticos que levaram à sua morte por ordem de Cláudio, quando um de seus ex-escravos o convenceu de que os dois estavam prestes a engendrar um golpe. Aterrorizado ao ouvir a notícia, Cláudio teria murmurado várias vezes: "Eu ainda sou imperador? Eu ainda sou imperador?".

O fato é que dentro da casa do governante as parentes do sexo feminino do imperador tanto ajudavam a garantir a sucessão quanto ameaçavam subvertê-la. O adultério e a deslealdade que o acompanhavam estavam sempre à espreita. A filha de Augusto, Júlia, sabia muito bem dessas aflições e as antecipou quando – segundo uma pequena antologia compilada, ou inventada, de suas piadas quatrocentos anos depois – disse brincando que só tomava amantes quando já estava grávida do marido: "Eu só embarco um passageiro a bordo quando o bagageiro já está cheio".

Em certo sentido, assim como os receios em relação à proeminência dos ex-escravos, o que perpassa essas histórias não são tanto preocupações em relação às mulheres em si, mas, sim, preocupações acerca do imperador, cujo poder estava sempre em risco de ser solapado pelo sexo feminino, por sua sensualidade e seus complôs.

O imperador em carne e osso

A imagem dos imperadores romanos que chegou até nós é uma construção complexa e multifacetada: uma combinação gloriosa de evidências históricas sólidas e interpretações, invenções e reinvenções políticas, fantasias de poder e projeções de preocupações romanas (e de algumas modernas). Isso torna difícil identificar o "verdadeiro" imperador. Já vimos, no caso de Elagábalo, por exemplo, que os relatos das idiossincrasias de um governante excêntrico derivam em parte de uma tentativa de registrar a corrupção da autocracia em si. Da mesma forma, embora os jantares imperiais possam refletir a experiência direta de sofisticados banquetes ou das ceias simples de Trajano, essas histórias também eram respostas especulativas a perguntas que ainda fazemos sobre como o poder se relaciona com o consumo. Podemos imaginar o que come o governante do Império? Seus pratos são como os nossos, só que um pouco mais suntuosos – ou de uma ordem totalmente diferente de complexidade e gasto? O que *nós* consumiríamos se fôssemos tão ricos e poderosos quanto um imperador? O que seus hábitos alimentares (ou o que imaginamos serem) dizem sobre ele e seu poder? Ou, tomando um rumo diferente, quem *nós* escolheríamos como amantes se pudéssemos ter qualquer pessoa, em qualquer lugar, de qualquer maneira? Simplificando, uma das formas mais reveladoras de entrar no mundo do pensamento dos romanos – seus temores, preconceitos, esperanças, pressupostos e aspirações compartilhados – é refletir mais a fundo sobre como construíram a figura do imperador. Como eles representavam, ou até mesmo *inventavam* seus governantes?

No entanto, é impossível não sentir curiosidade sobre como eram os imperadores por trás das representações e dos estereótipos. Será possível obter uma visão desses seres humanos na vida real, com toda a sua variedade e fragilidade humanas comuns, que ocupavam o coração do palácio e organizavam os jantares, cumprimentavam os senadores na *salutatio* ou simplesmente conversavam com seus barbeiros escravos de manhã enquanto se barbeavam? E como era ser o governante numa cultura cortesã de deferência, falsidade e distopia? É fácil entender como a adulação humilha os aduladores, mesmo quando é dita com ironia. É mais fácil nos identificarmos com o subalterno do que com o autocrata. Mas os adulados também são vítimas. Como era se sentir a única pessoa a saber que nunca se podia confiar em ninguém para dizer a verdade?

Essa curiosidade sobre a personalidade individual dos governantes e sobre o ponto de vista do trono deu origem a algumas obras clássicas da ficção do século XX: *Eu, Cláudio*, de Robert Graves, com seu Cláudio empavonado – hesitante, porém astuto –, ou *Memórias de Adriano*, de Marguerite Yourcenar, com seu imperador quase místico e sonhador de tendências pacifistas, mais próximo das ideias de meados do século XX que da metade do século II. Mais ou menos no mesmo espírito, algumas décadas atrás um conhecido historiador escreveu um ensaio inteligente e peculiar, em que imaginava o falecido Septímio Severo refletindo além--túmulo sobre sua vida como imperador ("Um dos verdadeiros problemas de ser imperador é a sensação de estar aprisionado – aprisionado pelas expectativas, lisonjas, ambições e mentiras de outros", e assim por diante). Contudo, à parte a ficção ou a semificção, quão próximos podemos chegar desses homens e de suas perspectivas sobre a vida dentro e fora do palácio?

Em um aspecto em particular, podemos chegar a uma proximidade quase inacreditável, aos recessos mais íntimos dos seus corpos. Apesar de os imperadores em questão já terem morrido há quase dois milênios, ainda temos alguns diagnósticos e medicações prescritas pelo homem que serviu como médico a Marco Aurélio, Cômodo e Septímio Severo. Esse homem era Élio Galeno (hoje conhecido como Galeno), um cidadão romano nascido em 129 d.C. em Pérgamo, na atual Turquia. Filho de um arquiteto, estudou filosofia e medicina e exerceu o cargo de médico dos gladiadores na sua cidade natal, antes de ir morar em Roma nos anos 160. Tornou-se um médico e cientista de destaque na cidade, ministrando palestras, realizando dissecções públicas de animais, escrevendo livros e artigos de pesquisa e tratando uma variedade de pacientes, incluindo ocasionalmente residentes do palácio imperial.

Galeno é um dos segredos mais bem guardados da literatura clássica. Suas obras preservadas, em grego no original, chegam a mais de vinte volumes, e mais um terço delas foi preservado em antigas traduções para o árabe, o siríaco, o hebraico e o latim: um legado dos interesses medicinais de estudiosos judeus, cristãos e islâmicos posteriores, que copiaram e estudaram seu trabalho durante e depois da Idade Média. Isso representa cerca de 10% de toda a literatura grega antiga que chegou até nós, uma quantidade muitas vezes maior que a dos muito mais famosos textos clássicos do século V a.C., de Heródoto e Tucídides a Eurípides e Aristófanes. Além de uma abundância de teorias científicas que são, para ser honesta, de difícil compreensão, Galeno oferece uma infinidade de vívidas vinhetas autobiográficas. Ele descreve, por exemplo, suas dissecções e vivissecções de animais em detalhes por vezes incômodos. Em uma delas, ele dissecou um grande elefante para demonstrar – de forma plausível, porém incorreta – que seu coração tinha um osso. O órgão foi extraído pelos empregados das cozinhas do palácio, que talvez tivessem a intenção de cozinhá-lo como uma iguaria exótica, ou simplesmente estivessem colocando suas habilidades como açougueiros a serviço da ciência.

Em outro momento, Galeno discute sua vida em Roma, em um ensaio recentemente redescoberto intitulado *Sobre a prevenção do sofrimento*, encontrado por um estudante de doutorado em 2005 na biblioteca de um mosteiro grego, escondido à vista de todos, na cópia de um manuscrito do século XV até então não reconhecido. Escrito em 193 d.C., logo após desastres e tumultos políticos – um grande incêndio na cidade, uma peste devastadora em todo o Império e o assassinato de Cômodo no último dia de 192 –, o ensaio reflete sobre a psicologia da perda e do sofrimento (alguns dos preciosos pertences e manuscritos de Galeno foram destruídos no incêndio). Com palavras que ecoam as de Plínio depois do assassinato de Domiciano, Galeno também faz questão de se distanciar do imperador recém-deposto, que era seu paciente. Assim como Plínio, Galeno afirma ter sido apenas um cortesão relutante, e até mesmo ter estado em perigo imediato com Cômodo ("Eu esperava ser também enviado a uma ilha deserta, como outros que não tinham feito nada de errado"). No entanto, nada é mais surpreendente nos volumes escritos por Galeno que suas descrições íntimas dos sintomas e tratamento dos imperadores, e do vislumbre que proporciona do armário de medicamentos real.

Depois do sucesso inicial ao curar a amigdalite do jovem Cômodo, Galeno se sentiu orgulhoso por seu tratamento de Marco Aurélio, em 176 d.C. O imperador parecia estar sofrendo com os primeiros sintomas de uma febre potencialmente fatal e havia passado a noite inteira com diarreia. Os médicos residentes do palácio receitaram repouso e mingau, mas logo ficou decidido que o estado do imperador era de tal gravidade que Galeno deveria ser convocado para uma opinião especializada. Depois de verificar o pulso imperial, após insistência do imperador, Galeno concluiu por alguma razão que se tratava apenas de um desconforto estomacal, causado por alguma comida pesada e não aliviado, presume-se, pelo mingau. O paciente ficou encantado ("É isso!", gritou três vezes), e logo se recuperou com os tratamentos recomendados: um dispendioso unguento aplicado no reto (uma versão antiga de um supositório anal) e, como alternativa mais barata, vinho misturado com pimenta ingerido oralmente.

Medicamentos eram cruciais na dieta imperial, e Galeno foi responsável por algumas das misturas mais elaboradas – sobretudo a teriaga, um profilático diário usado por Marco Aurélio e por vários imperadores anteriores para se proteger contra veneno e outros males mais inocentes. No reinado de Septímio Severo, Galeno escreveu tratados técnicos sobre essa droga, listando seus 64 ingredientes, incluindo ópio (que Marco Aurélio desconfiava ser a causa de seus cochilos em momentos inoportunos) e carne de cobra (especialmente obtida, segundo Galeno, por um dedicado matador de cobras do palácio). No decorrer de sua discussão, Galeno também reclamou de Cômodo, que se recusava a tomar uma dose diária de teriaga, ter vendido a maior parte dos suprimentos imperiais de outro ingrediente vital, a canela indiana, bem como uma árvore de canela trazida a Marco Aurélio como um presente "das terras dos bárbaros". Consequentemente, quando Septímio Severo resolveu voltar a tomar teriaga, Galeno só encontrou no palácio estoques muito velhos e mofados, de cinquenta anos antes, dos reinados de Trajano e Adriano.

Galeno oferece uma versão inusitada e diferente da vida e do trabalho na corte: desde o conteúdo dos depósitos até médicos discordando sobre a doença de seus pacientes imperiais e um imperador cochilando devido aos efeitos colaterais do remédio que tomava. Dificilmente poderia haver uma imagem mais próxima da família imperial do que a retratada por esse médico erudito, que tomava os pulsos de seus pacientes famosos e examinava-os goela abaixo. Ainda assim, é a perspectiva de um observador, não do próprio imperador. Para isso, a figura-chave sempre foi Marco Aurélio, pois muitas das suas cartas íntimas particulares chegaram até nós, além do seu compêndio *Anotações para si mesmo* (ou *Meditações*).

O ponto de vista do imperador

Um segredo ainda mais bem guardado que as obras de Galeno são as *Cartas*, trocadas entre Marco Cornélio Fronto – orador e teórico norte-africano e, a partir de 139 d.C., um dos tutores de Marco Aurélio – e seus vários missivistas, entre eles seu pupilo imperial. Trata-se de outra história surpreendente e fortuita de uma redescoberta, pois a correspondência foi encontrada no início do século XIX, literalmente *embaixo* de um texto posterior. Isso quer dizer que a correspondência foi encontrada num monastério do século XVII d.C., e o pergaminho original das *Cartas* de Fronto – a essa altura, obsoleto – foi lavado para remover o texto original e reciclado a fim de ser usado para uma cópia das atas de um concílio dos primeiros tempos da Igreja Católica. Contudo, mesmo depois da redescoberta, ainda foi difícil detectar o que havia das *Cartas* embaixo do novo texto (a lavagem não removeu tudo). O conteúdo inclui cerca de metade da coletânea original, com mais de oitenta cartas escritas por Marco Aurélio, antes e depois de se tornar imperador.

As cartas acabaram sendo decepcionantes para o público do século XIX. Fronto devia considerar suas cartas dignas de divulgação pública, e um dos seus principais temas – coerente com seu papel de tutor – é o uso correto da linguagem. Páginas inteiras são dedicadas a discussões técnicas sobre o uso do latim (a diferença, por exemplo, entre a palavra *colluere*, que significa enxaguar a boca, e *pelluere*, que quer dizer esfregar o chão), que sem dúvida refletem as lições que dava a Marco Aurélio. Há também ocasionais repreensões de cunho pedagógico, como quando ele reclama do comportamento rabugento do seu pupilo em público. No entanto, dois outros aspectos da correspondência são intrigantes e desconcertantes.

O primeiro é a aparente preocupação, quase comparável à de Galeno, com doenças e comentários sobre os sintomas. Sequências de cartas entre Fronto e Marco Aurélio se referem a pouco mais do que isso: "Como foi sua noite, meu senhor? Fui acometido por uma dor no pescoço..." "Parece que passei a noite sem febre, e estou comendo bem [...] O senhor pode imaginar como me senti ao saber da sua dor no pescoço", "Continuo com uma terrível dor no pescoço, mas a dor no meu pé melhorou", "A informação de que seu pescoço está melhor decerto ajudará minha recuperação [...] Hoje eu comi melhor, mas ainda com um estômago levemente enjoado", e assim por diante. É difícil saber ao certo se isso reflete uma preocupação mais geral com o corpo, uma característica da cultura da elite romana na metade do século II d.C. (ainda podemos ler os seis livros que um intelectual e orador contemporâneo, Élio Aristides, dedicou inteiramente às próprias doenças, aos sintomas e tentativas de cura), ou se se trata de um caso de hipocondria em altos escalões, ou talvez um pouco de ambos.

Impressionante também é o tom altamente sentimental, quase erótico, de algumas das cartas entre tutor e pupilo imperial, junto com as áridas lições de gramática. Marco Aurélio termina uma carta dizendo: "Adeus, alento da minha vida. Como não deveria arder de amor pelo senhor, quando me escreve assim?". E termina outra referindo-se às famosas paixões homoeróticas de Atenas do século V (não ao Fedro escritor de fábulas romano). "Sócrates", ele escreve, "não ardia com maior desejo por Fedro que eu [...] pela visão do senhor [...] Até breve, minha maior coisa sob os céus, meu tesouro." Fronto responde no mesmo tom: "Até breve, César, e me ame ao máximo, como ama. De minha parte, me deleito com cada letrinha de todas as palavras que escreve...". Alguns leitores modernos interpretaram essas expressões como um sinal de que Marco Aurélio e seu tutor eram amantes. Outros as veem mais como uma retórica bombástica e efusiva entre amigos íntimos, não parceiros eróticos (também há várias referências calorosas a efusões, por exemplo, à esposa de Fronto). Se for o caso, seria uma forma de expressão típica de como os romanos da elite nesse círculo imperial se dirigiam uns aos outros em particular, para combinar com os beijos (p. 180), parte da linguagem padrão do palácio atrás de portas fechadas? Ou Fronto e Marco Aurélio eram peculiarmente maliciosos, afetados, quase efeminados na maneira como escolheram se comunicar? Esses enigmas são apenas um aperitivo para aqueles levantados pelas *Anotações para si mesmo*.

Vários governantes romanos são conhecidos por terem escrito suas memórias, começando – no limiar da autocracia em Roma – pelos relatos autoelogiosos e politicamente justificativos de Júlio César sobre suas campanhas na Gália e na posterior guerra civil. Ao contrário dos de César, a maioria desses relatos não foi preservada. Não temos nada da autobiografia mais pessoal de Augusto, que ele escreveu separadamente do despojado *O que eu fiz*, destinado a ser exposto em seu túmulo. E parte do artifício literário por trás dos romances de Robert Graves e Marguerite Yourcenar é a afirmação de que estariam restaurando as memórias perdidas de Cláudio e Adriano. A única narrativa íntima em primeira pessoa preservada do punho de um imperador, antes dos desabafos de Juliano no século IV d.C. (de sátiras perspicazes ao misticismo autoindulgente), são as *Anotações para si mesmo*, ou *Meditações*, de Marco Aurélio.

Este livro é agora um best-seller moderno, famoso por estar presente na mesa de cabeceira do presidente Bill Clinton: o "livro (além da Bíblia) que mais o influenciou", segundo uma fonte. Traduzido do grego original em um volume fino, com pouco mais de cem páginas, combina reflexões filosóficas, conselhos de autoajuda ("É loucura tentar o impossível", "Não se deixe perturbar pelo futuro") e uma pitada de suas citações favoritas tiradas da literatura grega, com a autoridade agora quase exótica de um antigo imperador romano. Suas origens são mais obscuras do que se poderia pensar. Não temos ideia de quando ou por que o imperador resolveu escrever seus pensamentos mais ou menos aleatórios sobre a vida e a moral. Não sabemos quem quis editá-los, organizá-los e publicá-los, nem qual era o título original do livro – supondo que tivesse um título (os vários nomes modernos foram inventados depois). E sua perspectiva filosófica é objeto de controvérsia. Alguns estudiosos modernos classificam essas *Anotações* como reflexões éticas de alta qualidade, baseadas a fundo na escola de filosofia estoica. Outros – e confesso que estou entre eles – as veem como pouco mais que uma coletânea de platitudes filosóficas, como um desses livros atuais mais comprados do que lidos. Para ser honesta, homilias como "Recolha-se em si mesmo: a natureza da mente racional direcionadora é se satisfazer em agir corretamente e com a paz que advém disso" não me parecem oferecer muito a Bill Clinton ou a qualquer outro leitor. No entanto, deixando essas dúvidas de lado, será que o livro nos aproxima de uma visão real do trono, e não fictícia?

Sob certos aspectos o livro até consegue fazer isso, ainda que, à parte a filosofia, as observações diretas de Marco Aurélio sobre a vida como imperador ocupem somente quatro ou cinco páginas ao todo. No início, por exemplo, ele cita os homens (e sua mãe) com quem mais aprendeu, e as qualidades específicas que demonstraram e ensinaram. Com certeza Fronto teria ficado desapontado se soubesse que é citado tão brevemente (resumido como o tendo ensinado a se conscientizar do papel da inveja, da imprevisibilidade e da hipocrisia no funcionamento do governo de um homem só, e como os mais autênticos aristocratas podem carecer de afeto humano). De longe a menção mais extensa, quase igual à dedicada às lições ensinadas pelos deuses, foi destinada a seu antecessor e pai adotivo Antonino Pio. Algumas de suas virtudes excepcionais são citadas em vários parágrafos: seu desprezo por honrarias vazias e a capacidade de trabalho, a consideração com que tratava os amigos (por exemplo, não exigindo que eles o acompanhassem quando estava no exterior), a tolerância a críticas e seu estilo de vida simples. Em outros trechos, Marco Aurélio condena a lisonja e a pompa exagerada da corte. "Trate de não se tornar '*Cesarificado*'", ele instrui a si mesmo, usando uma cunhagem linguística engenhosa em grego, e num desfile de modéstia se define simplesmente como "um homem, na maturidade, um estadista, um romano e um governante", pronto para morrer quando o momento chegar. Entre sua antologia de citações favoritas estão as que devem ter tido uma ressonância particular para um imperador: "É a sina de um monarca fazer o bem, mas ter má reputação" é um dos excertos escolhidos da poesia grega clássica.

Há algo de especial em ler essas observações, por vezes confidenciais, vindas da pena de um imperador, enquanto o imaginamos assentindo com versos gregos sobre a posição nada invejável do autocrata.

Ao mesmo tempo, porém, há algo de decepcionante – e surpreendente – no fato de a análise de Marco Aurélio sobre o papel do imperador ser tão pouco *reveladora*. Ele não diz quase nada sobre uma boa conduta imperial que não se possa encontrar em Plínio ou em muitos outros escritores romanos da elite: desde a importância de ser "um de nós" até um compromisso com a moderação e uma generosidade adequada (não excessiva), combinados com uma aversão à lisonja. E, mesmo em uma obra tão íntima e pessoal, não há referência a problemas de sucessão ou ameaças ao seu governo, e não mais do que umas poucas palavras – de elogio enjoativo – à esposa Faustina, reputadamente desleal ("tão obediente, amorosa e desafetada"). A única referência sexual é o enigmático comentário "não toquei em Benedicta ou em Teódoto", provavelmente escravos da casa imperial.

Talvez isso signifique que os imperadores (como Marco Aurélio) e os membros da elite (como Plínio) compartilhavam uma visão muito similar a respeito do que era ser um bom imperador. Talvez também insinue que as traições de Faustina foram produto de versões posteriores, disseminadas para atingir seu filho Cômodo – ou ao menos que seu marido não sabia nada sobre elas. O mais provável, na minha opinião, é que mesmo as reflexões aparentemente íntimas de Marco Aurélio escondam tanto quanto revelam como de fato era o imperador. Mesmo quando lemos as palavras de próprio punho, ele continua oculto de nós. Em outras palavras, neste capítulo nós passamos pelas pessoas do palácio imperial, de escravos e servos a amantes e esposas, porém, quando chegamos o mais perto possível do imperador (ainda que pelos olhos do seu médico), ele continua desconcertantemente fora de alcance. É impossível saber quem ele é.

Esse é um dos temas de outra fábula contada pelo escritor romano Fedro, que sabia muito sobre o imperador e sua imagem por ser um escravo na corte imperial. É uma história a respeito de uma imaginária terra de macacos, que é visitada por um mentiroso e por alguém que diz a verdade. O chefe dos macacos afirma aos visitantes ser o imperador, rodeado por seus cortesãos. O visitante mentiroso concorda com ele e é recompensado por sua lorota. O que diz a verdade, por outro lado, retruca que aquele "imperador" é na verdade um macaco e é desmembrado por sua resposta honesta. Há muitas lições nessa história. Claro, é uma versão do conto de fadas moderno "A roupa nova do imperador" (quem ousará dizer que o imperador está nu?). Também é uma reflexão sobre os benefícios e perigos da adulação e da franqueza em uma corte imperial, e sobre o logro que está no centro do poder. A fábula, contudo, também aponta para a incerteza em relação a quem o imperador realmente *era*. Na imaginação dos romanos, os macacos eram os melhores atores do reino animal. Então, o imperador era apenas um ator? E qual era a diferença entre um homem (ou um macaco) que *fingia* ser o imperador e o verdadeiro imperador? Pois até mesmo o pretenso imperador poderia causar danos – tanto quanto o verdadeiro, como Fedro certamente sabia.

Nos próximos capítulos, percorreremos diferentes caminhos para chegar mais perto do imperador de Roma. Vamos ver como ele atuava (e, igualmente importante, como se *imaginava* sua atuação) em diferentes contextos: no trabalho e no lazer, dentro e fora de Roma, nas respostas às cartas recebidas e no combate aos inimigos, no relacionamento com os deuses, em como assistia aos jogos e até em seus discursos no leito de morte. Antes, porém, vamos nos concentrar no imperador lidando com a burocracia.

6
NO TRABALHO

Escolha uma carta

Dez anos depois de Plínio ter sido cônsul – e após o caloroso voto de agradecimento prestado ao imperador Trajano por essa honraria –, ele foi nomeado, mais uma vez por Trajano, governador da província de Bitínia-Ponto, na costa do mar Negro, na atual Turquia (um território forjado a partir de dois reinos pré-romanos, daí seu nome híbrido). Para a maioria dos senadores, um "emprego" no governo era algo esporádico, e Plínio não ocupava um cargo em tempo integral desde seu consulado. Nesse período, defendeu causas em tribunais públicos, compareceu a sessões do Senado, aconselhou o imperador em capciosas questões jurídicas e, entre 104 e 106 d.C., atuou como "superintendente do leito e das margens do Tibre e dos esgotos da cidade" – um cargo administrativo, supervisionando esgotos e defesas contra enchentes, mais estratégico que prático, e provavelmente só em meio período. Tudo isso mudou por volta de 110, quando durante alguns anos (não sabemos as datas exatas) Plínio ficou sediado a 2.500 quilômetros de Roma, governando uma província de língua grega na parte oriental do Império: um trabalho que exigia ações práticas – e era uma dor de cabeça em tempo integral.

Trajano parece ter identificado Bitínia-Ponto como um "problema". Deu a Plínio instruções específicas para investigar o que estava dando errado: desde corrupção no governo local até associações políticas potencialmente perigosas. Sabemos em detalhes consideráveis como Plínio lidou com isso pelas mais de cem cartas oficiais trocadas entre o imperador e seu "homem no local", preservadas como um apêndice da coletânea da correspondência mais literária de Plínio. Originalmente escritas em papiro ou em tabletes de cera, elas revelam não só alguns problemas daquela região do Império que poderiam passar pela mesa de um governador romano – aquedutos desmoronando, protocolos sobre sepultamentos, filósofos encrenqueiros – como também o tipo de informação que chegava ao imperador. Ao mesmo tempo, podemos ver como ele respondia às perguntas e solicitações do outro lado de "seu" mundo. Essas cartas nos levam diretamente à caixa postal imperial.

Às vezes, é simplesmente uma questão do imperador dando uma cautelosa aprovação às sugestões de Plínio. O governador pergunta se pode autorizar o povo da cidade de Prusa a reconstruir suas termas públicas. Sim, responde o imperador, *se* puderem fazer isso sem criar novos impostos. E quanto a essa nova seita de cristãos? Plínio questiona se deve puni-los ("sua obstinação e intransigência tenaz" certamente merecem). Sim, diz Trajano, pode puni-los, mas não persiga os culpados e nem aceite a palavra de informantes anônimos; nada de cartas anônimas, por favor. Às vezes vemos o imperador jogando água fria nos esquemas mais ambiciosos ou tresloucados de Plínio. Seus planos para melhorar a infraestrutura de transporte na província, construindo um canal para ligar um lago ao mar, acendem o sinal de alerta no pragmático Trajano – que responde que o resultado final pode ser drenar toda a água do lago. No entanto, o sinal de alerta também soa quando Plínio propõe sua ideia sensata de organizar uma brigada local de combate a incêndios. Absolutamente não, é a resposta, com um toque de fria *Realpolitik* imperial ou de temor. "Esse é o tipo de organização que tem causado distúrbios na província", insiste Trajano. "Não importa como os chamemos, eles logo se tornam grupos de pressão política." E sugere, em vez disso, tornar baldes e equipamentos de combate a incêndios mais facilmente disponíveis. Em outras ocasiões, há um leve indício de impaciência por parte do imperador. "Acredito que você pode decidir isso por si mesmo" é um repetido refrão, em resposta às preocupações mais triviais do governador. E quando, mais de uma vez, Plínio pede que um arquiteto ou agrimensor sejam mandados de Roma para a província (a fim de avaliar alguma estrutura em ruínas ou verificar se obras públicas foram concluídas de acordo com o contrato), a resposta habitual de Trajano é ligeiramente exasperada: "Com certeza você pode encontrar um na sua província, não? Deve haver muitos aí".

É claro que essas trocas de cartas podem não ter sido o que parecem. Pode ser que nem todas as cartas tenham sido escritas pelo próprio imperador. Assim como monarcas, presidentes e primeiros-ministros modernos, os governantes romanos devem ter indeferido, ou aprovado, muitos comunicados rotineiros redigidos em seu nome pelo secretariado. "Fiquei feliz em receber sua carta, meu querido Plínio, em que você informa com que devoção e alegria as tropas e os provinciais, sob sua liderança, celebraram o aniversário de minha ascensão", como diz uma carta, é um exemplo óbvio disso: um reconhecimento padrão de uma linha despachado por um funcionário de baixo escalão do gabinete. E a lentidão na entrega fazia as respostas a algumas perguntas de Plínio chegarem tarde demais para serem úteis na prática. Na fantasia do intelectual hipocondríaco grego Élio Aristides, as cartas do imperador "chegavam assim que eram escritas, como se fossem transportadas por mensageiros alados". Na realidade, as cartas entre Roma e a província de Plínio, levadas por um homem a cavalo, demoravam aproximadamente dois meses em cada sentido. Se não pudesse esperar no mínimo quatro meses por uma resposta, Plínio às vezes deve ter decidido "por si mesmo", como o imperador o instava a fazer. A microadministração a partir do centro era um tanto ilusória.

No entanto, essa correspondência continua sendo um retrato maravilhosamente vívido de um governador sempre respeitoso encaminhando perguntas para o comando central (ou talvez apenas tentando se proteger, na esperança de que, quando a resposta por fim chegasse, legitimasse o que ele já havia feito até então) e de um imperador que parece gostar da (ilusória) microadministração *e* de lavar as mãos, dizendo a Plínio que simplesmente tocasse o trabalho. Também é uma indicação da escala da administração e do tamanho da mala postal que chegava ao palácio.

Até onde sabemos, Plínio foi o único governador a divulgar uma seleção dessa correspondência administrativa para um público mais amplo, no que se tornou o Livro 10 da sua coletânea de cartas. Ele deve ter achado que essa seria uma boa maneira de mostrar sua dedicação ao dever e à bonomia existente entre ele e o imperador ("meu querido Plínio", como Trajano geralmente escreve), embora às vezes à custa de revelar uma ocasional repreensão imperial. No entanto, devemos imaginar que os governadores das quarenta províncias do Império, mesmo os que não divulgaram suas cartas, estavam fazendo a mesma coisa que Plínio, reportando *tudo* com regularidade para a sede em Roma. Em um cálculo aproximado – *se* Plínio escrevia com a mesma frequência que os outros, e *se* selecionou para divulgação um quarto das cartas originalmente escritas –, isso significa que mais de doze cartas eram entregues todos os dias ao imperador só pelos governadores provinciais, cada um se reportando ao homem no trono e aguardando dele uma resposta ("como um coral esperando por seu instrutor", conforme definiu Élio Aristides, dessa vez de forma mais realista). E isso sem contar outros altos funcionários, comandantes do exército e assim por diante, que também tinham contato com o imperador.

Apesar de todas as dificuldades práticas e de toda a demora, aquele era um *governo por correspondência*. Fronto resumiu isso perfeitamente quando disse a Marco Aurélio que uma das principais responsabilidades de um imperador era "mandar cartas para todo o mundo".

Este capítulo toma como base as trocas de cartas entre Trajano e Plínio para aprofundar a ideia do imperador como missivista, tomador de decisões e administrador. Diz respeito ao imperador sentado em sua mesa de trabalho, não reclinado durante o jantar, abordando as atividades envolvidas em governar o mundo romano, e a como a imagem do governante onipotente se encaixava na realidade da administração do palácio. Quanto os imperadores se envolviam nos assuntos do dia a dia do governo? Que tipo de problema chegava até eles, e vindo de quem? Alguma vez eles se propuseram a mudar radicalmente as coisas, ou só tentavam fazer o espetáculo continuar, lidando com as crises conforme surgiam? Como tudo isso era pago? Ao longo do processo, vamos destacar alguns documentos preciosos da linha de frente do poder romano – relatos administrativos técnicos de decisões tomadas e sentenças proferidas – que nos levam ao "gabinete" do imperador (uma das coletâneas de textos que raramente saem das salas de seminários nas universidades). Vamos mergulhar na prosa seca de alguns antigos manuais jurídicos em busca das histórias humanas que eles contêm. E vamos descobrir o que as pessoas comuns no Império esperavam do seu governante, quando e por que recorriam a ele. O imperador em ação proporciona uma rara oportunidade de vislumbrar os temores, as ansiedades e as queixas do povo nas ruas romanas.

A responsabilidade é toda minha

A regra básica do governo do Império era a de que a responsabilidade final recaía sobre o imperador, que era fustigado por pedidos de conselhos, aprovações e ações não só de figuras como Plínio, mas também de comunidades locais e indivíduos de todo o mundo romano. Em teoria, nenhum problema, rixa, queixa ou questão jurídica era trivial demais para ser encaminhado ao imperador. Onde estivesse, em Roma ou em movimento, poderia se ver rodeado por pessoas que desejavam algo dele – talvez uma promoção na carreira militar, a restituição de uma herança perdida ou a reversão de alguma apropriação de terras pela cidade vizinha. Uma das supostas razões para o grande número de vítimas em um terremoto que abalou a cidade de Antioquia (atual Antáquia, na Turquia) em 115 d.C. foi a presença de Trajano, que a estava usando como QG para uma guerra no Oriente, o que atraiu muita gente com disputas judiciais e cartas com pedidos.

É fácil agora sentir simpatia por Fílon, seguindo Calígula e tentando fazer o imperador se concentrar nas disputas em Alexandria, mas talvez precisemos pensar um pouco em Calígula, que só queria alguns minutos para inspecionar uma de suas propriedades, sem ser incomodado por facções em guerra de uma cidade a mais de 1.600 quilômetros de distância, empenhadas em resolver uma disputa na qual ele tinha quase zero interesse. Tampouco ele foi o único imperador a se irritar com os que tentavam chamar sua atenção. Filóstrato, um escritor e intelectual grego do século III d.C. e amigo de Júlia Domna, relatou um encontro entre Antonino Pio e um homem de uma delegação da Selêucia (outra cidade na atual Turquia). Ao perceber que o imperador não estava ouvindo, o homem teria gritado: "Preste atenção em mim, César!". A resposta afiada de César foi: "Eu *estou* prestando atenção, e conheço você, o sujeito que está sempre arrumando o cabelo, limpando os dentes, lixando as unhas e cheirando a perfume". Não nos é informado o resultado da delegação, mas não é difícil adivinhar.

Todos os dias, dezenas, ou até centenas de pessoas queriam a atenção do imperador para *elas*. As delegações e embaixadas, com seus discursos convincentes a postos, eram só uma parte disso, assim como as cartas que chegavam de funcionários públicos romanos de todo o Império e de comunidades ou indivíduos que tinham dinheiro o suficiente e confiança para mandar um mensageiro com sua solicitação para onde o imperador estivesse. As pessoas podiam ser bem determinadas em localizá-lo, como sabemos por uma inscrição sobre um homem de Éfeso, na atual Turquia, que se encontrou com Septímio Severo e Caracala na Britânia. Havia também os pequenos pedaços de papiro (*libelli* em latim) que eram entregues em mãos, quando o imperador presidia as "saudações" públicas no palácio, ou quando era levado pelas ruas ou aparecia em alguma cidade provincial. Era como as pessoas comuns normalmente se aproximavam. Cada *libellus* continha alguma solicitação, e uma breve resposta imperial era escrita abaixo e depois afixada num quadro de avisos público, para o esperançoso suplicante ler antes de obter uma cópia oficialmente reconhecida e levá-la para casa. Em geral, isso envolvia alguns dias de espera ansiosa até a decisão ser publicada. Só ocasionalmente algum indício da resposta provável era fornecido de imediato. Em uma versão fictícia de um desses encontros, mais uma vez escrita por Filóstrato, Vespasiano é retratado recebendo uma dessas solicitações e lendo-a em voz alta para a comitiva reunida. Para constrangimento do solicitante, era um pedido descarado de dinheiro para si mesmo e seus amigos. A implicação é que um firme "não" estava a caminho.

Havia também uma longa lista de decisões jurídicas formais para o imperador tomar. Por certo ele não era o único a desempenhar o papel de juiz no mundo romano. Sua função era sobreposta ao papel legal de outros funcionários e júris, que remontavam à República, mas ele atuava como o equivalente a um tribunal de apelação para todo o Império, além de lidar com sua parcela mais do que razoável de casos normais, no Fórum Romano e em outras cidades, nas viagens pelo Império ou nos seus palácios (uma sala decorada com seu signo do zodíaco era onde Septímio Severo gostava de realizar julgamentos). A maneira como algumas pessoas relativamente comuns *conseguiam fazer* o governante atuar como juiz é um mistério. É provável que fosse uma combinação entre persistência e conhecer alguém que conhecia alguém que conhecia alguém no palácio. E alguns imperadores sem dúvida tinham mais interesse que outros em lidar com o aspecto judicial do cargo. Cláudio era conhecido por ser particularmente interessado, mas até mesmo ele às vezes perdia o entusiasmo e adormecia durante um julgamento, fazendo os advogados falarem mais alto para acordá-lo. Ao menos é o que se dizia. O hábito de Cláudio de adormecer em momentos inconvenientes era motivo de piada. Quando isso acontecia no jantar, seu sobrinho Calígula costumava mandar os residentes mais travessos – os "merdinhas" (p. 109) – acordá-lo com um chicote.

Algumas respostas de imperadores aos pedidos recebidos ainda estão preservadas, na íntegra, em pedra, em placas de bronze ou papiro por todo o Império Romano, e outras continuam sendo descobertas em escavações. Há aquelas incluídas nos manuais jurídicos romanos, pela simples razão de que a palavra dos imperadores *era* efetivamente a lei, e suas respostas a problemas complexos se tornaram pontos de referência jurídicos. Um dos manuais, por exemplo, incluiu a resposta dos dois coimperadores, Marco Aurélio e Lúcio Vero, a uma questão particularmente pungente, levantada por um governador da província da África. O que ele deveria fazer, perguntou, com um escravo desesperado que chegou ao ponto de confessar falsamente um crime de assassinato só para escapar das garras do seu dono? A solução dos imperadores foi vender o escravo e compensar o dono – mas *não* devolver o escravo a ele. O julgamento deve ter se tornado um precedente para o futuro.

É impossível saber exatamente quanto tempo do imperador toda essa atividade demandava. Relatos de que recebeu delegações no leito de morte são um símbolo do notório comprometimento de Vespasiano com o dever. E não temos ideia do que seria mais típico: os quatro ou cinco *libelli* por dia que, segundo um fragmento de papiro, Septímio Severo e Caracala receberam durante uma visita ao Egito entre 199 e 200 d.C., ou os seiscentos por dia que, segundo outro papiro, o governador do Egito – mais abaixo na hierarquia – recebia alguns anos depois. Contudo, independentemente do que mais se aproxima da norma, a impressão que às vezes temos do imperador como um tio aflito e dedicado, ou como um colunista conselheiro do Império, não pode ser tão simples assim. Em primeiro lugar, as respostas dos imperadores costumavam ser perfunctórias. Apesar das críticas específicas a Cômodo por dar exatamente a mesma resposta a um grande número de petições, as evidências sugerem que respostas padronizadas eram bastante comuns. Além disso, a resposta normal a uma petição de alguma comunidade fora da Itália era mandá-la de volta de imediato, com instruções para ser apresentada ao governador da província romana em questão.

Um perfeito exemplo dessas duas tendências encontra-se em uma longa inscrição, descoberta na atual Bulgária, detalhando a petição de um grupo de aldeões locais ao imperador Gordiano III, em 238 d.C., seguida pela resposta (a cópia integral, de acordo com o documento, da resposta imperial afixada em Roma "no pórtico das Termas de Trajano", provavelmente um quadro de avisos público usual). Os peticionários

50. Um vislumbre da "burocracia" do Império Romano. É o começo da lista de casos ouvidos por Septímio Severo e Caracala no Egito (embora Caracala, ainda pré-adolescente, dificilmente tenha desempenhado um papel importante). Abaixo do título, o documento afirma que aquela é uma cópia das respostas afixadas no ginásio. As três linhas de texto apertadas perto do alto acrescentam os nomes e títulos formais dos imperadores, obviamente omitidos por engano na primeira versão. Ver mais detalhes nas pp. 229-230.

tinham uma história comovente de como sua aldeia – um lugarejo chamado Scaptopara, com algumas termas agradáveis e próximo a um mercado popular – era seguidamente saqueada por soldados e funcionários públicos romanos em trânsito exigindo comida, bebida, alojamento e entretenimento gratuitos. Era tão terrível que eles diziam estar pensando o seguinte: "abandonar nossos lares ancestrais por causa da violência praticada contra nós [...] e por isso imploramos ao senhor, imperador inconquistável [...] a ordenar que todos sigam suas rotas e não deixem outras aldeias para vir até nós para nos obrigar a fornecer provisões à nossa custa, e ordenar que não sejamos obrigados a ceder acomodação a quem não tem direito". Às mais de 160 linhas de texto em grego expondo o caso dos aldeões, a resposta de Gordiano, em apenas quatro linhas escritas em latim, foi que eles deveriam voltar e pedir que o governador da província resolvesse o problema. Nenhuma solução fácil vinha do palácio. O melhor que os peticionários teriam conseguido, munidos dessa resposta imperial, seria agilizar seu problema com a administração local. Em todo caso, é possível que o objetivo fosse esse desde o início.

Quem escrevia o quê?

Fossem as respostas perfunctórias ou não (e nem todas eram), o imperador contava com muita ajuda para lidar com o dilúvio de pedidos. Havia aconselhamento jurídico disponível de uma lista não oficial de especialistas, como Plínio, ou as paródias de cortesãos que surgiram para deliberar sobre o robalo de Domiciano (não é necessário imaginar Marco Aurélio e Lúcio Vero lutando sozinhos com o "caso da falsa confissão"). E também existiam as divisões-chave do corpo de funcionários do palácio – o secretariado latino, o secretariado grego e o departamento de petições. Outro dos poemas de Estácio elogia o chefe do secretariado latino sob Domiciano, um tipo "pai-de-Cláudio-Etrusco", retratado no centro de controle de uma rede de comunicações "com o trabalho mais exigente do palácio". O poeta brinca que ele processa mais mensagens do que o próprio deus Mercúrio – o mensageiro divino cujas sandálias aladas garantem uma entrega rápida. O escopo desses departamentos, porém, devia abranger mais do que aspectos práticos de "processamento" de tarefas como tomar ditado (como provavelmente sugere a palavra "verificado" escrita no final de algumas respostas), elaborar relatórios finais após um simples "Diga a ele que não" imperial e mais do que isso. Já vimos algumas respostas de "Trajano" para seu homem em Bitínia-Ponto que não precisariam de nenhum envolvimento do próprio imperador, as quais devem ter sido inteiramente escritas pelo secretariado. A cereja do bolo na história de Scaptopara é que Gordiano tinha só 13 anos quando eles fizeram a petição. É possível que nem sequer tenha lido sobre o sofrimento deles, quanto mais ter tido algo a ver com a elaboração da "sua" resposta.

É certo que nenhum imperador respondia a todas as cartas de pedidos pessoalmente. Um chefe do secretariado grego sob Septímio Severo, por exemplo, foi definido por um admirador culto como o melhor escritor de cartas do mundo, destacando-se não só pela clareza e por truques estilísticos, mas também como um ator ou bom *ghostwriter*, por incorporar a persona imperial nas cartas que escrevia em nome do governante. As cartas em grego podem ter sido um caso especial. Mesmo um imperador funcionalmente bilíngue poderia precisar de ajuda com as sutilezas retóricas do grego, mas é impossível imaginar que outras figuras proeminentes do campo legal ou literário que às vezes chefiavam essas divisões, como Suetônio, entre outros, tenham passado seus dias como meros secretários e copistas. O que nunca sabemos ao certo é exatamente quem escreveu o quê, ou *quantos* pronunciamentos imperiais foram produzidos por *ghostwriters*.

As práticas provavelmente mudavam o tempo todo, dependendo, entre outras coisas: de o imperador em questão ser diligente ou preguiçoso; se mantinha tudo sob seu controle ou se delegava; de estar em casa ou em campanhas militares; de ser um adolescente inexperiente ou um estadista mais velho e experiente. De qualquer forma, sempre existe um limite nebuloso entre textos alheios, edição, rascunho e forma final. No entanto, tão importante quanto *quem* realmente escrevia as cartas era quem se *pensava* tê-las escrito. E, para a maioria das pessoas, era o imperador.

A nova caneta do imperador

No imaginário romano, o governante era sempre um burocrata e um libertino. Assim como Fronto em seus conselhos a Marco Aurélio sobre "mandar cartas por todo o mundo", quando os romanos imaginavam o imperador, eles não o viam apenas jantando, comandando suas tropas ou se comportando mal em grande escala. Eles também o viam lidando com documentos, pendências e sua correspondência. Esse lado é captado nas memoráveis vinhetas de Júlio César, fosse trabalhando em cartas e petições nas corridas de cavalos (um truque tentado posteriormente por Marco Aurélio), fosse fazendo várias tarefas ao mesmo tempo em campanhas militares, ditando para dois secretários de modo simultâneo enquanto cavalgava. Isso também é mostrado na história de Adriano, que – quando solicitado a julgar se um bebê nascido onze meses após a morte do "pai" poderia ser considerado legítimo – foi pesquisar em livros médicos. E chegou à resposta "sim", o que era bisonhamente errado até mesmo pelos padrões científicos da Antiguidade.

A *leitura* também fazia parte da imagem imperial. A forma como o imperador lia as cartas recebidas e as respondia era um bom diagnóstico do seu caráter. Calígula – que não era um exemplo de dedicação ao trabalho burocrático – teria ficado visivelmente irritado ao ler uma carta do governador da Judeia dando um conselho que ele não queria ouvir (no caso, pensar duas vezes antes de colocar uma estátua de si mesmo no Templo de Jerusalém). Dizem que Augusto demitiu um governador por cometer um erro crasso de ortografia num despacho que o imperador deve ter lido com os próprios olhos (de que outra forma ele teria percebido o erro?). Foi um sinal do seu pedantismo, mas também um toque de hipocrisia, pois consta que ele próprio era errático em ortografia. Mais honrosamente, diz-se que Marco Aurélio chorou ao ler uma carta descrevendo os danos causados pelo terremoto na cidade de Esmirna (Izmir) – "quando chegou ao trecho 'os ventos ocidentais sopram por ela como um deserto', ele derramou lágrimas na página" – e imediatamente prometeu fundos para restaurar o lugar.

Talvez não seja uma surpresa que o humilde buril, a caneta de metal romana, tenha sido um dos acessórios mais marcantes do imperador. Imaginava-se que ele sempre tivesse um à mão. Foi com seu buril que

Júlio César tentou se defender das adagas dos seus assassinos. Era a arma preferida de Domiciano no seu passatempo cruel de espetar moscas. E, segundo Galeno, em uma breve compilação de "ferimentos cruéis com a caneta", foi com seu buril que Adriano, num acesso de raiva, furou o olho de um escravo. Depois se sentiu envergonhado e arrependido, e perguntou ao escravo que presente ele queria como compensação – "meu olho de volta", foi a simples resposta. Para o bem ou para o mal, canetas e imperadores sempre andavam juntos.

E o suposto, claro, era que – a menos que estivessem ditando – os imperadores de fato escreviam com essas canetas. Mesmo se alguns poucos do círculo interno soubessem a verdade, em geral as palavras que apareciam *em nome* do imperador eram consideradas palavras *do* imperador e *escritas por ele*. Não eram seus secretários que recebiam críticas pelas respostas padronizadas, mas, sim, o próprio Cômodo.

Essa é uma das razões de as respostas do imperador serem tão comumente inscritas em pedra ou bronze nas cidades de todo o Império e expostas ao público. Mesmo que só uma minoria pudesse lê-las (estima-se que a taxa de alfabetização entre os homens no Império fosse de cerca de 20%), era uma forma de mostrar o imperador. É também uma das razões pelas quais qualquer indício público de discrepância entre as palavras do imperador (fossem escritas ou faladas) e sua verdadeira autoria podia ser usado como uma arma contra ele, quase como se questionando seu direito de governar. O jovem Nero, por exemplo, foi caluniado como o primeiro imperador a precisar – na perspicaz frase de Tácito – de "eloquência emprestada" quando proferiu um elogio fúnebre a seu padrasto Cláudio, que na verdade foi escrito por seu tutor Sêneca. E o imperador Juliano fez uma piada maldosa sobre Trajano na mesma linha: que este era tão preguiçoso que tinha o amigo Lúcio Licínio Sura para escrever seus discursos para ele (uma visão bem diferente da imagem de um Trajano ultraconsciencioso que vemos em Plínio). Era mais uma ficção importante da cultura imperial – e outra versão de onde o poder final residia – a de que, sempre que alguém recebia uma resposta de um imperador, dava-se como certo que fora escrita pelo próprio. O imperador *era* o que "o imperador" *escrevia* ou *dizia*.

De baixo para cima

As inscrições que registram as decisões do imperador em resposta às petições de indivíduos ou comunidades mostram um governante benevolente e consciencioso. As palavras de Domiciano, por exemplo, postadas numa placa de bronze na cidadezinha italiana de Falério, mostram-no intercedendo a favor dos falerianos nas disputas de longa data com a cidade vizinha de Fermo. (O imperador, ou alguém da sua equipe, descobriu uma decisão de Augusto de décadas antes que parecia resolver o caso.) Outro longo texto, exposto numa pequena comunidade na África do Norte, registra a resposta de Cômodo em apoio a um grupo de agricultores arrendatários que tinham sofrido abusos de um oficial romano local e um cúmplice (não só o aluguel fora injustamente aumentado como também foram espancados por um bando de soldados). Em alguns lugares, arquivos inteiros eram inscritos para exibição pública. Em Afrodísias, por exemplo, uma cidade localizada na atual Turquia, cujo nome é uma homenagem à deusa Afrodite, uma parede na entrada do teatro estava coberta por documentos lavrados em pedra: cartas de imperadores, do Senado e de outros romanos proeminentes, incluindo uma resposta positiva de Adriano a uma delegação da cidade pedindo isenção de um imposto (até então desconhecido) sobre pregos.

Com base em tudo isso, é fácil ter a impressão de que o Império estava repleto de clientes satisfeitos, pessoas com disputas resolvidas, casos encerrados ou petições concedidas pelo imperador (ou em seu nome). Decerto havia algumas ocorrências assim, e faziam muito barulho, mas as evidências são esmagadoramente distorcidas em favor dos casos bem-sucedidos. Ninguém iria querer divulgar por escrito questões rejeitadas ou tratadas de forma grosseira. Os habitantes de Fermo preferiram não inscrever a decisão de Domiciano favorecendo os falerianos. Só sabemos da tentativa malsucedida de Lívia de intervir em favor do povo de Samos pelo fato de uma cópia da carta de Augusto ter sido exibida por seus rivais de Afrodísias, sem dúvida com prazer. E o simples fato de os habitantes de Scaptopara divulgarem amplamente sua petição e a resposta sugere que a "agilidade" com as autoridades locais eram os limites de suas ambições desde o início.

51. Parte do chamado "Muro do Arquivo" em Afrodísias. Era uma exposição pública do relacionamento da cidade com as autoridades de Roma, em grande parte na forma de cópias de cartas do imperador inscritas em pedra.

Além disso, a maioria das pessoas com problemas no Império Romano nem sequer teria chegado ao ponto de sofrer um fracasso nesse nível. Para grande parte dos habitantes do mundo romano, fossem quais fossem seus apelos, a perspectiva de um contato direto com o imperador sempre foi mais mito que realidade. Já era muito difícil, como descobriu Fílon, para os bem relacionados, bem providos de recursos e muito determinados apresentarem seus casos a um governante evasivo. E as ansiedades que até mesmo os mais escolarizados podiam ter ao tentar conquistar o imperador são refletidas em antigos manuais preservados, que oferecem conselhos detalhados sobre como fazer isso. O que se deveria dizer, por exemplo, para que o imperador mandasse ajuda a uma cidade atingida por um desastre natural? Resposta: elogiar sua compaixão; dizer que os deuses o mandaram à terra para ajudar os aflitos; descrever vividamente a devastação da cidade; e invocar a imagem de toda a população em lágrimas implorando por sua misericórdia. Esse tipo de sofisticação, porém, não estava ao alcance da maioria das pessoas comuns nem das comunidades, sem mencionar todas as dificuldades práticas que surgiriam no processo.

Pode ter sido relativamente fácil chegar ao imperador se ele passasse pela sua região, e muitos fizeram isso (daí o número de vítimas em

Antioquia), mas apelar a ele em Roma a partir de uma província distante era uma questão diversa. Às vezes isso era algo desencorajado pelas autoridades locais, que preferiam manter as coisas "internamente" (isso, pelo menos, é o que implica uma decisão de Alexandre Severo, citada em um manual jurídico, de que os governadores *não* deveriam tentar impedir as pessoas de encaminharem seus casos ao imperador). Também eram necessários muito tempo e bastante dinheiro, talvez uma viagem de ida e volta de alguns meses, e confiança e conhecimento de como as coisas funcionavam na capital, até mesmo para entregar um simples *libellus* nas mãos do imperador. Onde isso seria possível? Como conseguir acesso? Ou até mesmo onde ficava a porta da frente do palácio? Em certa ocasião, durante uma "saudação" pública, consta que Augusto gracejou com um homem hesitante em apresentar uma petição (estendendo e recuando a mão repetidas vezes): "Você parece estar tentando dar um tostão a um elefante". Isso é citado por mais de um autor da Antiguidade como um grande exemplo do senso de humor do imperador. Também retrata o terror do peticionário não familiarizado com os procedimentos.

Acredito que muitos dos casos aparentemente comuns apresentados ao imperador em Roma por pessoas aparentemente comuns não eram tão comuns quanto parecem. Às vezes poderia haver mais em jogo do que à primeira vista (este é o meu palpite em relação ao caso do homicídio acidental com o penico na cidade de Cnido encaminhado a Augusto). Às vezes fica claro que os solicitantes não eram tão forasteiros, pois tinham seus caminhos facilitados por conexões úteis dentro ou no entorno dos círculos do imperador. Há um pequeno indício disso na petição de Scaptopara. Como esse remoto vilarejo conseguiu fazer sua voz ser ouvida na capital? Foi graças a um habitante da vila que morava em Roma. Conforme explicitamente declarado no preâmbulo, a petição foi apresentada por um homem vindo de Scaptopara e com propriedades lá, mas que na época servia na guarda imperial.

No entanto, mesmo que pudessem ser mais "especiais" do que parecem, alguns dos casos levados ao imperador, assim como a funcionários romanos de escalões mais baixos, revelam características dos problemas enfrentados pelos habitantes do Império geralmente omitidas pela história. Com base na perspectiva do homem no topo, podemos vislumbrar as dificuldades e o desespero dos que estavam no outro extremo da hierarquia. Às vezes são curiosidades exóticas (para um leitor moderno, embora não necessariamente para os envolvidos), como a vaca morta numa ação inimiga (p. 24) ou conflitos sobre a caça de pássaros na propriedade de um vizinho. Na maioria dos casos, eles se resumem a problemas muito mais rotineiros, como impostos, heranças, doenças e dívidas, entre outros. Em um grupo de treze respostas dadas por Septímio Severo e Caracala no Egito em 200 d.C., duas diziam respeito a empréstimos, três a heranças, duas a impostos, uma à tutela de órfãos e uma à questão de uma doença ser ou não motivo suficiente para fugir das obrigações legais (as outras respostas, como "siga a decisão determinada", não dão pistas sobre qual foi a pergunta original). Se houve uma questão específica que ao longo dos séculos gerou as mais veementes reclamações populares e exigiu uma ação (ou pelo menos protestos bem-intencionados) por parte do imperador, essa foi o "sistema" oficial de transporte. Em um mundo romano governado por correspondência, o serviço postal era um dos pontos de controvérsias mais acalorados.

Plínio infringe a regra

Essencialmente, esse era um dos problemas de tentar administrar a infraestrutura de um vasto Império com um quadro mínimo de funcionários. Deixando de lado o exército, nenhum outro império na história do mundo operou com tão pouca presença de representantes oficiais (o Império Chinês tinha proporcionalmente vinte vezes mais administradores de alto escalão do que Roma). Por isso, desde o reinado de Augusto, o transporte e a comunicação oficiais foram em grande parte terceirizados, fosse para mandar mensagens e homens de uma parte do Império a outra, fosse para transportar prisioneiros, dinheiro ou animais selvagens aos espetáculos do imperador. Se o indivíduo fosse um romano com a permissão certa, poderia requisitar animais, carruagens, alojamento e hospitalidade das comunidades por onde sua viagem passasse. Os abusos potenciais são óbvios: permissões falsificadas, não pagamento de impostos devidos, utilização dos serviços muito acima do permitido e comportamentos geralmente abusivos.

Para muitas comunidades do Império, essa era a ponta afiada cotidiana da exploração imperial. Não é difícil imaginar como era a visita de mensageiros grosseiros e beberrões de passagem pela *sua* cidade, e isso era uma das coisas que faziam parte da reclamação dos moradores de Scaptopara. Por centenas de anos, os habitantes das províncias protestaram e os imperadores tentaram responder. Em 129 d.C., por exemplo, Adriano afirmou – suas palavras foram preservadas numa inscrição surgida misteriosamente nas mãos de um colecionador na Turquia nos anos 1990 – que ele próprio fora testemunha de maus-tratos a pessoas locais, e que (re)impôs toda uma série de regulamentos para amenizar o problema. Nenhuma carroça deveria ser entregue a ninguém sem uma permissão, todos os alimentos para humanos e animais deveriam ser pagos, nenhum guia local poderia ser requisitado a menos que as estradas estivessem invisíveis por causa da neve, e assim por diante. Algumas décadas antes, Nerva já tinha abolido essas requisições dentro da Itália, e essa abolição foi celebrada em uma moeda cunhada na época. A moeda mostra duas mulas pastando felizes, e atrás delas uma carroça virada, não mais necessária para nenhum transporte oficial.

Essa saga da "requisição de transporte" (*vehiculatio*, de forma mais sucinta, em latim) retrata uma versão do poder dos imperadores. Eles parecem ter ouvido os apelos dos súditos e os respondido, porém, a julgar pelas repetidas intervenções sobre exatamente o mesmo tema até o século V d.C., nunca fizeram o suficiente para resolver o problema. Ao fim e ao cabo, todos preferiram fechar os olhos quando lhes convinha. No final do livro com a correspondência entre Plínio e Trajano, o governador escreve que havia dado uma permissão oficial à sua esposa, que queria visitar a família na Itália após a morte do avô, numa visita particular, que não se enquadrava nas regras das permissões. Mais tarde, ele pede ao imperador uma permissão especial, retroativamente datada. A resposta é: "Claro, meu querido Plínio". É mais do que um pouco enervante que, depois de mais de cem cartas fazendo de tudo para se mostrarem corretos, a última da coleção mostre Trajano consentindo levianamente em que Plínio infringisse a regra das permissões de viagem. Era assim que os imperadores queriam erradicar os abusos?

52. Moeda de bronze emitida sob Nerva, com um desenho que celebra a abolição do sistema de requisição de transporte na Itália. Atrás das duas mulas pastando felizes, vemos as hastes e os arreios da carroça que puxavam; a frase escrita ao redor da cena deixa explícito: "*vehiculatio* cancelada na Itália".

Tomando a iniciativa

É compreensível imaginar, pelo volume da correspondência imperial, que o trabalho do imperador (feito por ele próprio ou por seus representantes) consistia quase inteiramente em responder a pedidos que chegavam de fora. E é isso que alguns historiadores modernos têm argumentado. Eles veem o imperador como essencialmente *re*ativo, em vez de ativo: longe da imagem grandiosa de um autocrata controlador de tudo, o governante do mundo romano estaria mais envolvido em responder a cartas, maquiar problemas, ouvir reclamações e aparentar estar sempre disponível a todos, grandes e pequenos. Há alguma verdade nessa visão. Todos os governos são em parte reativos (muitas legislações têm origem em uma reclamação), e a imagem do imperador onipotente estalando os dedos e mudando o mundo é mais enganosa do que o ver manejando seu buril ou ditando. Igualmente enganadora é a ideia de que imperadores ou seus assessores elaboravam *políticas*, no sentido governamental moderno de planejamento estratégico de longo prazo. Isso provavelmente é verdade até mesmo para Augusto, que, como vimos no

Capítulo 1, implantou um programa de mudanças mais "integrado" do que qualquer governante posterior quando estabeleceu o governo de um homem só em Roma. Pelo menos de início, certamente ele estava preocupado tanto com a própria sobrevivência imediata quanto em elaborar um modelo detalhado para séculos de autocracia. Foi um improvisador que se tornou estrategista, em grande parte em retrospecto.

No entanto, os sucessores de Augusto no trono não se limitavam a ficar esperando pela correspondência. Nas orientações de Fronto a Marco Aurélio sobre os deveres de um imperador, além de enviar cartas, a lista incluía "pressionar os reis de povos estrangeiros" (o que abordaremos no Capítulo 8), "argumentar no Senado em prol do interesse público" e "corrigir leis injustas". Os imperadores são associados a todos os tipos de iniciativa, em assuntos grandes e pequenos (até mesmo em relação aos cardápios dos cafés romanos), "em prol do interesse público".

Às vezes, isso era uma questão de identificação de problemas, como em uma história reveladora sobre um funcionário romano de baixo escalão, e denunciante, na província da Britânia no início dos anos 60 d.C. Ele escreveu ao imperador reclamando que, depois da rebelião de Boudica, o governador provincial tinha tratado com uma selvageria excessiva os rebeldes que se renderam. Foi uma daquelas milhares de cartas enviadas ao imperador de uma província distante, mas o importante aqui foi o que aconteceu em seguida, e a série de decisões tomadas. Nero, o imperador à época, respondeu mandando um de seus ex-escravos, Policlito, para investigar o que estava acontecendo e ver se podia resolver a disputa entre o governador e o funcionário de finanças: ele não conseguiu. O resultado foi que, assim que surgiu uma oportunidade adequada para se livrar do governador (depois de um pequeno e constrangedor acidente naval), Nero o substituiu por alguém muito mais conciliador, que acalmou a situação.

Essa história é contada por Tácito com um viés muito negativo. Na opinião dele, o funcionário não deveria ter denunciado o governador. Longe de ser um negociador útil, Policlito teria sido uma figura de terror para os romanos na Britânia e uma figura cômica para o inimigo, que considerou uma piada dar tamanha responsabilidade a um ex-escravo (pp. 191-194). E o sucessor conciliador era apenas um preguiçoso, "encobrindo sua inatividade indolente sob a honorável bandeira da paz"

53. O denunciante na questão da rebelião de Boudica morreu na Britânia, pois partes de sua grande lápide (com mais de 2 metros de largura) foram descobertas em Londres no século XIX, reutilizadas em algumas defesas romanas posteriores da cidade. Tácito o chama pelo nome de "Julius Classicianus". Este memorial preserva sua forma completa na terceira linha, "Julius Alpinus Classicianus" – um nome que sugere suas origens na Gália. Talvez fosse essa a razão de ele ter alguma simpatia pelos bretões.

(tenho certeza de que Tácito esperava que percebêssemos que o nome do sucessor, "Turpilianus", significa algo como "vergonhoso"). Por trás da hostilidade de Tácito, porém, é fácil discernir alguma ação efetiva e uma designação do sucessor bem ponderada por parte do imperador ou de seus conselheiros, ainda que tenha sido, infelizmente, tarde demais para os rebeldes. Sem dúvida nem todas as nomeações eram tão bem pensadas, e havia muitos rumores hostis sobre o "verdadeiro motivo" da escolha de alguns governadores provinciais (o futuro imperador Oto sendo enviado para governar uma das províncias espanholas depois de Nero ter se envolvido com sua mulher, ou, ainda mais fantasioso, Caracala despachando homens de quem não gostava para províncias onde o clima era demasiado quente ou frio). Em geral, o patronato, o favorecimento pessoal e a troca de favores eram tão influentes quanto a competência nas nomeações e promoções, mas, no caso da Britânia, pelo menos do ponto de vista romano, o sistema funcionou.

Em outras instâncias, é difícil não suspeitar de que a força das decisões dos imperadores – de proibições de castração e de sátiras ofensivas contra homens e mulheres proeminentes à restrição de termas mistas – fosse mais simbólica que prática. Muito provavelmente é o caso dos cardápios de cafeterias: a série de regulamentações dos imperadores a partir do século I d.C. estipulando o que poderia ou não ser servido nos bares e lanchonetes (*popinae*) da cidade de Roma. Segundo Suetônio, Tibério "chegou ao ponto de proibir confeitos". Dião Cássio afirma que Cláudio proibiu a venda de "carne cozida" e, ainda mais desconcertante, de "água quente" (talvez porque, no regime romano de consumo de álcool, a água fosse o ingrediente-chave para misturar com vinho), e que Nero proibiu qualquer coisa cozida, com exceção de "legumes e sopa de ervilha". Por fim, mais uma vez segundo Dião, Vespasiano proibiu tudo menos feijão, o que deve ter tornado a cultura dos cafés muito monótona se as regulamentações foram seguidas.

É quase certo que não foram, ou então apenas de forma muito aleatória. *Há* algumas referências vagas a processos contra donos de bares infratores, mas, em uma cidade com 1 milhão de habitantes e sem um serviço policial (o mais próximo disso era uma equipe de vigias noturnos que também atuavam como bombeiros), essas regras não devem ter sido rigorosa ou sistematicamente aplicadas, ou nem mesmo levadas a sério. A função da legislação, então como agora, pode ter sido mais ressaltar valores do que punir infratores. Desconfio de que a principal motivação não era prender infratores, mas exibir a microadministração do imperador do mundo romano e seu compromisso com a frugalidade – pelo menos (segundo o duplo padrão usual) frugalidade para as pessoas comuns que frequentavam as *popinae*, não para os ricos.

É provável que algo semelhante estivesse por trás da determinação de Augusto de nenhum homem poder entrar no Fórum se não estivesse vestindo uma toga (o traje romano mais formal, que não era usado no dia a dia pela maioria dos cidadãos, assim como um smoking ou casaca hoje em dia). Consta que o imperador atribuiu a responsabilidade de fazer cumprir essa regra a alguns funcionários de baixo escalão do Senado (*aediles*), mas será que havia mesmo seguranças verificando o código de vestimenta nas entradas do Fórum? Duvido. Na verdade, era mais uma mensagem geral sobre "se enfarpelar" e sobre "padrões antiquados".

Cláudio no seu palanque improvisado

Ocasionalmente, contudo, encontramos imperadores promovendo mudanças significativas com efeitos práticos reais, e podemos até mesmo ver como essas mudanças foram justificadas. Um exemplo disso – que começou com uma petição em 48 d.C. de "homens proeminentes da Gália", mas resultou numa grande controvérsia – foi a proposta apoiada pelo imperador Cláudio de permitir que homens da "Gália cabeluda", a região da França do lado norte dos Alpes, ocupassem cargos políticos em Roma e se tornassem membros do Senado. O relato desse evento, apresentado por Tácito, fala de objeções feitas ao imperador por opositores da proposta (será que a Itália não tinha homens suficientes para preencher o Senado, e o povo da Gália não era um inimigo tradicional dos romanos?), seguido por um discurso do próprio Cláudio, que virou a votação em favor dos gauleses (como era de esperar, quase sempre, de um discurso do imperador). No entanto, mesmo que tenha sido uma decisão fácil, foi um grande passo na gradual extensão dos privilégios políticos romanos pelo império.

O que torna essa decisão interessante, porém, é o fato de o que parece ser um texto literal do discurso de Cláudio ter sido minuciosamente inscrito numa placa de bronze e orgulhosamente exibido na cidade gaulesa de Lyon (Lugdunum), onde grande parte dele foi redescoberta no século XVI (fig. 2). Há uma lógica subjacente aos argumentos de Cláudio, como ainda podemos ler: ele insistiu que sempre fora costume de Roma incorporar estrangeiros, e desde a conquista de Júlio César os gauleses tinham sido inabalavelmente leais. Os detalhes desse desconexo discurso, contudo, são uma surpresa desagradável para qualquer um em busca de uma retórica persuasiva do imperador.

Mais da metade do texto preservado mostra Cláudio dando uma lição de história abstrusa, confusa e não muito relevante ao Senado a fim de ilustrar a tradição romana de acolher estrangeiros. Voltando mais de meio milênio, ao século VI a.C., por exemplo, ele disse o seguinte sobre o quase mitológico rei "etrusco" de Roma, Sérvio Túlio (e estou ajustando um pouco suas palavras nesta tradução):

Sérvio Túlio, se seguirmos nossos escritores, nasceu de uma cativa de guerra, Ocrésia, ou, se seguirmos os escritores etruscos, chegou a ser o mais leal companheiro de Célio Vivena e parceiro em todas as suas aventuras. Quando deixou a Etrúria, expulso pelas mudanças do destino, com todos os remanescentes do exército de Célio, ele tomou o Monte Célio, que assim chamou em homenagem a seu líder Célio. Depois de mudar o próprio nome (pois seu nome em etrusco era Mastarna), ele foi chamado como eu disse e governou o reino com enorme benefício para o Estado…

E assim vai, e fica pior. A certa altura, ele conta uma piada fraca: "Não nos arrependemos de já termos homens de Lugdunum no Senado", presumivelmente uma referência ao fato de ele próprio ter nascido na cidade, quando seu pai servia lá como governador provincial. Em outro momento, depois de mais divagações, ele faz uma pausa para lembrar a si mesmo de chegar ao ponto: "Agora é o momento, Cláudio, de dizer aos senadores aonde quer chegar com seu discurso" (embora alguns críticos modernos tenham conjecturado se isso poderia ter sido uma interjeição de um membro da plateia, que não aguentava mais, que acabou se misturando ao texto por engano). Aqui não houve "eloquência emprestada"; talvez fosse melhor se tivesse havido. Presumivelmente, no entanto, a inscrição foi mais um símbolo do apoio do imperador à causa do que algo que muitos moradores de Lyon de fato parariam para ler.

Não há razão para supor que esse fosse um discurso típico saído da boca de um imperador. Se acreditarmos no estereótipo moderno – e, em parte, antigo – de Cláudio (lento, idoso, não muito lúcido, embora um estudioso arguto e autor de um livro sobre história etrusca), poderíamos esperar esse tipo de coisa dele. No entanto, há elementos em discursos preservados de outros imperadores e suas famílias que não estão tão distantes do que lemos na placa de Lyon, seja o discurso do jovem príncipe Germânico, que chegou a Alexandria e confessou estar com um pouco de saudade de casa, seja as congratulações contidas de Adriano às tropas na África do Norte depois de assistir a seus exercícios de treinamento ("Vocês abriram uma trincheira no cascalho duro e áspero e o suavizaram e alisaram"; p. 310). Estes são apenas lembretes de que as palavras do imperador às vezes podem ter sido mais simples do que imaginamos.

A revolução da cidadania

Por mais que seja frustrante, não existem palavras, simples ou não, que ajudem a explicar o que esteve por trás da reforma mais radical introduzida por um imperador romano. Em 212 d.C., o imperador Caracala, numa só penada, concedeu plena cidadania romana – com o status e os direitos legais inerentes, de herança a contratos – a todos os habitantes do Império Romano que não fossem escravos, provavelmente mais de 30 milhões de pessoas. Isso não fazia parte do programa revolucionário de mudanças introduzido por Augusto, mas, como decreto legislativo, teve mais impacto que qualquer uma das iniciativas isoladas do primeiro imperador. Desde então, todas as pessoas livres no Império passaram a ter os mesmos direitos básicos. A diferença legal entre governantes (cidadãos) e governados (não cidadãos) foi abolida da noite para o dia, tornando-os fundamentalmente iguais. É verdade que, ao longo do século III, novas distinções entre os cidadãos "mais honoráveis" e "mais humildes" – *honestiores* e *humiliores* – tornaram alguns mais iguais do que outros. Mesmo assim, porém, foi a maior concessão de cidadania na história de Roma, e muito provavelmente na história do mundo.

Os detalhes exatos da legislação e, mais ainda, o que a motivou (além da tradição de "incorporação" a que Cláudio apelou 150 anos antes) são impossíveis de identificar. Um fragmento de papiro mais ou menos contemporâneo parece citar o édito de Caracala ("Desta forma, concedo a todos no mundo romano a cidadania romana"), e há algumas breves referências ao édito em Dião Cássio e num manual jurídico. No entanto, só temos especulações – umas poucas antigas e muitas modernas – sobre quais foram os argumentos envolvidos nessa atitude. Será que Caracala estava emulando o mito de Alexandre, o Grande, que, segundo alguns imaginavam, acalentava a fantasia de uma cidadania mundial? Estaria tentando aumentar sua popularidade depois da sangrenta ruptura com o irmão Geta? Terá sido até mesmo obra do próprio Caracala? Escritores de alguns séculos depois não conseguiam imaginar uma reforma tão positiva sendo promulgada por um "monstro" tão renomado, preferindo atribuí-la a Antonino Pio ou Marco Aurélio. Ou foi tudo uma artimanha financeira? Dião, seguido por Edward Gibbon, afirmou que a honraria serviu de disfarce para cobrar impostos que só incidiam sobre os cidadãos das populações provinciais, em particular impostos sobre heranças e sobre o valor dos escravos quando libertados.

Esse é um dos maiores "buracos negros" de toda a história romana. Talvez, mais do que qualquer outra coisa, estejamos perdendo algum indício sobre como o imperador apresentou o decreto ao povo da Itália e do Império de forma mais geral. Como a mensagem foi divulgada? Como os beneficiários ficaram sabendo do seu novo status? Duvido que Caracala tenha dado a todos uma aula de história no estilo de Cláudio, mas quem sabe?

Moral da história

É extremamente improvável que a reforma de Caracala tenha sido motivada por preocupações financeiras, mesmo que esta seja a única explicação mais ou menos contemporânea apresentada. Há evidências conflitantes sobre o quanto o governo imperial estava endividado nesse período. Moedas eram cunhadas com uma proporção cada vez menor de metal precioso puro (tal depreciação costuma ser um bom indicativo de problemas econômicos em Roma), mas diversos escritores antigos dizem que os cofres imperiais estavam mais saudáveis que nunca na morte de Septímio Severo, pai de Caracala. Mesmo que o imperador estivesse com problemas de dinheiro, conceder cidadania romana plena a mais de 30 milhões de habitantes do Império, inclusive aos mais pobres, só para cobrar alguns impostos, seria o mesmo que matar uma mosca com um tiro de canhão. Havia outras formas de arrecadar fundos. Mas isso levanta questões sobre o imperador e dinheiro.

O Império Romano era um "sistema" econômico extenso e complexo (e com certeza não um *sistema* no sentido econômico moderno). Em parte, era conectado, quase protoglobal. Havia uma moeda comum rudimentar em todo o mundo romano, com valores universalmente reconhecíveis em ouro, prata e bronze. Existiam também algumas commodities, sobretudo cerâmicas, que se espalhavam pelo mundo romano, da Escócia ao Saara, num exemplo original de produção em massa (é possível ver as mesmas ânforas romanas, vermelhas e lustrosas, empilhadas nas prateleiras de museus na Argélia e na Muralha de Adriano, na fronteira com a Escócia). Evidências robustas da escala da produção industrial e das redes de transporte de longa distância foram encontradas. O pequeno monte que ainda pode ser escalado em Roma, conhecido como "Monte de Cacos" (Monte Testaccio), são na verdade os restos de um antigo depósito de lixo, composto de fragmentos quebrados de mais de 53 milhões de grandes jarros, ou *amphorae*, de azeite (cerca de 60 litros cada), importados da Espanha para Roma entre os séculos II e III d.C. Mesmo isso é ofuscado por análises científicas recentes de perfurações profundas no gelo da calota polar da Groenlândia, que mostram vestígios da poluição causada pelas operações de mineração romanas, muitas delas na Espanha, que só foram igualadas na Revolução Industrial.

No entanto, a maioria dos habitantes do Império era formada por agricultores de subsistência de pequena escala, e a maior parte da produção ainda era local ou doméstica. Havia raras inovações tecnológicas para sustentar qualquer "progresso" industrial, pouco mais que alguns ocasionais moinhos de água, e ainda menos instituições financeiras, como bancos e sistemas de crédito, e quase nenhuma teoria econômica. Os romanos nem sequer tinham uma palavra para "economia",

54. Uma vala aberta no "Monte de Cacos" mostra do que ele é formado: milhões de ânforas quebradas. Chamá-lo de "lixão" talvez seja injusto. Os fragmentos de cerâmica foram meticulosamente dispostos em camadas bem organizadas.

e com certeza não saberiam o que era "crescimento", e é um mistério como eles acumulavam riqueza (exceto na versão antiga de "embaixo do colchão"). O planejamento financeiro para o futuro era básico, na melhor das hipóteses. Um estudo antigo dos prós e contras da ocupação romana da Britânia é o mais sofisticado que temos. O escritor grego Estrabão se perguntou se os gastos militares necessários para a conquista e retenção da nova província seriam recuperados com a receita fiscal. Sua resposta foi "não". No entanto, era pouco mais que um cálculo básico de lucros e perdas.

Explicando de outra forma, a maior prioridade da administração do palácio era garantir que houvesse (ou pudessem cunhar) dinheiro o suficiente para pagar todas as despesas do Estado. Isso incluía, acima de tudo, o exército, que consumia cerca de 50% da receita anual, mas havia toda uma lista de outros gastos importantes: salários dos funcionários; distribuição de uma cota gratuita de grãos (e posteriormente de azeite de oliva) para até 200 mil cidadãos de Roma; trabalhos de construção, às vezes em grande escala (como novos portos ou grandes projetos de drenagem que ofuscavam o pequeno canal de Plínio); e os espetáculos, jogos e exposições que faziam parte da cultura urbana romana. A receita para financiar tudo isso vinha de várias fontes, desde as minas de metais preciosos de propriedade imperial até extorsão ostensiva. O sustentáculo, porém, era uma combinação de diversos impostos, criados conforme a conveniência e recolhidos de diferentes maneiras em todo o mundo romano: taxas alfandegárias, pedágios, imposto de renda, impostos portuários e sobre propriedades. Grande parte disso era cobrada em dinheiro, mas alguns eram pagos "em espécie" (como parte dos grãos do Egito, que iam para distribuidoras da capital). Em todo o mundo romano, alguns eram demandas recentes e especificamente romanas (impostos sobre a venda de escravos ou de gladiadores, ou sobre a liberação de escravos), mas em certas províncias os impostos romanos eram adaptados com base no sistema pré-romano já existente.

Se as contas não se equilibrassem, além de aumentar o valor dos impostos (o que às vezes acontecia), só havia um remédio *institucional*: reduzir o peso ou o teor de metal puro das moedas. O fato de que, durante 150 anos de governo de um homem só, até a segunda metade do século II, as moedas de prata só perderam 20% do seu valor, e as moedas de ouro muito menos, sugere que nesse período as contas fecharam, que as crises costumavam ser temporárias e que os relatos de gastos megalomaníacos de vários imperadores levando o Império à beira da falência eram exagerados. Na virada para o século III, apesar da suposta situação dos cofres de Septímio Severo, e independentemente da causa (aumento da atividade militar, grandes pandemias e coisas do gênero), a situação pode ter sido bem diferente, e por isso pouco adequada (ou convincente) como explicação para a decisão de Caracala.

O homem mais rico do mundo

A figura do imperador paira acerca de todas as discussões antigas a respeito das finanças imperiais. Algumas se referem a reformas específicas, às vezes idiossincráticas. O imposto de Vespasiano sobre a urina, por exemplo, um ingrediente-chave nas atividades de lavanderia e curtume, ainda é lembrado na antiquada palavra para urinol em francês, *vespasienne* (como o imposto era efetivamente cobrado, se é que era cobrado, não temos ideia). A determinação temporária de Domiciano de que nenhuma videira poderia ser mais plantada na Itália e que metade das vinhas nas províncias deveria ser arrancada ainda é tema de debates entre historiadores. Teria sido uma tentativa séria de reviver o cultivo de grãos, uma medida para proteger a indústria vinícola italiana ou algo mais próximo de uma campanha de "volta às origens"? Mais genericamente, os estereótipos convencionais da literatura romana apresentam os "maus" imperadores como gastadores, mesquinhos ou gananciosos (ou uma engenhosa combinação dos três), enquanto os "bons" imperadores são prudentemente generosos.

Exibir responsabilidade financeira e moderação fazia parte da imagem imperial. Tibério, por exemplo, ganhou créditos por se recusar a esfolar as populações provinciais. "Um bom pastor tosquia seu rebanho, não o esfola vivo", teria dito em resposta a alguns governadores que queriam aumentar os impostos em suas províncias. Havia um interesse próprio na moderação, e com certeza Tibério não estava sugerindo que o rebanho não devesse ser tosquiado. No entanto, ele viveu de acordo com seu lema – usando seu dinheiro para resolver situações difíceis

–, como quando isentou da maioria dos impostos por cinco anos um grupo de cidades, que hoje fazem parte da Turquia, quando foram arrasadas por um terremoto. Enquanto isso, Pertinax foi apenas um dos vários imperadores romanos que se diz ter contrastado sua probidade com a extravagância do regime anterior, vendendo publicamente alguns artigos de luxo do seu antecessor. Os bens de Cômodo foram a leilão, e os lucros foram usados como bônus para os soldados. A *História Augusta* apresenta uma lista improvável de itens à venda, incluindo cálices fálicos e carruagens com bancos ajustáveis, projetados para evitar o sol ou aproveitar a brisa – provavelmente, mais uma fantasia sobre os excessos imperiais que um inventário preciso.

Esses estereótipos, contudo, tendem a subestimar a enorme importância do dinheiro e da riqueza no cerne do poder imperial e na relação entre governantes e súditos. A força do exército, o controle do processo político e o delicado equilíbrio com o restante da elite eram a sustentação da governança do imperador. Assim como o simples fato de o imperador ser de longe o homem mais rico e o maior proprietário de terras do mundo romano. Sua riqueza era aumentada por meio de um disfarce cada vez mais elaborado sobre o que eram tecnicamente fundos "estatais" e sua riqueza pessoal. Também era aumentada pelo contínuo acúmulo de propriedades graças a presentes, heranças e confiscos, e pelo fato de que, sempre que uma nova família chegava ao trono, seus bens privados e propriedades fundiárias eram incorporados ao portfólio do imperador. O cargo de imperador devorava as propriedades de todos os imperadores precedentes. Deixando de lado os palácios e outras residências imperiais, havia em todo o império extensas porções de terra e propriedades comerciais, inclusive minas e pedreiras de mármore, que eram de propriedade do governante (ou tinham "caído em suas mãos") e de seus parentes diretos.

No Egito, por exemplo, onde documentos em papiro podem ajudar a rastrear latifúndios de forma mais precisa que na maioria dos outros lugares, conhecemos inúmeras propriedades da família do imperador, inclusive uma imensa plantação comercial de papiro, de Lívia em conjunto com a família de seu neto Germânico, e terras em diversas aldeias pertencentes a Sêneca, tutor de Nero, que mais tarde passaram para as mãos do imperador Tito. Em algumas regiões da província, levantamentos antigos mostram que metade das terras era do Império. O Egito pode ter sido um caso especial, mas não *tão* especial assim. E existem centenas de referências – em inscrições ou mencionadas casualmente por escritores antigos – a propriedades imperiais espalhadas por todo o mundo romano. Os arrendatários rurais que passaram por dificuldades a ponto de apelarem a Cômodo eram arrendatários do imperador (o que pode ter ajudado em seu caso). Nero pode também ter confiscado grandes extensões de terras na África do Norte, algumas das quais ainda levavam seu nome ("Fazenda de Nero") mais de um século depois, e continuaram como parte do portfólio imperial. Havia também muitas propriedades industriais. Os selos nos tijolos produzidos lá mostram que a mãe e a irmã de Marco Aurélio eram donas de grandes poços de argila perto de Roma.

O imperador, portanto, não apenas *governava* o mundo romano, ele e sua família *possuíam* uma boa parte dele – e as receitas dessas propriedades, em forma de aluguel e produtos agrícolas ou industriais, eram uma importante fonte de renda imperial. Isso também conferia ao imperador e à sua "equipe" uma presença diferenciada em todo o Império. Parte do corpo de funcionários imperial – os administradores, os escravos e ex-escravos – administrava as operações do palácio na Itália, mas isso era somente uma parcela do quadro. Cada uma dessas propriedades dispersas pelo Império também deve ter sido administrada por um número substancial de empregados e dependentes do imperador. Eles representavam outra base imperial no imenso território do império.

Fluxo de caixa

Havia também um lado mais ativo na riqueza imperial. O dinheiro do imperador – tanto o ganho quanto o gasto – era um componente indispensável nas relações com os súditos, sobretudo na Itália. Isso ia além da usual "virtude" da generosidade, frequentemente associada a monarcas e monarquias. Como Augusto sugeriu ao dar tanta importância a esse aspecto em *O que eu fiz*, parte do *trabalho* do imperador era dar dinheiro ao seu povo, não apenas jogos, espetáculos, alimento e amenidades públicas. Calígula levou isso longe demais, segundo a maioria dos comentaristas romanos da elite, quando subiu no telhado de uma construção no Fórum e jogou moedas para as pessoas abaixo (romanos poderosos, como vimos com a chuva de presentes no piquenique de Domiciano no Coliseu, adoravam dispersar benesses de cima para baixo). No entanto, sob certos aspectos o gesto de Calígula foi apenas um exagero exuberante da norma, transmitindo de forma brilhante a mensagem básica de que a relação entre imperador e povo podia ser resumida em presentes em dinheiro. Enquanto viveram, os governantes sempre distribuíram dinheiro – a senadores falidos, a mendigos ou a poetas promissores. Normalmente, quando morriam, distribuíam ainda mais dinheiro em seus testamentos (Augusto legou de sua fortuna o equivalente à receita anual de impostos de uma rica província romana para ser dividido entre o povo de Roma). Eles tinham até mesmo funcionários especializados (*dispensatores*) cuja função era distribuir o dinheiro.

Dinheiro vivo era melhor, como uma anedota envolvendo Augusto ilustra nitidamente. Diz a história que o imperador gostou muito da apresentação de um coral de escravos, mas, em vez de dar dinheiro ao final, ofertou a cada um uma porção de grãos. Algum tempo depois, Augusto quis ver outra apresentação do coral. "Desculpe, César", respondeu o dono dos escravos, "eles estão ocupados no moinho, triturando o que o senhor deu da última vez." Independentemente dos interesses do dono (só podemos especular quanto da farinha ou do dinheiro os cantores escravos veriam), a história mostra que Augusto se dispunha a aceitar críticas e enfatiza que os imperadores *deveriam* dar dinheiro vivo. Na história de Vespasiano humilhando o homem pedindo dinheiro, o pedinte estava fazendo a coisa certa. O problema foi ter usurpado o poder do imperador ao tomar a iniciativa de fazer o pedido de modo direto.

Não surpreende que os imperadores também recebessem dinheiro. Uma das queixas mais angustiadas contra o domínio imperial era que os romanos ricos, nos seus testamentos, costumavam ser persuadidos, forçados (ou às vezes até assim escolhiam) a deixar uma proporção substancial da sua riqueza para o imperador. Isso era tremendamente lucrativo para o tesouro imperial (Tibério pode não ter sido o único a ter um "secretário de heranças", *a hereditatibus*), envolvendo todo um espectro de intimidação, coerção e às vezes boa vontade. Em um extremo, temos a acusação de que os "maus" imperadores não só insistiam em ser favorecidos nos testamentos como também se empenhavam em apressar a morte daqueles de quem herdariam. No outro extremo, temos as congratulações de Plínio em seu *Panegírico de Trajano* pelo fato de o imperador só aceitar heranças dos que eram de fato seus amigos – embora sua observação de que isso poderia ser uma opção mais lucrativa para o imperador mostre como a linha divisória entre a boa vontade e o interesse próprio podia ser difusa. "Pode ser mais produtivo e frutífero", explicou, "não somente para a reputação de um imperador, mas também para seus fundos, se homens *optarem* por torná-lo seu herdeiro, sem serem obrigados a isso." Contudo, por maior que fosse a pressão imposta, ou coisas piores, o poder imperial estava no cerne de tudo isso: o poder do imperador de controlar a riqueza da elite, mesmo depois da morte.

E isso também confere outro significado ao busto do imperador nas moedas romanas. Essa inovação de Júlio César não teve apenas o efeito de tornar a imagem do imperador onipresente, tilintando nas bolsas dos seus súditos em todo o Império, mas também transmitiu uma mensagem muito forte de que parte do poder do imperador se baseava no dinheiro.

Difícil no mais alto posto?

É impossível saber se os imperadores romanos (ou alguns imperadores romanos) trabalhavam muito. Afinal, "trabalhar muito" significa coisas diferentes em culturas distintas. Deixando de lado sua demonstração de diligência no leito de morte, não é fácil decodificar os detalhes da rotina diária normal de Vespasiano, conforme descrito por Suetônio. Levantava-se antes do amanhecer, lia suas cartas e despachos, cumprimentava amigos e colegas enquanto calçava os sapatos e vestia a capa (o biógrafo está dizendo que ele não era vestido por um escravo). Depois de lidar com as questões, fazia uma caminhada e descansava, fazia sexo, depois tomava banho e jantava. Há muitas "lacunas" indefinidas para podermos identificar o que e quando ele fazia. O mesmo acontece com a descrição posterior de Dião Cássio da agenda de Septímio Severo. Também madrugador, ele realizava uma caminhada matinal enquanto discutia os interesses do Império. Seguiam-se casos legais, depois um passeio a cavalo, um pouco de ginástica e um banho. Após o almoço, uma soneca, mais negociações, mais discussões, outro banho e assim por diante. Esses são os cronogramas mais detalhados que temos de um dia imperial, mas, mesmo que aceitássemos que os dois citados, ou qualquer outro, "trabalhassem muito", isso não seria um mérito. Alguns dos ditadores mais brutais do mundo podem ser vistos, em nossos termos, como "viciados em trabalho".

O ponto é que a relação entre o imperador e seu "trabalho de gabinete" continua intrigantemente vaga. Não podemos saber a conexão exata entre o homem e as cartas enviadas em seu nome, mas isso é só um elemento numa série de incertezas e enigmas. Os termos comuns que usei – "gabinete", "escrivaninha" – escondem o fato de não termos ideia de onde e como o imperador trabalhava em sua correspondência (nem se reclinado ou sentado). Temos pouca noção de onde ou como os argumentos a favor de determinada ação em detrimento de outra eram discutidos entre o imperador e seus funcionários ou assessores. Tácito retrata vagamente as discussões sobre com quem Cláudio deveria se casar após a execução da sua esposa Messalina como uma batalha entre três poderosos ex-escravos do imperador – mas isso faz parte da visão de Tácito da impotência de Cláudio diante da influência deles. E não temos quase nenhuma pista sobre como os imperadores eram treinados para as tarefas que teriam pela frente. Sabemos que Sêneca apresentou um ensaio, *Sobre a clemência*, ao jovem Nero, e que (entre um grupo mais amplo de filósofos e intelectuais) Fronto deu aulas de retórica a Marco Aurélio, o que era bastante útil em um mundo que dava tanta importância à escrita e à oratória. No entanto, só podemos elucubrar sobre onde esses homens adquiriram um conhecimento mais prático de como funcionavam o palácio ou o império, ou se houve um lugar para isso (minha suposição – e não mais do que isso – é que o obtinham de homens como o pai de Cláudio Etrusco). E os imperadores não eram os únicos a mergulharem às cegas nesse sentido. Até onde sabemos, quando Plínio foi enviado para resolver os problemas de Bitínia-Ponto, já fazia quase trinta anos desde a última vez que ele estivera no exterior, como militar na Síria.

O que é absolutamente certo é que toda essa burocracia era crucial para a vida e a imagem do imperador: as cartas, as respostas, os julgamentos, os boletins regulares de ida e volta das províncias e coisas do gênero. E também, quando imaginamos o imperador, devemos vê--lo com sua indefectível caneta na mão – e sempre com suas pilhas de moedas acumuladas, extorquidas, lançadas dos telhados e estampadas com seu próprio busto.

7
TEMPO LIVRE?

Jogos que as pessoas jogam

O imperador Cômodo era conhecido por ser um gladiador amador e caçador de feras selvagens, tão apaixonado que alguns desconfiavam de que o entusiasmo que corria em suas veias fora herdado do lutador que se dizia ter sido amante da mãe dele e seu pai biológico. Em 192 d.C., poucas semanas antes de ser morto por seu treinador num golpe palaciano, Cômodo organizou quatorze dias de espetáculos sangrentos no Coliseu, em que ele próprio foi um dos participantes estelares. Segundo Dião Cássio, que foi testemunha ocular, o imperador abriu as sanguinolentas festividades matando cem ursos no primeiro dia. Foi mais um tributo à sua pontaria precisa que à sua coragem, pois ele não se arriscava a chegar muito perto dos animais, preferindo atingi-los com lanças em passarelas seguras construídas especialmente acima da "arena" (em referência à *harena*, ou areia, que a recobria). Nas manhãs dos dias seguintes, ele desceu ao chão da arena, mas só para abater animais menos perigosos ou feras selvagens já aprisionadas em redes: um pobre tigre, um hipopótamo e um elefante, entre outros. À tarde, o imperador fazia o ato de abertura, sempre sem correr perigo (ou "brincadeira de criança", nas palavras de Dião). Armado com uma espada de madeira, travava uma luta-exibição com um gladiador profissional usando somente um bastão como arma. Assim que vencia, como sempre, Cômodo voltava para seu camarote imperial para assistir às lutas "verdadeiras" pelo resto do dia.

55 e 56. Duas imagens de Cômodo. À esquerda, interpretado por Joaquin Phoenix, lutando na arena no filme *Gladiador*, de Ridley Scott. À direita, em uma antiga escultura, retratado como Hércules, com uma clava na mão, pele de leão na cabeça e segurando os Pomos de Ouro das Hespérides, os frutos de um dos trabalhos do herói (pp. 354 e 373).

Foi durante uma dessas celebrações que o imperador cortou a cabeça de um avestruz, aproximou-se de Dião e de outros senadores sentados na primeira fila e acenou com um sorriso ameaçador (pp. 62-63). A afirmação do historiador de que sentiu vontade de rir sem dúvida refletia uma demonstração de resistência ou desdém dos senadores na época, mas no geral seu relato sarcástico dos quatorze dias de "palhaçadas" é típico da guerra de palavras tantas vezes travada *depois* de imperadores terem caído em desgraça, sido depostos ou estarem mortos. Independentemente do ponto de vista de Dião, fica claro que se presumia que Cômodo era treinado nas artes da arena. Este foi um dos temas memoráveis do filme *Gladiador*, que reconstruiu os combates de gladiadores de forma mais precisa e realista que a maioria das tentativas modernas no cinema (que se resumem a duelos de capa e espada um tanto higienizados). Na Antiguidade, contudo, também houve muitos comentários sobre Cômodo lutando em particular como gladiador, de verdade (às vezes matando seus oponentes, ou só cortando um nariz ou uma orelha), sobre os milhares de animais que abateu, inclusive rinocerontes e uma girafa, e sobre ele ter um aposento privado nos alojamentos dos gladiadores. Havia até rumores fantasiosos de que – se não tivesse sido assassinado – teria logo executado os cônsules e assumido seus cargos, aparecendo como cônsul em trajes de gladiador. E Cômodo não foi o único imperador com reputação de gostar dessas lutas e não se limitar ao papel de espectador. Adriano foi outro, assim como Calígula, que consta ter matado um gladiador profissional armado com uma espada de brinquedo, com o imperador equipado com uma adaga de verdade (uma das mensagens dessa história é que nunca se podia confiar em que um imperador jogasse de acordo com as regras).

Os escritores romanos costumavam especular a respeito do que os imperadores faziam em seus momentos de "lazer", ou "tempo livre", como nós diríamos. De certa forma, esses termos são enganosos quando aplicados ao mundo de qualquer autocrata, antigo ou moderno. Na vida de um monarca, a divisão entre trabalho e lazer é sempre difusa. O que o imperador fazia, em qualquer contexto – na cama ou no campo de batalha, no Senado ou na arena de esportes –, refletia, como vimos no caso de seus jantares, no modelo do seu governo. No entanto, havia uma diferença entre as tarefas burocráticas, os discursos no Senado, o julgamento de casos legais e o que optasse por fazer quando livre de seus deveres oficiais. Os termos romanos não correspondem aos nossos de hoje, mas havia um contraste significativo entre *otium* – que costuma ser traduzido como "lazer", porém mais precisamente era "o que você fazia quando estava no controle do seu tempo" – e seu oposto "*negotium*", "trabalho", ou "o que você precisava fazer quando *não* estava no controle do seu tempo".

As diversas visões que temos do *otium* do imperador variam do previsível ao pitoresco, do sombrio ao revelador. Os imperadores eram frequentemente elogiados por levar a sério o estudo da literatura e da oratória, por escrever poesia, tocar música (em particular), por praticar exercícios saudáveis como boxe, luta livre, corrida e natação, e por pintar (é difícil imaginar esses homens como aquarelistas requintados, mas essa – ou algo semelhante – foi uma habilidade atribuída a Adriano, a Marco Aurélio e a Alexandre Severo). Alguns podem ter tido passatempos mais idiossincráticos. Além de fazer perguntas complicadas aos convidados para jantar com base em suas leituras recentes, Tibério tinha um interesse obsessivo e desproporcional pelas vias arcanas da mitologia, sobre as quais costumava interrogar os especialistas ("Qual era o nome da mãe de Hécuba?"). Tito parece que gostava de imitar a caligrafia de outras pessoas, levantando o espectro do imperador como falsificador. Os passatempos de outros expunham lados ainda piores, como a tortura solitária de moscas praticada por Domiciano ou as arruaças noturnas de Nero, Lúcio Vero e Cômodo, os quais – à maneira de alguns reis e príncipes posteriores – supostamente saíam à noite, disfarçados, em busca de malandros para arrumar uma briga. Cláudio não só tinha uma fraqueza por jogos de tabuleiro, como muitos outros imperadores, mas também era tão aficionado por jogos de azar que escreveu um livro a respeito. Aqui, a incômoda pergunta era até que ponto a própria autocracia podia ser um jogo de azar. Foi o que Júlio César insinuou já ao atravessar o rio Rubicão em 49 a.C. e começar a guerra civil que levou ao governo de um homem só, com sua famosa declaração: *Alea iacta est*, "A sorte está lançada". O Império como um jogo de tabuleiro?

No entanto, as preferências recaíam em várias formas de entretenimento popular, de combates de gladiadores a corridas de bigas e espetáculos teatrais, quando o papel dos imperadores era uma combinação variável de admirador entusiasta, anfitrião generoso e ocasional participante. Hoje em dia, há uma tendência de amontoar todos esses entretenimentos juntos, muitas vezes sob o rótulo cativante, porém equivocado, de Juvenal de "pão e circo" – resumindo satiricamente as propinas e distrações oferecidas à ociosa plebe romana sob o domínio dos imperadores (e fornecendo um bordão clássico utilizado pelos opositores dos serviços estatais, benefícios e subsídios alimentares desde então). Os entretenimentos, contudo, eram muito diferentes uns dos outros em caráter, com plateias significativamente diversas e tradições históricas, religiosas e culturais distintas. E evocavam diferentes debates sobre como o imperador deveria, ou não deveria, se comportar nos seus momentos de "lazer" ou quando sob o olhar das multidões. Alguns desses debates podem parecer à primeira vista pouco mais que a indignação moral de comentaristas conservadores da Antiguidade ("Como o imperador pode se rebaixar, e a nós, tornando-se um *ator*"). Uma análise mais aprofundada revela que as reclamações aparentemente estereotipadas contra o imperador desfilando no palco eram algumas das análises mais perspicazes que chegaram até nós dos problemas do governo de um homem só de Roma.

O melhor lugar da casa

O lugar usual do imperador no Coliseu – quando não estava se equilibrando em passarelas para flechar ursos – era o camarote imperial, no centro de um dos semicírculos mais alongados da arena oval. De lá, ele assistia a um programa de espetáculos que às vezes durava dias, normalmente apresentando abate de animais (ou animais instigados a se matarem), execução de criminosos com diversas formas de punição sádica (que acabariam como "jogar cristãos aos leões" e coisas piores) e lutas entre gladiadores, chegando até a morte. Seu lugar era o melhor e o mais espaçoso da casa, embora não tenha sido suficientemente preservado para sabermos o quanto era luxuoso. Dali ele não só assistia aos espetáculos na arena abaixo como também tinha uma visão clara de grande parte da plateia: umas 50 mil pessoas, organizadas em rigorosa ordem hierárquica, com cidadãos do sexo masculino trajados segundo

57. É difícil imaginar o imperador no seu lugar no Coliseu com base nos vestígios preservados. Havia camarotes no centro dos dois semicírculos da arena oval, e é provável que ele ocupasse o camarote (quase invisível à esquerda nesta imagem) do lado mais próximo ao Palatino. Sob o chão da arena (parcialmente reconstruído aqui) ficava o maquinário para elevar homens e animais do subsolo diretamente para a visão do público.

O Coliseu

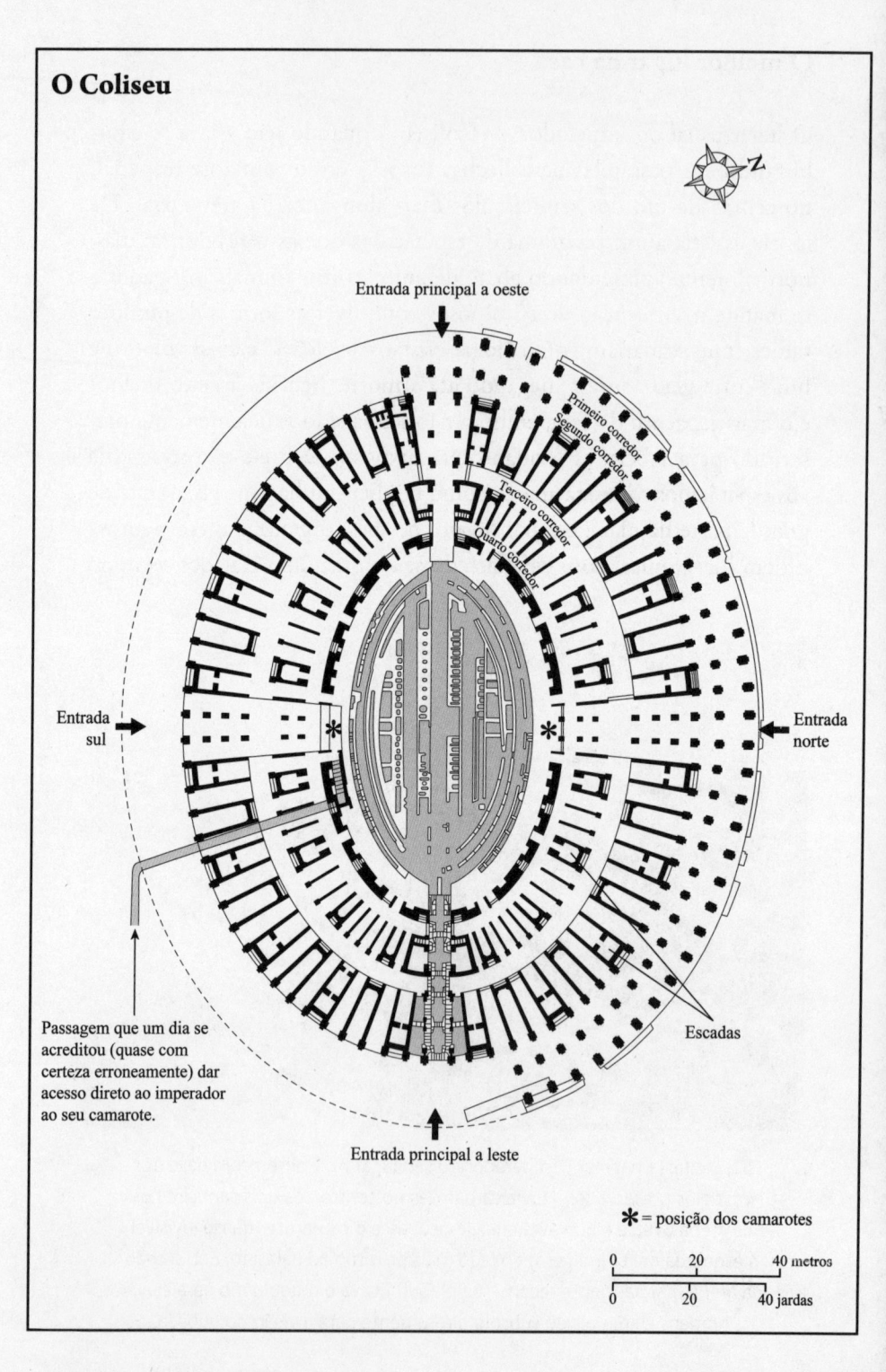

Entrada principal a oeste

Primeiro corredor
Segundo corredor
Terceiro corredor
Quarto corredor

Entrada sul

Entrada norte

Passagem que um dia se acreditou (quase com certeza erroneamente) dar acesso direto ao imperador ao seu camarote.

Escadas

Entrada principal a leste

✱ = posição dos camarotes

0 20 40 metros
0 20 40 jardas

a lei para a ocasião, com suas togas formais (e aqui, diferentemente das regras de Augusto para o Fórum, tratava-se de um código de vestimenta obrigatório: era proibido entrar sem toga).

No Coliseu não havia como pagar por lugares melhores (é provável que a entrada fosse gratuita). Cada um se acomodava de acordo com seu status formal na hierarquia romana, numa espécie de microcosmo da ordem social. Segundo o sistema básico, os senadores ocupavam as primeiras fileiras, com uma visão privilegiada (mesmo que às vezes perigosamente perto da ação); os "equestres" da elite ficavam logo atrás, e assim por diante, com as pessoas cada vez mais apertadas e distantes da ação, até chegarem ao alto – a mais de 50 metros da arena –, onde ficavam os mais pobres, as mulheres e os escravos. As únicas mulheres, além das pertencentes à família imperial, que tinham uma boa visão da matança eram as Virgens Vestais, sacerdotisas de elite com lugares reservados em algum ponto perto das primeiras filas. Longe de ser uma multidão descontrolada clamando por sangue, como muitas vezes é imaginado, o público no anfiteatro era ostensivamente *ordeiro*, e todos usavam seus melhores trajes formais. Nenhum filme jamais mostrou isso. Parecia mais uma plateia de uma ópera atual que uma multidão enlouquecida – e proporcionava ao homem que olhava do camarote imperial um retrato do "seu" povo, ou da maioria dos seus *homens*, em desfile.

Na cidade de Roma, os espetáculos públicos desse tipo passaram a ser associados quase exclusivamente ao imperador. As primeiras lutas de gladiadores eram privadas e de pequena escala, e parecem ter começado como parte do ritual de funerais aristocráticos no século III a.C., com alguns combates ocasionais apresentados como diversão por anfitriões ricos depois do jantar. A prática se disseminou por todo o Império, junto com caçadas de animais, como a forma característica de "entretenimento" romano global, em geral patrocinada por figurões locais, com trupes de gladiadores e campos de treinamento de iniciativa privada. Na capital, porém, tornou-se um dos espetáculos sob a rubrica do governante, e em grande escala.

Nos primeiros tempos, os espetáculos aconteciam em uma variedade de locais improvisados. Júlio César apresentava caçadas de animais selvagens no Fórum, e Augusto às vezes adaptava o supérfluo salão de votação a lutas de gladiadores. O primeiro *anfiteatro* permanente construído para esse fim na cidade foi parte do programa de novas construções de Augusto, patrocinado por um de seus homens de confiança ("*anfi*teatro" porque, ao contrário de um "teatro" comum, os assentos ficavam *ao redor* da arena central). Um século depois, Vespasiano e Tito, pai e filho juntos, causaram um impacto maior ainda ao usarem os despojos da guerra contra os judeus na construção do Coliseu, estrategicamente localizado como um local de prazer para o povo, onde antes ficava a área verde semiprivada da Casa Dourada de Nero. Enquanto isso, os gladiadores eram cada vez mais de propriedade e treinados com o dinheiro do imperador, os animais eram adquiridos e transportados por seus homens, e os espetáculos, produzidos e financiados exclusivamente por ele, ou às vezes – numa escala mais modesta – por quem tivesse sua autorização. Os sucessivos imperadores se vangloriavam dos espetáculos e das matanças que proporcionavam: 10 mil gladiadores exibidos ao longo de seu reinado (Augusto); 5 mil animais mortos num único dia (Tito); 11 mil animais massacrados ao longo de 123 dias (Trajano); e muito mais. Dião Cássio alertou aos seus leitores para não aceitarem esses números exagerados, mas o exagero e a ostentação faziam parte do propósito.

Sem dúvida era difícil para um imperador encontrar o equilíbrio certo entre ser entusiasta demais e não entusiasta o suficiente em relação a esses espetáculos. Alguns imperadores questionaram a violência repugnante dos procedimentos. Nero foi um dos menos entusiasmados com o anfiteatro, e consta que presidiu um evento em que ninguém, "nem mesmo um criminoso", foi executado. (Nero não deve ter gostado quando, em uma exibição fatal, um acrobata caiu das alturas e espirrou sangue nele.) Marco Aurélio também era conhecido por ser avesso à violência e afirmou, de maneira um tanto arrogante em suas *Anotações para si mesmo*, que achava esses espetáculos "entediantes" por serem sempre os mesmos: matanças e mais matanças, presumivelmente. Na verdade, quando o imposto sobre a venda de gladiadores foi abolido em todo o Império no seu reinado, em 177 d.C., parte da justificativa foi que o tesouro imperial "não deveria ser contaminado com respingos de sangue humano". No entanto, é difícil não desconfiar de que suas objeções fossem mais teóricas do que práticas. Essas preocupações morais, ou seu tédio maçante, não o impediram de promover os próprios espetáculos com gladiadores, que imagino não fossem pouco sangrentos.

A violência desses espetáculos *era* escabrosa. Por mais que tentemos explicá-los, como historiadores modernos têm feito, em termos de psicologia de massa, perversão do militarismo romano ou de uma exploração ritual da morte, o resultado final era horrendo. Afirmar que eles ocorriam com muito menos frequência do que tendemos a imaginar (espetáculos gigantescos aconteciam com intervalos de muitos anos) não é suficiente para mitigar o horror. Nem o fato de o número de vítimas provavelmente ser menor do que se supõe. Apesar das bravatas imperiais, seria necessário mais do que os recursos de um imperador para trazer muitos hipopótamos ou girafas a Roma, e gladiadores treinados eram muito valiosos para serem "desperdiçados" em constantes lutas até a morte. Mesmo que a crueldade em si seja agora difícil de explicar, porém, podemos detectar uma lógica arrepiante no que acontecia na arena. Essas ocasiões não só eram um desfile das micro-hierarquias da sociedade romana, mas também marcavam uma divisão ainda mais fundamental: entre *nós* da plateia e *eles*, os que lutavam, sofriam ou morriam na arena.

Eram, pois, os excluídos, os condenados, os abominados e os "estrangeiros" que se apresentavam ali – aqueles que, por definição, não eram (totalmente) romanos. Os gladiadores eram muitas vezes escravos, ou criminosos condenados sentenciados a lutar como punição. Mesmo quando voluntários livres, perdiam alguns de seus direitos e privilégios de cidadãos ao se alistarem. E, claro, os animais mais raros e notórios exibidos evocavam as aberrações estrangeiras e perigosas do mundo natural, que Roma tinha como destino conquistar ou domar (conforme muitos da plateia acreditavam). Independentemente do prazer visceral pessoal que os espectadores possam ou não ter sentido com a violência, os espetáculos também eram metáforas para o exercício do poder romano. Só de comparecer usando trajes romanos formais e assistir ao espetáculo, a plateia estava vivenciando a dominação de Roma e dos romanos, e exibindo seu papel nisso tudo.

Havia uma questão semelhante nas execuções de penas de morte às vezes exibidas nos intervalos do programa entre as lutas de gladiadores e as caçadas aos animais (o posterior martírio de cristãos na arena fazia parte disso). Muitas culturas ao longo da história utilizaram a execução pública dos que desrespeitam as regras mais fundamentais da sociedade como uma forma enfática de reforçar essas regras. Os horríveis enforcamentos na Inglaterra de poucos séculos atrás, que transformavam a morte de criminosos insignificantes em espetáculos voyeurísticos, são apenas um exemplo disso. No anfiteatro romano, porém, havia um aspecto ainda mais terrível. Algumas execuções eram encenadas como reencenações de mortes famosas da mitologia e de lendas. Temos relatos, por exemplo, de um homem sendo queimado vivo, para imitar Hércules em sua pira funerária. É possível que o "acrobata" que espirrou sangue em Nero fosse uma dessas infelizes vítimas, interpretando o papel do mitológico Ícaro, que voou muito perto do sol. Os condenados não eram só executados, eles tomavam a forma grotesca de "estrelas da própria destruição".

Essas "farsas fatais" com certeza foram destaque na inauguração do Coliseu, em 80 d.C., sob o olhar do imperador Tito (Vespasiano não viveu para ver a inauguração). A íntegra da ocasião foi celebrada por Marco Valério Marcial num pequeno volume de versos. "Marcial", como é conhecido agora, não só alardeou o retorno da área verde de Nero ao uso público. Entre as apresentações inaugurais, ele destacou a reencenação de um lendário herói romano queimando a própria mão, uma imitação da morte por dilaceração do pai de Ícaro, Dédalo, e do assassinato de um famoso anti-herói do folclore local, o bandido Lauréolo, despedaçado por um urso selvagem. Ao comentar esta última cena, Marcial descreveu a vítima na arena (um assassino, ladrão ou incendiário, ele conjecturou: quem saberia exatamente?) "oferecendo suas entranhas cruas ao urso escocês,/ os membros mutilados ainda vivos, mas gotejando sangue,/ e do corpo todo não restava mais corpo". É difícil saber agora o que é mais repugnante: a violência sádica em si ou sua estetização nos versos celebratórios de Marcial. Receio que o poeta tenha se orgulhado do verso "do corpo todo não restava mais corpo".

Tudo isso era supervisionado pelo imperador. Ele era o principal empresário e coreógrafo, mesmo com o trabalho sendo feito por centenas de escravos do palácio (de que lado da barreira *eles* achavam estar?). Era o imperador quem pagava por isso e cujo poder supremo estava em exibição, como o árbitro final decidindo se o gladiador derrotado deveria viver ou morrer. Mais do que isso, nessas "farsas fatais", ele não só presidia a humilhação e a degradação dos infratores. Estava praticamente trazendo mito e lenda à vida – ou à morte – no mundo da arena, evocando o poder de torná-los *verdadeiros*. Como observou Marcial no último verso do seu poema sobre Lauréolo, "o que tinha sido (só) uma história tornou-se um (verdadeiro) castigo".

Então, como explicar o imperador Cômodo descendo do seu camarote para se juntar ao mundo dos abjetos e abomináveis na arena, ou muito perto do chão da arena?

Medo do palco

Parte da resposta é que sempre houve dois lados na imagem do gladiador. De um lado, gladiadores eram oficialmente desprezados, marginalizados, privados de seus direitos e vítimas da violência estatal. De outro, atraíam a imaginação cultural romana. A figura do lutador na arena era às vezes usada por escritores romanos como um símbolo de bravura diante da morte, uma metáfora para as lutas morais do filósofo e um símbolo de virilidade masculina (em latim, *gladiator* significava "lutador com um *gladius*" – e *gladius* queria dizer tanto "espada" como, de modo coloquial, "pênis"). A mãe de Cômodo, Faustina, não foi a única dama da elite romana a ser acusada de ter um caso com um gladiador. Era quase um clichê. No início do século II, por exemplo, em uma sátira constrangedoramente misógina sobre mulheres, ou acerca das desvantagens do casamento, Juvenal fala da esposa mimada de um senador que deixou sua casa, abandonando marido e filhos, e fugiu para o Egito – com um gladiador. "Ele tinha um grande calombo no nariz e seu olho exsudava um pus nojento, mas o importante é que *era um gladiador*." Outra versão romana de sordidez sexual.

A maioria disso provavelmente era mais imaginação do que realidade. Minha impressão é que a ideia de esposas fugindo com gladiadores tinha mais a ver com pesadelos fantasiosos de homens da elite que com infidelidade por parte das mulheres (e, de certa forma, talvez Juvenal estivesse dizendo isso). Mesmo assim, a imagem do gladiador era tão excitante que o Senado romano chegou ao ponto de adotar medidas expressas e insistentes para proibir as classes altas de frequentar a arena. Uma parcela do texto original de um desses decretos, de 19 d.C., foi preservada, inscrita numa placa de bronze encontrada na Itália central nos anos 1970. Trata-se de uma série de regulamentos minuciosamente detalhados proibindo senadores, equestres e seus descendentes de lutar como gladiadores e de aparecer no palco. Havia até normas que os impediam de interpretar papéis secundários, "em condição subordinada", na arena (ou seja, ninguém conseguiria contornar essas regras alegando que só estava "ajudando" os gladiadores). E, quando escritores romanos mencionam o entusiasmo de vários imperadores com os gladiadores, em geral se mostram mais preocupados em apontar como eles conseguiram se manter dentro de limites aceitáveis. Augusto, por exemplo, deixou equestres lutarem como gladiadores, mas Suetônio ressalta que foi *antes* de isso ser oficialmente proibido. Outros imperadores lutaram pessoalmente, porém apenas em particular, ou como parte de um regime de treinamento e condicionamento físico na juventude e coisas assim. O diferente em Cômodo não foi seu entusiasmo, mas ter ultrapassado o limite no delicado equilíbrio entre o aceitável e o inaceitável. Em sua defesa, Septímio Severo mais tarde acusou o Senado de hipocrisia por condenar as apresentações de Cômodo na arena: "Nenhum de *vocês* luta como gladiador?", ele teria perguntado. "Se não lutam, como e por que alguns de vocês compraram os escudos e elmos dourados usados por ele?" – referindo-se à venda do equipamento de Cômodo e de outros pertences depois do seu assassinato.

Havia, contudo, mais do que isso. A lógica da arena e a ordem das hierarquias não eram apenas uma forma de manter o povo no seu devido lugar. Também mantinham o imperador em seu papel, e forneciam um quadro segundo o qual pudesse ser julgado. A exemplo de muitos sistemas altamente regulamentados, era um mundo em que as *transgressões*, reais ou imaginárias, conviviam com a *obediência às regras*. Quando eram acusados de transgressões terríveis no anfiteatro, os imperadores não estavam (meramente) sendo acusados de atos aleatórios de caprichos de crueldade. O problema principal era que essas subversões pareciam virar a lógica do lugar de cabeça para baixo. Tratava-se de outra maneira de transmitir a visão de um mundo virado de ponta-cabeça sob um imperador transgressor. Nada nem ninguém estava onde deveria estar. Essa era a implicação de o imperador trocar seu camarote imperial pelo chão da arena, agindo como os artistas mais humildes; ou – como se atribuiu a Nero – pedir ou obrigar os senadores a saírem de seus lugares especiais na primeira fila para se tornarem lutadores.

O boato, ou fantasia, de que Cômodo planejava disparar flechas contra os espectadores – como se fosse Hércules em um de seus trabalhos, matando as aves antropófagas do lago Estínfalo – é um exemplo ainda mais complicado disso. Nesse caso, era o próprio imperador, não um criminoso condenado, que reencenaria o mito, enquanto o papel da plateia e das vítimas/artistas seria perigosamente revertido. Os que deveriam estar em segurança em seus lugares *assistindo* à matança seriam ameaçados pelas flechas da morte. Chegou a haver boatos bizarros de Nero ter invertido as hierarquias de maneira ainda mais dramática em particular. Usando a pele de um animal, ele teria "feito uma espécie de jogo" em que atacava os genitais de pessoas amarradas em estacas. Era como se o imperador se tornasse a fera selvagem.

No entanto, eis aqui as grandes questões sobre o imperador na arena: quem era a verdadeira estrela do espetáculo? Quem era o foco da atenção da plateia? Em termos formais, deveria ser ele mesmo. Inevitavelmente, porém, na maior parte do tempo os olhos dos espectadores não se voltavam para o homem no camarote imperial. Estavam nos gladiadores e nos caçadores de feras em seus combates potencialmente mortais. Em qualquer espetáculo, era quase certo que o imperador seria ofuscado pelos lutadores que atraíam o olhar de toda a plateia. Dizem que Calígula reclamou explicitamente disso quando um gladiador foi aplaudido com um entusiasmo especial. "Como é possível", teria gritado, "que o povo que governa o mundo faça mais honrarias a um gladiador do que à minha nobre presença?" Diz a história, contudo, que ele se levantou tão depressa para fazer essa intervenção que tropeçou na barra da toga e caiu da escada do camarote. O dilema do imperador era se decidir entre desempenhar seu papel devido, e assim se deixar ser ofuscado; ou ganhar os holofotes descendo à arena (ou mesmo só protestando em voz alta), infringir as regras *e* parecer um tolo.

É difícil simpatizar muito com Cômodo (os escritores romanos fazem o possível para não simpatizarmos), mas talvez devêssemos inverter a narrativa de Dião por um momento e refletir sobre como seria estar sozinho no meio do anfiteatro, fora de lugar, acenando pateticamente com a cabeça de um avestruz a senadores enfileirados que mastigam suas folhas de louro e mal disfarçam o riso de escárnio. O Coliseu podia ser desolador para o homem no mais alto posto.

Um dia nas corridas

Muito menos desolador era o Circo Máximo ou, literalmente, "o maior Circo", uma longa pista de corrida que ocupava o vale no sopé do Monte Palatino, que sob os imperadores era o principal local da cidade para corridas de bigas e cavalos (embora, sobretudo antes da construção dos anfiteatros permanentes, às vezes também fosse usada para gladiadores e caçadas de animais). Ficava tão perto do palácio imperial que foi aberta uma passagem, provavelmente sob Trajano, proporcionando um acesso particular direto ao Circo para o imperador e seu pessoal. Em certa ocasião, quando o público começou a chegar, à meia-noite, para garantir seus lugares para os eventos do dia seguinte, o barulho não deixou Calígula dormir. O imperador mandou homens expulsarem a multidão, mas na confusão para sair – segundo relatos – muitos foram mortos. A mesma história é contada envolvendo Elagábalo quase dois séculos depois, mas com uma fantasiosa e clássica variante. Dizem que ele não mandou soldados, e sim cobras, e que "muita gente foi ferida pelas presas ou na fuga".

O Circo Máximo foi abandonado no século VI d.C., e quase desapareceu. Aos poucos, foi sendo invadido pela modernização da cidade, inclusive com a construção de uma grande usina de gás no século XIX bem em cima do local, até ser aterrado e transformado em um parque nos anos 1930 como parte dos projetos arqueológicos de Mussolini. As fileiras das arquibancadas foram falsamente reconstituídas com montes de terra para dar uma ideia de como eram (o piso da pista está soterrado quase 10 metros abaixo da superfície atual). Nos dias de hoje, a visita ao local é um tanto monótona. Foram realizadas apenas escavações muito limitadas, e, para quem quiser ter alguma ideia de como era o lugar originalmente, o melhor guia é uma série de imagens antigas em pisos de mosaicos (il. 22), além de algumas obras de arte outrora localizadas no canteiro central (uma surpreendente galeria de tesouros) e que foram retiradas pelos papas do Renascimento para serem exibidas em outros

Circo Máximo

Palácio do Palatino

Pulvinar e camarote do imperador

Portões de largada

Posto de virada

Spina ou euripus

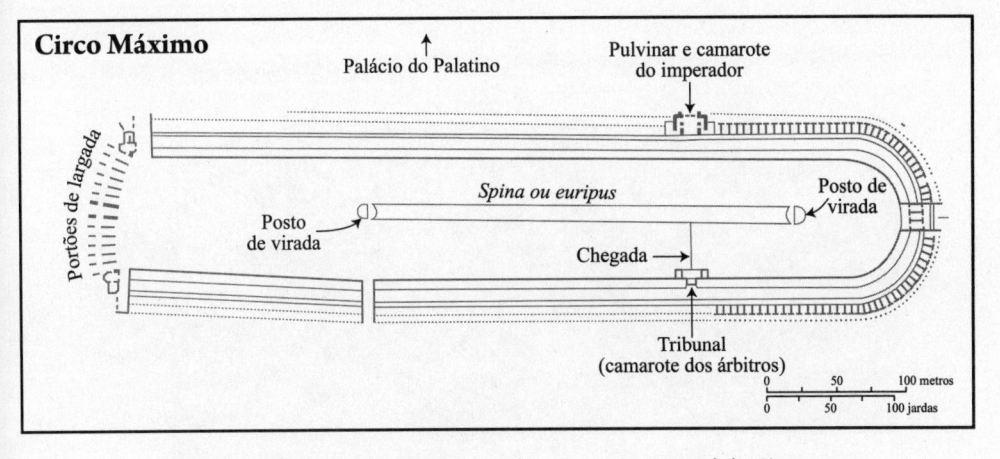

Posto de virada

Chegada

Tribunal (camarote dos árbitros)

0 50 100 metros
0 50 100 jardas

Apesar da difícil visão no plano do solo, o canteiro central do Circo era uma das áreas mais imponentes. Conhecido como a *spina* (literalmente, "espinha dorsal") ou *euripus* (termo grego para um estreito canal de água), era palco de antiguidades e obras de arte impressionantes.

lugares. Em comparação, o Coliseu continua fascinando a imaginação moderna, por razões óbvias. Grande parte ainda está preservada, inconfundível em meio ao intenso tráfego no centro de Roma. É um lugar de peregrinação em memória dos cristãos martirizados na arena (principalmente depois do período que abordo neste livro), a maior atração turística da Itália (com falsos gladiadores do lado de fora, cobrando para serem fotografados) e replicado em milhões de miniaturas modernas para decorar prateleiras, lareiras e geladeiras em quase toda parte.

No mundo antigo, porém, o Circo roubava a cena. Era muito maior que o Coliseu. A arena – doze vezes maior que a do Coliseu – abrigava uma dúzia de quadrigas, puxadas por quatro ou mais cavalos, que corriam pelos 500 metros de pista, dos dois lados do canteiro central, conhecido como *spina* ou *euripus*. Comparado aos 50 mil espectadores do Coliseu, podia acomodar entre 150 mil e 250 mil espectadores – o limite superior dessa faixa é mais que o dobro da capacidade do maior estádio de futebol do mundo nos dias de hoje. E era muito mais usado que o Coliseu. De acordo com um calendário de meados do século IV d.C. (embora os números tenham aumentado ao longo do tempo), havia corridas em 64 dias do ano, enquanto os combates de gladiadores regulares só aconteciam em dez dias.

58. Vista do Circo Máximo com o palácio do Palatino ao fundo, mostrando como as duas construções eram próximas. No canto inferior direito, veem-se os pontos de virada das duas pistas do percurso; os portões de largada ficam na outra extremidade. A torre, perto da curva, é medieval.

As corridas também tinham uma história mais longa. Aquelas realizadas em bigas e a cavalo eram originalmente parte dos festivais religiosos tradicionais da cidade e – apesar da imagem secular que têm hoje (mais parecidas com um esporte de massa que com uma veneração em massa) – sempre mantiveram uma relação próxima com os deuses. Augusto, por exemplo, comentou em seu livro *O que eu fiz* que construiu no Circo uma nova plataforma de observação ou santuário (*pulvinar* é o termo técnico em latim), onde foram colocadas imagens de deuses, como se estivessem assistindo ao espetáculo. E, segundo o mito romano, foi numa celebração religiosa no local do futuro Circo, pouco depois da fundação da cidade, que os primeiros romanos enganaram seus vizinhos, os sabinos, e raptaram suas filhas para serem suas esposas (o chamado "Rapto das Sabinas"). Consta que a primeira edificação do Circo foi construída no mesmo lugar alguns séculos depois, meio milênio antes de haver qualquer anfiteatro permanente na cidade.

A religião não tornava as corridas eventos solenes. Muito pelo contrário. Não era como o mundo ordenado do Coliseu. Para começar, havia menos segregação do público. Apesar de senadores e equestres terem lugares reservados nas primeiras filas, e de Augusto ter determinado a obrigatoriedade do uso de togas, homens e mulheres sentavam-se lado

59. O obelisco situado hoje na Piazza del Popolo, em Roma, antes ficava no canteiro central do Circo Máximo. Construído no Egito, no final do segundo milênio a.C., com pedras locais, foi trazido a Roma por ordem do imperador Augusto.

a lado. O poeta romano Ovídio chegou a dizer, em seu poema satírico *Arte de amar*, que o Circo era um ótimo lugar para paquerar: "Senta-te ao lado da garota, ninguém vai te impedir/ esfrega-te lado a lado, o mais perto que puderes", aconselha, após uma referência fuleira (ou de mau gosto) ao Rapto das Sabinas, para dar um contexto histórico ao aspecto erótico do local. Algumas descrições antigas, muitas vezes vindas de intelectuais desaprovadores, sugerem que ali as multidões podiam enlouquecer, com os competidores disputando a liderança nas perigosas curvas fechadas dos dois lados, em geral num percurso de sete voltas em torno do canteiro central. Plínio é relativamente comedido em seu desdém: "Milhares de homens adultos se comportando como crianças". O escritor cristão Tertuliano, um século depois, foi muito mais severo com os espectadores das corridas do que com os do anfiteatro. Ele via o frenesi, a paixão cega, a loucura, os gritos e imprecações como obra do diabo, e ressaltava o elemento adicional das apostas, que não parecia fazer parte das competições de gladiadores. E a empolgação era tremendamente intensificada por quatro grupos de aficionados rivais, o equivalente na Antiguidade às torcidas organizadas, apoiando equipes de estábulos rivais, com túnicas de diferentes cores e talvez até mesmo bigas de diferentes cores: os "Azuis" e os "Verdes", os "Vermelhos" e os "Brancos" (Domiciano tentou adicionar mais duas, os "Dourados" e os "Púrpuras", mas elas não pegaram). Plínio mais uma vez demonstra uma perplexidade impassível, se não arrogante: por que diabos tanto alvoroço por causa de uma *cor*?

Apostas altas

Para o imperador, o envolvimento com as corridas implicava um ato de equilibrismo conhecido. Embora se investisse muito mais capital privado nas corridas de bigas e na infraestrutura dos estábulos que nos espetáculos no Coliseu, os imperadores faziam questão de serem vistos como patrocinadores generosos, financiando corridas extras, aumentando os prêmios em dinheiro para as equipes vencedoras, ampliando e melhorando o Circo e fazendo reparos quando danificado (Antonino Pio, por exemplo, realizou alguns consertos rápidos quando uma coluna que sustentava parte das arquibancadas superiores cedeu durante uma corrida e matou, segundo a *História Augusta*, 1.112 pessoas). Governantes eram elogiados por tratarem a ocasião com seriedade. Era má ideia usar o tempo passado no Circo para pôr a correspondência em dia, mas uma boa ideia para o imperador se escusar educadamente, como fazia Augusto quando não podia comparecer. O lugar ocupado pelo imperador fazia diferença. Apesar do desdém expressado em outros textos por espetáculos na pista de corrida, no *Panegírico de Trajano* Plínio enalteceu Trajano por ficar "no mesmo nível" que o povo, em meio a ele, nos lugares públicos. No entanto, esse não era o lugar normal dos imperadores. Aparentemente, eles costumavam ficar ao lado das estátuas divinas no *pulvinar*, que de alguma forma também servia como camarote imperial — ou seja, o contrário de democrático, e não no mesmo nível dos meros mortais. E, claro, o entusiasmo imperial pelas corridas precisava ser judiciosamente calibrado. Relatos dizem que vários imperadores tentaram imitar os cocheiros profissionais, os quais, apesar dos grandes prêmios em dinheiro que podiam ganhar e da popularidade entre os aficionados, eram quase tão socialmente desclassificados quanto os gladiadores. No geral, porém, eles se dedicavam a suas corridas em pistas de corrida locais privadas, na cidade ou em terras estrangeiras (consta que Caracala correu na Alemanha ou na Mesopotâmia, no atual Iraque, e que Nero competia abertamente em corridas na Grécia). Mesmo Cômodo, segundo Dião Cássio, conduzia bigas em público, mas só no escuro, em noites sem lua, para não ser visto.

No entanto, as corridas de bigas geravam outros dilemas para o imperador, e relacionados a ele: como se situar nas rivalidades dos grupos de torcedores? Sua presença poderia influenciar a competição? A preferência do homem mais poderoso da cidade por um dos lados prejudicaria a diversão? A maioria dos imperadores torcia pelos Verdes. Vitélio e Caracala torciam pelos Azuis, mas foram os únicos a escolher outra equipe. (Antes de se tornar imperador, Vitélio chegou a um posto de comando militar graças à influência de outro aficionado dos Azuis na corte, segundo rumores.) E há muitas histórias de imperadores externando seu favoritismo com crueldade. Por exemplo, quando a multidão aplaudiu muito entusiasticamente um dos times rivais, Calígula teria feito uma ameaça aos gritos: "Quem dera o povo romano tivesse só um pescoço" (insinuando que gostaria de decapitar todos com um só golpe). Vitélio teria mandado matar alguns torcedores inocentes que falaram mal dos Azuis. No entanto, ser um torcedor podia repercutir no imperador e em sua imagem de outras formas. Era um lugar-comum na Antiguidade que a paixão por uma equipe de corrida podia levar até mesmo pessoas comuns a extremos do ridículo. O tio de Plínio, em sua enciclopédia, fala da morte de um torcedor que se jogou na pira funerária do seu cocheiro favorito dos Vermelhos. Galeno menciona torcedores (ou talvez treinadores) cheirando o esterco de seus cavalos preferidos para avaliar se os possíveis vencedores estavam sendo alimentados corretamente. O entusiasmo dos imperadores seguia esse padrão, mas em escala maior, pois mostrava o perigo (ou o ridículo) de ter um governante com a cabeça concentrada nas corridas.

A paixão de Calígula por seu cavalo de corrida favorito – "Incitatus" ("Velocidade Total") – vai muito além das histórias de convidar o animal para jantar ou ameaçar designá-lo cônsul. Era parte do fanatismo exagerado do imperador pelas corridas de bigas de forma geral. Dizia-se que Calígula mimava tanto Incitato que destacava soldados para ficar nos estábulos na noite anterior a uma corrida para ninguém perturbar o sono do cavalo, que tinha uma baia de mármore, um cocho de marfim, cobertores roxos (a cor imperial) e uma série de outros luxos, inclusive uma casa, móveis e seus próprios escravos. Calígula não foi o único a chegar a esses extremos. Lúcio Vero mandava trazer seu cavalo favorito, Volucer ("Voador"), ao palácio, também com cobertores roxos, e o alimentava com passas e nozes em vez de cevada. Chegou a mandar fazer uma estátua dourada do animal em miniatura, que levava consigo, e fez para ele um túmulo especial. Cômodo era igualmente obcecado por um cavalo chamado Pertinax (algo como "Pertinaz"). Certa vez, teria pintado seus cascos de dourado para um desfile no Circo, e superou os outros ao cobrir o lombo do animal não com um cobertor colorido, mas com uma pele dourada. A mensagem era que os imperadores, enquanto torcedores, não sabiam quando parar.

No entanto, eram o número de espectadores e o encontro dramático entre o governante e seu povo que imbuíam nas corridas do Circo Máximo uma emoção especial. Em Roma não havia instituições formais que permitissem aos cidadãos se manifestarem como um grupo, e não como indivíduos ou pequenas delegações, diante do imperador. Assim, qualquer grande aglomeração em que ele estivesse presente oferecia ao povo em geral a oportunidade de expressar objeções, protestos, demandas ou exigências; ou seja, de serem *notados*. Isso às vezes acontecia no Coliseu (onde, certa feita, Adriano se arriscou a responder a algumas demandas populares por meio de um arauto, sem se dirigir ao povo pessoalmente). Às vezes, como veremos, isso também podia acontecer em teatros menores da cidade, porém, de longe, o maior e mais significativo lugar de encontro entre governante e governados era o Circo Máximo, onde quase um quarto da população total da cidade podia estar presente, com o imperador diante de seus olhos e ao alcance dos ouvidos. Mais do que em qualquer outro lugar, era lá que o imperador se expunha à massa que governava. Um dia "de folga" nas corridas também podia ser um dia de política para o imperador – e para as multidões.

O historiador judeu Josefo entendeu essa lógica muito claramente. Era ao redor da pista de corrida, explicou, que os romanos podiam dizer ao imperador o que desejavam, e era do interesse do imperador ceder às suas demandas. Com que frequência isso acontecia nós não temos ideia, mas meu palpite é que, quando acontecia, os imperadores costumavam dar à multidão o que ela pedia, pois havia pouco espaço para negociar uma recusa honrosa ou um acordo diante de centenas de milhares de pessoas irritadas ou insistentes, que acreditavam estar seguras no anonimato. O que costuma chamar a atenção dos escritores romanos são as ocasiões em que os imperadores fizeram recusas *des*onrosas; e quando, do outro lado, os números não garantiam tanto o anonimato. As observações de Josefo, por exemplo, foram inspiradas nas demandas feitas no Circo para Calígula reduzir os impostos, em 41 d.C. Ele disse "não" e mandou seus soldados prenderem e matarem os principais manifestantes (os demais logo se acalmaram, mas é difícil imaginar que tenham prestado muita atenção às corridas depois disso). Foi uma forma brutal e truculenta de controlar a multidão, mas talvez tenha sido sua única opção prática naquelas circunstâncias; a outra teria sido dizer "sim".

A imagem do Circo Máximo como *o* lugar onde obter concessões do imperador transbordou em protestos que aconteceram lá sem o imperador estar presente. Nas guerras civis de 193 d.C., quando Dídio Juliano assumiu brevemente o trono – o homem que forçou Dião Cássio a "moldar o rosto" (p. 85) –, uma multidão passou 24 horas no Circo vazio protestando contra o imperador, até ficarem com tanta fome que voltaram para casa. De certa forma, assim como a Trafalgar Square de Londres, era um espaço aberto conveniente, mas também muito associado à voz do povo.

Em 190 d.C., um protesto ocorrido durante as corridas teve um desfecho mais funesto, sob o reinado de Cômodo, quando uma fome (erroneamente) atribuída ao ex-escravo Cleandro assolou a cidade. Cleandro era secretário particular do imperador, creditado com uma enorme influência na corte. Em um protesto meticulosamente encenado, logo depois da sétima corrida do programa do dia, um grupo de crianças invadiu a pista liderado por uma mulher "aterrorizante" (depois considerada uma deusa) entoando diatribes contra Cleandro, logo repetidas pelo restante da multidão. Uma vez que Cômodo não estava presente, um grande número de manifestantes partiu para encontrá-lo em uma de suas propriedades suburbanas, a Vila dos Quintílios, para exigir a morte de Cleandro. Dião, que conta essa história, afirma que foi a covardia que levou Cômodo a ceder e permitir que a cabeça do homem fosse exibida pela cidade numa estaca. É mais um lembrete de que o imperador muitas vezes tinha pouco espaço de manobra. Na perspectiva de Josefo, em geral, era do interesse do imperador ceder às demandas.

A importância do que estava em jogo nesses encontros torna compreensível que as corridas no Circo também pudessem marcar o começo do fim de alguns imperadores. O ataque lançado por Calígula contra a multidão teria sido um dos fatores que motivaram a ação do seu assassino, mas premonições sombrias e mortais também podiam estar à espreita até mesmo nos sucessos dos imperadores na pista. No final, Cômodo pode ter se arrependido de seu entusiasmo por Pertinax, seu cavalo favorito. O animal foi saudado por seus apoiadores no Circo com calorosos gritos de "É Pertinax, é Pertinax". No entanto, também foi um presságio do que estava por vir, pois o nome do homem declarado imperador logo após o assassinato de Cômodo também era Pertinax. E, mesmo na época, os gritos de "É Pertinax" teriam provocado alguns murmúrios de "Antes fosse!". Verdadeira ou não (e, como todos os presságios do tipo, é provável que essa história tenha sido inventada depois ou ajustada retroativamente para se adequar às circunstâncias), a história mostra os perigos, assim como os prazeres, das corridas para o governante.

No teatro

Os romanos gostavam tanto de todas as formas de teatro quanto dos espetáculos sangrentos ou das corridas de bigas pelas quais são mais conhecidos atualmente. O teatro, contudo, também podia ser um lugar arriscado para o imperador. No final do reinado de Augusto, havia três edificações teatrais permanentes ao ar livre na cidade, além de diversos locais temporários ou improvisados, onde era possível assistir a diferentes estilos de espetáculos: de pantomimas a tragédias e dramas clássicos gregos, de comediantes de palco a pastelões e recitais falados ou cantados. Alguns, assim como as corridas no Circo, estavam ligados a festivais religiosos oficiais, enquanto outros eram iniciativas privadas. Os teatros tinham uma capacidade muito menor em comparação a outras casas de entretenimento. O maior dos três era o chamado "Teatro de Marcelo", iniciado por Júlio César e concluído por Augusto, em memória a um dos herdeiros em potencial que não viveu o suficiente. Suas ruínas foram convertidas em uma residência palaciana no século XVI, e atualmente dão lugar a um prédio de apartamentos muito luxuosos. Mesmo esse teatro teria acomodado no máximo 20 mil pessoas na plateia, ou talvez algumas centenas a menos. Contudo, para compensar a capacidade menor, as apresentações teatrais eram muito mais frequentes que outros espetáculos: o mesmo calendário do século IV que reservava 64 dias para as corridas no Circo anunciava 101 dias para o teatro.

Supostamente, os mesmos princípios estritos de segregação do Coliseu vigoravam nos teatros: homens e mulheres separados, a plateia semicircular voltada para o palco seguindo a ordem hierárquica, com os senadores ocupando lugares à beira do espaço da apresentação. O lugar exato onde o imperador costumava se sentar não é tão claro (em parte porque em nenhum dos teatros da cidade a área dos assentos foi preservada), mas com certeza ele ficava visível para a plateia e, portanto, seguia sendo um alvo para suas demandas. Foi num teatro que Tibério precisou atender aos protestos da plateia e devolver uma estátua grega antiga que tinha removido de um conjunto de termas públicas e levado para casa. E Augusto sofreu uma dose de humilhação pública na inauguração do Teatro de Marcelo. Nessa ocasião, provavelmente se encontrava ao lado dos senadores no espaço da apresentação, pois estava numa *sella curulis* portátil, uma sofisticada cadeira dobrável que foi o mais próximo que os romanos chegaram de um "trono" físico. Para constrangimento do imperador, as juntas da cadeira cederam e ele caiu de costas no chão diante do público reunido.

O diferencial dessas apresentações teatrais, porém, era a maneira como a crítica satírica ao imperador era roteirizada nos espetáculos ou improvisada por atores ousados e apreciada pela plateia. Parte da liberdade (ou licença, *licentia*) do teatro ilustrava a liberdade de fazer piadas sobre os que estivessem no poder, até mesmo diante deles. Uma das melhores e mais contundentes "piadas" foi enunciada por um ator chamado Dato em um musical no reinado de Nero. Na época, havia rumores de que o imperador não só fora cúmplice do assassinato por envenenamento do seu pai adotivo, o imperador Cláudio, mas que também

60. Fachada do Teatro de Marcelo, com os acréscimos renascentistas acima. As três colunas em primeiro plano pertencem a um templo de Apolo, também construído durante o reinado de Augusto.

tentara afogar a mãe tirando-a de Baias num barco desmontável, que se desintegrou em alto-mar. (Ela nadou até a costa e sobreviveu – Nero não considerou que a mãe soubesse nadar –, e depois teria mandado um grupo de assassinos para concluir o trabalho.) Uma das músicas que Dato tinha de cantar incluía o verso "adeus, pai; adeus, mãe". Ele cantou esse trecho com gestos improvisados, primeiro fingindo beber (veneno) e, em seguida, fingindo nadar. Cem anos depois, Marco Aurélio teve que tolerar dois atores no palco fazendo um trocadilho fraco com o nome de um dos supostos amantes da sua esposa Faustina. Um dos personagens da peça perguntou a outro qual era o nome do amante da mulher *dele*: "Tulo Tulo Tulo", foi a resposta. "Não entendi", replicou o primeiro. "Eu já disse três vezes, é Tulo." A piada previsível e que provocou murmúrios era uma referência ao nome do amante de Faustina, "Tertulo", ou, literalmente, "Três vezes (*ter*) Tulo".

O problema do imperador era como reagir da melhor forma a essas provocações. Era fácil errar. Consta que Calígula mandou queimar vivo um autor por introduzir um duplo sentido (presumivelmente, contra o imperador) em uma de suas falas. Marco Aurélio, porém, parece não ter sido muito enaltecido por aceitar pacientemente a provocação com o nome de Tertulo sem castigar os culpados. Passou a impressão de que se deixava aviltar, tanto pelos comediantes quanto pela mulher. Nesse placar, Nero se saiu melhor no equilibrismo imperial, mostrando que sabia entender uma piada, mas que não era um bobalhão. Nero não condenou Dato à morte, só o mandou para o exílio por suas piadas impertinentes sobre envenenamento e natação.

No entanto, Nero também esteve no centro de grandes controvérsias relacionadas aos palcos: como conciliar seu papel de imperador com sua paixão pessoal pelo teatro e pela interpretação. Atores, assim como gladiadores e cocheiros, eram socialmente desprezados, mas também considerados celebridades glamorosas e sensuais. Diz-se, por exemplo, que Cláudio relevava insultos repetidos no teatro sobre o motivo de o famoso ator Mnester não estar no palco – pois quase todos sabiam que Mnester estava se divertindo no palácio com Messalina, a então mulher de Cláudio. Assim como nos episódios dos lutadores na arena, havia tantos membros da elite romana que almejavam subir num palco que se pensou numa forma de proibi-los de fazer isso, mas parece que foi Nero quem infringiu essas regras de forma mais flagrante, sendo lembrado por séculos como o "imperador-ator".

Tudo começou em particular, mas gradualmente, segundo os relatos habituais, Nero passou a se apresentar em público, primeiro em Nápoles – onde sinistramente o teatro desabou logo depois da sua apresentação – e depois em Roma, atuando em recitais (não como membro de um elenco regular, mas como artista solo com uma pequena trupe de apoio), cantando e tocando lira. Há inúmeros relatos pitorescos e curiosos sobre suas performances e ambições teatrais. Ele assumiu alguns papéis extravagantes, interpretando tanto homens como mulheres, com "Cânace em trabalho de parto" sendo um dos mais notórios (no papel de uma "heroína" da mitologia grega que deu à luz um filho do próprio irmão e se matou em seguida). No entanto, também tinha todo um repertório de temas sobre reis e tiranos míticos, como "O cegamento de Édipo" e "Orestes, o assassino da mãe". Consta que ele tinha um controle rígido sobre a plateia. Ninguém podia sair do teatro enquanto estava se apresentando (há relatos sobre gente que fingia estar morta para conseguir escapar, e de mulheres dando à luz em seus lugares por falta de uma rota de fuga). O futuro imperador Vespasiano chegou a ser banido do círculo de Nero por ter cochilado durante um de seus recitais. E o interesse de Nero pelo teatro muitas vezes parecia superar seu interesse pelo governo. No final do seu reinado, ao mobilizar uma força-tarefa a fim de combater uma revolta na Gália, sua primeira prioridade foi organizar carroças para transportar seu equipamento de palco. No episódio mais famoso de todos, ele transformou o grande incêndio de Roma numa oportunidade para atuar, observando tudo queimar de uma distância segura e tocando em sua lira o tema da destruição da cidade de Troia, o "tocar lira enquanto Roma queima" original.

Algumas dessas histórias são puro exagero. Se Vespasiano *foi mesmo* afastado do círculo do imperador, essa exclusão não durou muito tempo, pois pouco depois foi designado a um posto de comando importante na Guerra Judaico-Romana. Seja qual tenha sido a conduta de Nero no grande incêndio, está bem estabelecido que o programa de ajuda que ele patrocinou depois (incluindo a abertura de seus terrenos para os desabrigados) foi excepcionalmente eficaz. Até mesmo antigos críticos hostis reconheceram sua atuação. De todo modo, algumas dessas atuações deviam ser muito populares. (É fácil para escritores antigos e modernos transmitir uma impressão negativa ao insinuar, aqui e ali, alguma forma de compulsão, afirmando que "muitas pessoas eram *obrigadas* a comparecer", quando elas poderiam muito bem estar lá por vontade própria.) Contudo, distorcidas e exageradas ou não, essas narrativas a respeito das encenações teatrais de Nero vão além da indignação pelo mau comportamento ou tendências tirânicas de um imperador. Ao explorarem as implicações do imperador como ator, os escritores romanos estavam habilmente dirigindo os holofotes aos problemas e às insatisfações do governo de um homem só.

Como vimos no mundo distópico de fantasia de Elagábalo, uma das questões mais desestabilizadoras da autocracia romana era: como reconhecer o que era verdadeiro — ou como, no mundo do imperador, se poderia saber e em que se devia acreditar quanto ao que se via e ouvia. O fato e a ficção do palco conferiam certo viés nesse aspecto. Para começar, em algumas das histórias das apresentações de Nero, o ato de "fingir ser alguém que você não é" não recaía sobre o ator, mas sobre a plateia. Eles podiam ter de se fingir de mortos para escapar, ou (a menos que fossem Vespasiano) fingir que estavam gostando. Era como se, quando o imperador era um ator, todos os demais fossem forçados a ser atores/dissimuladores também.

No entanto, havia ainda a questão da fronteira difícil e movediça entre Nero, o imperador, de um lado, e os papéis que interpretava no palco, de outro. Alguns de seus papéis mais famosos faziam referências à sua vida. "O cegamento de Édipo" (ao descobrir, segundo o mito, ter se casado com a mãe) certamente ecoava as alegações de que Nero teria cometido incesto com sua mãe, Agripina. Não muito diferente da piada de Dato, "Orestes, o assassino da mãe" lembrava os relatos de que ele a teria matado depois. Essas ressonâncias eram amplificadas por seus trajes no palco. Seguindo a tradição antiga, Nero se apresentava de máscara; no seu caso, porém, dizia-se que a máscara não era a criação usual e altamente estilizada que os atores costumavam usar, mas sim às vezes feita com seus próprios traços característicos reconhecíveis. Quando interpretava mulheres, a máscara tinha feições características de sua parceira feminina na época. Em outras palavras, ele fazia o papel do mais famoso matricida da mitologia usando uma máscara que retratava o próprio rosto. Então, *como* se podia diferenciar o verdadeiro imperador do personagem do palco? Será que o imperador estava sempre atuando? Enunciando de outra maneira, como ponderou o intelectual grego Filóstrato 250 anos mais tarde, o que separava um ator interpretando um tirano no palco, que depois queria se tornar um tirano na vida real, de um tirano na vida real, como Nero, que pretendia interpretar um tirano no palco?

Essas questões sobre fingimento e dissimulação são captadas de forma mais vívida na história de um daqueles momentos de "folga" em que Nero saía à noite, disfarçado, em busca de bares sórdidos, de brigas com marginais e coisas piores (Suetônio diz que algumas de suas vítimas eram jogadas nos esgotos). Nessa noite específica, a diversão teve consequências terríveis para um senador inocente e desconhecido chamado Júlio Montano. Ele estava com a esposa quando Nero, de peruca e bem disfarçado, tentou abusar dela na rua. Montano reagiu batendo no imperador e o deixando com um olho roxo. Em sua versão da história, Dião ressalta que tudo teria corrido bem se Montano tivesse simplesmente se calado. Muita gente em Roma, porém, sabia o que Nero fazia quando caía a noite, e o infeliz senador, que depois reconheceu o imperador, escreveu pedindo desculpas. Foi um grande erro. Quando leu a carta, o imperador falou: "Então, ele sabia que estava batendo em Nero". Ao saber dessa reação, Montano se matou, sem dúvida temendo o pior que viria. Na lógica da história, seu crime foi reconhecer o verdadeiro imperador por trás da atuação.

A caça aos meninos

Quando disparava contra os animais das passarelas do Coliseu, Cômodo só estava *fingindo* ser um caçador, mas no repertório romano de recreações havia uma modalidade alternativa para a matança de animais. Longe do anfiteatro, alguns imperadores, especialmente Trajano e Adriano, caçavam nas florestas, a cavalo ou a pé, um passatempo imortalizado em pelo menos uma ocasião em esculturas na cidade de Roma, com cenas do imperador triunfante com um leão, um javali e um urso. No entanto, a despeito de todas as associações de caçadas com coragem, masculinidade e glamour, e sem uma plateia grande e talvez conflitiva, esse prazer imperial específico também implicava riscos a uma reputação.

A caça tinha uma imagem ambivalente em Roma. Uma escola de pensamento condenava como uma prática "tirânica" e "oriental" a manutenção de animais presos em áreas especiais ou parques de caça para serem alvos fáceis dos caçadores (não muito diferente dos animais vítimas de Cômodo), e só aprovava a habilidade e os riscos da caça "de verdade", praticada por "homens de verdade". Outra questionava se a caça, mesmo na natureza, era um bom treinamento para o combate militar ou meramente uma distração lúdica deste. Alguns pensavam que, se fosse para matar por diversão, por que se dar ao trabalho de ir para a natureza? Seria melhor assistir no anfiteatro "e preservar as pernas, em vez de se arranhar correndo pela floresta". Havia também estilos de caça muito diferentes. Plínio, previsivelmente, ocupava o extremo intelectual do espectro, levando seus materiais de escrita quando saía para caçar javalis, para o caso de ter algum pensamento interessante que fosse bom demais para esquecer.

61. Painéis em relevo de Adriano caçando, reutilizados de um monumento anterior, foram incorporados ao Arco de Constantino, concluído em 315 d.C. Aqui, Adriano e seu grupo são retratados caçando um javali. O rosto de Adriano (a figura principal a cavalo) foi refeito para se assemelhar ao de Constantino, mas Antínoo é reconhecível ao fundo (segundo a partir da esquerda).

Mesmo que a caça fosse praticada longe dos olhares do público, esses diferentes estilos podiam dizer muito sobre o caráter e as qualidades dos diferentes imperadores. Certa ocasião, o jovem Marco Aurélio, que também era bastante intelectualizado, explica em uma carta a Fronto que voltou de uma caçada sem de fato ter visto o que havia sido caçado, tirou sua roupa de caça e dedicou duas horas à leitura de discursos clássicos romanos (sem dúvida, exatamente o que seu tutor queria ouvir). Augusto parece não ter sido um adepto de grandes caçadas, preferindo uma tarde tranquila de pescaria. E o contraste entre Domiciano e Trajano na maneira como caçavam deu a Plínio outra oportunidade de expor os vícios e virtudes de cada um em seu *Panegírico de Trajano*.

A recreação de Trajano, segundo Plínio, era sair sozinho a pé, subir altas montanhas e desentocar animais dos seus esconderijos, ou expulsá-los de terras baixas para proteger os agricultores dos danos que causavam. Era quase como se fizesse no seu tempo livre o que fazia no seu trabalho cotidiano: defender Roma contra os inimigos e proteger os cidadãos. Domiciano, por sua vez, estava entre os que se divertiam matando animais mais ou menos em cativeiro, num parque de caça na sua casa em Albano. Suetônio o descreve, de forma inútil e cruel (apesar da excelente pontaria), disparando duas flechas contra a cabeça de suas vítimas, para dar a impressão de que tinham dois chifres. Um intelectual grego, outro Dião, apelidado de "Boca de Ouro" (*Chrysostom*), coloca essa questão de forma ainda mais clara. Alguns imperadores, que ele desaprovava, gemiam e choramingavam no palco em seu tempo livre (ele estava falando de Nero), ou não faziam nenhum esforço para capturar animais enjaulados nos seus parques particulares. Bons imperadores, como Trajano, mostravam sua coragem em atividades que os tornavam mais fortes, mais valentes e mais prontos para a luta.

A tese de Plínio era que o imperador se revelava de forma mais clara pelo que escolhia fazer no seu tempo livre, mas sua defesa fervorosa das caçadas de Trajano pode sugerir que nem todos achavam que Trajano estava agindo certo. No caso do seu sucessor, Adriano, é possível identificar as diversas controvérsias e aflições em relação à sua paixão pela caça.

Adriano deixou vestígios de suas caçadas por todo o mundo romano, e não só nas esculturas de Roma. Fundou uma cidade, hoje na Turquia, com o nome de "Caçadas de Adriano" (Adrianotera), por causa de uma expedição de caça bem-sucedida no local, e foi retratado nas moedas de lá com trajes de caça. Quando matou um urso na Grécia, dedicou "suas melhores partes" a Eros, o deus do amor. Em uma dedicatória constrangedoramente sentimental lavrada em pedra, ainda preservada, ele pede ao deus que lhe conceda a graça de sua mãe, Afrodite. Alguns anos depois, em 130 d.C., no Egito, saiu para caçar com o namorado Antínoo, uma ocasião sofisticadamente celebrada em versos gregos por um poeta egípcio da época chamado Pâncrates, que só é lembrado pela sorte de o imperador ter notado e apreciado seu tributo. Quatro linhas foram preservadas e citadas em uma imensa coletânea literária compilada algumas décadas depois, mas outras mais de trinta linhas, quase certamente do mesmo poema, foram descobertas em fragmentos de papiro egípcio.

Esses versos transformam a caçada de Adriano e Antínoo em um confronto épico com um leão, que vinha assolando grandes porções de terras da África do Norte. Adriano ataca primeiro, com sua lança de bronze, mas só fere o animal, que fica furioso, espumando pela boca, rangendo os dentes e arranhando o solo com tal violência que levanta uma nuvem de poeira que obscurece a luz do sol. O quase acerto de Adriano foi intencional, pois ele queria descobrir a precisão com que Antínoo poderia atacar (a linguagem épica exagerada, que remete mais a Homero que à descrição de uma caçada no presente, atribui uma ascendência divina ao "adorável" jovem: Antínoo é chamado de "filho do deus Hermes"). Não ficamos sabendo qual dos dois matou o leão, pois essa parte do poema foi perdida, mas no trecho romântico preservado, com um toque de erudição pretenciosa e abstrusa, lemos que foi o sangue do leão, gotejando no chão, que deu a cor característica à flor de lótus vermelha do Egito. No entanto, esse não é o único toque romântico do poema. Seguindo um antigo tema que via a caçada não só como um símbolo de habilidade marcial e resistência, mas também como uma metáfora para a busca erótica (como ainda o é na expressão "à caça"), Pâncrates insinua que o alvo de Adriano é tanto o adorável Antínoo quanto o leão feroz.

Só podemos especular o que os leitores antigos pensavam a respeito de o imperador estar "à caça", nesse sentido. Contudo há evidências de que a paixão de Adriano pela caça em si era vista por alguns como um exagero. A *História Augusta*, por exemplo, sugere que até mesmo Trajano considerava um exagero, e teria ordenado ao ainda jovem Adriano voltar da Espanha a Roma para afastá-lo das oportunidades de caça do lugar. E, para mim, passa dos limites o poema escrito por Adriano para ser inscrito na lápide do seu cavalo de caça favorito, Borístenes, o antigo nome do rio Dnieper, de onde teria vindo o cavalo.

Havia uma longa tradição na Grécia e em Roma de líderes homenagearem suas montarias, sendo um exemplo clássico Alexandre, o Grande, e seu cavalo de guerra Bucéfalo, enterrado com todas as honras durante suas campanhas no Oriente. Calígula e os outros imperadores aficionados por corridas de cavalos pareciam um tanto patéticos em comparação, tão empolgados com um animal que eles mesmos não montavam e que só galopava pela pista do Circo Máximo. Adriano, com seu cavalo de caça, tinha um pouco mais a ver com Alexandre, mas seu poema de dezesseis versos curtos, conhecido com base em uma cópia retirada da lápide no século XVII (que desde então foi perdida), é uma peça literária ruim e sentimental produzida pela pena imperial – a menos, é claro, que ele tenha contratado alguém de sua equipe para escrevê-lo. O poema celebra, transmitindo o sabor do latim, "o corcel de César [...] que voa com velocidade", incluindo até mesmo um tributo à saliva do animal, "expelida desde os lábios [...] até a ponta da cauda". Borístenes, conclui o poema, finalmente descansa em paz, com "seus membros isentos de esforço [...] repousando aqui embaixo da terra". Como versos, não diferem muito daqueles em um cartão de felicitações atual.

Seja qual for a nossa visão desse esforço literário por parte do imperador – como um constrangimento terrível ou, mais generosamente, como uma expressão comovente, embora ingênua, de afeto pelo animal –, isso nos lembra como é tênue a fronteira, mesmo hoje em dia, entre as reputações dos "bons" e dos "maus" imperadores, entre os que escaparam impunes e os que não se saíram tão bem. Se esse poema tivesse sido escrito por Calígula sobre seu Incitato, por Lúcio Vero – que fez um esplêndido enterro para seu corredor favorito Volucer –, ou por Cômodo para seu Pertinax (a versão de quatro patas), comentaristas antigos e modernos provavelmente o tratariam como um sinal da loucura do imperador em suas paixões privadas. No entanto, tendemos a considerar a forma de Adriano honrar *seu cavalo*, na pior das hipóteses, um poema canhestro de um imperador que exagerava nas coisas, nessa e em outras instâncias (pensem nas tantas estátuas de Antínoo), de modo desproporcional, como apenas os imperadores podiam fazer – fosse nos campos de caça, fosse no palco, nas corridas ou no Coliseu.

Para Adriano, porém, a caça foi só uma parte de suas experiências no exterior, que envolveram mais do que apenas interesses equinos. Essa caçada no Egito com (e de) Antínoo se deu durante uma expedição muito mais longa no exterior, que teve – como veremos agora – algumas consequências trágicas e envolveu objetivos bem diferentes.

8
IMPERADORES NO EXTERIOR

Uma estátua cantante

Alguns meses depois da caçada do grande leão em 130 d.C., Adriano e Antínoo partiram em uma incursão pelo rio Nilo, que parece ter sido basicamente um passeio turístico. Viajaram com uma frota de barcos e uma grande comitiva, que incluía a esposa do imperador, Sabina, e sua amiga e poeta Júlia Balbila, uma princesa oriental que também era cidadã romana. Era em parte membros da elite se divertindo e em parte uma operação de transporte ao estilo militar.

O misterioso afogamento de Antínoo no rio, duas semanas ou mais após o início da viagem, deve ter arruinado o clima de férias, mesmo assim eles seguiram rio acima, até um dos pontos turísticos mais famosos de todo o Egito: duas estátuas de 18 metros de altura nas margens do Nilo, bem perto da antiga Tebas (atual Luxor). Essas estátuas até hoje atraem ônibus cheios de turistas, e é provável que ainda sejam como naquela época.

Originalmente, as estátuas foram feitas como imagens do faraó Amenhotep III, que governou o Egito 1.500 anos antes da época de Adriano, mas em algum momento foram identificadas como o herói Mêmnon (um rei mítico etíope que teria lutado na Guerra de Troia). Acreditava-se que a estátua à direita tinha poderes miraculosos. Logo de manhã, às vezes ela produzia espontaneamente um som como o de um assobio. Fosse causado por uma casual rachadura na pedra se abrindo

62. Os Colossos de Mêmnon, perto de Luxor, no Egito, ainda atraem turistas, quase dois milênios depois da viagem turística de Adriano. A "estátua cantante" é a do lado direito.

sob o calor do sol, fosse – como ao menos um escritor cético antigo conjeturou – por algum vigarista local, o fato é que se dizia ser a voz de Mêmnon, cantando para sua mãe divina, a deusa Aurora.

Podemos ter absoluta certeza de que a comitiva de Adriano esteve aqui em meados de novembro de 130 d.C. porque Sabina mandou gravar uma frase em grego na perna esquerda da estátua dizendo que ela, "esposa do imperador Adriano", tinha ouvido a voz de Mêmnon. Júlia Balbila – mais lembrada hoje pelo impressionante monumento na colina de Filopapo, em Atenas, que ela ergueu em memória do irmão, Caio Júlio Filopapo – escreveu quatro poemas em grego sobre suas experiências no local, também inscritos na mesma perna. Não foi um ato isolado de vandalismo de um privilegiado casal real. Era um costume local. Mais de cem desses entalhes, encomendados por turistas da Antiguidade (não dá para imaginar que eles tenham inscrito com as próprias mãos), continuam preservados na estátua. E não só aqui. Outra dama romana, muito provavelmente também membro da comitiva de Adriano, mandou gravar alguns poemas em latim lamentando a morte

63. Memorial de Júlia Balbila para o irmão, Filopapo, em Atenas. Ela o homenageou como uma combinação de realeza oriental, cidadão romano e cônsul (que ele foi sob Trajano, alguns anos depois de Plínio).

do irmão *dela* na Grande Pirâmide, indicando que as pirâmides, a 6 quilômetros de distância rio abaixo, perto da atual Cairo, também fizeram parte do itinerário imperial.

O poema de Balbila, assim como a frase de uma linha de Sabina, ainda é claramente legível, e revela que a visita não foi um sucesso total. No primeiro dia, a estátua não emitiu nenhum som, mas ela conseguiu se manter otimista, dizendo que a estátua estava "se fazendo de difícil" para tentar induzir "a adorável Sabina a voltar mais uma vez". Nos dias seguintes as notícias foram melhores quando, "amedrontado pela força do poderoso Adriano", Mêmnon se apresentou para ele e para as damas. Essa história nos dá um vislumbre surpreendente e curioso do equivalente a uma experiência turística moderna na Antiguidade (mas devo avisar que a estátua não emite nenhum som, falso ou genuíno, há muitos séculos).

Esses poemas não fazem menção a outras pessoas do séquito imperial. É quase como se o imperador, Sabina e Balbila estivessem lá sozinhos, mas a comitiva – considerando os amigos, cortesãos, empregados, guarda-costas e outros acompanhantes – devia contar com centenas de integrantes. Visitas imperiais como essa proporcionavam uma grande oportunidade para as comunidades locais por onde passavam. O povo comum tinha uma rara chance de pedir favores pessoalmente e entregar suas petições nas mãos do imperador, e nessa ocasião os egípcios ganharam uma nova cidade (querendo ou não), fundada por Adriano para celebrar Antínoo no lugar onde tinha morrido afogado: Antinoópolis, como seria chamada. No entanto, a oportunidade de acesso ao imperador tinha um preço, pois o ônus, os problemas e os enormes gastos para alimentar, hospedar e transportar os visitantes imperiais recaíam sobre os moradores locais. Isso ia muito além das inconveniências decorrentes das permissões normais para viajar.

Graças a alguns fragmentos de papiro e mensagens escritas em pedaços quebrados de cerâmica (o equivalente antigo de lembretes adesivos), podemos ver alguns dos preparativos no Egito para a chegada de Adriano, que começaram meses antes e foram em grande escala. Um documento especialmente revelador é um memorando, do final de 129 d.C., entre dois funcionários locais, registrando os suprimentos que

64. Pé esquerdo do Colosso cantante. Um dos poemas de Balbila está inscrito à esquerda da rachadura, vista aqui em um ângulo de 90 graus.

haviam sido armazenados para "a iminente visita do imperador". O papiro está bastante danificado, mas ainda podemos ver as grandes quantidades com que esses dois funcionários estavam lidando: 372 leitões, 2 mil ovelhas (ou duzentas, como uma restauração mais modesta do texto sugere), 6 mil quilos de cevada, noventa quilos de azeitonas verdes, 3 mil fardos de feno e muito mais. É difícil saber ao certo as implicações disso. Esses homens podem ter superestimado a duração da estada do imperador ou o tamanho do seu séquito, ou simplesmente estavam sendo muito precavidos. No entanto, essa lista de provisões não é para um pequeno grupo de VIPs, familiares e amigos. É quase para toda uma corte em turnê pelo Império.

E isso levanta algumas grandes questões. Com que frequência os imperadores viajavam dessa forma? Para onde iam? Como tudo isso era organizado? O que os atraía para fora da Itália, de passeios turísticos e culturais a expedições militares, tanto bem-sucedidas como desastrosas, a palestras motivacionais para as tropas em bases militares distantes?

Adriano em movimento

De todos os imperadores, Adriano foi o que mais viajou. Seja qual tenha sido sua motivação – curiosidade, vontade de viajar, desejo de se envolver com o Império –, ele visitou muitos lugares. A travessia ao Egito não foi realizada brevemente pelo mar por um período de férias. Trata-se de uma pequena parte da segunda de duas longas viagens que ele fez pelo Império, que o mantiveram longe da Itália por muitos anos. A primeira começou em 121 d.C. e o levou à Germânia, à Gália, à Britânia (onde sua muralhava estava sendo construída) e à Espanha, antes de ele dar meia-volta e fazer a viagem de 4 mil quilômetros até a Síria, na extremidade oposta do Mediterrâneo, seguindo para o que hoje é a Turquia e a Grécia. Só voltou para casa no verão de 125, como mostra a cópia inscrita de uma de suas cartas, assinada de sua residência em Tivoli (p. 163). A segunda viagem começou em 128 d.C., e quando viajou pelo Nilo, em 130, Adriano já tinha passado pela África do Norte, pela Grécia, pela atual Turquia e por Jerusalém e Gaza. Voltou para a Itália no verão de 134 (como prova outra carta inscrita, assinada em Roma),

Viagens de Adriano, 121-134 d.C.

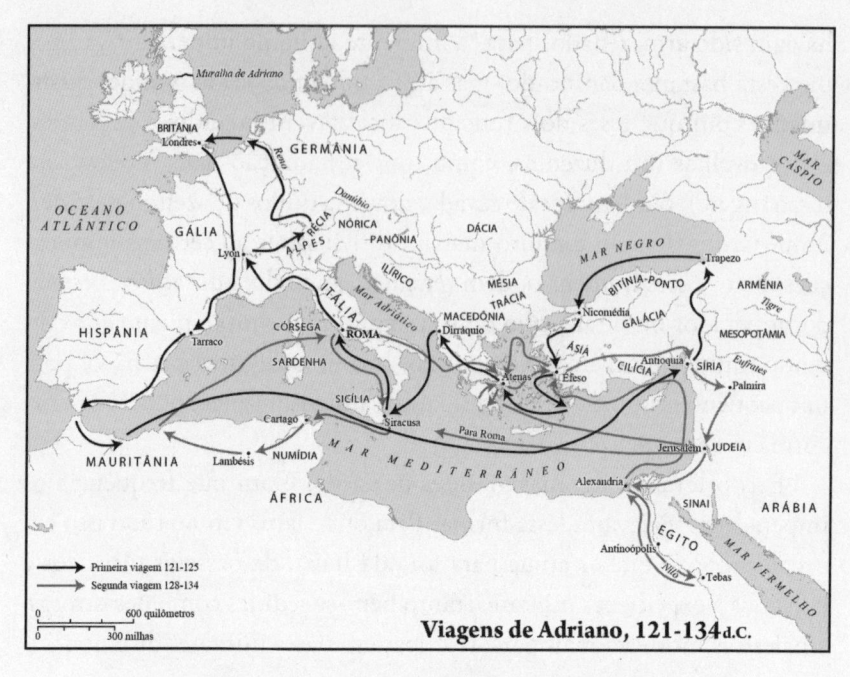

Um imperador em movimento. Os detalhes de onde e quando exatamente ele parou são nebulosos, mas este mapa dá uma boa ideia da extensão das viagens de Adriano durante seu reinado.

porém não antes de realizar o caminho de volta passando pela Grécia, pela Turquia e talvez pela Judeia. Quando pensamos em Adriano, devemos imaginá-lo *em movimento*, além de presidindo seu império de palácios em Roma ou Tivoli. A viagem da Britânia à Síria deve ter sido vagarosa, difícil e desconfortável, a cavalo, em carroças ou de barco. O resultado foi ter visitado quase todas as províncias do Império Romano.

São muitos os enigmas em relação a essas viagens. Traçar exatamente a rota delas é mais difícil do que indica a maioria dos mapas modernos a respeito, inclusive o meu. Existem alguns pontos fixos em que podemos ter alguma certeza acerca de sua presença (por serem mencionados em sua biografia ou em alguma inscrição preservada), mas descobrir como ele viajou entre todos muitas vezes não passa de um jogo de ligar os pontos. Só podemos elucubrar sobre como o funcionamento do Império foi coordenado ao longo dos anos entre a corte itinerante e o restante da administração. Por exemplo, para onde homens como Plínio mandavam suas cartas? Como poderia haver um "governo por correspondência" eficaz quando não se sabia o endereço do imperador? Ademais, sabemos muito pouco a respeito de quem eram exatamente os membros dessa corte itinerante, de Sabina (que falou sobre algumas das viagens com o marido, mas não todas) a soldados e empregados mais humildes. Um adolescente chamado Lúcio Mário Vital é um dos poucos integrantes da equipe de apoio que podemos identificar. Sua lápide, erigida pela mãe, registra que, em seu desejo de aprender alguma arte e cultura (ou ao menos foi o que disse à mamãe), entrou para a guarda imperial e partiu de Roma com Adriano, para nunca mais voltar. A lápide diz que ele morreu na viagem, com apenas 17 anos e 55 dias de idade.

É certo que houve mais do que meros passeios turísticos em tudo isso, apesar de terem ocorrido. Havia um propósito militar por trás de algumas escolhas dos destinos de Adriano, como sua visita à província setentrional da Britânia, e muito provavelmente também à linha de frente da guerra contra os judeus, que se rebelaram nos anos 130 d.C. Às vezes vemos Adriano interessado na política de cidades provinciais (ou participando ativamente dela) e se encontrando com os ricos e poderosos (e é provável que tenha sido numa dessas passagens que conheceu o escravo Antínoo). Às vezes talvez estivesse querendo projetar sua imagem num cenário diferente, da mesma forma que políticos atuais escolhem meticulosamente suas sessões fotográficas. Sua intenção, contudo, era deixar sua marca, em mármore, tijolo e concreto, em diferentes partes do mundo romano. De certa forma, essas jornadas eram o reflexo do seu projeto em Tivoli, onde ele construiu sua residência privada quase como uma réplica em miniatura do Império. Quando estava em movimento, construiu a marca "Adriano" no mundo romano.

Praticamente em todos os lugares por que passou, Adriano encomendou novas construções e patrocinou reconstruções: teatros e anfiteatros, templos, pontes, aquedutos, ginásios, instalações portuárias e cidades totalmente novas. Não foi o único imperador a fundar cidades a partir do zero. Fazer isso para marcar o local onde seu amante tinha morrido (Antinoópolis), ou onde realizou uma caçada particularmente satisfatória (Adrianotera), foi uma declaração muito personalista e diferenciada. Também fez intervenções em menor escala, por vezes peculiares. Nem mesmo tumbas abandonadas escaparam de sua atenção. No Egito, pode ter restaurado o túmulo de Pompeu, inimigo de Júlio

César, reinscrevendo versos comemorativos de sua autoria. (O monumento ficou tão conhecido que Septímio Severo o visitou algumas décadas depois.) E sabemos de alguns outros túmulos em outros lugares que receberam tratamento similar. Adriano pagou pela restauração do túmulo de Alcibíades, o político ateniense carismático e inconformista do século V a.C. (e colaborador próximo do filósofo Sócrates), que também foi homenageado com uma nova estátua, e renovou os memoriais que supostamente marcavam o local de sepultamento de Heitor e Ájax, guerreiros lendários da Guerra de Troia. Foram obras menores, mas a mensagem maior era de que a história, a cultura, os heróis e os mitos de todo o Império Romano estavam sob a benevolente proteção e controle de Adriano.

No entanto, é na história de Adriano em Atenas que podemos ver suas relações com uma comunidade específica do seu império com uma lente de aumento. Atenas não era uma cidade qualquer. Era o centro cultural, artístico e intelectual mais famoso do mundo mediterrâneo, embora no início do século II d.C. já estivesse um tanto decadente e vivendo das glórias passadas. Foi o lugar onde Adriano passou mais tempo durante seu reinado, além de Roma e Tivoli, como hóspede de alguns ricos residentes. É o caso mais radical do seu patronato fora da Itália. Atuando como imperador e cidadão de Atenas – uma honra concedida pelos atenienses antes de ter ascendido ao trono, com um olhar perspicaz para o futuro –, Adriano fez a cidade renascer. Instituiu uma série de novas festividades religiosas e deixou seu nome (com quanto de participação no trabalho prático, isso é outra questão) em uma ampla gama de reformas cívicas, desde cortes de impostos e uma revisão das finanças locais até a reorganização do comércio de azeite e ajustes nas regras da cidadania ateniense. Mais ostensivamente, patrocinou projetos de construção que mudaram a face da cidade de forma mais radical do que qualquer indivíduo até então, até mais que o famoso Péricles do século V a.C., responsável por monumentos emblemáticos como o Partenon na Acrópole. Até hoje, vemos mais de Adriano que de Péricles nos monumentos preservados de Atenas.

Ainda é possível visitar as ruínas de seu templo dedicado ao deus "Zeus Olímpico", o maior de toda a Grécia (com mais ou menos o dobro da área do Partenon), iniciado no século VI a.C., deixado inacabado

65. Ruínas do Templo de Zeus Olímpico, iniciado séculos antes e concluído por Adriano. Seu estado glorioso não durou muito tempo, pois foi atacado numa invasão à Grécia mais ou menos um século depois de Adriano e nunca mais foi totalmente restaurado.

por quase 650 anos e finalmente concluído por Adriano, com grande pompa e uma cerimônia de inauguração que contou com um longo e efusivo discurso de um de seus intelectuais gregos favoritos. O imperador encomendou diversos adornos suntuosos e pitorescos para o templo, inclusive uma colossal estátua de ouro e marfim de Zeus e uma serpente trazida da Índia, possivelmente um símbolo do poder e influência global de Roma. Quatro estátuas imensas de si mesmo postavam-se na entrada (talvez estabelecendo uma relação entre o imperador e o deus), e muitas outras, em menor escala, preenchiam o entorno do edifício. Não menos luxuosa, e ainda maior, foi sua nova biblioteca e centro de artes, que – segundo um antigo escritor um tanto deslumbrado – era decorada com tetos dourados, piscinas ornamentais e colunas de mármore multicolorido (o pouco que resta das ruínas hoje não retrata bem toda a sua grandiosidade). E houve ainda muitos outros projetos, de práticos a ostentativos, como uma ponte sobre um rio e um aqueduto para termas, um ginásio e muito mais.

66. Um dos monumentos aparentemente mais modestos de Adriano em Atenas, celebrando ao mesmo tempo a cidade antiga e o "novo" desenvolvimento de Adriano. De um lado do arco, a inscrição diz "Esta é Atenas, a antiga cidade de Teseu"; do outro lado (nesta perspectiva), "Esta é a cidade de Adriano, não de Teseu". No entanto, quem tem precedência, Adriano ou Teseu, o rei mítico e fundador do lugar?

Em troca desse patrocínio e prestígio, os atenienses concederam a Adriano uma série de honrarias cívicas. Ajustaram um de seus sistemas de datação para começar a partir do momento em que ele chegou à cidade ("quinze anos após a primeira visita de Adriano", como eles por vezes marcavam o ano), e rebatizaram costumes e instituições locais com seu nome ("Adrianis"). A suposição comum é que isso mostra o quanto os atenienses ficaram gratos pelo interesse do imperador. Muitos sem dúvida ficaram *gratos*, mas é difícil não suspeitar de que outros tenham se mostrado mais ambivalentes. Em parte, essa generosidade tinha um custo. O imperador realmente investiu parte do próprio dinheiro nesses projetos, contudo também fez os figurões locais abrirem bem suas bolsas (em algum ponto do espectro entre incentivo e obrigatoriedade). E, para os que tiveram de hospedar e entreter a ele e seus acompanhantes, a visita imperial pode ter tido seus prós e contras. Houve uma mistura de "domínio" com "benfeitoria" em todo o episódio. Grafites diziam que Adriano havia substituído, ou ao menos ofuscado, o lendário fundador da cidade, o rei Teseu, e seu retrato chegou a ser exibido em um dos espaços mais sagrados de Atenas, no interior do Partenon. Havia uma linha tênue entre o imperador realçando a cidade e explorando suas tradições e fama cultural para realçar a si mesmo.

Imperadores se comportando mal?

Adriano levou a ideia do "imperador viajante" ao limite, em termos de distâncias percorridas, tempo despendido e impacto causado, mas, de certa forma, suas viagens podem ser vistas como uma versão mais radical e elaborada do que a maioria dos imperadores fazia. É verdade que houve alguns que preferiram "ficar em casa". Antonino Pio é um bom exemplo, pois nunca saiu da Itália durante seu reinado. Ademais, "ficar em casa" deve ter ganhado um significado diferente quando cada vez mais imperadores vinham de fora da Itália (onde era sua "casa"?). A maioria dos governantes romanos, porém, antes ou depois de chegar ao trono, fazia algumas viagens ao "exterior", com propósitos muito semelhantes aos de Adriano, para colher informações, estabelecer relações próximas com pessoas influentes locais, visitar tropas na linha de frente e fazer turismo recreativo.

No entanto, também havia um risco para a reputação, e a vontade do imperador de se locomover podia ser interpretada de diferentes maneiras. Tibério, por exemplo, foi visto como emburrado ou fugindo de sua esposa quando se mudou para Rodes por vários anos durante o reinado de Augusto, porém, mais do que qualquer outro, a visita de dezesseis meses de Nero à Grécia, entre 66 e 67 d.C., foi ridicularizada por escritores romanos como uma série de trapalhadas constrangedoras, esquemas megalomaníacos e jogos de poder sem sentido: uma lição de como *não* ser um imperador no exterior. Dizia-se que Nero estava tão ansioso para competir nos principais festivais gregos (nos Jogos Olímpicos e outros) que todos foram reprogramados para se ajustar à sua estada, e depois manipulados para ele vencer todos os eventos de que participou, artísticos ou esportivos. Em um episódio notório, levou o prêmio para casa, apesar de ter caído da biga que conduzia e não terminado a corrida. Da mesma forma, seu projeto maluco e logo abandonado de escavar um canal através do estreito istmo de Corinto também foi alvo de críticas. Segundo um ensaio hostil escrito no século II d.C., ele mesmo inaugurou essa obra, primeiro cantando para alguns deuses do mar e em seguida batendo simbolicamente três vezes no chão com uma enxada de ouro. Suetônio acrescenta o detalhe de que ele mesmo carregou o primeiro cesto de terra nos ombros.

Não melhor foi sua demonstração autopromocional de generosidade, quando na mesma visita ele concedeu "liberdade" – inclusive liberdade de impostos – à província romana da Acaia, que cobria a parte sul da atual Grécia. No que deve ter sido uma sofisticada cerimônia realizada nos Jogos Ístmicos (em Corinto, mais uma vez), o imperador proclamou a nova liberdade da Grécia. O texto do discurso que fez na ocasião, em grego, está preservado em uma pedra que depois foi reutilizada como bloco de construção de uma igreja medieval. De fato, as palavras agora parecem constrangedoramente hiperbólicas: "É um presente inesperado que estou dando a vocês, homens da Grécia, mas não há nada que não possa ser esperado de minha magnificência. Estou encantado em conceder um favor tão grande que vocês nem mesmo pensaram em pedir [...] Outros líderes libertaram cidades, só Nero libertou toda uma província".

Provavelmente houve aspectos dessa viagem que ultrapassaram o limite entre o aceitável e o inaceitável. Nero participou de competições públicas a que outros governantes romanos se contentavam em assistir como espectadores. Entre outras coisas, isso apresentou aos habitantes locais o capcioso problema de como premiar os vencedores tendo o governante do seu mundo como um dos competidores. Se as histórias a respeito da manipulação das competições forem verdadeiras, a solução direta e compreensível, apesar de absurda, foi deixar Nero ganhar tudo. Sob muitos aspectos, contudo, a viagem de Nero deve ter sido muito menos ridícula e fora do comum do que sugerem os indignados relatos, todos escritos anos depois e em parte com a intenção de fazer o imperador parecer ao mesmo tempo tolo e tirânico.

Para começar, apesar de o imperador ter se gabado de ser o primeiro "líder" a libertar toda uma província, mais de 150 anos antes, em 196 a.C., um general republicano fez isso – proclamou a liberdade da Grécia no local onde Nero fez sua proclamação (dificilmente pode ter sido uma coincidência). Com certeza ele foi o primeiro *imperador* a fazer isso, mas não, em termos mais gerais, o primeiro *líder romano*. Além disso, seus planos para construir o que hoje chamamos de "Canal de Corinto" através do istmo, que foi afinal concluído em 1893, não eram necessariamente tão loucos quanto foram pintados. Uma rota mais curta e segura para o transporte marítimo era uma medida prática que outros já haviam considerado, inclusive Júlio César – e a história provou que Nero estava certo. No entanto, como Plínio descobriu quando falou com Trajano sobre construir um canal em Bitínia-Ponto, projetos ambiciosos de engenharia no mundo romano sempre corriam o risco de ser descartados como loucuras impensadas – ou, no caso de Nero, como megalomania.

Quase tudo depende de como essas visitas foram descritas, por quem e com que intenção. Mais uma vez, tal qual o poema em memória do cavalo, não é preciso muita imaginação para perceber que os gestos extravagantes de Adriano podem ter sido tratados com a mesma hostilidade demonstrada em relação a Nero. O que se teria dito se Nero tivesse decorado a entrada de um templo com quatro enormes estátuas de si mesmo e exposto uma cobra indiana no interior? É difícil que fosse algo deslumbrante e elogioso. Também não é difícil ver como os projetos de Nero para a Grécia poderiam ser considerados (como de fato às vezes foram) benefícios, e não prodigalidade maluca.

Tenho quase certeza de que, em termos gerais, a visita de Nero à Grécia não foi tão diferente, por exemplo, da visita ao Egito do príncipe imperial Germânico algumas décadas antes. Na visão de Tácito, Germânico estava numa turnê histórico-cultural, mas ele também brilhou em Alexandria. Reduziu o preço dos grãos, andou em público sem guarda-costas e, no mesmo discurso em que confessou ter saudades da avó, elogiou calorosamente o esplendor da cidade – aprimorado, fez questão de acrescentar, "pela generosidade do meu avô Augusto". Só então partiu pelo rio Nilo para visitar as atrações, das pirâmides à antiga Tebas (onde teve uma aula especial de história, com os hieróglifos traduzidos por um sacerdote mais velho) e, claro, à famosa estátua cantante. Nesse caso, segundo Tácito, foi o imperador Tibério quem se opôs à visita. Germânico tinha ido ao Egito sem sua permissão, e havia uma suspeita de que pudesse estar causando problemas ou buscando favores. A cidade de Roma dependia tanto do trigo egípcio que Augusto estabeleceu a regra de que todos os romanos do alto escalão precisavam da aprovação explícita do imperador para visitar a província – talvez por precaução, para o caso de alguém se sentir tentado a tomar o poder, bloqueando o transporte e levando a capital à submissão pela fome.

A reação dos habitantes locais a essas visitas imperiais é outra questão. Assim como no caso de Adriano, há muitas evidências de recepções entusiásticas aos imperadores em suas viagens. Uma reação grega de gratidão à proclamação de liberdade para a província feita por Nero está preservada na mesma pedra inscrita com as palavras do imperador – e é igualmente hiperbólica. Nero é saudado como um "novo sol brilhando sobre os gregos [...] o único e maior imperador que amava os gregos de toda a história". E, segundo o papiro preservado com o discurso proferido por Germânico em Alexandria, o pobre homem às vezes mal conseguia falar, pois a multidão o interrompia com aplausos e desejos de "boa sorte". Fossem essas reações sinceras ou não – e, claro, o que os habitantes locais diziam em público podia não ser o que sentiam –, temos a impressão de que alguns desses encontros de imperadores ou príncipes com comunidades estrangeiras podem ter sido ocasiões de "boa vontade" de ambos os lados.

No entanto, não são só os historiadores modernos mais céticos que desconfiam de que nem todos, em todas as cidades, gostavam de receber uma visita imperial. Há ocasiões em que se pode identificar nítidos sinais de insatisfação. Em parte, o rescaldo das hostilidades da guerra civil entre Otaviano e Marco Antônio (em que Atenas ficou do lado de Antônio) pode ter causado atritos quando o recém-nomeado "Augusto" esteve na Grécia, no inverno de 22-21 a.C. Alega-se que uma estátua da deusa Atena na Acrópole teria girado milagrosamente na base para encarar Roma, e começado a cuspir sangue na direção de Roma. Augusto foi sensato e preferiu não ir a Atenas, permanecendo na ilha vizinha de Egina. Sob esse mesmo aspecto, podemos identificar uma visão negativa de Augusto na história da sua visita aos restos mortais de Alexandre, o Grande. Há relatos de que, em sua viagem ao Egito, Augusto fez o corpo de Alexandre ser retirado do santuário onde se encontrava e ele, em sua ânsia por tocá-lo, acabou quebrando o nariz do cadáver (possivelmente devido ao processo de mumificação). O ponto em questão é que, enquanto alguns governantes romanos restauravam e aprimoravam os locais de sepultamento de antigos "heróis", outros os vandalizavam. Nem sempre visitas de imperadores eram bem-vindas.

Suprimentos e sobrevivência

Muitas vezes visitas reais foram uma terrível imposição para os visitados. Na Inglaterra elisabetana, muita gente temia a chegada da rainha e sua corte, pois o custo da recepção podia levar à falência (em 1600, um temeroso aristocrata menor chegou a escrever ao braço direito da rainha implorando para ela não ir até lá). Sem dúvida, assim como em Atenas, havia pessoas ricas em muitas províncias romanas que ao mesmo tempo apreciavam e temiam a ideia de o imperador e sua comitiva chegarem e ficarem literalmente consumindo seus recursos. No entanto, o maior inconveniente de uma visita real sempre foram a imposição e os gastos que recaíam sobre as pessoas comuns, onde quer que a corte aportasse.

Quase nenhum escritor romano se deu ao trabalho de perceber esse fato. Dião Cássio menciona os ônus para a elite quando Caracala demandou a construção de novos hipódromos e anfiteatros nos lugares que visitou, e os relatos de que Elagábalo viajava com um comboio de seiscentos vagões (implausivelmente cheios de prostitutas) dão uma ideia das dimensões das viagens imperiais no imaginário romano. No entanto, é nos papiros do Egito romano, presentes nos arquivos de funcionários locais, que podemos começar a ver com mais clareza o que se passava na prática. Os preparativos para a iminente chegada de Adriano, com aqueles 372 porcos e tudo o mais, são apenas um exemplo do fardo que recaía sobre os habitantes locais. Outros documentos anteveem uma visita de Alexandre Severo e sua mãe nos anos 230 (não sabemos se de fato ocorreu), e insistem em que todas as requisições de suprimentos fossem feitas de maneira legal e transparente, com as demandas exatas divulgadas publicamente nas cidades maiores. Um papiro, proveniente de um nível administrativo inferior, sobre o planejamento dessa mesma visita contém o relatório de um funcionário da aldeia informando ter quarenta porcos prontos para a comitiva imperial, com o peso total de 2 mil libras romanas, o que dá uma média de mais ou menos 17,5 quilos cada. Ou eram animais muito novos ou (como evidências arqueológicas indicam) os porcos na Antiguidade eram consideravelmente menores que seus equivalentes domésticos europeus atuais, que em geral pesam mais de trezentos quilos.

A evidência mais vívida do que acontecia nos bastidores quando uma visita imperial estava no horizonte, porém, se encontra num grande dossiê de papiros da cidade egípcia de Panópolis, cerca de 600 quilômetros ao sul de Alexandria. Nesse caso, o visitante esperado era um imperador posterior, Diocleciano, que reinou de 284 a 305 d.C. Em meio a muitos outros documentos oficiais sobre nomeações governamentais locais, contas atrasadas e coisas do tipo, o dossiê nos leva ao escaninho de um funcionário regional específico, que lutava para pôr em prática todos os preparativos para a chegada do imperador, enviando uma série de cartas ansiosas (ou mal-humoradas) para funcionários acima e abaixo dele na administração.

Lendo nas entrelinhas, parece que o pobre homem (cujo nome não conhecemos; apenas seu título, *strategos* em grego, um "administrador regional") estava à beira da exaustão, tentando pressionar seus subordinados a se apressarem. "Em preparação para a afortunada visita iminente do imperador [...] já disse uma vez, já disse duas vezes para designarem o mais rápido possível supervisores e responsáveis pelos suprimentos da ilustre força militar que virá para a cidade", escreveu para certo Aurélio Plutógenes, um líder do conselho local que claramente estava atrasado. E algumas semanas depois ele entrou em contato de novo com o homem, desta vez preocupado com uma padaria que precisava estar pronta para alimentar os soldados famintos. "Isso agora é uma necessidade urgente. Peço que designe urgentemente da maneira habitual um gerente que com todo o devido cuidado se encarregue da reforma da padaria e providencie os padeiros para trabalhar lá." Ao mesmo tempo, ele escrevia ao seu chefe, pondo a culpa em Plutógenes por quaisquer atrasos. "Eu pedi que ele designasse coletores, distribuidores e receptores de grãos separadamente, para a coleta e a distribuição se darem sem problemas. Mas ele usou um sistema diferente, para dificultar e solapar a cadeia de suprimentos militares." Era ainda pior, explicou, com os navios restaurados necessários para a ocasião. Quando pediram que designasse um inspetor para iniciar essas reformas, Plutógenes "teve a audácia de se virar e responder que sua cidade não precisava se preocupar com isso".

Acho que podemos imaginar que uma "afortunada visita iminente do imperador" (frase repetida muitas vezes no dossiê) testava a paciência e mexia com os nervos dos encarregados da organização e logística em quase todos os casos.

Imperadores na guerra

Mais do que qualquer outra coisa – passeios turísticos, vontade de viajar, busca de informações ou relações públicas –, eram as guerras que levavam os imperadores para fora da Itália. Um de seus títulos formais, *imperator* (de que deriva nossa palavra "imperador"), significa literalmente "comandante militar". E imagens de governantes em trajes de batalha encontram-se por toda Roma e no mundo romano: das colunas de Trajano e Marco Aurélio proclamando uma narrativa de suas campanhas militares bem-sucedidas, muitas vezes destacando a figura do imperador, até uma infinidade de estátuas de mármore do governante equipado com uma sofisticada armadura; ou a famosa imagem antiga em bronze de Marco Aurélio a cavalo, que por séculos foi a peça central da praça renascentista do Monte Capitolino (fig. 44). Ele pode parecer pacífico agora, mas a mensagem pode ser lida de outra forma quando se sabe que originalmente havia a figura de um bárbaro sendo pisoteado até a morte sob o casco do cavalo. É como o viam os que estavam do outro lado. Em uma estranha coletânea de textos judeus e cristãos escritos a partir do século II a.C. – parte profecias, parte ataques ao poder romano –, o imperador romano é repetidamente imaginado como um homem que mata seus inimigos. Sua marca registrada é "guerra destruidora de homens".

Segundo a lógica romana, um bom imperador era por definição um bom general. Uma das maneiras mais fáceis de solapar o status do governante era ridicularizar suas habilidades no campo de batalha. Um exemplo clássico é a história de Calígula em campanha em 40 d.C., numa provável invasão abortada da Britânia. Nas margens do Canal da Mancha, olhando em direção à ilha ainda não conquistada, ele formou suas linhas de batalha e, com trombetas tocando, não ordenou a seus soldados avançar em direção à glória militar, mas, sim, recolher conchas

67. Adriano equipado para a guerra, ao menos simbolicamente. Ele está usando uma guirlanda de carvalho (ou "coroa cívica"), uma honraria concedida aos romanos que tivessem salvado vidas de concidadãos em batalha.

na praia. A história pode ou não ser verdadeira. Pode ser resultado de um mal-entendido intencional ou inadvertido (alguns criativos estudiosos modernos sugeriram que houve uma confusão na terminologia latina e que o imperador na verdade ordenou que eles recolhessem os *barcos* ou as *tendas*, não conchas). Contudo, independentemente do que havia por trás, a anedota foi contada e recontada por razões óbvias: para mostrar Calígula como um governante que transformou a bravura em banalidade, envergonhando suas tropas ao obrigá-las a realizar uma tarefa trivial – quase efeminada. Calígula era uma paródia de um general.

68. Um momento das Guerras Dácias presente na Coluna de Trajano. O imperador no centro se dirige às tropas à sua frente, enquanto atrás dele soldados romanos atravessam um rio.

O papel militar do imperador, porém, não era tão simples como parece, pois o governante romano era confrontado por um delicado equilíbrio. Os primeiros dois séculos d.C. não foram uma era de grandes expansões. O Império, no sentido de território além-mar conquistado, tinha se formado centenas de anos antes, entre os séculos III e I a.C., muito antes do governo de um homem só. As últimas realmente grandes extensões de terras – inclusive o Egito – foram anexadas no começo do reinado de Augusto. Em seguida, após uma derrota catastrófica na Floresta de Teutoburgo, perto de Osnabrück, na atual Alemanha, em 9 d.C. – que talvez tenha causado a morte de até 20 mil soldados romanos (estimativas de baixas em batalhas da Antiguidade raramente são mais precisas do que "talvez") –, Augusto teria resolvido desistir de novas expansões imperiais. Chegou a deixar conselhos explícitos por escrito para Tibério, seu herdeiro, de que "o Império deveria se restringir às suas fronteiras existentes". Depois do humilhante alerta, deve ter calculado que os recursos militares já estavam muito dispersos e quase financeiramente insustentáveis. A mensagem simples de um dos fundadores da autocracia romana foi desaconselhar futuros imperadores a aumentar o tamanho do Império.

Isso ainda deixava oportunidades para os sucessores de Augusto brilharem. Ele não estava apregoando o pacifismo. Sempre havia glórias a serem conquistadas na resistência a ameaças externas ao Império. A Coluna de Marco Aurélio celebra uma dessas campanhas de resistência, contra a pressão de tribos do outro lado do rio Danúbio. Também poderia haver glórias na repressão de insurreições e rebeliões dentro do território romano. Adriano, por exemplo, poderia reivindicar crédito por ter reprimido brutalmente – ou "resolutamente", como ele diria – a revolta judaica dos anos 130 d.C. De todo modo, as "fronteiras" do império nunca foram as linhas simples que aparecem nos mapas atuais. Eram muito mais fluidas, com o poder e o controle imperial romano se estendendo na prática para muito além dos limites das províncias oficiais, normalmente em *zonas* fronteiriças, e não em fronteiras *lineares*. Apesar das aparências, nem mesmo a Muralha de Adriano na Inglaterra marca o limite do território e a influência romana, que se estendia muito mais

69. As cenas da coluna de Marco Aurélio costumam parecer mais brutais que as da coluna anterior de Trajano. Aqui, romanos atacam uma aldeia germânica (com suas cabanas típicas), enquanto uma mulher e uma criança tentam fugir.

70. Estereótipo de uma vitória romana numa escultura em relevo de Éfeso, mostrando um "bárbaro" derrotado – usando calças "bárbaras" padrão – tombado sobre o cavalo. Fragmentos de soldados romanos podem ser vistos ao fundo.

ao norte (a muralha era mais uma afirmação arrogante do domínio de Roma sobre a paisagem que um marco de fronteira). Portanto, seria possível seguir o conselho de Augusto no sentido genérico, e ainda desfrutar do prestígio de transformar uma zona de influência numa província formal dentro do Império, ou de anexar novos territórios sob o controle prático de Roma, ainda que indireto. Eram muitos os reis estrangeiros dispostos, se pressionados, a serem marionetes de Roma.

No entanto, havia um conflito subjacente entre a postura avessa ao risco de mais ou menos aderir ao *status quo* territorial e a visão tradicional de a glória resultar da expansão militar – e a fantasia popular duradoura de que o destino de Roma era ter um "império sem limites" (citando as palavras que Virgílio põe na boca do deus Júpiter em sua épica *Eneida*). Em outras palavras, havia um conflito entre a imagem do imperador como comandante em chefe das legiões – que na prática eram uma força policial em prontidão – e a imagem do imperador como um general heroico, nos moldes da tradição romana que remontava à

República, comandando suas tropas em batalha num projeto de expansão cada vez maior. Como era possível ser um romano "grande" sem ser também um "grande" conquistador? A noção de que um imperador deveria aumentar o Império nunca foi totalmente descartada.

Estátuas do imperador em trajes de batalha tinham o papel de encobrir essas rachaduras. Elas não só *comemoravam* seu papel como líder militar como também eram um *substitutivo* para esse papel – todas aquelas couraças pesadas e "saias" militares em mármore ajudavam a disfarçar o fato de o imperador raramente usá-las na vida real. Da mesma forma, em Éfeso, na atual Turquia, uma série de esculturas espetaculares retratando vitórias romanas sobre alguns "bárbaros" estereotipados, erguidas sob Antonino Pio em meados do século II d.C., sem dúvida tinha como objetivo compensar o fato de nenhuma guerra desse tipo estar sendo travada na época. Esses bárbaros eram estereótipos. No entanto, também sabemos de uma série de campanhas que fizeram relativamente pouco para alterar a extensão geral do Império Romano ao longo dos primeiros dois séculos d.C. – e não por muito tempo –, mas propiciaram ao imperador uma vitória para exagerar e celebrar. Eram os "projetos de vaidade" militares, com todas as perdas de vidas, de ambos os lados, que essa "vaidade" inevitavelmente envolvia.

Vitória!

Nos tempos atuais, é praticamente impossível reconstruir os processos pelos quais um imperador decidia embarcar em ações militares. Não havia um departamento de guerra no secretariado do palácio, como os departamentos de contabilidade ou de petições. E, apesar dos sonhos de alguns analistas de academias militares modernas (que sempre quiseram teorizar sobre o "sucesso" romano), há poucos indícios de uma *política* militar de médio ou longo prazo, e muito menos de uma "grande estratégia" de império. O mais próximo que chegamos disso, e não muito próximo, são aquelas palavras atribuídas a Augusto, aconselhando o Império a "se restringir às suas fronteiras existentes".

A maioria das operações militares do dia a dia do Império era reativa. Assim como muitas outras decisões na administração imperial, aquelas envolvendo o exército eram tomadas principalmente por governadores provinciais ou comandantes de unidades no campo, em resposta a problemas conforme surgiam ou em iniciativas muito locais. Pouco disso poderia ser feito com referência direta ao imperador. Sem dúvida muitas cartas eram enviadas ao palácio, da mesma forma como Plínio se reportava a Trajano e pedia seu conselho, mas os comandantes do exército não podiam ficar esperando, talvez meses, por uma resposta para cumprir suas ordens. Na maior parte das vezes, o imperador e seus conselheiros (fossem quem fossem) só tinham algum controle prático de forma indireta: decretando algumas instruções gerais, ratificando ou não o que seus comandantes subordinados tivessem optado por fazer depois do ocorrido, autorizando o deslocamento de soldados de uma parte do Império a outra e contratando e demitindo homens no campo. Nero ter substituído o governador da Britânia que estava piorando as coisas depois da revolta de Boudica é um exemplo perfeito disso.

As exceções ao padrão geral são uma série esporádica de campanhas de destaque, aparentemente pré-planejadas, em que o imperador estava envolvido, na linha de frente ou próximo dela. Eram campanhas designadas, ao menos em parte, para projetar sua imagem pública, ou registradas depois com isso em mente. Dois dos casos mais reveladores desse aspecto, com resultados bem diferentes, foram a conquista da Britânia por Cláudio, iniciada em 43 d.C., e as campanhas de Trajano no Oriente, que chegaram até o Golfo Pérsico, terminadas com sua morte, em 117.

Cláudio ascendeu ao trono após o assassinato de Calígula, em 41 d.C. Resultado do acaso ou de negociações nos bastidores, foi uma escolha inesperada e improvável. Segundo a imagem generalizada, Cláudio era o típico tiozão mais velho que todos imaginavam não ter chance em nenhum plano de sucessão. Suetônio chega a citar uma série de cartas de Augusto para Lívia, escritas quando Cláudio ainda era jovem (onde ele as encontrou, não sabemos), nas quais o imperador lamentava o problema que o garoto representava. Augusto conjecturava se algum dia o jovem poderia ocupar um cargo público. Deveria deixá-lo fora do camarote imperial nas corridas? O que se deveria *fazer* com ele? Com esse pano de fundo, uma das formas de o novo imperador reivindicar sua capacidade de desempenhar o cargo era adotar as antigas tradições de heroísmo militar e *fazer uma conquista*. A Britânia era um alvo particularmente tentador. Como não representava nenhuma ameaça à segurança do Império, inventou-se uma bela desculpa para a invasão. Na imaginação romana, porém, era um lugar remoto e cheio de mistério, glamour e perigo, do outro lado do "Oceano" (um nome que soa mais temível que o nosso "Canal da Mancha"). Era a fronteira final, na beirada do mundo, habitada por pessoas estranhas que pintavam a pele de azul, consumiam leite e carne em vez de pão e trigo e se vestiam com peles de animais. Os bretões também tinham frustrado as tentativas de invasão de Júlio César nos anos 50 a.C. – e talvez também a de Calígula (no episódio do "incidente das conchas"). Portanto, o novo imperador tinha uma ótima oportunidade de brilhar – superando seus antecessores.

As tropas avançadas foram mobilizadas sob o comando geral de um senador de alto escalão e ex-cônsul, Aulo Pláucio. Deve ter exigido uma logística complexa, envolvendo transporte e suprimentos de alimentos, equipamentos, acampamentos, comunicações e uma sincronização adequada. Houve diversos atrasos, pois, segundo Dião Cássio, os soldados de início relutaram em se aventurar além dos limites do mundo conhecido, e o ex-escravo da administração do palácio enviado por Cláudio para animar as tropas não foi bem recebido. Ao todo, era uma força de cerca de 20 mil homens divididos em quatro legiões, uma delas comandada pelo futuro imperador Vespasiano, muito antes do surgimento de suas próprias ambições imperiais (tornando-o, sem contar Júlio César, o primeiro imperador romano a pisar na Britânia).

Cláudio saiu de Roma mais tarde, só chegando nas fases finais da operação. Diferentes relatos circularam sobre seu papel na campanha. Dião deve ter registrado a versão oficial – e talvez a amplamente acreditada – quando escreveu que Pláucio enfrentou dificuldades e acabou tendo de convocar o imperador para ajudá-lo, e que só com a chegada de Cláudio a batalha decisiva foi vencida e as tribos se renderam. A maioria dos outros escritores, antigos e modernos, retrata Pláucio como o único arquiteto do sucesso romano, com Cláudio só aparecendo no final para reivindicar a vitória, acompanhado por um séquito de elefantes (provavelmente inúteis, mas imponentes). Em seguida, o imperador voltou a Roma, onde, entre outras honrarias, ganhou o nome adicional de "Britannicus", também concedido ao seu filho ainda bebê. Era uma prática de humilhação tradicional, de séculos antes, fazer os povos conquistados por Roma se verem representados nos nomes e títulos de seus conquistadores, como "Africanus", "Asiaticus", "Germanicus" e assim por diante. Havia até uma piada escabrosa dizendo que, por ter matado o irmão Geta, o imperador Caracala deveria ser chamado de "Geticus".

Apesar das celebrações da vitória, a Britânia se mostrou um terrível escoadouro de recursos de Roma. A avaliação econômica pessimista do geógrafo Estrabão, de que a conquista provavelmente seria mais custosa do que compensadora, estava correta. De qualquer forma, o significado real de "conquistar" é incerto. Para a maioria dos bretões no campo a vida não mudou muito, apesar da implantação de uma nova superestrutura nas cidades e em vilarejos – como Tácito observou cinicamente, do latim e das togas. No entanto, a um custo enorme em homens e dinheiro, e enfrentando guerras de guerrilha persistentes, quando não ostensivas revoltas, os romanos conseguiram manter partes da ilha – nunca a controlaram inteiramente – até o início do século V d.C.

O mesmo não aconteceu com algumas conquistas mais notáveis do imperador Trajano, cinquenta anos depois de Cláudio, que foram perdidas quase tão rapidamente quanto obtidas. Em parte graças a sua coluna preservada, que ainda expõe no centro da cidade de Roma centenas de cenas do imperador como *imperator*, Trajano é considerado um dos governantes romanos mais militares e expansionistas. Sob certos aspectos, ele foi. Passou mais ou menos metade do seu período como imperador em campanhas fora da Itália, o que o torna de certa forma quase tão "viajante" quanto Adriano. E, em razão dos territórios que anexou formalmente como províncias, seu reinado costuma ser visto como o momento em que o Império alcançou sua maior extensão territorial. No entanto, foi só *um momento*. Algumas das conquistas de Trajano se resumiram a um máximo de alarde por um mínimo de efeito duradouro – a glória militar por si só.

A Coluna de Trajano celebra suas guerras contra a Dácia (na atual Romênia) na primeira década do século II d.C. Apesar de hoje pairar em um esplendoroso isolamento, a coluna originalmente era apenas um dos elementos do seu enorme "Fórum" – um complexo de múltiplas funções, que incluía mercados, bibliotecas, pórticos, um arco triunfal e inúmeras esculturas de dácios cativos amarrados –, construído para celebrar a vitória de Trajano e a criação da nova província romana da

Dácia, aparentemente seguindo antigas tradições de expansão imperial. Ao longo dos séculos esse Fórum foi uma propaganda extremamente eficaz das proezas militares do imperador. No entanto, como sem dúvida foi projetado para ser, ele obscureceu tanto quanto celebra. Ninguém poderia imaginar, com base nessa edificação bombástica – ainda na lista de "lugares imperdíveis" para dignitários que iam a Roma 250 anos depois –, que essencialmente Trajano fez pouco mais na Dácia do que dar continuidade às operações anteriores de Domiciano; que a nova província foi criada a partir de um território já mais ou menos sob controle romano (depois que um rei fantoche se recusou a continuar sendo um fantoche); e que o Fórum comemorativo durou muito mais tempo que a província cuja criação celebrava, abandonada pelos romanos no século III.

As conquistas de Trajano no Oriente, que começaram em 113 d.C., e suas vitórias sobre os partos, no que é hoje o Iraque, são um caso ainda mais extremo e desconcertante de exagero e do choque entre a construção da imagem do imperador e a realidade militar no campo. Houve um longo debate, que teve início já na Antiguidade, sobre o que estava por trás dessas campanhas. Dião Cássio pensava que a motivação de Trajano tinha sido só o desejo de glória. Outros foram mais generosos, apontando alguns dos mesmos problemas identificados na Dácia que precisavam ser resolvidos: zonas de controle romano mal definidas e governantes fantoches instáveis (Dião considerava tudo isso mero pretexto). Também havia um grande capital político a ser obtido com uma vitória sobre o Império Parta, a única potência rival de Roma no Oriente até se chegar à China. Era um inimigo antigo, com intensidade variável, desde que Crasso fora derrotado e decapitado em 53 a.C., e qualquer vitória de Trajano seria um grande trunfo de relações públicas. Contudo, independentemente das causas e dos muitos detalhes controversos sobre datas e rotas, a descrição dos eventos é bastante clara.

Com uma força de combate estimada por alguns historiadores modernos em 80 mil soldados (o suficiente para fazer a invasão da Britânia parecer uma mera escaramuça), Trajano e seus generais embarcaram em uma campanha de ataques-surpresa nas fronteiras orientais do Império, no território da antiga Mesopotâmia, capturaram a capital Ctesifonte (ao sul da atual Bagdá) em 116 d.C. e criaram três novas províncias romanas, antes de chegarem às praias do Golfo Pérsico. Como era de esperar, as honrarias vieram logo em seguida. O imperador ganhou o nome adicional de "Particus", e seus sucessos foram orgulhosamente proclamados em moedas (il. 14). Ele mesmo comparou suas vitórias às de Alexandre, o Grande, como os generais romanos adoravam fazer – só lamentando o fato de Trajano não ser mais tão jovem para seguir os passos de Alexandre até a Índia (um "império sem limites"?). Mas, enquanto fazia uma peregrinação ao local na Babilônia onde seu herói tinha morrido, em 323 a.C., que evidentemente já se tornara uma atração turística, tudo já começava a desmoronar, como costuma acontecer com as potências ocidentais (que se intrometem) nessa parte do mundo. Os territórios supostamente conquistados já se rebelavam – afinal, foram apenas alguns ataques-surpresa –, e Trajano estava gravemente doente. O imperador morreu a caminho de Roma, acompanhado por Plotina, que organizou a transferência de poder – se acreditarmos nas histórias. Um dos primeiros atos de Adriano como seu sucessor foi abandonar as novas províncias, que fizeram parte do Império Romano por menos de dois anos.

Essa imagem de Trajano como um imperador vítima dos próprios exageros contrasta de forma incômoda com a visão realista de Plínio sobre o mesmo homem, como alguém despretensioso, atento aos detalhes e de hábitos alimentares mais simples.

Um companheiro de armas

O desfile de imperadores demonstrando seu compromisso com a guerra não era apenas uma tentativa de ganhar, ou conquistar, glórias militares para si mesmos. Também tinha o objetivo de colocá-los do mesmo lado que seus soldados. O poder e a segurança de Roma se baseavam na força – tanto ostensiva como dissimulada –, e era prioridade absoluta para o imperador manter o apoio leal das tropas, em números que no século II d.C. estavam mais próximos de meio milhão que de um quarto de milhão em todo o Império. O pesadelo do imperador era que a força do exército se voltasse contra ele. Essa era uma das razões pelas quais enormes quantias de dinheiro continuavam sendo investidas em salários generosos e benefícios de aposentadoria, com ocasionais pagamentos extras adicionais. A lealdade, contudo, também dependia de corações e mentes, e para conquistá-los efetivamente o imperador precisava se apresentar como "um companheiro de armas", ou "camarada" (*commilitio*). Foi mais um ato de equilibrismo que Plínio destacou em seu *Panegírico de Trajano*, ao congratular Trajano por agir como um *commilitio* e ao mesmo tempo ser um *imperator*. Ou, como Dião "Boca de Ouro" expressou, também se dirigindo a Trajano: o governante que não conhece os que enfrentam o perigo para proteger seu império é como um pastor que não conhece os que o ajudam a proteger as ovelhas – e isso pode permitir a entrada das feras selvagens.

Havia várias maneiras de um imperador ser um "companheiro de armas". Com certeza não implicava se envolver em combate, no corpo a corpo, mesmo nas ocasiões em que tecnicamente comandava o exército. Hoje, é quase impossível recriar a experiência de uma batalha na Antiguidade (é provável que em escala muito menor e mais confusa do que sugerem as grandiosas narrativas antigas, com mais homens morrendo dias depois devido a ferimentos infeccionados do que abatidos no campo de batalha). No entanto, apesar da imagem pública, os imperadores não participavam pessoalmente das batalhas, e nem mesmo os famosos generais da República. Augusto, por exemplo, foi retratado por Virgílio na Batalha Naval de Ácio, em 31 a.C., heroicamente posicionado em pé "no alto da popa" do seu navio, comandando as tropas em meio à contenda. Na verdade, porém, como outros relatos deixam claro, seu amigo Marco Agripa estava no controle prático, enquanto Augusto (então chamado de Otaviano) assistia de um pequeno bote a distância, não em pé no alto de nenhuma popa. E as histórias da bravura de Tito no cerco de Jerusalém, no final dos anos 60 d.C. – desviando das flechas hostis, matando doze inimigos (com um disparo perfeito a cada vez, como descreve Suetônio), mantendo-se firme contra a pressão do outro lado –, são, emblematicamente, de um período muito anterior à sua ascensão ao trono. Ao menos sob esse aspecto, as cenas militares na Coluna de Trajano são mais precisas. Mostram o imperador num papel de comando – dirigindo-se às tropas, conduzindo rituais religiosos, recebendo prisioneiros –, mas não lutando, não liderando ataques e nem sempre usando uma armadura de batalha.

Era muito mais uma questão de ser visto como "um de nós". Seja qual for a verdade por trás da história dos soldados e as conchas, com certeza Calígula foi beneficiado por ter sido criado em bases militares com o pai, Germânico, onde se vestia como um soldado em miniatura, uma espécie de mascote do exército. Até mesmo o nome "Calígula", pelo qual o conhecemos, remonta a essa época. Significando literalmente "Botas Pequenas", refere-se às botinhas militares que costumava usar ("Botininhas" transmite melhor o sentido em latim, e ajuda a explicar por que Calígula não gostava muito do próprio nome). No geral, porém, quando estavam com suas tropas, os imperadores precisavam ser vistos *ajudando* e *participando*. Mais uma vez, tinham de ser "um de nós", mas de maneira diferente de ser "um de nós" com a elite romana.

Os escritores romanos tinham uma lista padronizada e repetitiva do que se esperava de um imperador nesse contexto. Ele deveria saber os nomes dos soldados e cuidar deles quando estivessem doentes (Trajano recebeu nota dez em um episódio na Guerra da Dácia, quando cortou suas roupas para fazer ataduras). O imperador deveria estar sem chapéu e usar o mesmo tipo de acomodação dos soldados comuns. Não deveria receber rações especiais. Em uma inversão marcante da hierarquia alimentar no palácio, os imperadores deveriam comer exatamente o mesmo que os outros comiam no acampamento. Adriano, por exemplo, passava a queijo, toucinho e vinho barato. Septímio Severo estabeleceu um exemplo para os outros ao ser o primeiro a beber água suja quando não havia nada mais disponível. Caracala, que se sai melhor nesse aspecto do que em outras coisas, supostamente foi ainda mais longe, oferecendo-se para portar os pesados estandartes dos legionários (apesar de ser bem pequeno), além de cavar trincheiras, comer em pratos de madeira, moer os grãos da sua ração e assar pão grosseiro nas cinzas das fogueiras.

À parte essas histórias, talvez excessivamente generosas, a única visão *direta* que temos da relação entre um imperador e soldados comuns nos leva mais uma vez a Adriano, no continente africano, não em campanha ativa, mas durante uma inspeção a uma base militar permanente. Aconteceu na sua segunda grande turnê, em 128 d.C., alguns meses antes da caçada do grande leão com Antínoo, quando ele visitou o forte de Lambésis, na atual Argélia, pouco mais de 160 quilômetros ao norte do Saara. Adriano inspecionou diversas unidades militares realizando manobras, e fez um relatório verbal sobre seu desempenho. Sabemos disso porque as palavras desse relatório foram depois inscritas em pedra e expostas no pátio de exercícios do forte, onde diversos blocos e muitos fragmentos foram redescobertos por arqueólogos no século XIX. Talvez eu tenha sido um pouco injusta quando chamei de "contidas" as palavras de Adriano nessa ocasião (p. 237). Muito disso agora parece assim: "Vocês fizeram tudo segundo o regulamento. Vocês ocuparam o campo de treinamento com suas manobras, lançaram seus pilos de forma não deselegante, apesar de serem rígidos e curtos, alguns de vocês lançaram seus pilos habilmente...". Mesmo quando o imperador dá uma opinião pessoal, é no mesmo tom: "Eu não gosto de contramovimentos, assim como Trajano, a quem sigo como meu modelo. Um cavaleiro deve sair da sua cobertura...". Mas talvez "contidas" seja pertinente. Aqui o imperador não está "participando" intimamente no sentido de dividir o presunto e o queijo, mas está falando a língua dos soldados *para* os soldados, seguindo as regras do manual de treinamento como eles o aprenderam, com um mínimo de viés pessoal (a referência a Trajano como modelo sugere que, apesar da fragilidade das vitórias de Trajano, ele era bem recebido pelos soldados). Aqui vemos Adriano, o imperador e *imperator* com seus soldados, agindo, como ele mesmo diz, "segundo o regulamento".

O problema com os triunfos

É fácil ridicularizar Cláudio por reivindicar uma vitória tendo desempenhado no máximo um papel simbólico no combate, mas essas reivindicações eram formalmente corretas. Apesar do papel que desempenhavam no campo de batalha, mesmo se não estivessem presentes na linha de frente, os imperadores eram sempre oficialmente o comandante em chefe e, nesse sentido, todas as vitórias militares eram deles. E é por isso que era correto monopolizarem a antiga cerimônia do "triunfo", que remontava – como os romanos acreditavam – à origem da própria cidade e ao reinado de Rômulo.

Por tradição, o triunfo era uma honra concedida pelo Senado somente aos comandantes em chefe romanos mais bem-sucedidos – ou, vendo pelo outro lado, àqueles que presidiam os mais sangrentos massacres (parece que havia uma regra estabelecendo que 5 mil inimigos deveriam ter sido mortos antes de um triunfo ser concedido). Envolvia uma elaborada procissão pela cidade, multidões aplaudindo e todos os tipos de diversão (o poeta Ovídio considerava um bom lugar para pegar uma mulher – uma "conquista" em outro sentido –, assim como as corridas). O general desfilava em uma carruagem cerimonial específica, usando o traje do deus Júpiter. Seus prisioneiros e seu butim desfilavam à sua frente, com placas dando detalhes de suas vitórias (foi em um de seus triunfos que Júlio César exibiu o famoso mote *Veni, vidi, vici* – "Vim, vi, venci"). Os soldados aplaudiam, às vezes cantando canções obscenas, seguindo atrás do comandante, sem dúvida não muito sóbrios. Era uma ocasião para expor partes distantes do Império na capital. O ouro, a prata e as obras de arte preciosas saqueadas eram só uma parcela disso. Às vezes eram exibidas até árvores que cresciam nesses lugares distantes, além de maquetes com pinturas de cidades estrangeiras capturadas. Para muitos da aristocracia na República, era o auge de suas ambições. Permitia que um general fosse deus por um dia.

Isso mudou no reinado de Augusto. A partir de então, nunca mais um general "comum" mereceu um triunfo. A honraria ficou restrita aos imperadores (como comandantes em chefe oficiais) e seus herdeiros diretos. Sob alguns aspectos práticos, para alguns deles essa foi uma dádiva duvidosa, pois na prática era uma cerimônia bem desconfortável: ficar horas em pé numa biga, sem molas ou suspensão, sacudindo pelas ruas de paralelepípedos da cidade. Dizem que Vespasiano, conhecido por falar sem rodeios, desceu da biga ao final do seu triunfo em 71 d.C., celebrando a vitória na Guerra Judaico-Romana, dizendo as palavras: "Isso vai me ensinar a não querer um triunfo na minha idade". Dizem que Septímio Severo recusou a honraria por causa da sua artrite, mas a nova restrição deixava bem claro que, independentemente de quem na verdade lutava, todos os sucessos militares pertenciam ao imperador (figs. 3 e 12).

Contudo, era impossível esconder os problemas à espreita sob a superfície do novo estilo da cerimônia. Em parte, chamava a atenção para a incongruência do papel do imperador e – para alguns, sem dúvida – a emasculação da antiga elite. Será que os espectadores do sofisticado desfile triunfal de Cláudio em 43 d.C. – que incluiu até mesmo uma breve aparição da sua esposa Messalina num veículo menor – acreditaram na versão oficial de que o imperador era o responsável pela vitória militar? Terão aceitado que, independentemente do seu papel no campo de batalha, Cláudio era o destinatário apropriado da honraria? Ou terá sido um sinal flagrante de que Aulo Pláucio, o verdadeiro responsável pela vitória, tinha sido deixado de lado? No entanto, também levantou questões maiores sobre o propósito de um triunfo e, mais uma vez, sobre a farsa e a falsidade que assombravam o governo dos imperadores.

Quando voltou de sua viagem à Grécia, em 67 d.C., Nero organizou uma cerimônia "equivalente a um triunfo" em Roma, para celebrar todas as suas conquistas. Consta que desfilou na mesma carruagem usada por Augusto nos triunfos celebrados por suas vitórias militares. Os soldados convocados para andar atrás da carruagem pertenciam a sua claque de admiradores, e as placas na frente detalhavam não batalhas vencidas, mas suas vitórias atléticas e artísticas. Em vez de terminar no Templo de Júpiter Optimus Maximus (Júpiter Melhor e Maior), no Monte Capitolino, como todos os desfiles, Nero dirigiu-se ao Templo de Apolo, um deus apropriadamente "artístico", conhecido por seu talento em tocar lira. Teria sido uma tentativa construtiva de redefinir a própria noção do tipo de "vitória" que um triunfo poderia celebrar, além de apenas militar? Ou foi uma tentativa de subverter, ou debochar, de toda a ideia e ideologia da cerimônia tradicional – tão paródica quanto a conversão de Calígula de soldados em coletores de conchas marinhas?

Em outros casos, mesmo dentro da definição militar tradicional do triunfo, foram levantadas questões pertinentes sobre como era possível confiar no que se via no desfile do imperador ou acreditar nas vitórias sendo celebradas. Duas das histórias mais engraçadas e mordazes envolvem Calígula e Domiciano, ambos os quais celebraram, ou planejaram celebrar, triunfos para marcar vitórias sobre os germânicos que ou foram enormemente exageradas ou nem mesmo chegaram a acontecer de fato. (Poderíamos imaginar que outra forma de obter glórias militares, considerando o conselho de Augusto, era simplesmente inventar suas vitórias, como se alega que Caracala fez com alguns heroísmos inventados, novamente contra os partos, mais de um século depois.) No entanto, como fazer um desfile de prisioneiros se nenhum foi de fato

71. Moeda de bronze emitida por Nero, em cuja borda está cunhada parte dos títulos oficiais do imperador. No centro vemos a figura do deus Apolo, o tocador de lira – ou talvez de Nero fazendo as vezes de Apolo.

capturado? A resposta de Calígula, segundo Suetônio, foi vestir alguns gauleses como germânicos, tingir seus cabelos de vermelho, ensinar-lhes um pouco da língua germânica e lhes dar nomes germânicos. A solução de Domiciano foi semelhante, mas com um extra adicional. Para substituir os espólios inexistentes, ele usou algumas preciosidades dos depósitos do palácio. A mensagem era a de que, quando se tratava do imperador, mesmo no triunfo, nunca se podia acreditar no que se via. Para os que assistiam ao desfile, como era possível não suspeitar de que tudo aquilo poderia ser falso?

No entanto, a ocasião mais estranha, de longe, foi o triunfo organizado para celebrar as vitórias de Trajano na Mesopotâmia, em algum momento entre 117 e 118 d.C. É fácil perceber o grande problema que isso apresentou para Adriano. Como comemorar as campanhas vitoriosas do seu antecessor, que já estava morto? A resposta foi fazer um modelo do imperador morto, provavelmente de cera, para desfilar numa carruagem pela cidade. E tudo isso para celebrar algumas conquistas e glórias superficiais, que no momento do triunfo já estavam sendo abandonadas. Às vezes é difícil entender como os romanos conseguiam manter uma expressão séria no rosto.

9
CARA A CARA

Vistos de perto

Ele era notavelmente bonito [...] tinha olhos claros e brilhantes [...] embora na velhice não enxergasse bem do olho esquerdo. Seus dentes eram espaçados, pequenos e marcados. Os cabelos eram levemente cacheados e aloirados. As sobrancelhas se juntavam. As orelhas tinham um tamanho médio. O nariz projetava-se na parte superior, recurvado na parte inferior. A tez ficava entre trigueira e pálida. Era baixo de estatura [...] mas isso era disfarçado pela boa proporção e simetria da sua figura, fazendo a baixa estatura se tornar imperceptível, a não ser em comparação com alguém mais alto ao seu lado. Dizem que seu corpo era coberto de manchas e que tinha marcas de nascença no peito e no abdômen...

Isso é parte de uma descrição de Suetônio da aparência do imperador Augusto, uma de uma série de retratos de suas biografias imperiais que – mesmo não sendo tão íntimas quanto os relatos de alguns detalhes médicos – enfocam o rosto, o corpo e as imperfeições de governantes romanos. Segundo Suetônio, Calígula era "alto e muito pálido, com um corpo desproporcional e pescoço e pernas muito finos, com olhos e têmporas fundos [...] cabelos finos e calvo no cocuruto". Galba, sucessor imediato e por breve período de Nero, era "completamente calvo, com olhos azuis e um nariz adunco", e tinha uma hérnia incômoda que mal conseguia segurar com uma atadura. Oto, que logo sucedeu Galba, usava uma peruca para disfarçar *seus* cachos ralos, tão bem ajustada que ninguém percebia que não eram cabelos de verdade. A expressão de Vespasiano dava a impressão de estar se esforçando para se aliviar ("Eu vou contar uma piada quando o senhor acabar de cagar", como disse a ele certa vez um tagarela gozador). Domiciano tinha uma barriga saliente, pernas finas e quase nada de cabelo. Chegou a escrever um livro, *Sobre cuidados com o cabelo*, incluindo seções a respeito de como lidar com a calvície. Infelizmente, o livro não foi preservado.

Tudo isso sugere que a aparência dos governantes romanos era bem conhecida e registrada. Mais ainda, os escritores antigos dão a impressão de que o povo comum via o imperador de perto com frequência, quando por todo o Império lhe entregavam cartas com seus pedidos, topavam com ele em suas travessuras noturnas nas ruas de Roma, ou até mesmo em situações mais cotidianas. Uma narrativa sobre Adriano na *História Augusta* o retrata se misturando com os frequentadores comuns das termas públicas, todos nus. Enquanto estava lá, viu um soldado veterano, que conhecera no exército, esfregando as costas na parede de mármore, e perguntou por que diabos o homem estava fazendo aquilo. "Porque eu não tenho um escravo para me esfregar", foi a resposta. O imperador deu a ele alguns escravos e dinheiro para mantê-los. Algum tempo depois, ele estava mais uma vez nas termas, quando viu um grupo de homens idosos esfregando as costas no mármore. Dessa vez não houve presente. Adriano disse que eles deveriam esfregar uns aos outros.

A história é contada especificamente para ilustrar o cuidado do imperador com seus súditos, combinado com um senso comum descontraído e jocoso: ele é generoso; não cai em truques óbvios; e só pune os culpados com uma tirada sarcástica à custa deles. No entanto, há mais do que isso. Fornece mais um exemplo da insensível distribuição de "seres humanos como presentes", ao mesmo tempo mostrando que Adriano tem a experiência na prática de que escravos custam dinheiro para serem abrigados, vestidos e alimentados. A história mostra mais uma vez o papel do imperador como "um de nós" (ele lembra o homem dos tempos de exército), mas também o situa no meio de pessoas comuns, nas termas – onde, segundo a *História Augusta*, "ele se banhava *com frequência* junto com todos os outros".

A ideia de o imperador se aproximar dos seus súditos era fundamental para sua reputação, daí todas as narrativas e anedotas sobre esse tema – mais precisamente resumidas pela história da mulher comum que teria dito cara a cara para Adriano "deixar de ser imperador" se não tivesse tempo para ouvi-la. No geral, havia muito alarde em relação a sua *acessibilidade*, mas é impossível que a realidade correspondesse à ideologia. Na prática, só uma pequena fração dos cerca de 60 milhões de habitantes da Itália e do Império pode ter visto o imperador pessoalmente. Só podemos especular quantas vezes Adriano foi às termas públicas, mas duvido que tenham sido mais do que algumas ocasiões encenadas, é provável que com alguns fortes guarda-costas de prontidão. E, apesar de ter sido de longe o imperador mais viajado de todos, nunca teria chegado a quilômetros de distância da esmagadora maioria da população do Império. Mesmo quando os governantes romanos apareciam no Circo Máximo, em seus camarotes especiais ou talvez enfrentando manifestações da multidão, só eram visíveis para a maioria do público como pontos minúsculos, um entre centenas de milhares de espectadores – muito distantes para identificar quaisquer áreas calvas ou dentes separados.

Imagens do poder

O mais provável é que a maioria dos habitantes do Império tenha visto o imperador mais em sonhos que na vida real. E digo isso literalmente. Em um manual sobre o significado dos sonhos, escrito por volta de 200 d.C. – um desses surpreendentes tratados técnicos preservados do mundo antigo, muitas vezes despercebidos entre os "clássicos" de poesia e filosofia –, vários estudos de caso se concentram em sonhos com imperadores. Poderia ser um péssimo sinal (você vai morrer), mas algumas interpretações são mais auspiciosas. Lemos o relato de um homem que sonhou que tinha chutado "o imperador" (nenhum nome específico é mencionado, somente um "imperador" genérico). Isso significava, segundo o autor do manual, Artemidoro, que o homem encontraria, e pisaria, uma moeda de ouro com a efígie do imperador. Também temos o caso de um homem que sonhou que ganhava dois dentes da boca do "imperador". Não sabemos como Freud entenderia isso, mas para

Artemidoro era outro bom sinal. A interpretação foi a de que em um só dia ele ganharia dois casos legais que estava pleiteando.

No entanto, milhões de pessoas nunca conheceram ou teriam reconhecido o imperador por sua aparência, nem em carne e osso nem em sonhos, mas só pelas imagens dele e da sua família que inundavam o Império Romano. Elas vinham em todos os tamanhos e materiais, em imponentes estátuas decorando pórticos, praças públicas, salas de tribunal e templos, bem como versões em menor escala em casas particulares em todo o Império. Podiam ser vistas em moedas, esculturas de mármore, de bronze e de prata, ou muito ocasionalmente de ouro, em retratos pintados, caros camafeus, brincos valiosos e até mesmo em estátuas superdimensionadas, de 30 ou mais metros de altura. Elas estavam por toda parte, sobretudo – sem contar os milhões de moedas, miniaturas preciosas e pequenas bugigangas – nas milhares de esculturas retratando-os em tamanho real ainda preservadas, agora expostas em paredes de museus no mundo todo que modelam a nossa imagem dos governantes romanos. Dois milênios depois, ainda olhamos esses imperadores nos olhos, cara a cara.

Nenhuma dessas estátuas se parece em nada com qualquer das descrições feitas por Suetônio. Então, qual é a "precisão" no sentido de um guia confiável quanto à verdadeira aparência de qualquer um desses governantes romanos? Talvez seja frustrante, mas minha melhor suposição é que nenhuma delas seja precisa nesse sentido. Os retratos em forma de texto tendem a nos convencer com facilidade, devido à sua vivacidade e individualidade. No entanto, até que ponto Suetônio poderia realmente ter conhecimento sobre os dentes ou manchas de Augusto é uma grande pergunta. Também há uma tendência suspeita em suas biografias de os imperadores "bons" terem menos imperfeições físicas que os "maus". Os retratos em mármore e bronze – ou, a propósito, as moedas – contam uma história bem diferente. Podemos identificar nelas toques ocasionais de individualidade pessoal, mas são poucos. Se os cabelos rarefeitos de Domiciano eram mesmo tão famosos a ponto de ele ter escrito um livro a respeito, é impossível imaginar isso com base em suas estátuas preservadas, nas quais ele parece ter uma vasta cabeleira (fig. 7). Na verdade, são imagens meticulosamente elaboradas como projeção de poder, apresentando *o imperador* como o indivíduo

72. De Tibério a Alexandre Severo. Primeira linha: Tibério, Calígula, Cláudio, Nero. Segunda linha: Vespasiano, Tito, Domiciano, Nerva. Terceira linha: Trajano, Adriano, Antonino Pio, Marco Aurélio. Quarta linha: Lúcio Vero, Cômodo, Septímio Severo, Caracala. Quinta linha: Elagábalo, Alexandre Severo.

73. Estátua do rei inglês George I usando o traje completo de um imperador romano; escultura de Michael Rysbrack, 1739.

no trono e às vezes, como veremos, como uma simples representação. As imagens destinavam-se a divulgar o rosto imperial por todo o mundo romano, como nunca antes.

Essas imagens oficiais dos imperadores romanos podem parecer bem insípidas e desinteressantes, uma sucessão de cabeças ou corpos semelhantes, o estereótipo de uma versão pouco empolgante do classicismo. Muita gente hoje passa rapidamente por elas. No entanto, essa aparente insipidez é em parte uma consequência do sucesso dos imperadores em estabelecer essa linguagem visual de poder, que sobreviveu ao próprio Império Romano por muitos séculos e da qual ainda somos herdeiros. Quase todos os ditadores e dinastias na história do Ocidente se apropriaram em algum momento – para exaltar sua posição – das imagens que os imperadores romanos inventaram para si mesmos. Tendemos a ver isso como normal. Essas imagens, porém, teriam parecido revolucionárias para aqueles que as viam em lugares públicos e nas suas moedas no final do século I a.C. Longe de ser um estereótipo entediante, teria sido "o choque do novo".

A revolução escultural

Essa revolução imperial na criação e disseminação de imagens remonta a Júlio César, no advento do governo de um homem só. Ele foi o primeiro romano vivo a ter o rosto exibido em moedas cunhadas na cidade, rompendo a antiga tradição republicana que só permitia que deuses, heróis míticos e mortos muito tempo antes fossem cunhados nas moedas. Segundo Dião Cássio, havia também planos grandiosos para colocar sua estátua em todas as cidades do Império e em todos os templos de Roma. Mesmo que Dião, escrevendo mais de duzentos anos depois, estivesse exagerando, parece ter havido um plano inovador – apoiado, se não concebido, pelo próprio governante – para tornar César visível em todo o mundo romano. De fato, ainda existem mais de vinte pedestais preservados, da atual Turquia à antiga Gália, com inscrições mostrando já terem sustentado uma estátua de César erigida ainda no seu tempo de vida. No entanto, ele foi assassinado antes que tais planos pudessem ser concluídos, e nenhuma escultura contemporânea retratando-o foi identificada de forma conclusiva. Houve inúmeras afirmações otimistas, apontando essa ou aquela estátua como o rosto autêntico de Júlio César (até mesmo alguns arqueólogos mais realistas parecem querer olhar nos olhos do ditador), porém só o pequeno rosto em algumas moedas de 44 a.C. pode ser considerado dele com absoluta certeza.

Foi seu sucessor que, ao longo de um reinado de 45 anos, teve a oportunidade de pôr em prática os planos de César. Na Itália e em todo o mundo romano, cerca de duzentas cabeças, bustos ou estátuas de corpo inteiro foram descobertas, agora mais ou menos bem identificadas como de Augusto. Quase nunca são encontradas com nomes associados (há muito tempo separadas dos pedestais que provavelmente as identificavam), e nem sempre é certo se uma escultura representa o próprio Augusto, um de seus herdeiros ou algum figurão local imitando

74. Este é atualmente o candidato favorito a ser um retrato autêntico de Júlio César, esculpido no seu tempo de vida. Foi descoberto em 2007, no rio Ródano, perto de Arles, na França, com grande alarde. A única evidência para sua identificação é sua suposta semelhança com as representações de César nas moedas (fig. 9).

o "visual" imperial. Depois de alguns séculos de um meticuloso trabalho arqueológico – comparando as várias representações com as minúsculas imagens em moedas, que têm o seu *nome*, e entre si –, porém, são poucas as peças ainda contestadas.

É particularmente impressionante que as esculturas do imperador outrora em exibição em diferentes partes do Império, a centenas ou milhares de quilômetros de distância, muitas vezes revelam semelhanças detalhadas de composição, até mesmo no arranjo exato dos fios de cabelo. Isso por si só é uma forte indicação de como foram produzidas. Muitas devem ter sido feitas no próprio local, em diferentes partes do mundo, pois foram esculpidas na pedra local. No entanto, por serem tão semelhantes umas às outras, é quase certo que tenham se baseado em modelos em cera, argila ou gesso, mandados do centro como "a imagem oficial" de Augusto. Não há outra explicação plausível. Mas como esse processo foi organizado é um mistério. É um desses casos em que o funcionamento da administração do palácio, apesar das muitas informações que temos sobre outros aspectos, é obscuro. Não conseguimos vislumbrar quem administrava essa operação, quem tomava o que poderíamos chamar de decisões "propagandísticas", e muito menos quem fazia os modelos ou as esculturas propriamente ditos. Muito embora sejam parte de um dos momentos mais importantes de uma mudança artística na história do mundo, não sabemos o nome do escultor de qualquer uma das representações em mármore e bronze de Augusto que resistiram ao tempo. É algo que não se assemelha em nada ao mundo do artista proeminente e do monarca-patrono, como Holbein e Henrique VIII, ou Ticiano e Filipe II da Espanha. É algo muito mais anônimo, muito mais concebido a portas fechadas.

Tampouco sabemos ao certo a proporção do número original de retratos que essas cerca de duzentas peças preservadas representam. A melhor avaliação (reconhecidamente muito vaga) de que na época da morte de Augusto, em 14 a.C., entre 25 mil e 50 mil imagens dele estavam em exposição dá uma ideia da escala. Em qualquer lugar do Império em que você vivesse – sem considerar a imagem nas moedas no seu bolso –, seria inevitável se ver frente a frente com Augusto, em tamanho natural,

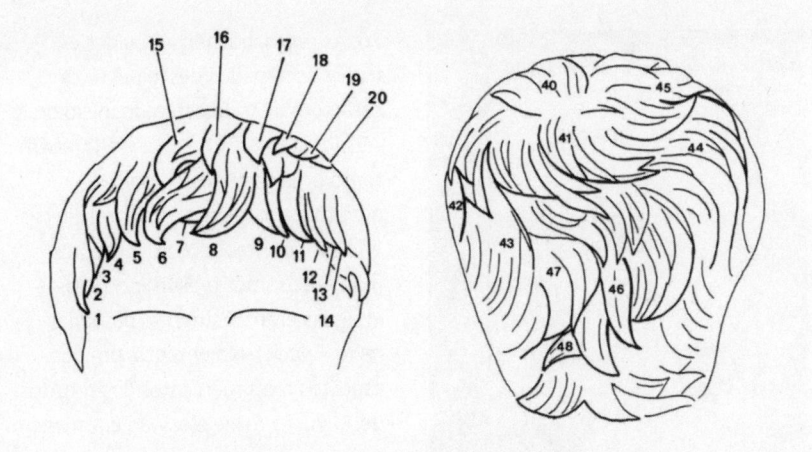

75. Retratos que remetem ao mesmo modelo muitas vezes foram identificados por meio de uma comparação detalhada do arranjo dos fios de cabelo. Este é um diagrama do "esquema de cachos" da estátua de Augusto encontrada na Vila de Lívia (il. 15).

em mármore, bronze ou até prata na sua cidade. É difícil não comparar com um ditador moderno, observando de todos os cartazes. Da mesma forma, antes da imprensa e de cartazes impressos, Augusto era inevitável.

No entanto, a revolução não foi só na quantidade. Augusto, ou quem o estivesse assessorando, também inaugurou um *estilo* novo de retratismo romano, para se adaptar a algumas mudanças mais estritamente políticas. A elite da República tendia a adotar um estilo retratista de "verrugas e tudo": o rosto desfigurado, enrugado e mais velho. Se era ou não uma representação exata (e não temos como verificar), enfatizava o poder da senioridade e da autoridade. Augusto mudou tudo isso. Sua imagem remetia às tradições idealizadoras da escultura grega do século V a.C. Em suas estátuas de corpo inteiro, era retratado com o corpo clássico ideal, em um número limitado de poses (em pé com uma toga, de armadura ou por vezes a cavalo). A cabeça era uma criação igualmente idealizada e jovial, e assim permaneceu ao longo das mais de quatro décadas do seu reinado. Parecia o mesmo nas esculturas aos 30 e aos 70 anos. Muitas vezes há algo dessa lacuna de idade nos retratos do poder. Por exemplo, a rainha Elizabeth II não envelheceu tanto nas moedas como na vida real. No caso de Augusto, porém, a discrepância é especialmente evidente.

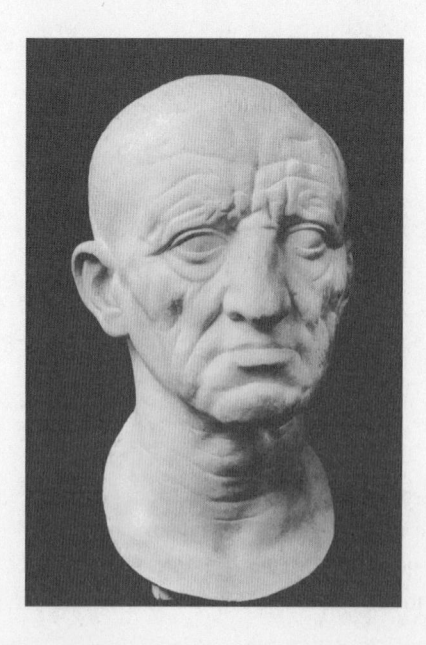

76. As rugas, bochechas caídas e traços escarpados deste busto são características do estilo do início do século I a.C. Sem dúvida, era também tanto uma "retórica do poder" quanto as imagens posteriores joviais e "classicizantes" dos imperadores (não precisamos presumir que essas imagens eram realmente baseadas na realidade). No entanto, um dos aspectos mais marcantes dos retratos de Augusto é que eles *não eram assim*.

Em outras palavras, quase não havia vestígios de "realismo" convencional. É bem possível que Augusto nunca tenha "posado" para um retrato, como os monarcas modernos e também alguns governantes da Antiguidade (Alexandre, o Grande, por exemplo, tinha seu retratista favorito). Também é bem possível que suas estátuas não fossem um modelo confiável para reconhecer o homem em carne e osso. Era mais um estilo de *realismo político* que transmitia o novo pacto do imperador em Roma, sua ruptura com o passado e combinação quase impossível de ser ao mesmo tempo o *princeps* ("líder") e "um de nós". Nenhum romano fora representado assim antes – e nenhum imperador tinha assumido essa forma.

A imagem de Augusto, com suas raízes no que Júlio César começara, estabeleceu o padrão dos retratos dos imperadores romanos por séculos. Em cada reinado, exceto talvez os mais curtos (e até mesmo imperadores de reinados curtos podiam ser rápidos nas iniciativas), podemos detectar o mesmo processo de replicação de suas estátuas. Apesar de as identidades serem mais contestadas em períodos posteriores, ainda existem cerca de 150 bustos e figuras em tamanho real preservadas de Adriano, o segundo maior número para qualquer imperador depois de Augusto, e umas cem do seu amante Antínoo, que ocupa o terceiro lugar. Muitas dessas imagens faziam parte de uma campanha do centro para disseminar a imagem do governante por todo o Império ou, no caso de Antínoo, a consequência do desejo pessoal de Adriano de celebrar seu amado. É provável que outras tenham sido resultado de iniciativas locais, de comunidades ansiosas por mostrar sua lealdade e exibir o imperador na *sua* cidade. Mesmo esses casos, porém, deveriam envolver algum tipo de autorização do projeto. Provavelmente a comunidade pedia permissão para erigir a estátua e recebia o modelo oficial para esse fim. Ou ao menos era o que deveria acontecer. Certa vez, um amigo de Adriano escreveu ao imperador avisando que uma estátua em Trapezo (atual Trebizonda, no mar Negro) não "era parecida com ele" e que deveria ser substituída. Imagino que quis dizer que a estátua não se parecia com a imagem oficial, não com o imperador. A implicação era que Trapezo tinha "agido por conta própria", com base em um projeto não oficial.

Também houve aspectos do estilo estabelecido sob Augusto que nunca mudaram desde o final do século I a.C. até o início do século

77 e 78. Dois modelos padrão para representar o corpo do imperador: à esquerda, um Lúcio Vero perfeito e (quase) nu; à direita, um Tibério de toga. Para a alternativa militar, ver fig. 67.

III d.C. Nas estátuas autônomas, a forma do corpo do imperador é sempre mais ou menos igual. Todos os governantes são retratados com as mesmas proporções perfeitas, no mesmo espectro limitado de trajes e poses, seja de toga, seja usando traje de batalha, ou às vezes nus ou seminus, como os heróis míticos ou figuras divinas da arte clássica grega. Ao contrário das imagens do corpulento Henrique VIII da Inglaterra ou da cada vez mais rechonchuda rainha Vitória, inexiste qualquer tendência à individualidade ou a características diferenciadas, tampouco a barriguinhas salientes. É verdade que há uma variedade maior de poses em painéis de baixo-relevo, quando vemos Trajano na companhia de seus soldados ou Adriano caçando, mas o traje e a silhueta subjacente raramente se desviam do padrão. Também existem algumas pequenas mudanças ao longo do tempo: mais trajes de batalha e menos togas no século II d.C. que no século I d.C. Essencialmente, porém, o que estava em exibição era o corpo "*do imperador*", não de qualquer governante individual. Em parte é o que os faz parecerem o mesmo à primeira vista. É o mesmo *corpo* – só com uma cabeça diferente.

O princípio de atemporalidade de Augusto também ficou mais ou menos inalterado. Os imperadores não envelhecem em seus retratos. Exceto em alguns casos em que temos imagens de imperadores quando crianças, embora difíceis de precisar, os governantes romanos continuavam com a idade de quando foram representados ao assumir o trono, ou até mais jovens. Mesmo o idoso Nerva, que tinha 65 anos quando sucedeu a Domiciano em 96 d.C., quase não tem uma ruga. É mais ou menos o inverso do romance *O retrato de Dorian Gray*, de Oscar Wilde, em que o retrato envelhece enquanto o modelo continua um eterno jovem. O físico dos imperadores romanos, ao contrário, envelhecia, ao passo que os retratos continuavam impossivelmente jovens.

No entanto, em alguns detalhes dos rostos e, intrigantemente, dos pelos faciais, há uma história bem mais complicada e mutável. Isso levanta a questão de como podemos distinguir a estátua de um imperador da de outro, e em alguns casos se até mesmo devemos fazer isso.

Desfile de identidade

Os retratos dos imperadores não diziam respeito a indivíduos da maneira como iníferiríamos hoje. Por mais que os observemos minuciosamente, eles não nos dizem nada sobre o caráter específico do governante, ou nem mesmo sobre o que o escultor estava tentando expressar a respeito de sua pessoa. Não há indícios de vilania, perversão ou qualquer tipo de virtude além do aspecto político. Contudo, pode ser muito mais revelador considerarmos os imperadores em seu conjunto, não como indivíduos. A sequência de retratos na página 319 dá uma visão do rosto de quase todos os imperadores que reinaram entre Tibério (que ascendeu ao trono em 14 d.C.) e Alexandre Severo (assassinado em 235 d.C.). O que as semelhanças e as diferenças visuais entre eles nos dizem?

O mais importante é que elas nos remetem a algumas das questões relacionadas à sucessão e à transmissão do poder de um governante para o seguinte. Mesmo as imagens em miniatura deixam claro que uma maneira de estabelecer o herdeiro escolhido como o único e legítimo sucessor era torná-lo *parecido* com o homem que ele iria suceder. E era uma tática útil para um novo imperador, ao afirmar seu direito ao trono, ser representado como a imagem viva de seu antecessor, como se houvesse uma transição perfeita de poder de um sósia a outro. Claro que havia espaço para toques específicos de individualidade, e a pintura original aplicada a muitos desses retratos provavelmente contribuía para isso. No entanto, como princípio geral, os imperadores eram feitos para imitar o homem que lhes concedera o direito de governar. Os imperadores do século I d.C. que baseavam o cargo em relações próximas a Augusto – fosse por adoção, no caso de Tibério, fosse por descendência da filha biológica de Augusto, no caso de Calígula – copiavam suas feições nos retratos públicos. Mais tarde, no século II d.C., todos os imperadores adotados que sucederam a Adriano se assemelham muito ao pai adotivo e predecessor. Não surpreende, por exemplo, que a imagem pública de Septímio Severo tenha se baseado na de Marco Aurélio, de quem, por um passe de mágica, Septímio reivindicou retroativamente sua adoção.

79. Identidades equivocadas? Este busto no Museu Britânico reflete as feições típicas dos imperadores e herdeiros da dinastia Júlio-Claudiana, mas exatamente de qual deles é uma incógnita.

Esse é mais um fator que ajuda a explicar a reação que muita gente tem de que "um imperador é muito parecido com o outro". A verdade é que eles costumam ser muito parecidos. Hoje, só alguns especialistas conseguem distinguir (ou acham que conseguem distinguir) alguns retratos dos imperadores adotivos do século II d.C. E mesmo especialistas discordam em alguns casos notórios. Uma cabeça de mármore, atualmente no Museu Britânico, já foi identificada como Augusto, Calígula e dois dos herdeiros escolhidos de Augusto que morreram jovens, Caio e Lúcio César. Outra, no Vaticano, foi atribuída a Augusto, Calígula, Nero e ao mesmo jovem Caio César. Talvez isso tenha sido parte do objetivo, e – apesar dos grandes esforços de arqueólogos para distinguir um do outro – a intenção original era sobrepor as imagens do patriarca fundador às de seus sucessores e potenciais sucessores. A "*in*distinguibilidade" podia ser uma arma valiosa.

Ou às vezes o inverso. Uma das ferramentas básicas para distanciar um imperador do legado do seu predecessor, depois de um assassinato, por exemplo, ou de uma guerra civil, era construir uma imagem diferente. Um exemplo clássico disso foi a imagem oficial de Vespasiano, que assumiu o poder em 69 d.C., com a vitória final nos conflitos que se seguiram à queda de Nero. Em praticamente todos os aspectos, Vespasiano fez questão de se diferenciar de Nero e de explorar (e em parte, sem dúvida, criar) o estereótipo do seu predecessor como um esbanjador megalomaníaco que adorava viver no luxo. A construção do Coliseu, como um local de entretenimento público, no local da Casa Dourada, o palácio de prazeres particular de Nero, foi só um exemplo disso. Também é emblemático que os retratos de Vespasiano, com o rosto enrugado e sinais de calvície, quase voltaram ao estilo "verrugas e tudo" da antiga República. É uma imagem imperial em que é fácil identificar sinais do caráter de Vespasiano como de um tipo simples e acessível. Contudo, fosse qual fosse sua aparência, independentemente das piadas escatológicas a respeito, não há razão para supor que essas imagens sejam realistas. A imagem "pés na terra" é mais uma mensagem política que qualquer revelação sobre caráter. Uma mensagem que diz: "O novo homem no comando não tem nada a ver com Nero. Ele é um defensor dos valores tradicionais, sérios e antiquados".

80. Vespasiano ostentava suas antigas e tradicionais raízes italianas. Este busto, da segunda metade do século I d.C., reflete o estilo republicano anterior, sugerindo um retorno aos valores do passado – contrastando com os excessos de Nero.

No entanto, existe uma mudança ainda mais evidente nesse alinhamento de rostos imperiais. Em 117 d.C., com a ascensão de Adriano, e depois de 150 anos de imperadores e seus herdeiros retratados bem barbeados, eles passam a ser representados com barbas cheias, por vezes luxuriantes (normalmente esculpidas com muita sofisticação, no que pode ser considerado um triunfo da técnica escultural em si). Mesmo os adolescentes Elagábalo e Alexandre Severo às vezes são retratados com mais pelos faciais que sugeria sua juventude.

Pela lógica recém-apresentada, poderíamos esperar que os retratos de Adriano seguissem de perto os de Trajano, seu pai adotivo – sobretudo depois de uma sucessão trôpega e complicada. Então, por que a mudança repentina? Não há indícios de que isso tenha simplesmente refletido uma mudança mais genérica na moda dos homens da elite. Seria, então, um caso raro de um aspecto da aparência pessoal do imperador sendo figurado em seus retratos – que depois continuou? Isso é o que o autor da *História Augusta* parece implicar quando afirma, de forma um tanto desesperada, que Adriano adotou uma barba para esconder suas manchas. Ou haveria algo maior em jogo na criação dessa nova face do poder? Alguns historiadores modernos sugeriram que, décadas antes de Marco Aurélio se tornar conhecido por seus interesses filosóficos, Adriano já ostentava uma imagem de "imperador filósofo", ou de "imperador admirador da Grécia", com uma barba em "estilo grego". Pode ser, mas tem se provado difícil identificar qualquer protótipo distintamente grego nos seus projetos, sem mencionar a dificuldade de combinar as cabeças "filosoficamente inspiradas" com os corpos imperiais de couraça e muito bem armados em que em geral se assentavam. Em suma, essa mudança continua sendo um dos mistérios da arte e da cultura imperiais. No entanto, ao menos é um guia útil para os que precisam de ajuda para distinguir a cabeça de um imperador adulto de outra. Se estiver barbeado, pode ter certeza de que pertence a algum período entre o início do governo de um homem só e o imperador Trajano. Se tiver barba, é o próprio Adriano ou um de seus sucessores dos cerca de cem anos seguintes. Já em pleno século IV d.C., a maioria tinha pelos faciais – ainda que menos cheios nos mais tardios.

E quanto às mulheres?

Os retratos das mulheres da família imperial foram ainda mais revolucionários que os dos homens. Não só por também terem sido produzidos em grande número, ainda que não na mesma escala que os dos imperadores (por exemplo, existem cerca de noventa representações esculturais preservadas de Lívia, em comparação aos duzentos ou mais do seu marido Augusto). O mais importante é ter sido a primeira vez que retratos de mulheres foram exibidos com regularidade e divulgados publicamente na Itália (apesar de alguns exemplos anteriores no Mediterrâneo Oriental). Seria difícil alguém andando pela cidade de Roma nos anos 50 a.C. ver a imagem de uma mulher que não fosse uma deusa ou heroína mitológica. Cem anos depois, ninguém deixaria de ver estátuas de mulheres da família do imperador. A paisagem visual tinha se transformado.

A seleção na página 332 mostra algumas das mulheres mais proeminentes da família imperial, desde Lívia, mulher de Augusto, até Júlia Domna, esposa de Septímio Severo. Mais uma vez, para o confuso visitante do museu, o cabelo é o principal indicador da data – e, portanto,

81. Imperatrizes de Roma. Primeira linha: Lívia, esposa de Augusto e mãe de Tibério; Agripina, a Jovem, mulher de Cláudio e mãe de Nero. Segunda linha: Domícia Longa, esposa de Domiciano; Plotina, mulher de Trajano. Terceira linha: Faustina, a Jovem, esposa de Marco Aurélio e mãe de Cômodo; Júlia Domna, mulher de Septímio Severo e mãe de Caracala e Geta.

da identidade – das estátuas. Os estilos relativamente discretos das mulheres da corte de Augusto e seus sucessores imediatos foram substituídos, no final do século I d.C., por coques sofisticados e cacheados. Era um sinal claro de privilégio aristocrático (ninguém conseguiria fazer algum trabalho manual com aquela pilha de cabelos na cabeça). Supondo que os retratos refletiam os verdadeiros penteados dessas mulheres – e não fossem meras proezas esculturais –, os penteados devem ter exigido algum equivalente antigo de apliques de cabelos. Um século mais tarde, depois de estilos um pouco mais modestos na primeira parte do século II, os retratos de Júlia Domna costumavam mostrá-la usando uma peruca. Não pretendia ser um disfarce, nem se confundir com os próprios cabelos. Na verdade, algumas das esculturas destacam sua artificialidade como fator positivo, mostrando fios de cabelo "natural" (em mármore) escapando da peruca. Era como se, agora, a sofisticação dos cabelos falsos fosse um sinal de status.

No entanto, não só o penteado faz uma imperatriz. Talvez previsivelmente, tem se mostrado mais difícil atribuir um nome a esses retratos do que aos dos homens. As similaridades entre algumas estátuas encontradas em diferentes partes do mundo romano sugerem que elas também dependiam de modelos mandados do centro. Havia também um elemento de "política de sucessão" na forma como eram representadas. Assim como Septímio Severo foi cautelosamente assemelhado a Marco Aurélio nos seus retratos, as imagens da sua mulher, Júlia Domna, às vezes eram feitas para se parecerem com as de Faustina, esposa de Marco Aurélio. Às vezes os traços das mulheres da família parecem ter sido modelados nos do imperador relevante, como que para ressaltar o fato de seu status público depender dele. No entanto, uma vez que há menos mulheres para comparar e contrastar, menos imagens em moedas e nada em Suetônio (que não se deu ao trabalho de descrever as mulheres), as identificações são muito mais incertas. Há uma boa probabilidade de que algumas retratadas com um coque sofisticado, hoje identificadas como parentes de um imperador do final do século I d.C., talvez Tito ou Domiciano (faça a sua opção), deveriam ser rotuladas como "Mulher Romana Desconhecida", com o mesmo penteado da moda.

Esse problema de identificação é ilustrado vividamente por três mulheres em mármore encontradas em escavações na pequena cidade romana de Veleia, no norte da Itália. Os pedestais inscritos que sustentavam as estátuas foram encontrados nas proximidades, deixando claro que elas representavam Lívia, Agripina, a Velha (mãe de Calígula), e sua filha Agripina, a Jovem (mulher de Cláudio e mãe de Nero). Mesmo com esses indícios, porém, é impossível determinar quem é quem. Elas parecem mais ou menos idênticas. Talvez a mensagem fosse que uma esposa ou mãe imperial eram muito parecidas umas com as outras. Apesar dos boatos sobre as maquinações malévolas ou sexualidade subversiva das mulheres, e da imagem sinistra de algumas delas na literatura antiga, nas esculturas públicas, pelo menos, elas são quase sempre apresentadas como um grupo de mães, esposas e filhas obedientes, todas assumindo mais ou menos o mesmo papel e adotando posturas e vestimentas semelhantes. É quase como se a imagem oficial das mulheres fosse designada

82. Sequência de imagens quase idênticas de Lívia, Agripina, a Velha, e a Jovem, de um grupo de treze estátuas de imperadores e suas famílias, descobertas em Veleia, no norte da Itália, no século XVIII.

83. Estátua de Messalina, pouco maior que o tamanho natural, mostrando-a como uma mãe perfeita, produzida em Roma em meados do século I d.C. O projeto foi baseado em uma escultura grega de Cefisódoto, do início do século IV a.C., mostrando a deusa da paz acalentando seu filho, a "Riqueza"*.

não só como um símbolo do papel das mulheres na sobrevivência da dinastia, mas também para se contrapor a algumas das histórias escandalosas. Uma estátua notável, quase certamente de Messalina, mulher do imperador Cláudio, supostamente adúltera e ninfomaníaca, retrata-a segurando o filho Britânico nos braços, numa pose baseada em uma antiga estátua grega da benigna deusa da paz. A mensagem era: "Aqui não há problemas".

Só muito ocasionalmente encontramos a imagem de uma mulher imperial que parece – ao menos à primeira vista – romper o molde

---

* Deusa grega Eirene com o filho Pluto, divindade da riqueza e da fartura. [N.T.]

84. Um dos painéis da que talvez seja a descoberta mais importante da escultura romana dos últimos cem anos – que decorava um recinto em homenagem aos imperadores romanos em Afrodísias, na atual Turquia (fig. 51). Agripina coroa seu filho Nero, que assumiu o trono em 54 d.C. (alguns anos depois, ele ordenaria sua execução). Aqui, o novo imperador tirou o elmo militar (aos seus pés) para ser coroado.

genérico e subverter os estereótipos domésticos habituais. Uma das mais ousadas é outra versão de Agripina, a Jovem, num grande painel encontrado na antiga cidade de Afrodísias, na atual Turquia. Não é tanto uma questão de aparência, mas do que está fazendo: coroando o filho Nero com uma grinalda de louros, como se o estivesse investindo com o poder imperial.

O painel veio à luz em meio aos remanescentes de um templo e um pórtico anexo, erguidos por alguns figurões de Afrodísias em meados do século I d.C. para celebrar os imperadores romanos, redescoberto por escavações arqueológicas entre 1979 e 1984. O complexo era recoberto por dezenas de painéis esculpidos e outras figuras autônomas. Não sabemos ao certo de onde os projetistas locais tiraram sua inspiração para esse ambicioso projeto escultural, nem qual foi a contribuição dos modelos da capital romana, mas as cerca de sessenta esculturas estão razoavelmente bem preservadas – algumas ainda com títulos inscritos, o que torna a identificação dos personagens precisa – e representam uma das maiores e mais importantes descobertas da arte romana no século XX. Há algumas personificações monumentais dos povos e regiões do mundo romano, da Dácia a Creta, e uma verdadeira antologia de temas reconhecíveis, e nem tão reconhecíveis, da mitologia greco-romana, incluindo o herói fundador romano Eneias resgatando o pai de Troia; o deus Zeus, na forma de um cisne, assediando a princesa espartana Leda; e um trio de heróis anônimos nus, misteriosamente acariciando um cão. Também se destaca uma série de cenas mostrando imperadores e suas famílias, extraídas da história, e símbolos, do governo de um homem só de Roma.

Uma das cenas é um painel com Augusto de pé, vitorioso, acima de um cativo amarrado, não muito longe de um Cláudio seminu, derrotando "heroicamente" Britânia, de Nero massacrando o reino da

85. Uma das esculturas de Afrodísias é a representação mais antiga da Britânia, como vítima do imperador Cláudio. A província, retratada como uma mulher vulnerável, é pisoteada (ou algo pior) pelo imperador vitorioso (pp. 303-304).

86. Painel menor que o da cena da coroação de Afrodísias (fig. 84) – com menos de 1 metro quadrado. A ideia básica, porém, é a mesma: a mãe de Caracala, Júlia Domna, sob a aparência da deusa da Vitória, coroa seu filho (um troféu militar está ao lado dele, com dois cativos agachados embaixo). Hoje no Museu Nacional de Varsóvia, veio provavelmente da Síria.

Armênia, na forma de uma mulher nua quase por completo. A Armênia foi uma das "conquistas emblemáticas", ou "projetos de vaidade", que nessa ocasião, apesar da imagem de "intervenção pessoal" do painel esculpido, rendeu glórias militares sem qualquer envolvimento direto do imperador na campanha. A "cena da coroação", em que Agripina de fato coroa seu filho, também está longe da realidade. Nenhuma cerimônia desse tipo jamais ocorreu na vida real. Os imperadores romanos não eram coroados literalmente. De modo simbólico, porém, essa imagem parece repetir, de forma descarada, a afirmação de alguns escritores romanos de que Nero devia sua ascensão às maquinações da mãe. Isso se reflete em algumas outras obras de arte, como num camafeu mostrando Agripina coroando o filho. Em outro painel esculpido, de um século e meio depois, Júlia Domna faz o mesmo com Caracala.

É muito tentador ver essas imagens como um raro experimento de representação de uma versão mais ativa da autoridade feminina na família imperial e nos processos de sucessão. Terá sido uma ousada demonstração do poder político e da influência das mulheres que vai contra os estereótipos visuais comuns? Eu gostaria de pensar assim, mas não tenho tanta certeza.

Faz uma enorme diferença que em todas essas imagens as imperatrizes sejam mostradas com os atributos de deusas: Agripina, tanto em Afrodísias como no camafeu, é retratada com a tradicional cornucópia ("chifre da abundância") da deusa Tique, ou Fortuna (embora a figura também possa evocar a deusa Ceres, protetora das colheitas e da produção); Júlia Domna é mostrada sob a aparência da deusa Vitória. Não era incomum figuras imperiais, especialmente mulheres, serem retratadas com símbolos de divindades. Em parte, isso as revestia de uma aura de santidade, diferenciando-as dos mortais comuns, evocando um padrão mais abrangente de se apresentar o papel do imperador em termos divinos (como exploraremos no próximo capítulo). No entanto, muitas vezes era algo bem mais capcioso do que parece. No caso de uma estátua em tamanho maior que o natural do imperador Cláudio, semivestido como Júpiter e com a águia do deus roçando seu joelho, houve o ônus

87. Estátua com 2,5 metros de altura, da cidade de Lanúvio, perto de Roma, mostrando o imperador Cláudio como Júpiter. O símbolo do deus, a águia, está aos seus pés. Originalmente, poderia estar empunhando um raio na mão direita (o cálice de libação é uma restauração moderna incorreta). A coroa de carvalho ultrapassa a fronteira entre divino e humano: o carvalho é uma árvore associada a Júpiter, mas a coroa de carvalho era concedida a soldados por sua coragem em batalha.

de fazer o imperador parecer, francamente, um pouco bobinho. No caso de Agripina e Júlia Domna, os atributos divinos embaçam a questão de onde – no híbrido de imperatriz e deusa – emana o verdadeiro poder. Dependendo do ponto de vista, a deusa não só ofusca a imperatriz como também obscurece intencionalmente qualquer noção da sua autoridade. Não era uma mulher real (com alguns atributos de uma deusa) coroando o filho, mas, sim, uma deusa (com alguns atributos de uma mulher real) validando o direito do imperador de governar. A imagem divina não *reforçava* o poder da imperatriz, mas o *encobria*.

Variações sobre um tema

A imagem moderna padrão dos imperadores romanos e suas famílias é definida por todas essas estátuas de bronze ou mármore em tamanho real – outrora revolucionárias, agora consideradas triviais – e por incontáveis cabeças imperiais em moedas de todo o Império. Elas foram cruciais para definir a imagem do imperador na Antiguidade também, resumindo de forma visual a política do governo de um homem só. No entanto, não configuram a história inteira. Em todo o mundo romano, as imagens dos imperadores não se limitavam a pórticos e praças públicas. Decoravam casas de pessoas, enchiam suas estantes de louças e adornavam suas roupas e joias, com preços diferenciados para qualquer bolso. Nos estudos modernos, essas peças raramente receberam a mesma atenção que as grandiosas esculturas imperiais. Para ser honesta, só algumas têm muita qualidade artística, e muitas delas agora restam fora de vista, em depósitos e porões de museus. No entanto, se as trouxermos de volta ao cenário, teremos uma visão mais rica e detalhada de *como* o imperador podia ser visto (e imaginado) no mundo romano, *onde* e *em que escala*.

No topo da escala – e algumas decerto consideradas obras-primas – estavam os camafeus e gemas caros e requintados, que desfilavam descaradamente a família imperial em miniatura, de grupos dinásticos inteiros a indivíduos importantes (ils. 5 e 17). Muitas dessas peças devem ter sido encomendadas pelo próprio imperador e para ele (quem mais teria o dinheiro?). Sem dúvida, destinavam-se a decorar as residências imperiais, embelezar as mesas de banquetes do palácio ou servirem de presentes a amigos especiais ou delegações estrangeiras influentes. Um pouco mais abaixo na hierarquia, caros vasos de prata exibiam o governante nas casas da elite na Itália (fig. 12), mas os que nos atraem mais de imediato talvez sejam alguns artigos mais humildes, como os confeitos moldados que punham o imperador diretamente na boca dos seus súditos (fig. 3).

Pequenos retratos de governantes e seus familiares eram usados para decorar lamparinas de cerâmica baratas, armaduras de soldados, espelhos e relógios de sol, e também estampavam móveis comuns. Assim como nos brincos com a marca de Septímio Severo (fig. 4), a esposa de Antonino Pio, Faustina (mãe da Faustina que foi casada com Marco Aurélio), é ilustrada em uma plaquinha de ouro, outrora o bem mais precioso de um morador da Colchester romana, no sul da Britânia, enquanto as "cabeças" das moedas imperiais – de Domiciano, Trajano, Caracala, Alexandre Severo e muitos outros – costumavam ser incrustadas como peça central em singelos anéis. A família imperial se fazia presente

88. Seleção de adornos baratos com imperadores romanos: à esquerda, um anel incrustado com uma moeda de Caracala; abaixo, um medalhão de vidro com (provavelmente) o rosto de Tibério e dois membros mais jovens da família imperial em cada lado; à direita, uma tigela de cerâmica mostrando Augusto com integrantes de cerimônia sacerdotal.

até mesmo em mesas de jogos: a cabeça da mulher de Augusto, Lívia, entre outras, ilustrava fichinhas baratas, usadas em jogos de tabuleiro da Antiguidade.

Em termos modernos, esse era um mundo não só de "gestão da imagem" oficial, mas também em que o rosto do imperador era estampado nos equivalentes antigos de ímãs de geladeira, canecas e sacolas produzidas em massa, tornando-o parte da rotina doméstica e cotidiana. Ao contrário de alguns suvenires da realeza atual, essas imagens não podem ter sido distribuídas a partir do centro, com um desenho uniformizado, como muitas, ou a maioria, das representações públicas em bronze ou mármore. A administração imperial não tinha mão de obra nem vontade de controlar como o imperador aparecia nas casas comuns. Essas peças só podem ter sido resultado de iniciativas locais, produzidas por pequenos empresários de olho em um comércio lucrativo (havia de fato público para comprar essas coisas) e baseadas indiretamente – cópias de cópias de cópias – na versão central. Afinal, é assim que ainda podemos reconhecê-las. É quase certo que havia muitas mais circulando do que podemos ver hoje, pois, assim como o "retrato" visto pelo amigo de Adriano em Trapezo, elas eram mais ou menos independentes dos moldes oficiais. Onde quer que você estivesse, não havia nada, em última instância, que o impedisse de inventar a imagem do imperador como bem quisesse.

É exatamente o que podemos ver acontecendo no Egito romano, não em casas particulares, mas na decoração de templos públicos. De todas as províncias romanas, o Egito era a que tinha a história mais longa, atraindo Adriano e outros imperadores como turistas aos seus patrimônios em viagens pelo rio Nilo. No entanto, quem poderia imaginar que a ilustração 21 mostra um dos poucos conjuntos de retratos de grande porte do imperador Augusto encontrados em qualquer lugar do mundo romano tão explicitamente identificados como tal? Esculpidos nas fachadas dos templos egípcios datados do período de Augusto, representam o imperador como um antigo faraó fazendo oferendas aos deuses egípcios locais. Seu nome – sem o qual nunca o reconheceríamos – está inscrito de várias maneiras: como "César", "Imperador" ou "Faraó" em hieróglifos. Alguns imperadores posteriores foram representados no Egito da mesma forma, incluindo Cláudio, Nero, Trajano e Caracala.

Não há razão para supor que os imperadores tenham mesmo se vestido com trajes faraônicos. Essas esculturas podem ter sido uma tentativa dos governantes romanos de se apropriarem do poder do faraó. Mais provavelmente, foram uma tentativa dos egípcios de recriar a imagem do imperador romano em seus termos tradicionais. Seja qual for a explicação, ilustra como a imagem do imperador podia ser flexível. Se a maioria dos habitantes do Império imaginava seu governante vestido para a batalha ou de toga, também havia quem os imaginasse de peito nu, usando a tradicional "coroa dupla" do Alto e do Baixo Egito e um chanti, o saiote egípcio.

A variedade de imperadores na arte estende-se ainda mais se considerarmos as imagens que foram perdidas. Não estou me referindo a perdas aleatórias, mas a categorias inteiras de imagens desaparecidas devido à fragilidade (ou reutilização) do material com que foram feitas. O vidro quebradiço seria um exemplo óbvio disso. Da mesma forma, o pequeno número de estátuas de bronze, em comparação com as de mármore, é consequência da facilidade de fundir e transformar o metal em outra coisa. O famoso bronze de Marco Aurélio a cavalo, exibido ao público em Roma desde que foi feito, nos anos 170 d.C., provavelmente se safou por ter sido erroneamente identificado na Idade Média (fig. 44). Na época pensou-se ser do imperador Constantino, do início do século IV d.C., o primeiro governante romano oficialmente cristão – uma identificação equivocada e fortuita que deve ter assustado recicladores cristãos de sucata metálica. No entanto, em toda a história da arte da Antiguidade, a maior perda foi a da rica tradição das pinturas portáteis. A pintura era uma forma de arte tão ilustre e proeminente quanto a escultura no mundo romano, mas ninguém imaginaria isso, pela pequena quantidade que foi preservada. São os retratos de imperadores pintados em madeira e linho que constituem a lacuna mais enganosa no nosso registro.

Essas pinturas estavam por toda parte. Nos anos 140 d.C., por exemplo, Fronto escreveu ao seu então pupilo, Marco Aurélio, para dizer que via pinturas de Marco (embora também possam ter sido suas estátuas pintadas) por toda a cidade, "em barracas e lojas, em colunatas, em entradas e janelas". Eram muito malfeitas, comentou com certo esnobismo, por artistas sem talento, mesmo assim sempre dava um beijinho quando as via (ou, segundo outra versão da incerta citação em latim, e adicionando ao tom condescendente: "elas sempre me fazem rir"). De maior valor artístico, o tio de Plínio menciona em sua enciclopédia uma pintura que deve ter sido encomendada pelo próprio imperador: um retrato gigante de Nero em tela de linho, com 35 metros de altura, exposto em um dos *horti* imperiais, nos arredores de Roma. Também há inúmeras referências a quadros da família imperial levados em procissões religiosas, estampados em estandartes militares ou dentro de templos. E eram usadas para transmitir algumas mensagens imperiais incisivas. Por exemplo, antes de chegar a Roma após sua sucessão, Elagábalo teria mandado na frente um grande quadro de si mesmo, com seu traje sacerdotal oriental completo, para ser afixado bem à vista na sede do Senado a fim de que os senadores se acostumassem com suas vestes incomuns. Deve ter havido tantos imperadores em pinturas quanto em mármore no passado.

Apenas um exemplar foi preservado (il. 3). É um pequeno painel circular de madeira com cerca de 30 centímetros de diâmetro, com retratos de Septímio Severo, sua mulher Júlia Domna (atente ao penteado) e o filho Caracala, e uma imagem apagada de uma figura que provavelmente era seu irmão mais novo, Geta. Hoje em Berlim, o painel tem uma história complicada. Deve ter sido preservado nas condições climáticas secas do Egito, mas como ou onde foi descoberto – antes de surgir no mercado de antiguidades no século XX – é um mistério. Pode ter sido recortado de uma pintura maior, que *pode* ter vindo de um templo egípcio, *pode* ter constado de um inventário preservado em papiro dos bens do templo e *pode* ter sido encomendado localmente para assinalar uma visita da família imperial ao Egito por volta de 200 d.C.

Seja qual for a história (e "*pode*" é algo crucial aqui), a maioria dos historiadores, de forma um tanto perversa, se interessou mais pela face que foi removida que pelos três retratos preservados. O que ainda podemos ver é muito mais exuberante do que a maioria das estátuas, com suntuosas guirlandas douradas nos homens e o que parecem ser pérolas nas joias de Júlia Domna – e, em contraste com a aparência eternamente jovem nas esculturas, vemos fios de cabelos grisalhos no imperador (embora esse tipo de característica possa ter sido pintado em retratos de mármore). No entanto, é difícil tirar muitas conclusões de um único exemplar, mesmo no tocante à qualidade da obra de arte. Há pouco tempo, um historiador da arte chamou essa pintura de "relativamente tosca", enquanto outro exagerou, de forma menos plausível, definindo-a como uma "obra-prima" de "qualidade excepcional".

O tamanho gigantesco também poderia destruir uma imagem. Por mais difícil que seja imaginar agora, estátuas enormes de governantes romanos e seus familiares, às vezes dez ou quinze vezes maiores que o tamanho real, eram uma característica comum nas cidades de todo o Império – e constituem outra grande perda. Essas obras de arte gigantescas foram vítimas das próprias técnicas de construção. Seria quase impossível esculpir algo tão colossal inteiramente em mármore, e, mesmo se fosse possível, seria muito pesado para se sustentar. A estátua *Davi* de Michelangelo, com pouco mais de 5 metros de altura, uma miudeza em termos romanos, está quase no limite do viável em pedra sólida, ao menos para uma figura autônoma (as sentadas são mais fáceis). Diante disso, uma solução encontrada pelos romanos foi desenvolver uma estrutura de construção: um esqueleto de madeira ou tijolo construído no tamanho desejado para formar o corpo, depois "vestido" com folhas finas de metal e talvez tecido substituível, apenas com as extremidades esculpidas em pedra e anexadas posteriormente à estrutura. Só essas extremidades foram preservadas, restos de rostos ou fragmentos de pés e mãos que às vezes parecem pouco mais que grandes pedaços de pedra, dando pouca noção de como a estátua original pode ter sido impressionante ou intimidadora.

A outra solução foi usar moldes de bronze fundido, mais leves e mais flexíveis, o material preferido para as estátuas mais célebres. Foi assim que o mais famoso colosso romano foi construído, a estátua de bronze dourado de Nero nu que ficava no vestíbulo da sua Casa Dourada e que – se de fato tinha mais de 35 metros – correspondia a aproximadamente três quartos da altura da Coluna de Trajano. No entanto, estátuas desse tipo foram invariavelmente derretidas e recicladas, deixando ainda menos vestígios que as versões estruturadas. Para ter uma noção do impacto dessas enormes criações, dependemos do que os escritores romanos nos dizem.

O poeta Estácio é uma testemunha vívida, tendo dedicado mais de cem versos a uma estátua colossal de bronze de Domiciano a cavalo, erguida no centro do antigo Fórum Romano por volta de 90 d.C. O

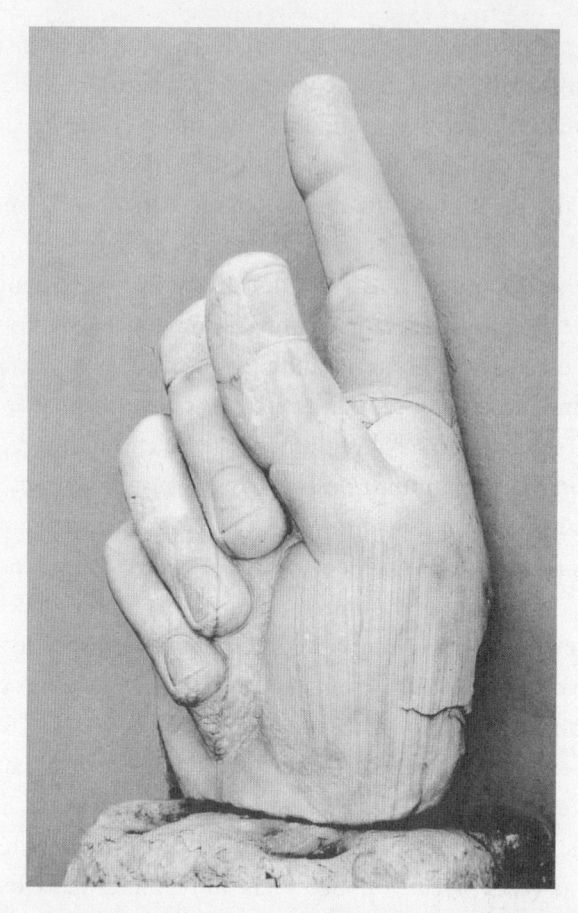

89. Mão superdimensionada do imperador Constantino, do início do século IV d.C. Uma das extremidades de mármore preservadas de uma estátua do imperador (também temos os pés e a cabeça), construída em uma estrutura de madeira e tijolo, originalmente sentada, com mais de 12 metros de altura.

monumento foi oficialmente encomendado pelo Senado para celebrar algum conflito contra os germânicos que o imperador teria vencido (ou não). A julgar pelos prováveis vestígios da "pegada" descobertos em escavações, estima-se que tivesse aproximadamente 18 metros de altura, incluindo o pedestal. O poeta é exagerado. Domiciano, ele escreve, brilha acima dos templos que o rodeiam, a cabeça alcançando o ar puro e límpido. Na mão esquerda segura uma estátua da deusa Minerva, deusa da sabedoria e da guerra ("nunca escolheu a deusa lugar de repouso mais doce"), e o casco de bronze do seu cavalo pisoteia uma imagem do rio

90. Pequena gema de ametista, do final do século I ou começo do século II, tentando corajosamente representar a estátua colossal de Nero. Só se pode distinguir que o imperador nu usava uma coroa e que o braço direito estava apoiado (como sabemos por outras fontes) em um leme.

Reno, capturado e dominado. A estátua permanecerá, ele prevê, "enquanto a terra e os céus" existirem.

Desde a Antiguidade (e o Renascimento), o concreto armado mudou drasticamente a escala do que é possível. A estátua mais alta do mundo atual, em Gujarat, tem mais de 180 metros de altura, retratando um advogado e político indiano, e existem dezenas de outras (muitas delas imagens do Buda) que superariam a colossal estátua de Nero, sem falar na de Domiciano, com meros 18 metros. No entanto, esse Nero superdimensionado ainda está entre as dez estátuas mais altas de seres humanos "comuns" já construídas. Como Estácio nos lembra – muito além das estátuas em tamanho real que vemos em museus e galerias –, diversos romanos tiveram a oportunidade de *olhar para cima*, bem alto, para as imagens de seus imperadores.

Guerras das estátuas

A previsão de Estácio de que a colossal estátua de Domiciano duraria para sempre estava errada. Em apenas alguns anos ela desapareceu sem deixar vestígios, com exceção de algumas marcas arqueológicas da base sob a superfície do Fórum. Escrevendo durante o tempo de vida do imperador, Estácio chegou a insinuar – ao lado dos elogios – algumas aflições sobre essa intrusão no espaço cívico da cidade. Admitiu que a estátua quase engoliu o Fórum com sua enorme massa. O próprio solo arfava devido ao peso que tinha de sustentar. E a comparação do poeta entre a estátua e o mitológico cavalo de Troia, o ardil usado pelos gregos para capturar a cidade de Troia, parece ambígua. Até que ponto o cavalo de Domiciano representava um perigo para a cidade de Roma? Seja qual for a resposta, é fácil entender por que uma imagem tão agressiva de um imperador assassinado não sobreviveria muito tempo após sua queda.

Como tantos aspectos do governo de um homem só de Roma, as estátuas envolviam alguns delicados atos de equilibrismo. Augusto pode ter construído, com habilidade, uma imagem que combinava igualdade cidadã com uma perfeição quase sobre-humana, mas expressões visuais de poder podiam ser facilmente interpretadas como manifestações de megalomania. Estátuas feitas de metais preciosos eram um exemplo óbvio disso. Não eram incomuns, mas sempre representavam um risco – e muitas não duravam muito. Um imperador poderia ganhar tanto prestígio ao derreter essas estátuas quanto ao erguê-las. Augusto já havia percebido o perigo reputacional das estátuas de prata como um sinal de excesso quando se vangloriou, em *O que eu fiz*, de ter destruído cerca de oitenta delas que o retratavam (presumivelmente doadas por outros) e usado os lucros para fazer presentes ao deus Apolo. Marco Aurélio e Lúcio Vero seguiram a mesma lógica quando, como registra uma inscrição preservada, recusaram-se a permitir que antigas e desgastadas estátuas de prata de imperadores em Éfeso fossem recicladas em imagens deles próprios.

Havia algo do mesmo perigo no tamanho colossal. Representar o imperador em tal escala super-humana corria o risco de abalar o mito de ele ser "um de nós". Alguns se safaram. Existem referências passageiras a figuras colossais de Augusto em Roma e a um grupo de cidades do Mediterrâneo Oriental que teriam encomendado uma estátua imensa de Tibério no centro da cidade, em agradecimento por sua grande generosidade ao fornecer ajuda depois de um terremoto. No entanto, o destino da pintura de 35 metros de Nero mostra o perigo. Plínio, o Velho, em sua breve descrição, chama-a de "loucura" total e diz que ela foi logo destruída por um raio, como um mau presságio (um castigo, podemos concluir, por ter ido longe demais). Entre esses dois extremos, a história da colossal estátua de bronze de Nero mostra o ato de equilibrismo em operação.

Plínio tinha uma visão muito mais favorável dessa estátua que do equivalente pintado. Ele esteve no estúdio enquanto o artista, Zenodoro (dessa vez sabemos seu nome), criava a estátua e a considerou uma obra de arte suprema, feita por um gênio com imenso talento técnico. No entanto, ela se tornou um dos símbolos dos excessos e da ostentação de Nero, talvez mais para historiadores modernos que para o público da Roma antiga, onde conseguiu sobreviver por séculos. Depois da queda de Nero, não se sabe se com a estátua concluída ou não, Vespasiano teria encomendado uma nova cabeça para ela – não com os traços de um imperador, mas do deus do Sol (ainda que, segundo Dião Cássio, alguns observadores afirmassem ser uma imagem do filho e sucessor de Vespasiano, Tito). À custa de grandes esforços, envolvendo 24 elefantes, no reinado de Adriano a estátua foi transportada para outro lugar, perto da sua posição original, para dar lugar à construção de um novo templo. No entanto, ainda estava presente, agora com as feições de Cômodo, no final do século II d.C. (com uma maça acrescentada para se parecer com Hércules), antes de ganhar o rosto do deus do Sol mais uma vez. Não sabemos exatamente o que acabou acontecendo com ela. A última notícia que temos dela é do século IV d.C., e o melhor palpite é que tenha sido derretida e reciclada em algum momento no início da Idade Média. Naquela época, parece ter emprestado seu nome ao que chamamos de Coliseu, próximo ao local onde ficava e que preserva sua memória.

Sob certos aspectos, o Colosso de Nero parece ter escapado por sorte. Assim como no caso de Domiciano a cavalo, uma das formas de assinalar a morte ou substituição de um antecessor impopular (ou de rotulá-lo como impopular) era cancelá-lo – em termos explicitamente concretos. O Senado às vezes votava pela eliminação do nome de um imperador anterior de inscrições públicas. E, fosse de modo espontâneo, fosse por meio de uma campanha meticulosamente direcionada, suas estátuas podiam ser derrubadas e descartadas (muitas decerto acabaram no Tibre) e seus quadros, desfigurados. Foi o que aconteceu com Geta, irmão de Caracala e cogovernante por curto período, apagado após seu assassinato em 211 d.C., deixando a mancha em branco no painel pintado da família de Septímio Severo. (A ideia de que ainda restam vestígios de fezes lambuzadas no painel, para garantir que ninguém deixasse de entender a intenção, é um mito acadêmico moderno.) E, em inúmeros grupos esculturais em Roma e em outros locais, ainda é fácil identificar uma lacuna suspeita que marca o lugar onde Geta estava.

Estátuas de imperadores também podiam ser alvos de inimigos externos de Roma. Uma das mais famosas cabeças de Augusto (il. 13) só foi preservada por ter se tornado um foco de protesto contra os romanos. Originalmente parte de uma série de estátuas de bronze do imperador erguidas para afirmar seu poder no Egito, em 25 a.C., a cabeça foi cortada por invasores do sul, fora da área de controle de Roma, levada como troféu e enterrada sob os degraus de um templo da Vitória na sua capital em Méroe, no atual Sudão. Lá permaneceu até ser redescoberta, quase dois milênios depois, por arqueólogos que nunca imaginaram encontrar a cabeça de um imperador romano em escavações tão distantes do território imperial.

O que salvou o Colosso de Nero por tanto tempo foram essas sucessivas alterações de identidade. No geral, os romanos eram mais imaginativos em suas "guerras das estátuas" do que nós nas nossas. Nós só temos três opções para uma imagem de alguém que caiu em desgraça: derrubar, manter ou pôr num museu. Eles tendiam a ver até mesmo estátuas sólidas como "um trabalho em andamento", peças sempre abertas a ajustes e a remodelações, à sobreposição de pinturas ou até mesmo à troca de cabeças. O painel mostrando Adriano e Antínoo na caçada só chegou até nós reutilizado no Arco de Constantino, do século IV d.C., e remodelado para dar ao que era o rosto de Adriano o "visual" do imperador posterior (fig. 61). E, segundo Estácio, havia outra estátua, não muito longe do colossal Domiciano a cavalo, que originalmente representava Alexandre, o Grande, mas cuja cabeça foi substituída pela de Júlio César. Foi mais do que uma alteração casual. Foi uma maneira de fazer César quase incorporar Alexandre – embora Estácio não resista a uma piadinha: "Seu pescoço ficou surpreso ao perceber que sustentava o rosto de César".

As coisas nem sempre eram tão drásticas, ou tão públicas, como com as grandes obras de arte. Ajustes e remodelagens semelhantes em menor escala eram parte dos processos de sucessão imperial, e ainda podem ser vistos em dezenas de retratos preservados, principalmente, mas não só,

91. Uma análise detalhada de várias estátuas de imperadores revelou vestígios de como suas identidades foram alteradas. Aqui, ao remodelar e aparar o cabelo e adicionar rugas à testa, os artesãos transformaram um Nero em um Vespasiano.

do século I d.C. Se examinarmos essas peças com atenção, é possível detectar como as convenções específicas da representação de um governante foram alteradas para as convenções usadas para seu sucessor. O que era um Calígula foi transformado em um Cláudio, um Nero em um Vespasiano, um Domiciano em um Nerva. Há diversas explicações possíveis para isso. Uma delas é econômica. Por que gastar numa estátua inteiramente nova de um novo imperador quando se podia remodelar o retrato do antigo de forma mais rápida e barata (mesmo porque as diferenças entre eles não eram tão grandes)? A vontade política de cancelar o antigo regime em favor do novo é outra explicação. Refazer a cabeça do imperador tombado com as características do seu sucessor pode ser interpretado como a supressão final: Vespasiano substituiu Nero, e assim por diante. No entanto, também sinalizava o quanto os imperadores eram intercambiáveis. Era o aforismo de Marco Aurélio reproduzido em mármore: "A mesma peça, elenco diferente".

Imperadores no espelho

Então, onde ficava o imperador em tudo isso? Não sabemos que papel ele desempenhava na concepção da própria imagem oficial ou das imagens da sua família. Tampouco sabemos se chegou a se encontrar pessoalmente com algum dos artistas que o pintaram ou esculpiram (mas imagino que Nero tenha se encontrado com Zenodoro). O que *fica claro* é que para muitos no Império, sobretudo para os que nunca o viam em carne e osso, o imperador era de certa forma incorporado em suas estátuas. No mínimo, havia uma sobreposição significativa do governante vivo com sua imagem. Acreditava-se que as estátuas do imperador detinham parte do seu poder.

A questão de onde traçar a linha divisória entre um retrato e a pessoa retratada – entre, no jargão usual, "imagem e protótipo" – existe em quase todas as culturas. Afinal, o que sustenta os nossos argumentos sobre quais estátuas derrubar ou preservar é o fato de que para nós elas são mais do que pedaços de mármore ou metal esculpidos com feições humanas. Elas incorporam parte da personalidade e do caráter da pessoa que representam. Em Roma essa divisória era radicalmente mais difusa. Esse é o ponto argumentado por uma pequena vinheta na descrição de Tácito das guerras civis que se seguiram à morte de Nero. Conforme os pretendentes rivais ao trono subiam e caíam em questão de meses, o mesmo acontecia com suas estátuas produzidas às pressas. O historiador relata o que aconteceu em um acampamento militar, após a queda do idoso Galba e sua substituição por Oto. Os soldados jubilosos devem ter derrubado a estátua dourada de Galba do pedestal e posto em seu lugar não a *imagem* de Oto, mas o próprio Oto vivo. O imperador real ocupou temporariamente o pedestal onde antes havia uma estátua: imperador e estátua se tornaram sinônimos.

Essa divisória difusa também tinha aspectos práticos, além de simbólicos. Estátuas de imperadores podiam atuar, por exemplo, como testemunhas de juramentos. Bastava fazer o juramento na frente de uma delas. Também tinham o poder de proteger os que recorressem a elas em busca de ajuda, apoio ou asilo. Plínio (o Jovem) viu esse poder na sua província de Bitínia-Ponto no começo do século II d.C., quando lidava com o caso complicado de um escravo chamado Calídromo (dados os detalhes da história, um nome com o incômodo significado de "bom corredor"). Segundo a carta de Plínio a Trajano sobre o assunto, Calídromo afirmava que, muitos anos antes, como escravo de um romano do alto escalão, tinha sido capturado pelo inimigo nas Guerras Dácias do imperador, mandado de presente – seguindo o padrão conhecido – primeiro ao rei da Dácia e então ao imperador da Pártia, antes de fugir e acabar trabalhando para dois padeiros na província de Plínio. Depois de fugir mais uma vez, ele agora pedia proteção na estátua do imperador. Plínio parece incerto sobre o que fazer e dá indícios de não acreditar inteiramente no relato do homem. Mesmo assim, faz planos para mandar Calídromo da *estátua* do imperador ao imperador *real* em Roma para ser julgado.

No entanto, sempre havia uma questão persistente sobre até que ponto era possível chegar a essa sobreposição do poder da imagem imperial com o poder do próprio imperador. Se alguém insultasse uma estátua, por exemplo, isso seria realmente considerado um insulto ao governante? Um dos sinais de um imperador "malvado" ou paranoico é que sua resposta a essa pergunta seria "sim". Consta que Tibério decretou como crime capital se despir perto de uma estátua do seu antecessor Augusto, ou até mesmo entrar num bordel ou banheiro com uma moeda com a efígie de Augusto. Dois séculos depois, diz-se que Caracala mandava executar pessoas por urinarem em lugares onde havia imagens de imperadores, como se estivessem urinando na frente do próprio imperador. É difícil acreditar que essas histórias sejam verdadeiras, mas tampouco são fantasias arbitrárias. São um lembrete do que havia em jogo na hora de distinguir (ou não) o imperador *real* de substitutos ou imitações. Onde a linha deveria ser traçada?

Os imperadores, contudo, também tinham um papel muito mais direto em relação às suas imagens – tão direto que pode ser fácil esquecer. Quando consideramos a *quem* essas imagens eram originalmente destinadas, ou simplesmente quem as olhava, tendemos a pensar numa variedade de pessoas, de um agradecido senador acalentando um camafeu

92. Apenas três dos retratos de Lúcio Vero, com sua barba e cabelos cacheados característicos, de sua vila em Acqua Traversa, fora de Roma. Em certo sentido, a casa dele se tornou uma galeria dele mesmo.

presenteado por um imperador a conselheiros de alguma cidade longínqua encomendando uma estátua do novo imperador, do escravo pedindo proteção agarrado à imagem do governante a uma turba jogando o retrato do antigo imperador no rio. A única que desconsideramos é o homem no centro do poder. Os governantes romanos e suas famílias não eram apenas os *sujeitos* de seus retratos, eram também quem os *via*. Na verdade, muitas das nossas mais impressionantes imagens de imperadores foram descobertas nas propriedades imperiais.

O famoso Augusto erguendo o braço para uma multidão imaginária, vestido em traje de batalha (il. 15), foi descoberto em uma vila pertencente à sua esposa Lívia, nos arredores de Roma. O busto esculpido com primor e despudoradamente autoglorificante de Cômodo, com a pele de leão de Hércules na cabeça e uma maça na mão (p. 250), foi encontrado num depósito subterrâneo nos mesmos *horti* imperiais que Calígula tinha redecorado um século e meio antes. É bem provável que tenha sido tirado de exposição e armazenado depois da morte de Cômodo, junto com alguns excedentes de bustos de Domiciano. A mais requintada coleção de retratos imperiais do século II foi descoberta em escavações que começaram no século XVI, numa vila que pertencia a Lúcio Vero, também nos arredores da cidade: dezesseis no total, incluindo nada menos que sete do próprio Lúcio Vero. Muitos dos camafeus, com suas extravagantes cenas de poder imperial, também pertenciam ao palácio.

Só podemos especular o que Augusto, com seus dentes separados e manchados, suas sardas e sinais de nascença (se acreditarmos em Suetônio), teria pensado ao ver aquela imagem perfeita na vila da sua mulher. Só podemos especular como qualquer imperador envelhecido via sua eterna juventude nas suas estátuas, nos camafeus e nas moedas. No entanto, essas imagens do poder sempre transmitem mensagens para o governante e para os governados. Não se destinam apenas a incutir lealdade e admiração em seus súditos, com sucesso ou não (toda propaganda é em parte um pensamento positivo). Também ensinam ao governante como se ver e acreditar em si mesmo *como governante*. Milhões de pessoas em todo o Império sabiam do imperador por meio de suas imagens, mas seu propósito também era convencer o ser humano comum no trono, com todas as suas fraquezas e incertezas humanas, de que ele era realmente *o imperador de Roma*.

10

"ACHO QUE ESTOU ME TORNANDO UM DEUS"

Uma escada para o céu

Uma das obras mais engraçadas da literatura romana a sobreviver – a única que já me fez rir alto – é uma sátira das aventuras do imperador Cláudio a caminho do Monte Olimpo após a sua morte. Pouco tempo depois de seu funeral, em 54 d.C., seguindo uma prática bastante comum, o Senado romano declarou que o imperador falecido era agora um deus, com seus próprios sacerdotes, culto oficial e um templo. Essa paródia, quase certamente escrita pelo tutor de Nero, o filósofo Sêneca, se propunha revelar o que de fato aconteceu durante esse processo de "deificação", ou de "se tornar um deus". Seu título é quase impronunciável, *Apocolocyntosis* (que significa algo como "*Abobori*ficação").

A piada é que o idoso e erudito imperador, mas já gagá, que teria sido eliminado pela esposa Agripina com alguns cogumelos envenenados, não estava apto a se juntar à companhia divina. Enquanto ele subia o Monte Olimpo, os enviados para encontrá-lo descobriram que não conseguiam entender uma palavra do que ele dizia, e só quando Hércules chegou à cena os dois trocaram alguns versos da poesia de Homero (Cláudio se entusiasmou: "Graças aos céus que existem alguns acadêmicos no paraíso"). No entanto, os deuses decidiram se reunir numa sessão fechada no seu Senado para deliberar se permitiriam que Cláudio se juntasse a eles. "As opiniões eram divergentes, mas tendiam a favor de Cláudio", quando o imperador Augusto, que se tornara um deus quarenta anos antes, virou a votação contra o seu sucessor de modo decisivo. Cláudio tinha sido um monstro, insistiu Augusto (ligeiramente nervoso, pois aquele era seu primeiro discurso no Senado divino), e não deveria se tornar um dos deuses. "Ele pode parecer incapaz de matar uma mosca, mas matava pessoas tão facilmente quanto um cão faz cocô."

Assim, apesar de o voto do Senado humano ter conferido a Cláudio um status divino oficial, na paródia de Sêneca os "verdadeiros" deuses o mandaram embora, para ser deportado do Monte Olimpo em três dias. Cláudio iria passar a eternidade no submundo com diversos outros infratores, e punido de modo correto. O imperador que tinha fama de estar sob o controle dos libertos do palácio tornou-se um deles: foi designado para ser secretário jurídico de um dos ex-escravos do imperador Calígula para sempre.

Transformar imperadores mortos em deuses imortais, pelo voto do Senado, pode parecer hoje um dos aspectos mais desconcertantes — até mesmo dos mais bobos — da religião e da política de Roma sob o governo de um homem só. Será que eles de fato levavam a sério a concessão instantânea de imortalidade, a panóplia de templos, os sacerdotes especiais e os rituais religiosos envolvidos? Seria tudo apenas uma manobra política grosseira? A crítica de Sêneca à deificação de Cláudio ainda dialoga com muitas visões modernas do procedimento, e também com as invectivas dos primeiros escritores cristãos. Para os cristãos, a ideia de transformar um autocrata decididamente imperfeito em uma divindade super-humana imortal era um alvo fácil, e isso se tornou um de seus trunfos contra a religião romana tradicional. Até mesmo um dos imperadores achou que aquilo merecia uma piada no leito de morte. Diz-se que Vespasiano, entre suas últimas palavras, brincou: "Diacho, acho que estou me tornando um deus" (e "Diacho" é uma tradução adequada para o ligeiramente arcaico "*Vae*" em latim).

No entanto, não era tão bobo quanto pode parecer à primeira vista. Fazia muito mais sentido no contexto das ideias romanas sobre os deuses, como eram criados e como operavam. E fazia parte de um elaborado conjunto de rituais com sua lógica própria. A religião era importante para um imperador e para a imagem imperial. Assim como a morte, com funerais meticulosamente encenados, às vezes suntuosos, e os imponentes túmulos imperiais que ainda existem na cidade de Roma. E não só as últimas palavras de Vespasiano transmitiram uma mensagem mordaz. Cenas de leito de morte podiam proporcionar importantes lições sobre como ser, ou não ser, um imperador.

Ritos finais

Imperadores morriam em circunstâncias de todos os tipos, e às vezes impalatáveis. Os assassinatos brutais sempre foram os mais memoráveis, desde o assassinato de Júlio César em 44 a.C. até a eliminação sórdida de Elagábalo em 222 d.C. e o ataque fatal ao seu sucessor, Alexandre Severo, por seus soldados em 235 em algum lugar perto de Mainz, na Alemanha. (Calígula emboscado em um beco no complexo do palácio em 41, Domiciano esfaqueado no seu *cubiculum* em 96, Caracala apunhalado enquanto fazia xixi em campanha no Oriente em 217 são alguns dos pontos altos – ou baixos – entre eles.) Esses fins violentos são em parte explicados pelo fato de a morte ser a única maneira reconhecida de um imperador deixar o trono e ser substituído por outro. À parte uma tentativa fracassada de abdicação na guerra civil de 69, nenhum governante romano jamais renunciou ao trono, voluntária ou involuntariamente, antes de Diocleciano em 305. Quem quisesse uma mudança de regime teria de matar por isso. No entanto, muitos imperadores morreram em seus leitos (ou sofás), ou perto deles, apesar dos rumores sombrios sobre o possível papel desempenhado por uma dose de veneno. Os escritores romanos se mostravam tão curiosos quanto às doenças terminais de seus governantes como quanto aos detalhes dos complôs de assassinato. Por exemplo, lemos sobre os tratamentos com curas com água fria de Vespasiano para fazê-lo melhorar de uma febre, que causou uma diarreia fatal em 79, sobre os terríveis suores e calafrios de Nerva pouco antes de sua morte em 98, e sobre os excessos de queijo alpino que causaram o declínio de Antonino Pio em 161.

Inevitavelmente, o estilo do funeral variava de acordo com as circunstâncias da morte e se era do interesse de alguém propiciar uma despedida esplêndida ao imperador morto. Algumas das vítimas de assassinato – se não acabassem no Tibre, como Elagábalo, ou numa pira improvisada no Fórum, como Júlio César – eram logo cremadas por amigos e empregados que ainda não tivessem trocado de lado, e em seguida enterradas com discrição. No caso de Caracala, suas cinzas foram guardadas numa urna e entregues à sua mãe, Júlia Domna, em Antioquia (atual Antáquia, na Turquia) – o que, segundo um antigo escritor, a levou ao suicídio. Excluindo esses casos, porém, havia um formato padrão, embora ajustável, para os funerais imperiais em Roma, estabelecido inicialmente no funeral de Augusto, em 14 d.C. Tinham como base as diferenciadas tradições funerárias da antiga elite republicana. Uma elegia ao falecido, seguida de cremação, era apenas uma parte. O corpo ficava exposto ao público no Fórum (às vezes, de forma macabra, apoiado para parecer em pé) e, o mais diferenciado de tudo, era realizada uma procissão de parentes, em que os membros vivos usavam máscaras personificando os ilustres ancestrais da família, como se eles também estivessem entre os enlutados. Contudo, nos funerais dos imperadores, a cerimônia ganhava um viés imperial.

Augusto morreu de causas naturais (a menos que se acredite nos boatos de que Lívia o envenenou) em Nola, perto de Nápoles, a quase 250 quilômetros de Roma, em 19 de agosto de 14 d.C. Durante as duas semanas seguintes, seu corpo foi transportado de cidade em cidade em direção à capital. A técnica de embalsamamento era vista com desconfiança, como uma prática egípcia, e raramente realizada na Itália na época. Daí a delicada observação de Suetônio de que, "por causa da época do ano" (ou seja, no intenso calor do verão), o corpo viajava à noite. Mesmo assim, quando chegaram a Roma, os restos mortais do imperador já deviam estar seriamente decompostos – e o funeral só se deu mais ou menos uma semana depois. É provável que essa seja a razão de, quando afinal foi exposto no Fórum, o corpo ter sido lacrado, com um modelo de cera do imperador em cima para que todos pudessem ver.

As cerimônias fúnebres foram apresentadas quase como um triunfo. O modelo do imperador morto foi vestido como um general triunfante, com a indumentária do deus Júpiter. Outra imagem de Augusto foi exibida no cortejo numa carruagem triunfal. E o Senado decretou que o percurso da procissão do Fórum até o local de cremação, no chamado Campo de Marte (quase 2 quilômetros ao norte), deveria seguir o mesmo caminho dos desfiles triunfais, só que na direção contrária. Foi um funeral como uma parada vitoriosa, percorrendo uma linha tênue entre a tradição cidadã romana e a flagrante autocracia.

Também foi um ritual que situou o imperador no centro de todo o mundo romano e em toda a extensão da história de Roma. Seguindo o padrão de uma cerimônia fúnebre tradicional, havia imagens de seus antepassados, mas não só dos ancestrais diretos de Augusto. No caso, fosse na forma de máscaras, fosse na de bustos, todos "os romanos que se distinguiram de alguma forma" (nas palavras de Dião Cássio) participaram do desfile, desde o fundador Rômulo – bem como representações de "todas as nações que ele havia anexado". Assim como no Fórum de Augusto, até uma imagem de Pompeu, o Grande, adversário de Júlio César, ficou em exibição – como se os *inimigos* do governo de um homem só pudessem ser incorporados retroativamente à história de fundo de Augusto. E o corpo não foi transportado por membros da família, mas por romanos da elite e detentores de cargos senatoriais, e um período de luto foi imposto a todos os cidadãos – um ano para as mulheres, mas só alguns dias para os homens. Um dos títulos honoríficos de Augusto era "Pai da Pátria" (*pater patriae*). O funeral aconteceu de acordo com as implicações do título: todos os heróis romanos foram incluídos entre seus antepassados; todos os cidadãos eram parte da sua família.

Duzentos anos depois, o historiador Herodiano definiu o funeral de Septímio Severo em Roma como um exemplo do padrão comum para tais cerimônias. Pouca coisa havia mudado. Herodiano se refere a pessoas usando máscaras representando generais romanos e imperadores do passado (embora os descreva trafegando em carruagens, não a pé), corais entoando lamentos e a procissão do Fórum até o local de cremação. Nesse relato, porém, a imagem de cera teve um papel ainda mais proeminente. Septímio Severo morreu em York, no norte da Inglaterra, foi cremado lá mesmo e suas cinzas foram trazidas a Roma. Não houve nenhum corpo nesse funeral, nem mesmo em decomposição. Só a imagem de cera. Segundo Herodiano, ela ficou em exibição por uma semana em um divã na entrada do palácio, "parecendo um homem doente", com todo o Senado presente. Todos os dias, médicos vinham, fingiam examinar o modelo do imperador e concordavam que sua saúde estava piorando, até finalmente o declararem morto e a imagem de cera ser levada para o Fórum. Um modelo semelhante, vestido em trajes triunfais,

93. Base da Coluna de Trajano, que formava sua câmara funerária. A inscrição na porta ostenta o fato de a altura da coluna se igualar à quantidade de terra removida para construir o enorme fórum (do qual a coluna era apenas uma parte).

foi usado nas celebrações oficiais do funeral do imperador Pertinax em 193 d.C., realizadas três meses depois do seu assassinato e de seu corpo desmembrado ter sido enterrado. Nessa ocasião, um "rapaz bonito" foi designado para ficar perto do modelo de cera, "afastando as moscas com penas de pavão, como se fosse alguém realmente dormindo". Eram variantes do triunfo do modelo de cera de Trajano: mais uma vez, temos um modelo de cera interpretando um imperador vivo, que na verdade já estava morto – mas, no caso de Septímio Severo, com o algo a mais de o modelo estar morrendo diante dos olhos de todos, com médicos vivos participando da performance, ou da farsa.

É Trajano quem merece o prêmio pelo túmulo mais inesquecível da história de Roma, se não do mundo. Não sabemos se ele o planejou desde o início como seu último lugar de descanso, ou se foi a brilhante ideia de um dos empregados de seu sucessor Adriano. Depois da sua cremação, perto do local onde morreu, na atual Turquia, as cinzas de Trajano foram depositadas na pequena câmara na base de sua famosa coluna, onde mais tarde foram alojados também os restos da sua mulher. As imagens das conquistas do imperador na Dácia se espiralavam acima, quase como uma versão visual do *O que eu fiz*, com sua estátua empoleirada no topo (o São Pedro que agora fica lá em cima é uma substituição do século XVI). Nenhum outro túmulo imperial foi tão idiossincrático. As cinzas da maioria dos imperadores e suas famílias acabaram em um dos dois enormes mausoléus, os maiores túmulos de qualquer lugar do mundo romano: o mausoléu construído por Augusto, que continha as urnas de vinte membros da família e descendentes de Augusto, além de Nerva como um acréscimo posterior; e o mausoléu construído por Adriano, que numa série de câmaras internas labirínticas abrigou os restos mortais da maioria das gerações subsequentes de governantes, desde o próprio Adriano até Septímio Severo e sua família (mesmo as cinzas

94. O mausoléu de Adriano ainda é um ponto de referência no centro de Roma. Como Castel Sant'Angelo, teve uma história moderna mais atribulada. Funcionou, entre outras coisas, como uma cadeia – onde ficou preso o teórico radical Giordano Bruno – e serviu de cenário para um trecho da ópera *Tosca*, de Puccini.

de Caracala, que viajaram bastante, parecem ter sido depositadas aqui). Posteriormente convertido em uma fortaleza papal, sob o novo nome de Castel Sant'Angelo, essa estrutura ainda domina uma das margens do Tibre na atual cidade de Roma.

Juntos – a dez minutos a pé um do outro –, eles formavam dois memoriais imperdíveis de dinastias imperiais e do poder imperial, ambos originalmente com mais de 40 metros de altura (ou seja, mais altos do que a Coluna de Trajano, que tem 38 metros) e cerca de 90 metros de diâmetro. A julgar pelo que podemos deduzir das reconstruções do último deles, cujos detalhes e acessórios estão mais bem preservados e documentados, a decoração era suntuosa, incluindo uma estátua colossal de Adriano, da qual ainda temos a cabeça, um bando de pavões de bronze dourado e um touro de bronze (il. 24). Uma tampa particularmente exuberante de um grande caixão de pórfiro (mostrando que alguns dos ocupantes desse mausoléu devem ter sido enterrados, não cremados) depois foi reutilizada como pia batismal na Basílica de São Pedro.

95. A lápide de Agripina, a Velha, marca o local de descanso de seus *ossa* (ossos ou restos mortais), como proclama a primeira palavra. Originalmente no mausoléu de Augusto, foi preservada porque foi reciclada como medida de grãos na Idade Média.

Curiosamente, as inscrições memoriais dos imperadores e seus membros familiares, exibidas dentro dos mausoléus ou afixadas nas fachadas, se destacavam por sua modéstia quase agressiva – ao menos é o que sugerem as que sobreviveram ou foram copiadas por antiquários antigos. O epitáfio de Agripina, a Velha, a formidável mãe de Calígula, não diz nada sobre ela a não ser suas relações com parentes masculinos ("filha de...", "esposa de..."). O imperador Tibério foi celebrado de forma breve, com menos de vinte palavras resumindo sua carreira quase inteiramente em termos dos cargos no velho estilo republicano antigo que ocupou (sacerdote, cônsul, comandante militar). Mesmo o memorial um pouco mais longo de Cômodo – uma vítima de assassinato que, mesmo assim, foi alojada com a família no Mausoléu de Adriano – é em grande parte preenchido com os nomes do seu pai, do avô, do bisavô e assim por diante. Deixando de lado o texto de seu *O que eu fiz* inscrito nas portas de entrada do mausoléu de Augusto, não havia nada bombástico, nenhum detalhe sobre carreira, quase nada que

96. Na abóbada do Arco de Tito, o imperador é mostrado ascendendo aos céus. Quem olha para cima vê Tito olhando para baixo, agarrando-se perigosamente às costas da águia.

não se enquadrasse nas tradições republicanas, nem mesmo um indício higienizado de suas vidas por vezes ativas. Os epitáfios imperiais eram discretos e bastante comuns.

Soltem a águia!

A cremação de um imperador em Roma – fosse do verdadeiro corpo ou da sua figura de cera – tinha uma função adicional. Além de fazer parte do ritual funerário, também desempenhava um papel fundamental no que Sêneca satirizou em sua *Apocolocyntosis*: os processos pelos quais alguns imperadores romanos e alguns membros da família se tornavam formalmente deuses ou deusas.

É difícil agora – e sempre foi, desconfio – determinar com precisão quem foi responsável pela deificação (*consecratio* em latim) de qualquer membro da família imperial. Os desejos do imperador reinante devem ter tido um grande papel em decidir se seu antecessor, ou sua esposa ou filho falecidos, se tornariam oficialmente um deus ou uma deusa. Quando a filha bebê de Nero, Cláudia, foi tornada deusa em 63 d.C., após sua morte com apenas 4 meses de idade, parece muito improvável que alguém além do imperador estivesse por trás dessa decisão. No entanto, a deificação não estava só em suas mãos. Apenas uma votação formal do Senado podia decretar oficialmente que um humano morto se tornaria um novo deus. No caso de Cláudia, Tácito acusou o Senado de servilismo abjeto ao votar por consagrá-la. Contudo, com servilismo ou não, esse era outro aspecto do delicado equilíbrio entre o Senado e o imperador. Se o imperador tivesse aspirações de se tornar um deus após sua morte – em vez de entrar no obscuro submundo onde a maioria dos romanos acreditava que os mortos residiam –, essas aspirações estavam nas mãos do Senado.

O que acontecia na pira imperial também era importante. Herodiano descreve a enorme estrutura em camadas, erguida em torno de uma armação de madeira, com galhos secos no interior para começar o fogo, e pinturas, esculturas em marfim e têxteis bordados a ouro ao redor do lado de fora, que também devem ter se transformado em fumaça. No último minuto, soltava-se uma águia (provavelmente contente por escapar das chamas abaixo), para sair voando como que levando a alma do imperador para se juntar aos deuses – uma cena retratada de maneira um tanto canhestra (com o imperador agarrado às costas da ave) no arco cerimonial do imperador Tito, ainda em pé perto do Fórum Romano.

Não sabemos se algo semelhante foi organizado para a pequena Cláudia, mas consta que a águia fez sua aparição na cremação de Augusto. Isso deu a Robert Graves, em seu romance *Eu, Cláudio*, uma oportunidade irresistível para fazer sua própria sátira. Ao imaginar a cena do funeral do imperador, ele diz que a viúva enlutada, Lívia, escondeu uma águia numa gaiola no alto da pira, com uma corda amarrada a ser puxada no momento certo para soltar o pássaro. No entanto, não funcionou. Então, "o oficial encarregado", em vez de deixar o pobre animal morrer queimado, foi obrigado a subir na pira em chamas e abrir a gaiola com as próprias mãos. Outros aspectos da "*apotheosis*", contudo, também levantaram dúvidas antigas e modernas. Segundo Dião Cássio, entre outros, às vezes havia testemunhas dispostas a declarar sob juramento que de fato tinham visto a alma ascender aos céus. Era uma maneira de enriquecer. Dizia-se que Lívia pagou uma pequena fortuna ao homem que afirmou ter visto a ascensão de Augusto.

A despeito de quem tenha planejado a deificação em cada ocasião, o resultado foi que, entre Júlio César e Alexandre Severo – que, graças aos esforços do seu sucessor, foi tardia e oficialmente deificado em 238 d.C., três anos depois do seu assassinato –, um total de 33 membros da família imperial se tornaram deuses ou deusas (com os novos títulos oficiais de *divus* para os homens, e *diva* para as mulheres). Esse número contemplava dezessete imperadores (incluindo Júlio César) e uma variedade de esposas, irmãs e filhos. No caso de Trajano, incluiu seu pai biológico e a sobrinha. Algumas dessas – que poderíamos talvez chamar de "deificações por vaidade" – quase não tiveram impacto no culto religioso. A filha divina de Nero parece ter sido esquecida quase imediatamente após se tornar deusa. E, apesar de escritores romanos mencionarem as honras divinas concedidas à irmã morta de Calígula, *diva* Drusila (que incluíam vinte sacerdotes, homens e mulheres, e um festival anual dedicado a ela no seu aniversário), quase não há vestígios de sua divindade em quaisquer outras evidências disponíveis.

97. Seção do calendário religioso da base militar de Dura Europo. Algumas informações ainda são de identificação relativamente clara. Os numerais romanos na borda esquerda do papiro são partes das datas dos festivais. *Ob natalem* ("por ocasião do aniversário de..."), legível na segunda, quarta, quinta linhas e outras, indica cerimônias para celebrar aniversários de membros da família imperial, vivos e mortos.

Alguns deles, contudo, *foram* claramente tratados como deuses imortais, com sua veneração perdurando por décadas ou séculos após sua morte. Essa lista inclui Cláudio, que – apesar do final da fantasia satírica de Sêneca – não foi rebaixado ou expulso do céu e, como muitos outros, tinha seu próprio templo em destaque na cidade de Roma. (Os templos do *divus* Júlio (César), do *divus* Vespasiano e do *divus* Antonino (Pio) e sua mulher, *diva* Faustina, ainda dominam o Fórum Romano.) Além disso, registros inscritos nos fornecem os nomes de inúmeros sacerdotes desses imperadores, registrando também ocasiões em que o ato central de veneração – o sacrifício de um animal – era realizado para *divi* ou *divae*. No seu aniversário, em 23 de setembro, *divus* Augusto sempre tinha um boi sacrificado em sua homenagem. Para Lívia (ou *diva* Augusta, para usar seu nome divino) era uma vaca – seguindo a regra religiosa romana usual de se oferecerem animais machos a deuses e animais fêmeas, a deusas.

Essas formas de veneração eram praticadas também muito longe da cidade de Roma. Em todas as províncias – fosse por iniciativa própria, com um incentivo sutil do governador provincial, fosse seguindo instruções transmitidas pelo palácio –, as comunidades locais homenageavam os imperadores, não só os mortos e os oficialmente deificados como às vezes também tratando o governante vivo como um deus. Os poderosos competiam entre si para se tornarem sacerdotes provinciais dos imperadores. Novos templos dedicados a eles surgiam por toda parte. A construção em Afrodísias que exibia o painel de Nero e Agripina (fig. 84) era apenas um entre muitos, que incluíam o templo dedicado a Augusto, ainda de pé na atual Ancara, onde foi encontrada a principal inscrição preservada de seu *O que eu fiz*. Foi seguindo um desses incentivos do governador que, em 9 a.C., a província oriental da Ásia, parte da atual Turquia, reorganizou seu calendário para o ano começar no aniversário de Augusto, com um mês chamado "César". Tudo isso fazia parte do que agora costuma ser conhecido (embora pareça enganosamente sinistro) como "culto imperial".

Podemos ver o que isso significava para uma unidade militar romana acantonada na base de Dura Europo, às margens do rio Eufrates, na atual Síria, onde um papiro preservado – descoberto em escavações realizadas nos anos 1930 – nos mostra o mundo da religião entre os soldados. Trata-se de um documento militar burocrático, mas que revela muito mais do que parece à primeira vista: um calendário, datado dos anos 220 d.C., listando os rituais religiosos a serem realizados pela unidade, mês a mês ao longo do ano. Especialmente significativo é que a grande maioria desses rituais está focada de alguma forma no imperador e na família imperial. Datas importantes na vida e no reinado do governante vigente, Alexandre Severo (da ascensão ao trono, da primeira vez em que foi cônsul, entre outras), são assinaladas com diversos rituais em sua homenagem, que não chegam a sacrificar animais, oferecidos apenas aos que eram oficialmente deuses. No entanto, seus predecessores deificados *eram* homenageados com rituais de sacrifício, para marcar seu aniversário ou sua ascensão. As "deificações por vaidade", já há muito esquecidas, não são mencionadas, mas Septímio Severo, Caracala, Cômodo, Antonino Pio, Faustina, Adriano, Trajano, Cláudio, Augusto e outros ganham o devido reconhecimento, remontando a

Júlio César. Ou seja, quase trezentos anos depois do seu assassinato, *divus* Júlio, o primeiro deus da família imperial, com regularidade, ainda recebia um boi no seu aniversário de um grupo de soldados na extremidade oriental do Império. Seu calendário religioso era um calendário de imperadores, vivos e mortos.

Esse culto imperial às vezes podia ter consequências negativas. Tácito afirmou que o templo do *divino* Cláudio na principal cidade da Britânia romana foi parcialmente responsável pela rebelião liderada por Boudica nos anos 60 d.C., no reinado de Nero, pois era visto como um símbolo de opressão (sem mencionar que provocava a ira da elite bretã local, que percebeu que não podia arcar com os custos da "distinção" de ser um sacerdote). No geral, porém, essa era uma forma de situar os imperadores no centro do Império, mas agora como uma presença divina.

Quando um deus não é um deus?

Então, o imperador romano era de fato um deus, ou – para ser mais preciso – alguns deles (e suas famílias) se tornaram deuses depois de mortos? A resposta obviamente depende do que queremos dizer, ou do que os romanos queriam dizer, por "deus".

Do ponto de vista moderno, o culto imperial pode parecer uma estratégia cínica e manipuladora. Não estou pensando tanto nos truques com a pira funerária. Poucas religiões não recorrem ocasionalmente a eles. Seja qual for a ilusão, ou embuste, por trás da milagrosa liquefação do sangue seco de São Januário, do século III, três vezes por ano na atual Nápoles, isso pouco afeta sua reputação, e muito menos a da Igreja Católica. Da mesma forma, a artimanha com a águia engaiolada (talvez utilizada não para ser interpretada de modo literal, mas como um *símbolo* de transformação) não prejudicaria a autenticidade da consagração em sua totalidade. Mais problemática é a descarada conveniência política que agora parece estar por trás dessa transformação do imperador humano em um imortal celestial.

Assim como em muitos aspectos da sucessão imperial romana, a deificação de um imperador morto não dependia tanto do merecimento, mas, sim, da utilidade da sua deificação para o homem que o sucedia.

Para muitos governantes, poder acrescentar o termo "filho de um deus" ao próprio nome era algo valioso aos seus distintivos de poder, e exibido com orgulho desde o advento do governo de um homem só. "Augusto, filho de um *divus*" (*divi filius*), referindo-se ao pai adotivo Júlio César, foi parte importante da "assinatura" do primeiro imperador. E talvez a razão pela qual o imperador Tibério não se tornou um *divus* quando morreu, em 37 d.C., foi por isso não resultar em nenhuma vantagem específica para seu sucessor e sobrinho-neto Calígula, que ancorou seu direito de governar, por parte de pai e de mãe, no próprio Augusto. Ademais, por mais simpatia que possamos sentir agora pelos bretões rebeldes reagindo à intrusão de um grande templo do *divus* Cláudio, o culto ao imperador nas províncias parece ter sido encorajado, ou imposto, como um valioso foco de lealdade política, mais do que qualquer outra coisa. É verdade que houve ocasiões em que um imperador se fez de modesto e recusou o pedido de permissão de cidadãos de alguma cidade provincial para erguer um templo em sua homenagem, mas essas recusas, pode-se argumentar, eram uma boa maneira de garantir que a moeda da deificação não fosse desvalorizada.

É inconcebível que não houvesse um cinismo pragmático ou cálculo político por parte dos imperadores e seus assessores ao promoverem o culto aos *divi* e às *divae*, e ao apresentarem o poder imperial em termos divinos. No entanto, não era tão simples assim. O culto imperial faz mais sentido, ou ao menos parece menos manipulador ou absurdo, se o situarmos no contexto dos princípios que regiam a religião romana de forma mais geral. Pois alguns aspectos do culto aos imperadores mais difíceis de levarmos a sério (o que também vale para os judeus e cristãos antigos) se encaixam bem nas convicções tradicionais romanas sobre o que eram os deuses e como seu poder funcionava no mundo.

Para começar, no geral a religião romana era receptiva a novos deuses. Em todas as suas diferentes versões – e nunca houve nenhuma ortodoxia em todo o mundo romano –, era um *politeísmo*. Não apenas havia muitos deuses, e não um só, como também o número total de deuses não era fixo, nem mesmo conhecido. Novos deuses eram reconhecidos o tempo todo, enquanto outros eram serenamente esquecidos, mesmo que não abolidos de fato. Antiquários romanos gostavam de desenterrar deidades estranhas e desatualizadas, que podem não ter sido publicamente reconhecidas por muito mais tempo que a *diva* Cláudia de Nero. Mais importante, porém, no contexto dos imperadores divinos, alguns desses deuses, tanto antigos quanto novos, eram originalmente seres humanos. Hércules, por exemplo, depois de uma vida como um homem forte mortal, só foi deificado na sua pira funerária. Rômulo, fundador de Roma, também só teria se tornado um deus após a morte.

Em outras palavras, para os romanos, a fronteira entre as categorias de humano e divino era ultrapassável e podia ser difusa sob importantes aspectos. Acreditava-se que alguns mortais tinham deuses entre seus antepassados diretos. A família de Júlio César remontava sua descendência ao herói mitológico troiano Eneias e, por meio dele, à sua mãe, a deusa Vênus (não é coincidência César ter inaugurado um novo templo em Roma para Vênus *Genetrix* – a "ancestral" da raça romana *e* da própria família). Eles, porém, não eram os únicos. Suetônio afirmava que a árvore genealógica de Galba, que de modo breve governou após a morte de Nero, tinha Júpiter como ancestral pelo lado do pai e, pelo lado da mãe – no que poderia parecer um legado perigoso e de mau agouro – a divina Pasífae, que, em Creta, deu à luz o monstruoso Minotauro, metade touro, metade homem.

Mesmo fora desse mundo de mitos, o extraordinário poder humano e o sucesso de Roma costumavam ser apresentados, e entendidos, em termos divinos. O traje de Júpiter, que o general romano usava tradicionalmente em seu desfile triunfal, é o exemplo mais claro disso. É como se, no auge de sua fama, ele *fosse* um deus, ou estivesse prestes a se *tornar* um deus, ou *assumindo o papel* de um deus – mesmo que só por um dia. No mundo grego, também, o status divino era permeável. Muito antes de os romanos surgirem em cena, uma das maneiras pelas quais as antigas cidades-Estados se adaptavam à dominação dos reis que controlavam o Mediterrâneo Oriental, na esteira das conquistas de Alexandre, o Grande, era tratá-los (e adorá-los) mais ou menos como deuses. Fazia parte das tradições religiosas estabelecidas que seres humanos notáveis pudessem ser redefinidos como divinos.

Essas são algumas das coordenadas por trás da deificação dos imperadores. É quase certo que elementos do culto imperial no Oriente derivem diretamente do tratamento dado a esses reis anteriores. Encorajadas pelos romanos ou não, as comunidades locais agiam em relação aos imperadores da mesma forma que em relação aos monarcas gregos que as governavam. E quando as cerimônias fúnebres de Augusto foram em parte projetadas com base no modelo de um triunfo, com a imagem de cera de Augusto em trajes triunfais, o objetivo deve ter sido explorar as associações do general triunfante com os deuses. O mesmo se aplica à aparência de Cômodo, tanto na vida real quanto em estátuas, na figura de Hércules (fig. 56). Pode ter sido megalomania, mas Hércules, como "homem tornado deus", era um modelo inequivocamente apropriado para um imperador romano prestes a se tornar divino.

O caráter fortemente político do culto imperial também era muito tradicional. Algumas das características que tornam o culto imperial tão *não religioso* aos nossos olhos eram o que o tornava tipicamente *religioso* aos olhos dos romanos. Nunca houve uma divisão entre "Igreja" e "Estado" em Roma, e a religião não se fundava em devoção pessoal, fé individual ou dogmas "doutrinários". Fundamentava-se no simples axioma de que o sucesso militar e político de Roma dependia de os

98. Cena de sacrifício em um arco em homenagem a Septímio Severo, erguido por um grupo de prateiros ou cambistas em Roma. O imperador com a cabeça coberta, como era habitual ao realizar um sacrifício, faz uma libação preliminar sobre um altar cheio de frutas (o sacrifício do animal é retratado no painel abaixo). Júlia Domna está ao seu lado, e a figura de Geta, originalmente à direita, foi apagada (ver il. 3).

deuses serem adequadamente venerados. Ou, dito de outra forma, se eles *não* fossem adequadamente venerados, o Estado estaria em perigo. A devoção pessoal mal entrava em questão.

Essa foi uma das razões pelas quais Augusto insistiu tanto em seu *O que eu fiz* em ter restaurado 82 templos na cidade (a mensagem era de que, depois da guerra civil que o levou ao poder, estava reparando as relações de Roma com os deuses). Foi um dos motivos para a suposta substituição feita por Elagábalo de Júpiter pelo seu deus sírio parecer tão perigosa. E sugere uma lógica subjacente por trás do que acabaria se tornando a perseguição – ou "punição", do ponto de vista romano – dos cristãos. Deve ter havido um temor latente entre as autoridades de que a rejeição em massa dos cristãos aos deuses tradicionais pusesse o Estado em perigo. De maneira mais geral, contudo, a conexão axiomática entre política e religião fornece um contexto em que os vínculos entre o imperador e os deuses não pareçam tão forjados e cínicos como inevitavelmente nos parecem.

Outro aspecto dessa conexão era o fato de que as pessoas que lidavam com as relações do Estado com o mundo humano também lidavam com suas relações com o mundo dos deuses. As Virgens Vestais – sacerdotisas responsáveis por manter acesa a chama sagrada da deusa Vesta no Fórum, enquanto continuassem virgens (é claro que havia muito falatório e escândalos) – eram a única exceção significativa. À parte as Vestais, os principais grupos de sacerdotes em Roma eram compostos de senadores. Todos tinham suas responsabilidades específicas, como lidar com sinais enviados pelos deuses, ou adorar divindades específicas, mas não eram exclusivamente praticantes *religiosos* em tempo integral, e não tinham responsabilidades pastorais em qualquer congregação. Os romanos não procuravam um sacerdote em busca de orientações pessoais ou aconselhamento espiritual.

Como membro de todos esses "colegiados" sacerdotais, conforme eram chamados, o imperador era efetivamente o "chefe da religião romana" e seu principal sacerdote. É assim que muitas vezes ainda o vemos, em esculturas em monumentos públicos, conduzindo um sacrifício, exibindo sua devoção. Além de todas as cartas de pedidos e relatórios dos governadores, as questões religiosas também eram parte regular da sua agenda: pedidos de permissão para mudar de lugar o caixão do tio-avô de alguém de acordo com os termos da lei divina ou o preenchimento de vagas em um dos grupos sacerdotais. Outro aspecto importante do poder do imperador era ser o mediador, mais do que qualquer um, para a manutenção das relações humanas com os deuses. E alguns imperadores passaram de forma relativamente tranquila, após a morte, desse papel para o de deuses.

O enigma impossível

No entanto, quanto mais a fundo analisamos o culto imperial, mais escorregadio ele se torna, e mais enigmas, contradições e incertezas surgem. As mulheres e outros membros da família são um problema óbvio. Havia uma lógica romana clara fundamentando o poder do imperador compreendido em termos divinos, mas isso de fato se estendia às mulheres e filhas pequenas (mesmo que portando cornucópias e outros atributos de deusas em suas esculturas)? Também havia diversas dúvidas e reservas sobre, por exemplo, até que ponto os imperadores divinizados eram deuses da mesma forma que os outros imortais "normais". Todos podiam ter templos, sacerdotes e sacrifícios, mas podemos identificar fortes indícios de uma distinção entre os ex-imperadores e os deuses propriamente ditos. Eles sequer eram chamados pelo mesmo nome. Enquanto *divus* era o termo usual para um imperador "promovido", *deus* era o termo para uma divindade tradicional. As regras não eram tão rígidas e ágeis (a frase de Vespasiano no leito de morte foi na verdade "Acho que estou me tornando um *deus*"). Essa diferença entre *divus* e *deus*, porém, sugere que os imperadores divinos não eram de fato deuses, mas, sim, *semelhantes* a deuses. A piada de Sêneca, de que o *divus* Augusto só abriu a boca no Senado divino quando o aspirante a *divus* Cláudio apareceu, também aponta nessa direção. Comparado aos outros habitantes do Monte Olimpo, Augusto tinha um status subordinado.

Mesmo o princípio aparentemente básico de os imperadores só *poderem* se tornar deuses depois da morte não é tão básico quanto os historiadores modernos às vezes o entenderam. É verdade que podemos detectar uma variedade de detalhes minuciosos nos rituais religiosos que pareçam reforçar a fronteira entre governantes vivos e mortos. Isso é exatamente o que está descrito no calendário militar de Dura Europo, em sua especificação precisa do que seria oferecido aos imperadores em diferentes categorias: animais podiam ser sacrificados aos *deuses tradicionais* "*em favor*" do imperador vivo, mas os sacrifícios feitos diretamente "*para*" um imperador, como eram feitos "*para*" um deus, eram reservados exclusivamente aos que haviam sido oficialmente divinizados depois da morte. E era um clichê do "mau" imperador insistir em ser tratado como um deus enquanto ainda estava vivo. Domiciano, por exemplo, foi ridicularizado por sua megalomania em querer ser tratado como um "*deus*" (não só como um "*divus*").

Na prática, porém, era bem mais complicado. Decerto os costumes variavam em diferentes partes do Império: tratar o governante vivo como um deus podia ser aceitável em algumas tradições do Mediterrâneo Oriental, mas não necessariamente em Roma. De qualquer forma,

99. Apesar de terem morrido com uma diferença de vinte anos, Antonino Pio e sua mulher Faustina são retratados viajando juntos para o céu, nas costas de uma estranha criatura alada. Essa escultura faz parte da base de uma coluna erigida em homenagem ao imperador (agora em grande parte perdida, era despojada de decoração e menor que as de Trajano e de Marco Aurélio).

havia uma linha muito difusa entre um imperador humano, um imperador divino e um imperador *semelhante* a um deus. Afinal, qual era a diferença entre fazer oferendas religiosas, como às vezes se faziam, ao *genius* ("espírito") de Augusto e ao Augusto vivo? E será que a maioria das pessoas, à parte alguns especialistas religiosos, notava a diferença entre sacrificar "*em favor*" do imperador e sacrificar "*para*" o imperador? Havia um enigma impossível que duvido que mesmo esses especialistas tenham conseguido resolver: qual *era* precisamente o status de um deus antes de se tornar deus?

Quase tão difícil e confusa é a questão de como se dava a transformação de homem em deus. Os epitáfios reticentes nos dois mausoléus imperiais deixam claro que os imperadores eram enterrados como seres humanos mortais (faz parte do propósito da reticência: estas não podem ser as sepulturas de deuses imortais que, por definição, não morreram). No entanto, o que acontecia em seguida? Como as pessoas imaginavam o que ocorria quando o imperador se juntava aos deuses do Olimpo? Essa, é claro, é uma das mensagens da sátira de Sêneca sobre a deificação de Cláudio, e – voltando à pira – está por trás das histórias, antigas e modernas, sobre aqueles truques com as águias.

Algumas famosas tentativas romanas de visualizar o processo em esculturas expõem o problema de forma bem clara. A imagem de Tito agarrado desajeitadamente às costas da águia (fig. 96) é apenas uma pequena versão. Em uma escala muito maior, dois grandes painéis esculpidos preservados em Roma mostram a apoteose da esposa de Adriano, Sabina, e de Antonino Pio com sua mulher Faustina. Historiadores da arte modernos tendem a tratar essas imagens com muita reverência, como exemplos magníficos da técnica escultural romana. E, de certa forma, elas são. No entanto, a figura híbrida inidentificável, um corpo humano com asas imensas, que nos dois casos transporta os passageiros imperiais aos céus, parece arriscadamente absurda. Ao tentar representar a cena em mármore, talvez os escultores tenham conseguido transmitir um ponto ainda mais importante. Eles mostraram quão impossível era conceber de maneira convincente os processos de transformação de um imperador em um deus.

Famosas últimas palavras

Quando Suetônio incluiu a frase "Diacho, acho que estou me tornando um deus" entre as últimas palavras de Vespasiano, foi para ilustrar a atitude realista do imperador ante a perspectiva de deificação – não para sugerir, como outros poderiam interpretar, que Vespasiano estava simplesmente afirmando o óbvio ou expressando uma esperança desejosa na imortalidade que viria. No geral, ao longo dos quase trezentos anos de governo de um homem só, de Júlio César a Alexandre Severo, as últimas palavras dos imperadores – por vezes registradas com precisão, ou mais comumente enfeitadas, elaboradas ou inventadas tendenciosamente – resumem uma versão do caráter do governante ou grandes verdades sobre o governo imperial. Claro que esse foi o propósito de terem sido inventadas ou enfeitadas.

As biografias de Suetônio incluem alguns exemplos específicos e pontuais. Em outra frase escolhida do mesmo leito de morte, ele imagina Vespasiano durante seu último ataque de diarreia tentando se levantar e murmurando: "Um imperador deve morrer de pé". Era uma despedida apropriada do diligente governante, sempre ocupado com documentos e recebendo embaixadas quase até o fim. E a longa descrição do biógrafo sobre os últimos dias e horas de Nero, em 68 d.C., transmite parte da brutal verdade sobre o que aconteceu (e ainda acontece) quando um governante perde o poder. Confinado ao palácio, com a vitória dos exércitos sublevados contra ele se tornando inevitável, Nero finalmente percebeu que sua autoridade estava perdida quando seu guarda-costas sumiu e ninguém atendia aos seus chamados – "até os cuidadores correram", observou Suetônio, "levando as roupas de cama com eles". (As últimas horas no poder de alguns líderes políticos modernos não foram tão diferentes: ninguém ouve o que eles dizem.) O imperador fugiu com alguns serviçais, entre eles sua velha ama de leite, para uma vila afastada da cidade, onde afinal, com alguma assistência, conseguiu se matar. Em meio a muitos gritos desesperados, piadas sem graça e citações de poesias, Nero fez sua mais famosa declaração final: "Que artista está morrendo!". Foi como para mostrar que sua insuflada autoconfiança no próprio talento artístico durou até o fim. No entanto, não foi tão mordaz quanto as palavras criadas por Sêneca para o moribundo

100. Epitáfio de Cláudia Ecloge, que teve um papel pequeno na história do Império. Segundo Suetônio, ela foi ama de leite de Nero, continuou ao seu lado até o fim e organizou o enterro de suas cinzas. A última linha esmaecida da inscrição diz *piissim(ae)*, que significa "a mais leal".

Cláudio em *Apocolocyntosis*: "Diacho, acho que me caguei". E, para não deixar seus leitores em dúvida, ele continua: "Se realmente fez isso ou não, eu não sei – mas com certeza ele fez merda com tudo".

Consta que outros imperadores adotaram um tom mais elevado. Adriano teria escrito um poema para a própria alma pouco antes de morrer, o que, aos olhos de alguns, solidificou sua reputação de melancolia mística e proporcionou um final adequado para sua autobiografia fictícia do século XX escrita por Marguerite Yourcenar ("Querida e pequena alma errante e adorável/ a hóspede e companheira do meu corpo/ para quais regiões irás agora partir/ sua coisinha pálida, nua e rígida/ incapaz de fazer piadas como de costume"). Antonino Pio enunciou apenas uma palavra final, "Compostura", que deu no seu leito de morte como senha do dia para os soldados da guarda imperial. Septímio Severo teria sido mais prático. Segundo Dião, ele deu alguns conselhos para governar o Império a seus filhos, Caracala e Geta, que – se lhes foram comunicados

– eles claramente não seguiram ("Não briguem, paguem os soldados e não deem atenção a mais ninguém"); e, como Vespasiano, pediu mais trabalho ("Se houver qualquer coisa para fazer, me deem"). Poucos meses depois, quando Geta, agarrado à mãe, se tornou vítima do esquadrão da morte do irmão, suas últimas palavras realmente expressaram o óbvio de forma pungente: "Mamãe, mamãe, estou sendo morto".

No entanto, é a descrição de Suetônio das últimas horas do imperador Augusto, em 14 d.C., que encapsula algumas das verdades mais importantes e difíceis do governo de um homem só. Nessa cena de leito de morte, Suetônio apresentou uma visão importante, mas talvez surpreendente, da autocracia instituída por Augusto, incluindo a falsidade.

O imperador, agora com 75 anos, tinha passado vários dias relaxando na ilha de Capri e festejando a bordo de um barco na baía de Nápoles – apesar de já começando a sofrer de diarreia, um sinal de que seu fim estava próximo. Quando chegou ao que fora a casa do seu pai em Nola, ele se sentia muito pior. No que acabou sendo seu último dia, deitado num leito, no mesmo quarto em que o pai havia morrido, pediu um espelho e mandou pentearem seus cabelos e arrumarem seu rosto flácido. Depois chamou alguns amigos e, voltando-se para eles, perguntou: "Desempenhei corretamente meu papel na comédia da vida?". E acrescentou alguns versos em grego: "Já que a peça foi bem recebida, dai-nos uma salva de palmas e mandai-nos embora com aplausos". A resposta dos amigos não foi registrada. Depois de dispensá-los, porém, indagou sobre a saúde de uma parente mais jovem, sua neta por adoção, que estava doente, antes de beijar a esposa Lívia (aqui, não há menção à história de que Lívia teria envenenado suas frutas). Em seguida, proferiu o que teriam sido suas últimas palavras: "Continua vivendo, lembrando o nosso casamento, Lívia, e adeus". O único sinal de confusão foi quando ele gritou que estava sendo carregado por quarenta jovens, o que na verdade foi uma profecia precisa, pois em breve quarenta soldados o levariam para começar aquela jornada até Roma no calor do verão.

Essa maravilhosa construção de uma cena no leito de morte ressalta muitas das qualidades pessoais que se poderiam identificar num imperador. Talvez surpreendentemente, não há nada aqui – ao contrário de Vespasiano e Septímio Severo – sobre lidar com a papelada, pois o foco se volta ao cuidado e à preocupação com a família. Augusto se refere ao seu casamento duradouro e à lealdade à própria linhagem ancestral (pelo fato de ter morrido no mesmo quarto que o pai). Também há o sentido do imperador como "um de nós", recebendo os amigos no leito de morte, e o desejo de apresentar uma boa imagem (por isso o espelho e o pente, e não por pura vaidade). No geral, foi uma saída calma do mundo, na qual até mesmo o que poderia parecer delírio mostrava o imperador sabendo o que o futuro reservava.

O mais revelador de tudo, porém, foi o gracejo "Desempenhei corretamente meu papel na comédia da vida?", sublinhado pela outra alusão teatral de "a peça foi bem recebida". A questão da farsa e da enganação, da imagem e da realidade, nunca esteve longe da minha visão do imperador romano. Lado a lado com toda a burocracia, os banquetes de poder e as simples refeições, as lutas pela sucessão e as cartas de petições, vimos o aspirante a ator Nero, Trajano em seu triunfo em cera, o pretendente a gladiador Cômodo e as farsas distópicas de Elagábalo. A imaginação de Suetônio remonta ao próprio início do governo de um homem só. Diz-nos muito sobre a autocracia romana a ideia de que o fundador do sistema imperial teria resumido sua carreira como uma peça teatral, *uma encenação.*

EPÍLOGO
O FIM DE UMA ERA

Por que parar aqui?

Foi em 235 d.C. – apenas 221 anos e quase trinta imperadores depois da morte pacífica e meticulosamente coreografada de Augusto – que Alexandre Severo foi assassinado, ao lado da mãe, Júlia Mameia, por alguns de seus próprios soldados numa base militar na Germânia (ou, segundo uma versão alternativa menos plausível, na Britânia). Ele tinha 26 anos e era primo, filho adotivo e sucessor de Elagábalo, jogado no Tibre após um golpe treze anos antes. Alexandre foi vítima do seu fraco desempenho na guerra das fronteiras. Os fracassos dos imperadores na conquista ou defesa eram tão passíveis de punição quanto seus supostos sucessos tendiam ao exagero. Nesse caso, o imperador só tinha conseguido um empate pouco glorioso com os persas, que ameaçavam o território de Roma no Leste (apesar de um triunfo ser celebrado em Roma para disfarçar o resultado duvidoso), e agora fazia pouco progresso contra as investidas germânicas no Norte. Também era alvo de outras queixas que costumavam ser feitas contra governantes romanos no passado: o de ser avarento e estar sob o controle da mãe, que o acompanhava nas campanhas militares.

É quase certo que mãe e filho foram cremados na Germânia, com seus restos mortais levados a Roma, talvez para serem enterrados no terceiro maior túmulo antigo a ser encontrado na cidade. Embora não seja tão imponente quanto os mausoléus de Augusto e de Adriano, partes do monumento ainda estão preservadas em um parque público na periferia da cidade. Se esse for o local de sepultamento de Alexandre (uma suposição comum desde o Renascimento), é possível que o famoso vaso de vidro azul, o "Vaso de Portland", agora no Museu Britânico, mas originalmente encontrado no túmulo, tenha contido suas cinzas.

É previsível que a verdade sobre seu reinado seja nebulosa. O fato de haver tradições tão divergentes sobre onde ele foi morto é um sinal do pouco que de fato *sabemos*. Porém, independentemente de seus fracassos na guerra ou das questões com sua mãe, Alexandre acabou sendo retratado como um "bom" imperador no estilo tradicional. A *História Augusta* o retrata como parte de um contraponto a Elagábalo: o transgressor e subversor da ordem natural e social versus o imperador honrado e cidadão como "um de nós". Ele respeitava o Senado, era um juiz sábio e lidava diligentemente com os pedidos e cartas de súplica dos seus súditos. Patrocinou projetos de construção e restauração na cidade de Roma e restringiu festas luxuosas (nada de pétalas de rosa caindo, e nenhum de seus servos em uniformes dourados). Seu reinado – ao menos pelo que lemos a respeito – segue a "descrição do cargo" imperial que podemos inferir com base em *O que eu fiz* de Augusto, ou do *Panegírico de Trajano* de Plínio.

Com a morte de Alexandre, a descrição do cargo começou a mudar. É por isso que escolhi fazer de 235 d.C. o ponto final, mais ou menos, de *Imperador de Roma*. Não que os imperadores posteriores tenham sido "maus", e não "bons", nos termos tradicionais, mas as coordenadas do que significava *ser um imperador romano* mudaram de modo drástico. Nos cinquenta anos seguintes, os governantes ascenderam e caíram rapidamente, com rivais tomando o poder uns dos outros numa vertiginosa sucessão, com longos períodos de guerra civil. Dos trinta ou mais imperadores (ou usurpadores triunfantes por pouco tempo) que reivindicaram o governo entre 235 e 285, "alguns estiveram no trono por seis meses, outros por um ano, alguns por alguns anos, ou no máximo três". Foi assim que o autor da *História Augusta* escreveu, para quem Alexandre não foi só um paradigma, mas o fim de uma era. Muitos deles não pertenciam à elite tradicional, ascenderam por suas patentes no exército e chegaram ao trono por meio de golpes militares. Muitas vezes nem era mais um "governo de um homem só". Cada vez mais, em diferentes tipos de arranjos formais ou informais, eles dividiam o poder ou só controlavam efetivamente uma parte do Império. Muitos foram apenas imperadores *regionais*. E fracassaram em sequência, ou no máximo tiveram sucesso questionável, contra inimigos de fora do mundo romano.

Esses homens sempre foram fáceis de caricaturar. Maximino Trácio, declarado imperador pelo exército na Germânia em 235 d.C., logo após o assassinato de Alexandre, ascendeu pelo exército, seria analfabeto e três anos depois foi assassinado pelos próprios comandados antes de sequer pisar na cidade de Roma como imperador. (É uma questão discutível se a alegação de analfabetismo revela mais o preconceito da elite romana, a mobilidade social no alto escalão ou a rudeza do novo governante.) Meses antes de sua morte, uma dupla improvável – um senador idoso, governador da província da África, e seu filho, pomposamente intitulados Gordiano I e Gordiano II – já tinha confrontado Maximino do outro lado do mundo romano e os dois haviam sido reconhecidos remotamente como coimperadores pelo Senado. Três semanas depois, foram eliminados por outra facção romana na África do Norte (um morto em batalha, o outro se enforcando), e no processo ganharam o prêmio de terem sido os imperadores romanos com menor tempo de reinado. No

101. Um mundo transformado. Baixo-relevo em pedra de meados do século III d.C. perto de Persépolis, no atual Irã. Dois imperadores romanos – Filipe, o Árabe, e Valeriano I – são retratados submissos ao rei persa Sapor.

entanto, talvez a imagem mais vívida de todas seja uma memorável imagem de Valeriano I (que morreu em cativeiro na Pérsia por volta de 262) e de Filipe, "o Árabe" (imperador entre 244 e 249). É uma escultura em pedra no atual Irã mostrando – numa chocante reversão das representações habituais de poder – os dois governantes romanos submissos prestando homenagem ao vitorioso rei persa Sapor.

Claro que a realidade era mais nuançada. Muitas mudanças foram motivadas por acontecimentos mais marcantes na história do Império e de seus vizinhos: pressão nas zonas fronteiriças e mudanças no equilíbrio de poder entre o exército, o Senado e o povo, bem como questões duradouras sobre como os imperadores eram legitimamente escolhidos. De certa forma, quando as legiões assumiram a sucessão com as próprias mãos, revelaram que, desde o início, nunca houvera de fato um *sistema* bem definido por trás da transmissão do poder em Roma. E com certeza nem todos esses desdobramentos foram resultado imediato da morte de Alexandre. Algumas convenções do governo imperial que analisamos nos capítulos anteriores perduraram mais ou menos da mesma forma por décadas, inclusive as cartas de petições. O jovem imperador Gordiano III, que respondeu – ainda que brevemente – às queixas dos moradores de Scaptopara em 238 d.C., era ninguém menos que neto e sobrinho de Gordiano I e II, depostos naquele mesmo ano. Gordiano III também não durou muito tempo. Foi morto numa campanha contra os persas, pelos próprios soldados ou por algum rival romano.

Ao mesmo tempo, algumas das aparentes novidades desse período não foram, individualmente, tão novas como costumam ser apresentadas. As legiões intervinham na escolha de novos imperadores nas guerras civis que se seguiram à morte de Nero. Já houvera períodos de cogovernança no Império. E Marco Aurélio, nos anos 170 d.C., já enfrentava as pressões fronteiriças que caracterizariam os séculos posteriores. Governantes romanos anteriores provavelmente eram mais aptos a disfarçar seus fracassos militares como sucessos. De certa forma, porém, as imagens triunfantes no monumento de Sapor são reminiscentes da cabeça de bronze de Augusto, saqueada e enterrada como símbolo de "vitória" contra o poder romano no templo de Méroe (p. 350). Assim, a novidade foi a *combinação* de tudo isso na metade do século III. Algumas centenas de anos antes, alguém próximo à corte imperial teria achado o mundo de Maximino ou dos Gordianos um lugar estranho e desconhecido.

As coisas mudaram de novo no final do século. Os reinados de Diocleciano e de Constantino – cada um com mais de duas décadas de duração, entre 285 e 337 d.C. – são um claro sinal disso. No entanto, não houve uma volta ao antigo estilo dos imperadores. Algumas improvisações feitas durante as décadas de "crise", no início do século III, foram formalizadas. Diocleciano, por exemplo, dividiu oficialmente o Império em províncias ocidentais e orientais, governadas por quatro imperadores, com um parceiro sênior e um júnior em cada metade. E, nas décadas seguintes, um sistema de governo compartilhado de alguma forma tornou-se a norma. Além disso, o reestabelecimento da autoridade do imperador parece ter vindo ao custo de um distanciamento cada vez maior entre governante e governados. O cerimonial para diferenciar o imperador de seus súditos ficou mais elaborado, mais reverente e com muito menos ceias simples com pessoas como Plínio. Também sob esse aspecto houve precedentes. O relato de Estácio de um jantar com Domiciano, por exemplo, repousa na admiração a distância, não em intimidade. E em meio a todos aqueles beijos amigáveis entre imperador e senadores havia também muita reverência e submissão nos séculos anteriores (muito depende de quem conta a história). Mesmo assim, no começo do século IV o mito do imperador como "um de nós" tinha muito menos significado que antes, para qualquer um.

O sangue dos mártires

O cristianismo também foi um elemento crucial nessa transformação. Até agora, os cristãos do Império Romano ocuparam um espaço pequeno neste livro. Isso porque, nos primeiros dois séculos do governo dos imperadores, havia realmente muito poucos cristãos, e eles raramente chamavam a atenção das autoridades romanas. Uma estimativa razoável (inevitavelmente um palpite) é que havia cerca de 7 mil cristãos em todo o mundo romano em 100 d.C. (ou 0,01% da população do Império), aumentando para cerca de 200 mil em 200 d.C. (ou 0,35%). Escritores cristãos posteriores, com os benefícios – ou as desvantagens

– de uma visão retrospectiva, apresentam uma visão muito diferente: de uma Igreja em crescimento, em meio a uma perseguição sistemática direcionada pelos imperadores. O martírio, que exibia a bravura desafiadora até mesmo dos cristãos mais frágeis diante da crueldade e da tortura, tornou-se uma das mais poderosas provas da fé. A verdade, porém, é que nos primeiros dois séculos d.C. a maioria das pessoas do Império Romano nunca tinha conhecido um cristão. E qualquer violência cometida contra eles era local e esporádica.

Sem dúvida, a violência esporádica é tão cruel e dolorosa para suas vítimas quanto a perseguição sistemática. O castigo do imperador Nero aos cristãos como bodes expiatórios pelo incêndio de Roma de 64 d.C. foi registrado, até mesmo por autores não cristãos, em termos arrepiantes (crucificados, queimados vivos ou despedaçados por cães), e os relatos cristãos da morte de mártires no anfiteatro de Lyon, no final do século II, apesar de exagerados, são chocantes. No entanto, muito mais comum era a atitude de negligência benigna, ainda que vigilante, demonstrada por Trajano em sua correspondência com Plínio ("não se envolva demais, não procure problemas"), ou as piadas sarcásticas de quem desenhou o grafite parodiando a crucificação nos aposentos dos servos do palácio. A *História Augusta* chega a afirmar, certa ou erroneamente, que Alexandre Severo tinha uma imagem de Jesus num santuário na sua residência, ao lado de imagens de várias figuras divinas (incluindo alguns de seus antecessores, agora deuses, e Abraão).

Desde seu reinado até o início do século IV d.C., porém, quando Constantino se tornou o primeiro imperador romano a adotar abertamente o cristianismo, houve uma série de perseguições patrocinadas pelo governo central, numa escala nunca vista no Império. Por volta de 250, um governante de curta duração chegou a exigir que todos os habitantes fizessem um sacrifício para demonstrar lealdade aos deuses tradicionais e obtivessem um certificado para comprovar o sacrifício (ele não durou o suficiente para ver o projeto ser concluído). Por trás dessa mudança havia uma combinação de fatores. O número de cristãos continuava a aumentar. Se extrapolarmos a mesma taxa de crescimento dos séculos anteriores, em 300 d.C. o número de cristão poderia estar em 6 milhões. Eles ficaram muito mais visíveis. E isso sem dúvida se imiscuiu nos temores de que alguns desastres do período foram causados por uma ruptura nas relações de Roma com seus deuses tradicionais. Simplificando, a nova religião cristã, por vezes inflexível em sua rejeição total da antiga religião, podia ser vista – ao menos por alguns – como a causa principal da "crise" do Império.

Exatamente por que tantos romanos, dos mais altos aos mais baixos escalões da hierarquia social, se converteram ao cristianismo – e por que o Império Romano se tornou um Estado cristão – é uma das questões mais discutidas e um dos maiores mistérios de toda a história de Roma. O que fica *claro* é que o efeito da revolução cristã na cultura, na política e na fé subverteu muitos fundamentos sobre os quais se baseava a antiga ordem do imperador romano. Nós discorremos, por exemplo, no Capítulo 7, sobre como o imperador se enquadrava na lógica do anfiteatro: a divisão entre "eles" e "nós" simbolizada pelas lutas de gladiadores e as caçadas a feras; a hierarquia social que sustentava essas ocasiões; e o glamour do perigo associado aos que lutavam na arena. O

102. Imagem do imperador romano em novo estilo. Um prato cerimonial de prata do final do século IV d.C., mostrando no centro o imperador Teodósio I, em grandes dimensões, com seus cogovernantes ao lado, todos com auréolas. O imperador está canalizando o poder e a autoridade do Deus cristão.

martírio dos cristãos no anfiteatro – "Cristãos aos leões!" – virou tudo isso de ponta-cabeça. Independentemente de como os espectadores na plateia interpretavam o espetáculo, a cultura cristã agora apresentava as vítimas por tradição abominadas na arena como seus heróis, triunfantes por enfrentar a morte pela fé, com Deus ao seu lado. E, ao fazer isso, destruiu a lógica da antiga ordem. Quando os combates de gladiadores diminuíram sob o Império Romano cristão, não foi só porque os cristãos os consideravam cruéis (embora em parte tenha sido por isso). Também foi porque os combates não faziam mais sentido.

O mesmo se deu com a própria imagem do imperador. O cristianismo não diminuiu o poder do imperador romano (cristão), mas, sim, o reforçou. No entanto, o fez com coordenadas religiosas inteiramente novas. Quando observei que a estátua em tamanho maior que o natural de Cláudio como o deus Júpiter o fez parecer um pouco "bobinho" (pp. 338-339), eu estava vendo isso em parte sob a influência do cristianismo. A nova linguagem visual do poder imperial não recorria a águias aninhadas ao lado da perna do imperador, nem a imperatrizes equilibrando cornucópias como se fossem a deusa Fortuna. Passou a depender em parte de ver o imperador na imagem de Jesus, e Jesus na imagem do imperador. Esse não era o Jesus "manso e humilde". O poder imperial era validado por (e também validava) uma nova ordem divina. Era um *Imperador de Roma* muito diferente.

Fazendo um balanço

O *Imperador de Roma* no estilo antigo, que é o foco deste livro, deixou uma marca duradoura na história e na cultura do Ocidente. Suas estátuas legaram um modelo de representação do poder, com trajes de batalha ou toga. Seus títulos estão por trás da linguagem moderna da autocracia, de imperador (*imperator*) a príncipe (*princeps*), de Kaiser a Czar (ambos derivados de *Caesar*). É uma figura que nos deu uma imagem de como governar, bem como um alerta de como não governar. Os imperadores romanos são muito fáceis de serem admirados (com relutância) por seu duradouro modelo de controle político, ou deplorados pela tirania, pela crueldade, pelo luxo e licenciosidade associados a seus nomes. Eles representam um caso extremo do dilema do historiador. Como entender o imperador romano em seus termos sem perder de vista nossa bússola moral e nossa obrigação de avaliar, e também descrever, o passado? Não basta, por exemplo, expor a lógica dos jogos de gladiadores sobre os quais ele presidia se não apontamos sua violência e crueldade. Também não basta deplorar o sadismo se não tentamos entender qual teria sido a lógica subjacente a esses "jogos" terríveis.

Tentei andar na corda bamba entre, por um lado, "perdoar" os antigos imperadores romanos porque viveram tanto tempo atrás (e, por isso, não poderem ser julgados nos nossos termos) e, por outro, considerá-los culpados do mero crime de *não serem como nós*. O Império Romano era um mundo assassino em que os problemas, de parentes supostamente desleais a manifestantes no Circo Máximo, costumavam ser resolvidos por meios letais. É muito difícil para nós processarmos isso agora, mais difícil ainda explicar. Não tentei entrar na cabeça – ou avaliar o caráter – de qualquer governante específico. Na minha opinião, esse não é um projeto minimamente viável (apesar de por vezes ter conjecturado que aparência as coisas podem ter tido aos seus olhos, por exemplo, no seu camarote no Coliseu). Preferi explorar como e por que caracterizamos os imperadores como o fazemos (Nero como megalomaníaco, Vespasiano como pragmático e assim por diante). Também refleti sobre como as pessoas do Império Romano construíram uma imagem do "imperador" para si mesmas. E sempre tentei situar o governante no seu ambiente e entre seus associados mais próximos. O imperador não governava sozinho, nem em um vácuo. Nós podemos entendê-lo melhor se compreendermos onde ele vivia, como e o que comia, quem fazia seus ditados e entregava suas cartas, ou com quem ele dormia. Esse *é* um projeto viável.

Por todo o Império, muitos milhares de pessoas, escravas e livres, trabalhavam para o imperador e sua corte, algumas terrivelmente exploradas, rebeldes e descontentes, outras razoavelmente felizes, ou até mesmo orgulhosas, por fazerem o que faziam. É um fato desconcertante que, ao longo da história, a autocracia – a tirania, a ditadura ou como a chamemos – sempre dependeu de pessoas de todos os níveis que a aceitaram, que se adaptaram ou até mesmo a consideraram um sistema confortável para viver. Conhecemos muitas delas neste livro, de Plínio ao pai de Cláudio Etrusco, ou a ama de leite de Nero, que estava lá para enterrá-lo depois do seu suicídio: homens e mulheres que nunca conheceram qualquer outro tipo de regime. Não é a violência nem a polícia secreta, mas a colaboração e a cooperação – consciente ou ingênua, bem-intencionada ou não – que mantêm a autocracia em funcionamento.

No entanto, se estiver em busca de uma crítica ao governo de um homem só de Roma, podemos encontrá-la na literatura romana. Não estou me referindo aos dissidentes sofisticados do Senado (o "grupo dissidente", como os chamei), nostálgicos pelo que acreditavam ser a liberdade na República. Eles tiveram muito da sua parcela de protagonismo. Estou pensando em toda a literatura romana, mesmo do punho dos que *não eram* abertamente dissidentes, que apresentavam o imperador como uma farsa ou alguém que distorcia a verdade, e o governo de um homem só como simulacro e encenação. Desde o mundo distópico de Elagábalo com que comecei (sua falsa comida e homicídios disfarçados de generosidade), passando pelo estranho desfile triunfal com um modelo de cera do falecido Trajano celebrando "vitórias" que mais pareciam derrotas, até as supostas últimas palavras do imperador Augusto, retratando-se como um ator de comédia, esse foi um dos meus temas recorrentes – e espero que esclarecedores. A autocracia subverte a ordem "natural" das coisas e substitui a realidade pela fraude, minando a confiança no que se pensa ver.

Já enfatizei muitas vezes que a Roma antiga tem poucas lições a nos ensinar, no sentido de não podermos recorrer a ela em busca de soluções prontas para nossos problemas. Os romanos não vão, e nem podem, nos dar as respostas. No entanto, explorar o mundo deles nos ajuda a enxergar o nosso de maneira diferente. Enquanto escrevia *Imperador de Roma*, nos últimos anos, refleti muito sobre essa visão da autocracia como fundamentalmente uma farsa, uma fraude, um espelho distorcido. Isso me ajudou a entender melhor a cultura política da Roma antiga – e também abriu meus olhos para a política do mundo moderno.

O QUE HÁ EM UM NOME?

De Calígula a Caracala, de Nero a Elagábalo, os nomes pelos quais conhecemos agora os imperadores romanos não eram seus títulos oficiais, nem mesmo numa forma muito abreviada. "Calígula", ou "Botininhas", é um apelido que remonta às botas militares que o imperador usava quando criança (seu nome alternativo, que ele preferia, era "Gaius"). "Caracala" foi inspirado no seu estilo favorito da capa que vestia, ou *caracala*. "Nero" é só um dos nomes que ele emprestou do imperador Cláudio quando foi adotado ("Nero" era um dos sobrenomes da família de Cláudio). "Elagábalo" é um apelido inspirado no nome do deus que ele venerava. E também há variantes. Eu preferi, por exemplo, "Alexandre Severo", embora outros usem "Severo Alexandre".

Não são apenas convenções modernas. Era como os romanos costumavam se referir aos seus vários governantes (nomes mais curtos, cativantes e mais distintos que os títulos oficiais), e nós os adotamos. No entanto, não eram usados na frente do imperador. Aliás, se dirigir a Calígula como "Calígula" seria uma péssima ideia. "César" era a forma mais comumente utilizada quando se falava com um governante romano, conforme vimos no *Panegírico de Trajano* de Plínio. Tampouco são aqueles encontrados em documentos formais e em muitas das inscrições a que me refiro neste livro, nos quais eram empregados seus *títulos oficiais*. Esses, por sua vez, podem ser difíceis de decodificar.

Para citar apenas um exemplo radical, Septímio Severo não é celebrado no seu arco de triunfo no Fórum Romano como o "Septímio Severo" que conhecemos, mas como:

Imperator Caesar Lucius Septimius, Marci Filius, Severus Pius Pertinax Augustus, Pater Patriae, Parthico Arabico, Parthico Adiabenico...
[Imperator Caesar Lucius Septimius, filho de Marcus, Severus Pius Pertinax Augustus, Pai da Pátria, Conquistador dos Partos na Arábia, Conquistador dos Partos em Adiabena...]

Além do nome de nascimento – Lúcio Septímio Severo –, incluem-se os títulos imperiais padrão (Imperator Caesar Augustus), uma referência à sua inventada adoção por Marco Aurélio ("filho de Marcus"), os nomes de predecessores com quem queria ser associado (Pius e Pertinax) e – para completar a obra – alguns epítetos honoríficos.

Em sua forma mais simples, a maneira como o nome do imperador mudava ao longo da vida é uma espécie de minibiografia. Augusto nasceu como "Gaius Octavius", tornando-se formalmente "Gaius Julius Caesar" em 44 a.C., quando foi adotado no testamento de César (embora escritores modernos tendam a chamá-lo de "Otaviano" para diferenciá-lo do ditador). A partir de 27 a.C., ele governou como "*Imperator* Caesar Augustus", estabelecendo um padrão para seus sucessores. Tibério nasceu como "Tiberius Claudius Nero", tornou-se "Tiberius Julius Caesar" após sua adoção por Augusto e governou oficialmente como "Tiberius Caesar Augustus". Calígula nasceu como "Gaius Julius Caesar" e governou como "Gaius Caesar Augustus Germanicus". E por aí vai.

Essas variantes estão razoavelmente estabelecidas, mas até mesmo especialistas têm dificuldades com a semelhança dos títulos oficiais usados pelos imperadores durante seus reinados a partir do final do século I d.C. Às vezes, como esta seleção de governantes mostra, só um elemento entre muitos do nome distingue um imperador do outro (omiti os epítetos adicionais):

Vespasiano: Imperator Caesar Vespasianus Augustus
Tito: Imperator Titus Caesar Vespasianus Augustus
Trajano: Imperator Caesar Nerva Traianus Augustus
Adriano: Imperator Caesar Traianus Hadrianus Augustus
Marco Aurélio: Imperator Caesar Marcus Aurelius Antoninus Augustus

Cômodo: Imperator Caesar Marcus Aurelius Commodus
Caracala: Imperator Caesar Marcus Aurelius Severus Antoninus Pius Augustus
Elagábalo: Imperator Caesar Marcus Aurelius Antoninus Pius Felix Augustus
Alexandre Severo: Imperator Caesar Marcus Aurelius Severus Alexander Pius Felix Augustus

Tenho certeza de que, assim como nós, os romanos nem sempre percebiam a diferença entre o nome oficial de Cômodo e o do seu pai, Marco Aurélio, ou entre o de Vespasiano e o de seu filho Tito. Sem dúvida, isso era parte do objetivo. Assim como as semelhanças entre os retratos imperiais, e igualmente confusos hoje, esses nomes quase idênticos serviam para legitimar o poder de um imperador com base nos seus predecessores. No caso de Cômodo, Caracala ou Elagábalo, independentemente de suas transgressões registradas, os nomes oficiais os apresentam quase como um combo de (bons) imperadores do passado.

Para explorar os detalhes mais a fundo, o melhor guia recente é o livro de Alison E. Cooley, *The Cambridge Manual of Latin Epigraphy* (Cambridge UP, 2012), 488-509.

LEITURAS COMPLEMENTARES E LUGARES PARA VISITAR

É grande a bibliografia sobre o imperador romano, bem como acerca da vida e da carreira de imperadores específicos e suas famílias. O que se segue é inevitavelmente seletivo. O objetivo principal é fornecer uma leitura de fundo geral para o tópico em sua totalidade e indicar uma forma de fácil acesso às evidências que fundamentam minha narrativa. Em seguida, capítulo por capítulo, apresento sugestões de livros e artigos que ajudarão os leitores a explorar ainda mais os temas discutidos, além de contribuições que eu mesma considero particularmente úteis. Tentei identificar a fonte exata para fatos e argumentos que de outro modo poderiam ser difíceis de rastrear com base em minha narrativa por meio de obras de referência padrão e bons mecanismos de pesquisa – e destacar onde há controvérsias acadêmicas ou estudos técnicos importantes. No final da maioria das seções, destaco sítios arqueológicos importantes abertos ao público e algumas coleções de museus relevantes.

Geral

Quase toda a literatura antiga a que me refiro está disponível em traduções modernas. A Loeb Classical Library (Harvard UP) inclui os principais autores, e muitos outros, com o texto original em grego ou latim e uma tradução em inglês na página oposta. Traduções confiáveis em inglês (uma seleção mais restrita, sem o texto original, porém mais acessível) podem ser encontradas nas séries Penguin Classics ou Oxford World's Classics. A maioria dos textos também está disponível on-line de modo gratuito. Sites particularmente úteis são o LacusCurtius (http://penelope.uchicago.edu/Thayer/E/Roman/Texts/home.html) e a Perseus Digital Library (http://www.perseus.tufts.edu/hopper/collections). Ambos contêm uma mistura de textos originais e traduções em inglês, inclusive algumas primeiras edições da Loeb Library. Dou indicações nas seções a seguir sobre quais traduções não estão incluídas nessas coleções, ou a respeito de versões especialmente úteis. As traduções no meu texto principal são minhas, exceto quando indicado o contrário.

Aviso: existem diferentes e confusos sistemas modernos de referência ao trabalho de alguns dos principais escritores antigos. É especialmente o caso dos últimos volumes da *História romana* de Dião Cássio (citado aqui apenas como "Dião Cássio") – preservados apenas em trechos e resumos de escritores posteriores – e das *Cartas* de Fronto. Em vez de poluir esta seção com todas as numerações alternativas, adotei um sistema único e (particularmente com Fronto) direcionei os leitores, quando possível, para traduções em inglês de antologias recentes. Mesmo assim, por vezes pode ser necessário um pouco de perseverança para localizar uma referência específica!

Existem muitas discussões acessíveis sobre algumas das principais narrativas literárias antigas a respeito do governo imperial. Para os que são iniciantes em Tácito, um bom ponto de partida é *Tacitus* (Bristol Classical Press, 2006), de Rhiannon Ash. *Tacitus* (Oxford Readings in Classical Studies), editado por Ash (Oxford UP, 2012), é uma valiosa coletânea de abordagens críticas recentes. A base dos estudos modernos sobre Suetônio é de Andrew Wallace-Hadrill, *Suetonius: The Scholar and his Caesars* (2ª ed., Bristol Classical Press, 1998; originalmente publicado em 1983), seguido por *Suetonius the Biographer: Studies in Roman Lives*, editado por Tristan Power e Roy K. Gibson (Oxford UP, 2014). Nessa mesma vertente, Fergus Millar, com *A Study of Cassius Dio* (Oxford UP, 1964), é a base da compreensão moderna de Dião, seguido por *Emperors and Political Culture in Cassius Dio's Roman History*, editado por Caillan Davenport e Christopher Mallan (Oxford UP, 2021). Para a *História Augusta*, ver a seção "Prólogo".

Também faço uso de muitas inscrições e documentos em papiro. Estes podem ser muito mais difíceis de encontrar, por vezes publicados em grandes compêndios com vários volumes. O maior deles é o *Corpus Inscriptionum Latinarum*, em produção desde o século XIX, que reuniu centenas de milhares de inscrições em latim. No entanto, mesmo sua versão on-line pesquisável (https://cil.bbaw.de/, em alemão e inglês) não é para os fracos de coração. E existem compêndios semelhantes com inscrições em grego antigo, a língua em que muitos textos relevantes foram escritos para o imperador. A obra de A. E. Cooley, *The Cambridge Manual of Latin Epigraphy* (Cambridge UP, 2012), 327-448, apresenta uma introdução detalhada sobre os mistérios de onde e como as inscrições latinas foram publicadas. Papiros podem ser igualmente capciosos, com diversos volumes separados com textos de papiros de diferentes locais de descoberta e em diferentes coletâneas modernas. *Papyri.info* (https://papyri.info/) é um grande banco de dados desses documentos, mas também pode exigir algum esforço para encontrar o que se procura. O *POxy: Oxyrhynchus Online* (http://www.papyrology.ox.ac.uk/POxy/) é um site muito mais amigável ao usuário, apresentando papiros hoje em posse da Universidade de Oxford (inclusive alguns sobre os quais discuto). Felizmente, há também muitos volumes mais acessíveis, que reúnem inscrições e/ou papiros acerca de temas específicos ou períodos específicos, em geral com traduções. Nas seções a seguir, para meus principais exemplos, quando possível (nem sempre é o caso), direcionarei os leitores para essas fontes.

Para a história geral do período entre 44 a.C. e 235 d.C., há boas análises abrangentes em *The Roman World 44 BC – AD 180* (2ª ed., Routledge, 2011), de Martin Goodman, e nas primeiras partes de Clifford Ando, *Imperial Rome, AD 193-284* (Edinburgh UP, 2012), David Potter, *The Roman Empire at Bay, AD 180-395* (2ª ed., Routledge, 2013) e Michael Kulikowski, *Imperial Triumph: The Roman World from Hadrian to Constantine* (Profile, 2016). Mais detalhados são os importantes volumes (10-12) de *Cambridge Ancient History* (Cambridge UP). Também encontrei discussões relevantes e por vezes reveladoras em Christopher Kelly, *The Roman Empire: A Very Short Introduction* (Oxford UP, 2006), Greg Woolf, *Rome: An Empire's Story* (1ª ed., Oxford UP, 2013; 2ª ed., 2021; trad. bras. Cultrix, 2017), e Peter Garnsey e Richard Saller, *The Roman Empire: Economy, Society and Culture* (2ª ed., Bloomsbury, 2014). Embora esclarecedoras, a maioria das histórias gerais discute Júlio César no contexto da República, não no período do governo de um homem só. David Potter, com *The Origin of Empire: Rome from the Republic to Hadrian, 264 a.C.-138 d.C.* (Profile, 2021), é uma exceção importante.

O ponto de inflexão no estudo dos imperadores romanos foi Fergus Millar, *The Emperor in the Roman World (31 BC – AD 337)* (1ª ed., 1977; 2ª ed. Bristol Classical Press, 1992). A maioria dos trabalhos sobre o tema desde então tem dialogado com o imenso volume de Millar. A resenha de Millar por Keith Hopkins em *Journal of Roman Studies* 68 (1978), 178-186, é uma resposta crítica importante; Olivier Hekster, com *Caesar Rules: The Emperor in the Changing Roman World (c. 50 BC – AD 565)* (Cambridge UP, 2023) – publicado depois de eu ter concluído meu texto principal –, é um diálogo com Millar que ocupa o livro inteiro. Houve trabalhos importantes recentes sobre o imperador no contexto de sua corte e na cultura desta. Aprendi muito com Andrew Wallace-Hadrill, "The Imperial Court", em *Cambridge Ancient History* vol. 10 (2ª ed., Cambridge UP, 1996), 283-308, Aloys Winterling, *Aula Caesaris* (Oldenbourg,1999) (em alemão), e Jeremy Paterson, "Friends in High Places", em *The Court and Court Society in Ancient Monarchies*, editado por A. J. S. Spawforth (Cambridge UP, 2007), 121-156. Os dois volumes de *The Roman Emperor and his Court c. 30 BC – c. AD 300*, editados por Benjamin Kelly e Angela Hug (Cambridge UP, 2022), saíram quando eu já tinha mais ou menos terminado *Imperador de Roma*. O segundo volume é uma coletânea de textos, documentos e imagens antigos ilustrando vários temas históricos da cultura da corte romana discutidos nos ensaios do volume I.

Biografias de imperadores específicos, ou membros de suas famílias, tornaram-se uma espécie de indústria editorial ao longo das últimas décadas. Minha abordagem é bem diferente, mas costumo consultar algumas delas com frequência, inclusive: Miriam T. Griffin, *Nero: The End of a Dynasty* (2ª ed., Routledge, 1987); Anthony R. Birley, *Hadrian: The Restless Emperor* (Routledge, 1997) e *Septimius Severus: The African Emperor* (2ª ed., Routledge, 1999); Barbara M. Levick, *Faustina I and II* (Oxford UP, 2014); e T. Corey Brennan, *Sabina Augusta: An Imperial*

Journey (Oxford UP, 2018). Menos tradicionais em estilo, mas ainda focados em torno de um imperador ou família imperial específicos, são Danny Danziger e Nicholas Purcell, *Hadrian's Empire: When Rome Ruled the World* (Hodder and Stoughton, 2005), além de Peter Stothard, *Palatine: An Alternative History of the Caesars* (Oxford UP, 2023), sobre a família do imperador Vitélio. As histórias de Roma de Tom Holland, *Dynasty* (Little, Brown, 2015) e *Pax* (Abacus, 2023), são vívidas e amplamente biográficas, desde o início do governo de um homem só até meados do século II d.C.

Minha análise acerca do imperador de Roma se fundamentou em um pensamento mais abrangente sobre autocratas e a autocracia em diferentes épocas e lugares (mesmo que no livro eu mantenha um mínimo de exemplos de comparações explícitas). Ninguém interessado na cultura de corte pode ignorar Norbert Elias, com *The Court Society* (escrito nos anos 1930, publicado pela primeira vez na Alemanha em 1969, tradução Blackwell, 1983; trad. bras. Zahar, 2001). Venho sendo influenciada por obras posteriores que responderam a Elias, principalmente: uma série de estudos de Jeroen Duindam, incluindo *Myths of Power: Norbert Elias and the Early Modern European Court* (Amsterdam UP, 2014) e *Dynasties: A Global History of Power* (Cambridge UP, 2015); *Hof und Theorie* (Böhlau, 2004), uma coletânea de ensaios, em alemão e inglês, editada por Reinhardt Butz et al.; e o ricamente ilustrado *Princely Courts of Europe, 1500–1700,* editado por John Adamson (Weidenfeld and Nicolson, 1999). A comparação entre cortes da Antiguidade, inclusive a de Roma, é o tema de *The Court and Court Society in Ancient Monarchies*, editado por Spawforth. A comparação entre imperadores chineses e romanos, e seus impérios, tem sido um tema particularmente profícuo nos anos recentes. As importantes contribuições incluem *Rome and China: Comparative Perspectives on Ancient World Empires* (Oxford UP, 2009) e *State Power in Ancient China and Rome* (Oxford UP, 2015), ambos editados por Walter Scheidel.

O *Oxford Classical Dictionary*, editado por Simon Hornblower et al. (4ª ed., Oxford UP, 2012, e constantemente atualizado on-line), é um primeiro ponto de referência confiável sobre pessoas, autores e textos do mundo romano.

Prólogo

Os principais textos antigos que detalham, ou inventam, os hábitos cruéis e extravagantes de Elagábalo são: Dião Cássio, Livros 79-80; Herodiano, *História*, Livro 5; e a biografia dele em *História Augusta*. Ele é tema de duas valiosas biografias recentes: Martijn Icks, *The Crimes of Elagabalus: The Life and Legacy of Rome's Decadent Boy Emperor* (I. B. Tauris, 2011), especialmente ricas na "construção" cultural do imperador e sua receptividade na arte e na ficção moderna; e Harry Sidebottom, *The Mad Emperor: Heliogabalus and the Decadence of Rome* (Oneworld, 2022), talvez confiante demais na possibilidade de acessar a verdade sobre o reinado. Uma excelente dissecção da biografia na *História Augusta* é empreendida por Gottfried Mader, "History as Carnival, or Method and Madness in the *Vita Heliogabali*", *Classical Antiquity* 24 (2005), 131-172. Fergus Millar, *The Roman Near East, 31 BC – AD 337* (Harvard UP, 1993), 300-309, faz uma esclarecedora introdução à política e à cultura de Emesa.

Os enigmas da *História Augusta* (em geral abreviada como "*SHA*", *Scriptores Historiae Augustae*) vêm sendo debatidos há bem mais de um século. Anthony Birley faz um apanhado esclarecedor na introdução em sua tradução da Penguin Classics, *Lives of the Later Caesars* (Penguin, 1976). Mais atualizado e mais técnico é o excelente ensaio de Michael Kulikowski, "The *Historia Augusta*. Minimalism and the Adequacy of Evidence", em *Late Antique Studies in Memory of Alan Cameron*, editado por W. V. Harris e Anne Hunnell Chen (Columbia Studies in the Classical Tradition, Brill, 2021), 23-40.

A maior parte do que se menciona neste capítulo é discutida com mais detalhes adiante no livro. Referências a práticas e más práticas de imperadores específicos podem ser encontradas no importante *As vidas dos doze Césares*, de Suetônio, ou na *História Augusta*. O comportamento de César nas corridas é citado na biografia do seu sucessor, Suetônio, *Augusto*, 45. O caso de Adriano parado por uma mulher é narrado por Dião Cássio, 69, 6. A tradução da reação integral de Augusto ao "caso do penico que caiu", preservado numa inscrição, pode ser encontrada em Robert K. Sherk, *Rome and the Greek East to the Death of Augustus* (Cambridge UP, 1984), n. 103, enquanto os detalhes e o contexto de outros casos jurídicos são discutidos por Serena Connolly em *Lives behind the Laws: The World of the* Codex Hermogenianus (Indiana UP, 2010). As piadas de Augusto (e algumas de sua filha Júlia) foram reunidas por Macróbio (*c.* 400 d.C.) no segundo livro das *Saturnálias*. A sátira de Juliano tem por títulos *Os Césares, O banquete,* ou *Saturnália.* O discurso de Germânico, no original em grego e traduzido, encontra-se em James H. Oliver, *Greek Constitutions of Early Roman Emperors* (American Philosophical Society, 1989), n. 295 (embora falte na sua tradução a familiaridade doméstica de "vovó"). A estimativa razoável de 25 mil a 50 mil está em Michael Pfanner, "Über das Herstellen von Porträts", *Jahrbuch des Deutschen Archäologischen Instituts* 104 (1989) 157-257 (esp. 178-179). Esse tipo de confeitaria é discutido por George C. Boon, "A Roman Pastrycook's mould from Silchester", *Antiquaries' Journal* 38 (1958), 237-240. (Maria Letizia Gualandi e A. Pinelli, "Un trionfo per due", em *"Conosco un ottimo storico dell'arte..."*, editado por Maria Monica Donato e Massimo Ferretti [Edizioni della Normale, 2012], 11-20, duvida que esses objetos sejam realmente formas de confeitaria, mas não sugere nenhuma alternativa melhor.) O brinco preservado está em Karsten Dahmen, *Untersuchungen zu Form und Funktion kleinformatiger Porträts der römischen Kaiserzeit* (Scriptorium, 2001), n. Anhang 13, 18. "Projetos de vaidade" é o termo de Clifford Ando, *Imperial Rome*, 28. "Mesma peça, elenco diferente" (ligeiramente menos mordaz no original em grego) é a visão de Marco Aurélio em *Anotações para si mesmo*, incluindo também monarcas gregos anteriores no "elenco". O bispo cristão é Sinésio, que faz a piada em suas *Cartas*, 148, 16, traduzidas para o inglês como *The Letters of Synesius of Cyrene*, de A. Fitzgerald (Oxford UP, 1926).

Capítulo 1

O *Panegírico de Trajano* de Plínio é maravilhosamente esclarecido por Shadi Bartsch em *Actors in the Audience: Theatricality and Doublespeak from Nero to Hadrian* (Harvard UP, 1994), 148-187, e por ensaios em *Pliny's Praise: The* Panegyricus *in the Roman World*, editado por Paul Roche (Cambridge UP, 2011). A depreciação ("um desprezo quase universal") é o julgamento de F. R. D. Goodyear em *Cambridge History of Latin Literature*, editado por E. J. Kenney e W. V. Clausen (Cambridge UP, 1982), 660. Roy K. Gibson, com *Man of High Empire: The Life of Pliny the Younger* (Oxford UP, 2020), é a melhor visão moderna da carreira de Plínio. A ideia de o seu *Panegírico de Trajano* (e de *O que eu fiz* de Augusto) corresponder à descrição do cargo de imperador é também explorada por Michael Peachin, "Rome the Superpower: 96-235 CE", em *A Companion to the Roman Empire*, editado por David S. Potter (Blackwell, 2006), 126-152.

A história da ascensão do Império Romano, dos "prelúdios da autocracia", e da revolução acarretada por Júlio César, é explorada com muito mais detalhes em meu *SPQR: uma história da Roma antiga* (Crítica, 2017); Dentre os estudos sobre a carreira de César e a guerra civil que levou ao seu assassinato, pode-se começar por: *A Companion to Julius Caesar*, editado por Miriam Griffin (Blackwell, 2009); Greg Woolf, *Et Tu Brute: The Murder of Caesar and Political Assassination* (Profile, 2006); T. P. Wiseman, *Remembering the Roman People* (Oxford UP, 2009) (capítulo 10 sobre o assassinato); Barry Strauss, *A guerra que moldou o Império Romano: Antônio, Cleópatra e Otaviano em Ácio* (Crítica, 2024); e Josiah Osgood, *Caesar's Legacy: Civil War and the Emergence of the Roman Empire* (Cambridge UP, 2006).

Muito mais foi escrito sobre o "novo pacto" de Augusto. Uma boa e pequena introdução ao seu reinado está em Andrew Wallace-Hadrill, *Augustan Rome* (2ª ed., Bloomsbury, 2018). Diversas coletâneas de bons ensaios exploram os principais temas que discuto de diferentes ângulos: *Caesar Augustus: Seven Aspects*, editado por Fergus Millar e Erich Segal (Oxford UP, 1984); *The Cambridge Companion to the Age of Augustus*, editado por Karl Galinsky (Cambridge UP, 2005); *Augustus*, editado por Jonathan Edmondson (Edinburgh UP, 2009), reunindo alguns dos mais importantes ensaios sobre o período; e *The Alternative Augustan Age*, editado por Josiah Osgood et al. (Oxford UP, 2019), questionando a ênfase moderna na figura do próprio Augusto. A notável série de artigos de Fergus Millar sobre as políticas de Augusto foi republicada no primeiro volume de sua coletânea de ensaios, *Rome, the Greek World and the East: The Roman Republic and the Augustan Revolution*, editado por Hannah M. Cotton e Guy M. Rogers (University of North Carolina

Press, 2002). A noção crucial de *civitas* (ser "um de nós") é o tema de Andrew Wallace-Hadrill, "*Civilis Princeps*: Between Citizen and King", *Journal of Roman Studies* 72 (1982), 32-48.

Discussões sobre o debate encenado por Dião Cássio, entre Agripa e Mecenas, incluem: Millar, *A Study of Cassius Dio* (seção "Geral"), 102-18; J. W. Rich, "Dio on Augustus", em *History as Text: The Writing of Ancient History*, editado por Averil Cameron (Duckworth, 1989), 86-110; e Christopher Burden-Strevens, "The Agrippa-Maecenas Debate", em *Brill's Companion to Cassius Dio*, editado por Jesper Majbom Madsen e Andrew G. Scott (Brill, 2023), 371-405. A melhor introdução a todos os aspectos de *O que eu fiz* está em Alison E. Cooley, Res Gestae Divi Augusti: *Text, Translation and Commentary* (Cambridge UP, 2009). A ênfase de Augusto em monumentos urbanos é analisada por Jaś Elsner, "Inventing imperium", em *Art and Text in Roman Culture*, editado por Elsner (Cambridge UP, 1996), 32-53. Uma agora clássica análise do Templo de Marte, "o Vingador", e do "Fórum de Augusto", ao seu redor, se encontra no capítulo 10 de Paul Zanker, *The Power of Images in the Age of Augustus* (University of Michigan Press, 1988), livro que é um estudo de grande alcance do papel das artes visuais no início do governo de um homem só. O ensaio de Zanker, "By the Emperor, for the People", em *The Emperor and Rome: Space, Representation and Ritual*, editado por Björn C. Ewald e Carlos F. Noreña (Cambridge UP, Yale Classical Studies 35, 2010) 45-87, discute diferentes formas da "generosidade" imperial na construção. O programa das esculturas no Fórum de Augusto é o tema de Joseph Geiger, *The First Hall of Fame: A Study of the Statues of the Forum Augustum* (Brill, 2008).

Muito da história (tanto antiga quanto moderna) do governo de um homem só de Roma tem sido escrita em termos das relações entre o imperador e o Senado. O papel institucional do Senado sob os imperadores é o tema de Richard J. A. Talbert, em *The Senate of Imperial Rome* (Princeton UP, 1987). Uma discussão sofisticada das relações entre o imperador e os senadores pode ser encontrada em Keith Hopkins, *Death and Renewal* (Cambridge UP, 1983), 120-200 (capítulo escrito com Graham Burton), e em Matthew Roller, *Constructing Autocracy: Aristocrats and Emperors in Julio-Claudian Rome* (Princeton UP, 2001). Diferentes visões de como a ideia da República, e da "liberdade" republicana, foi mobilizada sob o governo de um homem só são apresentadas por Alain M. Gowing em *Empire and Memory: The Representation of the Roman Republic in Imperial Culture* (Cambridge UP, 2005), e Matthew Roller, "The Difference an Emperor Makes", *Classical Receptions Journal* 7 (2015), 11-30. S. P. Oakley, "*Res olim dissociabiles*: Emperors, Senators and Liberty", em *The Cambridge Companion to Tacitus*, editado por A. J. Woodman (Cambridge UP, 2010), 184-194, considera a visão de Tácito do imperador e do Senado. Sobre o humor e o riso como armas nesses impasses políticos, ver Aloys Winterling, *Caligula: A Biography* (University of California Press, 2011), 64-65, e meu *Laughter in Ancient Rome* (University of California Press, 2014), 1-8 (sobre Cômodo e os senadores no Coliseu, Dião Cássio 73, 18-21). Emily R. Wilson, *Seneca: A Life* (Penguin, 2016), é uma boa introdução à vida e à morte de Sêneca. O etos de um "cooperador" é bem captado em Gibson, *Man of High Empire* (supracitado).

Em adição às referências na relevante *Vida* de Suetônio ou da *História Augusta*, atentar para os seguintes pontos específicos. O relato de Plínio da erupção do Vesúvio é feito em duas cartas a Tácito, *Epístolas* 6, 16 e 20; o acidente do octogenário é descrito em *Epístolas* 2, 1. O comentário de Crasso sobre quem era considerado rico, bem como o destino de sua cabeça, é relatado por Plutarco, *Crasso* 2 e 33. A piada acerca das estrelas foi feita por Marco Túlio Cícero, relatada por Plutarco, *Júlio César* 59. Os detalhes da usura de Bruto também são fornecidos por Cícero, *Cartas a Ático*. A escolha do nome por Augusto é explicada por Dião Cássio 53, 16 (e também por Suetônio, *Augusto* 7). Macróbio, *As Saturnálias*, 1, 12 registra a mudança do nome "Quinctilis" em 44 a.C. (é incerto se foi antes ou depois do assassinato de César), e de "Sextilis" em 8 a.C. (também registrado por Suetônio, *Augusto* 31, e Dião Cássio 55, 6). A couraça preventiva de Augusto e pensamentos sobre abdicar (em parte por motivos de saúde) são mencionados por Dião Cássio Dio 54, 12 e 53, 30 (e também por Suetônio, *Augusto* 35 e 28). O que os soldados romanos realmente vestiam é discutido em *Wearing the Cloak: Dressing the Soldier in Roman Times*, editado por Marie-Louise Nosch (Oxbow, 2012). Mais do que os leitores poderiam precisar saber sobre a cerimônia do triunfo pode ser encontrado no meu livro *The Roman Triumph* (Harvard UP, 2007). Uma das tentativas mais plausíveis de pôr um preço no exército romano é o curto apêndice em Keith Hopkins, "Taxes and Trade in the Roman Empire (200 BC–AC 400)", *Journal of Roman Studies* 70 (1980), 101-125. Tácito descreve os velhos soldados banguelas e a mudança da votação em *Anais* 1, 34. O tamanho do salão de votação é discutido por Henrik Mouritsen em *Plebs and Politics* (Cambridge UP, 2001), 27-28; é quase certo que Suetônio se refere a gladiadores no local em *Augusto* 43 (apesar de dúvidas sobre a interpretação exata do original em latim). A erradicação por Augusto do financiamento da brigada de incêndio (com acusações de conspiração) é explicada – de um ponto de vista a favor de Augusto – por um historiador legalista escrevendo sob Tibério, Veleio Patérculo, *Compêndio da história romana*. A referência de Epiteto aos agentes infiltrados está em Arriano, *Manual de Epiteto* 4, 13 (baseado em Fergus Millar, "Epictetus and the Imperial Court", no segundo volume de sua coletânea de ensaios *Rome, the Greek World, and the East: Government, Society, and Culture in the Roman Empire*, editado por Hannah M. Cotton e Guy M. Rogers [University of North Carolina Press, 2004], 105-119). Tácito, *Anais*, 1, 74 descreve a interação de Tibério com o falso ingênuo senador. O discurso apregoando a volta da República depois do assassinato de Calígula (e o incidente do anel) é citado em Flávio Josefo, *Antiguidades Judaicas* 19, 166-85, discutido e contextualizado em T. P. Wiseman, *The Death of Caligula* (2ª ed., Liverpool UP, 2013).

Lugares para visitar: Há um novo museu perto do local da Batalha de Ácio (e da cidade de Nicópolis – "Cidade da Vitória" – lá fundada), perto de Preveza, na Grécia. O templo romano em Ancara, cujas paredes contêm o texto de *O que eu fiz*, atualmente não está aberto à visitação, mas é possível ter uma boa visão do lado de fora. Em Roma, a réplica do texto de Mussolini pode ser vista, de modo gratuito, preservada numa parede no subsolo do novo museu que abriga o "Altar da Paz" de Augusto, perto da Piazza Augusto Imperatore. O Templo de Marte, "o Vingador", as imediações do Fórum de Augusto e outros projetos imperiais próximos, inclusive a Coluna de Trajano e seus arredores, estão abertos ao público (apesar de também poderem ser vistos quase tão bem da avenida que agora passa no local, a Via dei Fori Imperiali). Algumas ruínas do salão de votação de Júlio César (*Saepta* em latim) podem ser vistas da rua do lado leste do Panteão.

Capítulo 2

As questões sobre sucessão e as origens cada vez mais diversificadas dos governantes romanos se integram na história do governo de um homem só e nos conflitos entre o imperador e o Senado. Qualquer biografia moderna de um imperador discute o planejamento da sucessão, e as biografias das mulheres mais importantes analisam seu papel no processo, para o bem ou para o mal – por exemplo, Anthony A. Barrett, com *Agrippina: Mother of Nero* (Batsford, 1996) e *Livia: First Lady of Imperial Rome* (Yale UP, 2002). O mausoléu dinástico de Augusto é um dos focos de Penelope J. E. Davies, *Death and the Emperor* (Cambridge UP, 2000), 13-19, 49-67. Os princípios e problemas de sucessão são discutidos em *The Julio-Claudian Succession: Reality and Perception of the "Augustan Mode"*, editado por A. G. G. Gibson (Brill, 2013), e são o tema principal em Olivier Hekster, *Emperors and Ancestors: Roman Rulers and the Constraints of Tradition* (Oxford UP, 2015), com um belo apanhado sobre a adoção fictícia de Septímio Severo, 205-217. John D. Grainger, com *The Roman Imperial Succession* (Pen and Sword, 2020), analisa as circunstâncias de cada sucessão, cronologicamente. O papel dos presságios e operadores de milagres na ascensão de Vespasiano já foi tema de muitas discussões detalhadas, inclusive por Albert Henrichs, com "Vespasian's Visit to Alexandria", em *Zeitschrift für Papyrologie und Epigraphik* 3 (1968), 51-80, e Trevor S. Luke, com "A Healing Touch for Empire: Vespasian's Wonders in Domitianic Rome", em *Greece and Rome* 57 (2010), 77-106. A característica bem diferente das adoções nos mundos romano e moderno (incluindo adoções imperiais até o século III d.C.) é discutida por Hugh Lindsay em *Adoption in the Roman World* (Cambridge UP, 2009). Barbara Levick, com *Claudius* (2ª ed., Routledge, 2015), 38-44, é uma das que compartilham minha opinião sobre como Cláudio foi inocente no golpe que o levou ao trono (com reflexões complementares de A. G. G. Gibson, "'All Things to All Men': Claudius and the Politics of AD 41", em *The Julio-Claudian Succession*,

107-132). As circunstâncias da adoção de Trajano por Nerva são explicadas por Julian Bennett em *Trajan Optimus Princeps* (2ª ed., Routledge, 2001), 42-52.

A destruição de estátuas do imperador anterior e a eliminação do seu nome são tema da segunda parte de Harriet I. Flower, *The Art of Forgetting: Disgrace and Oblivion in Roman Political Culture* (University of North Carolina Press, 2006). A carreira de Plínio sob Domiciano (e os diferentes pontos de vista de historiadores modernos) é discutida por Christopher Whitton em "Pliny's Progress: On a Troublesome Domitianic Career", *Chiron* 45 (2015), 1-22, e Gibson, *Man of High Empire* (seção "Capítulo 1"), 92-102, com o texto e a tradução do CV inscrito (agora principalmente conhecido só em uma cópia do manuscrito do século XV), 162-166. Plínio e Tácito são abordados em conjunto por Martin Szoke, "Condemning Domitian or Un-damning Themselves? Tacitus and Pliny on the Domitianic 'Reign of Terror'", *Illinois Classical Studies* 44 (2019), 430-452. O veredito de que Plínio teria feito carreira "sob qualquer regime despótico" é de Karl Strobel, com "Plinius und Domitian: Der willige Helfer eines Unrechtssystems?", em *Plinius der Jüngere und seine Zeit*, editado por Luigi Castagna e Eckard Lefèvre (K. G. Saur, 2003), 303-314. Plínio, *Epístolas* 4, 22 descreve o jantar festivo com Nerva. Diferentes interpretações da ocasião são apresentadas por William C. McDermott, "Pliny, *Epistulae* iv 22", em *Antichthon* 12 (1978), 78-82 (a ingenuidade de Nerva); Paul Roche, "The *Panegyricus* and the monuments of Rome", em "Pliny's Praise", editado por Roche (mencionado na seção "Capítulo 1") (o fracasso de Nerva em romper com o passado); e *The Roman Emperor and his Court*, editado por Kelly e Hug (mencionado na seção "Geral"), vol. II, n. 4.30 (tensões na corte de Nerva).

A maioria dos pontos específicos é acompanhada nas relevantes biografias de Suetônio ou da *História Augusta*. Para outras referências, note o seguinte. A história de Lívia e os figos é contada por Dião Cássio, 56, 30. Existem versões ligeiramente diferentes dos planos de Tibério para um governo em conjunto em Dião Cássio 58, 23, e em Suetônio, *Tibério* 76. Elagábalo usando as roupas de Caracala e o gracejo de "encontrar um pai" são mencionados por Dião Cássio 79, 30 e 77, 9. A famosa citação de Gibbon vem do capítulo 3 do primeiro volume de seu *Declínio e queda do Império Romano* (publicado em 1776), ecoando Nicolau Maquiavel em seu *Discorsi sopra la prima deca di Tito Livio* (publicado postumamente, em 1531; em português, *Discursos sobre a primeira década de Tito Lívio*). Vários exemplos de jogos sujos e ardilosos quando o poder mudava de mãos são registrados por Tácito, *Anais* 1, 5 (manipulação das notícias por Lívia), *Anais* 6, 50 (sufocamento de Tibério), e Dião Cássio 66, 71 (desmentido de boatos de jogo sujo na morte de Vespasiano). Dião fala de "moldar o rosto" em 74, 13. O filósofo itinerante debelando o motim foi Dião Crisóstomo ("Boca de Ouro"), e o incidente é descrito por Filóstrato em *Vidas dos sofistas* 488, do século III d.C..

Lugares para visitar: No momento em que escrevo, o mausoléu de Augusto em Roma, no meio da Piazza Augusto Imperatore, está fechado ao público, mas promete reabrir. A parte preservada do CV inscrito de Plínio ainda pode ser vista em Milão, na parede do átrio da igreja de Sant'Ambrogio (Piazza Sant'Ambrogio).

Capítulo 3

O "jantar negro" de Domiciano é imaginado por Dião Cássio 67, 9; o jantar como ensaio de um funeral é citado por Sêneca em *Cartas a Lucílio*. A relação entre jantares e morte é um dos temas de Catharine Edwards em *Death in Ancient Rome* (Yale UP, 2007), 161-178. Os jantares romanos em geral foram tema de muitos estudos recentes. Uma boa visão introdutória é a de Katherine M. B. Dunbabin e William J. Slater, "Roman Dining", em *The Oxford Handbook of Social Relations in the Roman World*, editado por Michael Peachin (Oxford UP, 2011), 438-466. Dunbabin, com *The Roman Banquet: Images of Conviviality* (Cambridge UP, 2003), foca as representações visuais. John H. D'Arms explora os aspectos espetaculares dos banquetes com "Performing Culture: Roman Spectacle and the Banquets of the Powerful", em *The Art of Ancient Spectacle*, editado por Bettina Bergmann e Christine Kondoleon (National Gallery of Art/Yale UP, 1999), 300-319, e a relação entre a realidade dos jantares e a imaginação em "The Culinary Reality of Roman Upper-Class *Convivia*: Integrating Texts and Images", *Comparative*

Studies in Society and History 46 (2004), 428-450. Exemplos de jantares sofisticados, além daqueles da família imperial, incluem as salas de jantar, classificadas de acordo com o valor do jantar ali servido, do figurão do século I a.C. Lúculo (Plutarco, *Lúculo* 41) e a sala aquática de jantar de Plínio (Plínio, *Epístolas* 5, 6). Imperadores em jantares são o tema específico de Justin Goddard, com "The Tyrant at Table", em *Reflections of Nero*, editado por Jaś Elsner e Jamie Masters (Duckworth, 1994), 67-82, Susanna Morton Braund, "The Solitary Feast: A Contradiction in Terms?", *Bulletin of the Institute of Classical Studies* 41 (1996), 37-52, e John F. Donahue, em *The Roman Community at Table During the Principate* (University of Michigan Press, 2017), 66-78. Verena Schulz, em *Deconstructing Imperial Representation: Tacitus, Cassius Dio, and Suetonius on Nero and Domitian* (Brill, 2019), 11-32, aborda diversos exemplos de jantares imperiais que discuto neste capítulo.

As mais recentes suposições sobre o local da sala de jantar giratória de Nero (Suetônio, *Nero* 31) são brevemente discutidas (em francês, mas com grandes planos e fotos panorâmicas) por Françoise Villedieu no periódico on-line *Neronia Electronica* 1 (2011): http://www.sien--neron.fr/wp-content/uploads/2011/11/Neronia-Electronica-F.1.pdf. Um apanhado sucinto da sala de jantar das chamadas "Termas de Lívia" pode ser encontrado em Thorsten Opper, *Nero: The Man behind the Myth* (British Museum Press, 2021), 219-222; e com mais detalhes, em italiano, em *Aureo Filo: La Prima Reggia de Nerone sul Palatino*, editado por Stefano Borghini et al. (Electa, 2019) (p. 13 fala sobre o papel do duque de Beaufort, e o destino de seus mármores em geral é explorado por Lucy Abel Smith, com "The Duke of Beaufort's Marble Room", em *Burlington Magazine* 138, n. 1114 [janeiro de 1996], 25-30). O poema de Estácio é *Silvae* 4, 2 (*Silvae* significa literalmente "bosques" ou "floresta"; talvez para nós "versos naturais", ou quase "uma grinalda de flores"). É discutido por Carole Newlands em *Statius'* Silvae *and the Poetics of Empire* (Cambridge UP, 2002), 260-83, por K. M. Coleman em *Statius* Silvae *IV* (Oxford UP, 1988), 8-13, 82-101 (um estudo linguístico mais técnico), e por Martha Malamud, "A Spectacular Feast: *Silvae* 4. 2", *Arethusa* 40 (2007), 223-244. A arquitetura da sala de jantar que muito provavelmente foi o local do jantar de Domiciano, ou parte dela, é reconstruída por Sheila Gibson et al. em "The Triclinium of the Domus Flavia: A New Reconstruction", *Papers of the British School at Rome* 62 (1994), 67-100. Outros locais de jantares são discutidos por Deborah N. Carlson, com "Caligula's Floating Palaces", em *Archaeology* 55 (2002) (as barcaças de divertimento), e (sobre a Vila de Adriano) por Eugenia Salza Prina Ricotti, "The Importance of Water in Roman Garden Triclinia", em *Ancient Roman Villa Gardens*, editado por Elisabeth Blair MacDougall (Dumbarton Oaks, 1987), esp. 174-181, William L. MacDonald e John A. Pinto, *Hadrian's Villa and Its Legacy* (Yale UP, 1995), 102-116, e *The Roman Emperor and his Court*, editado por Kelly e Hug (na seção "Geral"), vol. II, n. 2.21. O "ninho" de Calígula é descrito por Plínio em sua *História natural*, e o restaurante flutuante de Nero (onde o público foi esmagado na confusão) por Dião Cássio 62, 15 (e de forma bem diferente por Tácito, *Anais* 15, 37). O poema de Estácio sobre o piquenique no Coliseu é *Silvae* 1, 6, discutido por Martha Malamud, "That's Entertainment! Dining with Domitian in Statius' *Silvae*", em *Ramus* 30 (2001), 23-45, e Newlands, *Statius' Silvae*, 227-259. *Petronius: A Handbook*, editado por Jonathan Prag e Ian Repath (Blackwell, 2009), apresenta uma boa introdução ao banquete de Trimalquião e seu contexto literário. A extravagância dos jantares romanos como representados na literatura (inclusive o "Escudo de Minerva") é sutilmente dissecada por Emily Gowers em *The Loaded Table: Representations of Food in Roman Literature* (Oxford UP, 1996). O debulhador de ervilhas de Trimalquião aparece em Petrônio, *Satyricon* 28.

Os comediantes e animadores dos banquetes imperiais são discutidos em meu *Laughter in Ancient Rome* (mencionado na seção "Capítulo 1"), 142-145. A profissão de cozinheiro, no palácio e em outros lugares, é o tema de M.-A. Le Guennec, "Être cuisinier dans l'Occident romain antique", em *Archeologia Classica* 70 (2019), 295-327. As tumbas individuais são difíceis de identificar e as discussões a respeito, em geral, não estão em inglês. Todas estão listadas e discutidas brevemente por Konrad Vössing, *Mensa Regia* (K. G. Saur, 2004), 509-529 (em alemão). O texto do memorial de Primitivo está publicado em *Corpus Inscriptionum Latinarum* (seção "Geral") VI, 7458 e 8750; o de Herodiano no mesmo *Corpus* VI, 9005. Zózimo e os provadores de comida são discutidos por Leonhard Schumacher, "Der Grabstein des Ti Claudius Zosimus", em

Epigraphische Studien 11 (1976), 131-141. O vislumbre de Plutarco nas cozinhas de Alexandria está em sua *Vida de Antônio*, 28. Brian K. Harvey, *Roman Lives: Ancient Roman Life as Illustrated by Latin Inscriptions* (Focus, 2004), ns. 74 e 76, nos apresenta textos e traduções de dois outros epitáfios dos empregados da cozinha imperial.

Uma versão das relações de poder na sala de jantar é ilustrada pela organização na Vila de Antonino Pio em Anagni, brevemente discutida por Elizabeth Fentress et al., "Wine, Slaves and the Emperor at Villa Magna", em *Expedition* 53 (2011), 13-20 (disponível on-line: https://www.penn.museum/documents/publications/expedition/PDFs/53-2/fentress.pdf), e com mais detalhes por Fentress e Marco Maiuro, "Villa Magna near Anagni: The Emperor, his Winery and the Wine of Signia", *Journal of Roman Archaeology* 24 (2011), 333-369. Emlyn Dodd et al., "The spectacle of production: a Roman imperial winery at the Villa of the Quintilli, Rome", *Antiquity* 97 (2023), 436-453, discute uma semelhante organização de jantares. Suetônio, *Augusto* 74, comenta as barreiras sociais nos jantares imperiais. A exibição de deformidades (inclusive de anões em bandejas) é o tema de Lisa Trentin, "Deformity in the Roman Imperial Court", *Greece and Rome* 58 (2011), 195-208. A história de Védio Pólio é contada por Sêneca em *Sobre a ira*, 3, 40 e por Dião Cássio 54, 23; a da morte de Britânico, por Tácito, em *Anais* 13, 15-17. Discuto o abuso da risada, inclusive diversas histórias referidas aqui, em meu *Laughter in Ancient Rome* (seção "Capítulo 1"), 129-135. Os salões de jantar em Sperlonga, Baias e em outros lugares são o tema de Sorcha Carey, "A Tradition of Adventures in the Imperial Grotto", *Greece and Rome* 49 (2002), 44-61, e Michael Squire, "Giant Questions: Dining with Polyphemus at Sperlonga and Baiae", *Apollo* 158, n. 497 (2003), 29-37. Tácito conta a história do desabamento da caverna (*Anais* 4, 59) e da última noite de Agripina (*Anais* 14, 4-9); Lawrence Keppie é um dos que ligam a história do salão de jantar em Baias ao local da sua última refeição, em "'Guess who's Coming to Dinner?': The Murder of Nero's Mother in its Topographical Setting", *Greece and Rome* 58 (2011), 33-47.

Sobre outros pontos específicos do uso e abuso de jantares, além das referências facilmente encontradas nas antigas e relevantes biografias, note o seguinte. Os guardanapos de Adriano são mencionados na biografia de *Alexandre Severo* 3, na *História Augusta*. Os batedores de carteira se aproveitando dos que assistiam ao jantar do rei em Versalhes são mencionados em *Visitors to Versailles: From Louis XIV to the French Revolution*, editado por Daniëlle Kisluk-Grosheide e Bertrand Rondot (Metropolitan Museum of Art, Catálogo de Exposição, 2018), 21-22. O relato sobre Cícero ter recebido César está em suas *Cartas a Ático* 13, 52. O lobby de Herodes durante o jantar é descrito por Josefo em *Antiguidades judaicas* 18, 289-297. Dião Cássio 57, 11, se refere à rotina de recepção de Tibério (as despedidas estão em Suetônio, *Tibério* 72). O bom humor de Cláudio é mencionado por Plutarco, *Galba* 12, bem como por Suetônio, *Cláudio* 32; adultérios durante o jantar, por Sêneca em seu ensaio *Sobre a constância do sábio*, e também por Suetônio, *Calígula* 36 (similarmente em *Augusto* 69).

Lugares para visitar: Os vestígios do salão de jantar imperial do Palatino em Roma estão abertos ao público (enquanto escrevo, as "Termas de Lívia" mais uma vez estão fechadas, mas devem abrir no devido tempo – e parte da decoração está em exibição no Museu Palatino ali perto). O quadro da "Sala dos Jardins de Lívia", usado para jantares, está agora à mostra no Museu do Palazzo Massimo, perto da estação central de Roma. Na Itália, é possível conhecer diversas áreas de refeições na Vila de Adriano em Tivoli, assim como a gruta de Sperlonga (com um museu em anexo) e uma reconstrução da área de jantar aquática de Cláudio no Museu Arqueológico dos Campos Flégreos (em Baias). O que restou das barcaças de Calígula está no Museu dos Navios Romanos em Nemi (embora os mais esplêndidos acessórios estejam no Museu do Palazzo Massimo). Há muito mais salões de jantar – mais modestos, porém ainda assim impressionantes – a serem vistos nas casas de Pompeu e Herculano. Entre as inscrições, pode-se ver uma dos memoriais a Zózimo em exposição na Galeria Uffizi em Florença; o outro está na Alemanha no Museu do Estado (Landesmuseum) em Mainz.

Capítulo 4

A descrição por Fílon de seu encontro com Calígula está em seu *Embaixada a Caio* (*Legatio*). A ocasião (e o contexto da contenda alexandrina) é discutida por Erich S. Gruen em *Diaspora: Jews amidst Greeks and Romans* (Harvard UP, 2002), 54-83. Panayiotis Christoforou destrincha as visões de Fílon sobre "o cargo de imperador" neste texto em "'An Indication of Truly Imperial Manners': The Roman Emperor in Philo's Legatio ad Gaium", *Historia* 70 (2021), 83-115. Uma útil introdução a jardins romanos de todos os tipos, inclusive os *horti* imperiais, está em Katharine T. von Stackelberg, *The Roman Garden: Space, Sense and Society* (Routledge, 2009), com discussões sobre Calígula e os *horti Lamiani*, 134-140. Kim J. Hartswick, em *The Gardens of Sallust: A Changing Landscape* (University of Texas Press, 2004), proporciona uma excelente ideia das obras de arte que decoravam estes *horti*. Amanda Claridge, em *Rome: An Oxford Archaeological Guide* (2ª ed., Oxford UP, 2010), 330-333, apresenta uma esclarecedora discussão sobre o "Auditório de Mecenas", assim como é um guia confiável para todas as residências imperiais na cidade de Roma.

A história (e pré-história) do Palatino augustano e das residências imperiais é o tema de T. P. Wiseman, *The House of Augustus: A Historical Detective Story* (Princeton UP, 2019), com detalhes adicionais em "Access for Augustus: 'The House of Livia' and the Palatine passages", *Journal of Roman Studies* 112 (2022), 57-77. Na minha opinião, a despeito de muitas outras teorias, Wiseman demonstrou de forma conclusiva que o que hoje conhecemos como "A Casa de Augusto" e "Casa de Lívia" não correspondem aos nomes com que são chamados. A afirmação de Cícero de ver (e de ser visto pela) a cidade de sua casa no Palatino é do seu discurso *Sobre sua casa* 100. A descrição de Josefo do assassinato de Calígula e seu contexto no Palatino provém de suas *Antiguidades judaicas*, 19, 1-273, traduzido para o inglês por Wiseman em *Death of Caligula* (seção "Capítulo 1"). A descrição do layout do primeiro palácio está em 117 (estou usando aqui a tradução de Wiseman). Ele leva a história do Palatino até o século III d.C. em "The Palatine, from Evander to Elagabalus", *Journal of Roman Studies* 103 (2013), 234-268.

Os empreendimentos de Nero no Palatino são discutidos em *Aureo Filo* (seção "Capítulo 3"). As principais discussões da Antiguidade sobre a Casa Dourada são Suetônio, *Nero* 31 (incluindo a piada sobre "morar como um ser humano", com versos citados em 39), Tácito, *Anais* 15, 42, e Dião Cássio 64, 4 (a zombaria de Vitélio). Há boas discussões a respeito do que resta e de como poderia ser reconstruído (com referência a novos estudos técnicos arqueológicos) em Opper, *Nero* (seção "Capítulo 3"), 228-241, com as primeiras edificações no Palatino, 216-228; Edward Champlin, *Nero* (Harvard UP, 2003), 178-209, e Anthony A. Barrett, *Rome is Burning: Nero and the Fire that Ended a Dynasty* (Princeton UP, 2020), 175-222. A inovação arquitetônica é o tema de Larry F. Ball em *The Domus Aurea and the Roman Architectural Revolution* (Cambridge UP, 2003). Maren Elisabeth Schwab e Anthony Grafton, *The Art of Discovery: Digging into the Past in Renaissance Europe* (Princeton UP, 2022), 190-225, é uma excelente discussão recente dos encontros entre artistas da Renascença e a Casa Dourada. O poeta Marcial, em seu *Sobre os espetáculos* 2, se refere a Roma sendo restaurada a si mesma.

Marcial, em *Epigramas* 8, 36, exagera o esplendor dos novos empreendimentos, comparando-os às pirâmides. As complexidades do principal palácio do Palatino são apresentadas com clareza por Jens Pflug e Ulrike Wulf-Rheidt em *The Roman Emperor and his Court*, editado por Kelly e Hug (seção "Geral"), vol. I, 204-238, com material adicional de Paul Zanker, "Domitian's Palace on the Palatine and the Imperial Image", em *Representations of Empire: Rome and the Mediterranean World*, editado por Alan Bowman et al. (*Proceedings of the British Academy* 114, Oxford UP, 2002), 105-130 (inclusive a observação de que a rota sinuosa na *salutatio* ressaltava o esplendor do palácio), e Wulf-Rheidt, "The Palace of the Roman Emperors on the Palatine in Rome", em *The Emperor's House: Palaces from Augustus to the Age of Absolutism*, editado por Michael Featherstone et al. (Walter de Gruyter, 2015), 3-18. O contexto dos vestígios do palácio em meio a construções anteriores é ilustrado por Maria Antonietta Tomei, *The Palatine* (Electa, 1998). A complexidade do palácio japonês é descrita por Duindam, *Dynasties* (seção "Geral"), 185. A ideia de um jardim-estádio é evocada em Plínio, *Epístolas* 5, 6. Muito dos acontecimentos na história do palácio do Palatino, e seus aspectos específicos, tem como referência biografias antigas. No entanto, observe também o seguinte. Dião Cássio 68, 5, cita Plotina falando dos degraus; e Aulo Gélio, em *Noites áticas*, rememora o papo intelectual enquanto esperava a *salutatio* do imperador. A extensão do incêndio de 192 é discutida por Dião Cássio 73, 24. Herodiano fala da divisão do palácio entre Caracala e Geta (*História* 4, 1) e do assassinato (*História* 4, 4).

Em sua *História natural*, Plínio, o Velho, discute várias obras de arte no Palatino e em outros palácios: por exemplo, a Laocoonte (36, 37), a pintura de Tibério (35, 69) e a escultura cujo retorno ao público foi exigido (34, 61-62). A cabra de Augusto é o tema de um poema na *Antologia Grega* 9, 224 (disponível na Loeb Classical Library e alhures). Josefo, *Guerra dos judeus*, refere-se a tesouros específicos do Templo indo parar no palácio. A cultura de camafeus é discutida por R. R. R. Smith, "*Maiestas Serena*: Roman Court Cameos and Early Imperial Poetry and Panegyric", em *Journal of Roman Studies* 111 (2021), 75-152. O "primeiro museu paleontológico do mundo" são as palavras de Adrienne Mayor, *The First Fossil Hunters* (ed. revisada, Princeton UP, 2011), 143 (mais discussões gerais sobre coleções imperiais e outras, 142-154). A relíquia "Javali de Cálidon" e os "guardiões das maravilhas" são mencionados por Pausânias em *Descrição da Grécia* 8, 46. Flégon de Trales, *Livro das Maravilhas* 34, conta a história do centauro; tradução e discussão por William Hansen, *Phlegon of Tralles' Book of Marvels* (University of Exeter Press, 1996). Steven Rutledge, *Ancient Rome as a Museum: Power, Identity, and the Culture of Collecting* (Oxford UP, 2012), explora a relação entre coleção e poder em Roma. O grafite da crucificação é brevemente discutido por Mary Beard et al. em *Religions of Rome* (Cambridge UP, 1998), vol. II, n. 2.10b; todos os grafites estão publicados (com o contexto arqueológico) em Heikki Solin e Marja Itkonen-Kaila, *Graffiti del Palatino, I Paedogogium* (Instituto Finlandês de Roma, 1966) (em italiano). Há estudos mais recentes sobre a construção, o significado da sátira e a presença de cristãos nos alojamentos do imperador em Harley-McGowan, "The Alexamenos Graffito", em *The Reception of Jesus in the First Three Centuries*, editado por Chris Keith et al. (T&T Clark, 2019), Vol. 3, 105-140; Peter Keegan, "Reading the 'Pages' of the *Domus Caesaris*", em *Roman Slavery and Roman Material Culture*, editado por Michele George (University of Toronto Press, 2013), 69-98;

e Michael Flexsenhar III, *Christians in Caesar's Household: The Emperor's Slaves in the Makings of Christianity* (Penn State UP, 2019).

Vilas imperiais fora da cidade são abordadas por Michele George em *The Roman Emperor and his Court*, editado por Kelly e Hug (seção "Geral"), vol. I, 239-266. Estudos de propriedades específicas incluem: *Villa Magna: An Imperial Estate and its Legacies*, editado por Elizabeth Fentress et al. (British School at Rome, Oxbow Books, 2017); Federico Di Matteo, *Villa di Nerone a Subiaco* (L'Erma di Bretschneider, 2005); Clemens Krause, *Villa Jovis: Die Residenz des Tiberius auf Capri* (Philipp von Zabern, 2003); *La villa dei Quintili*, editado por Andreina Ricci (Lithos, 1998); R. Paris, *Via Appia: La villa dei Quintili* (Electa, 2000); e Robin Darwall-Smith, "Albanum and the Villas of Domitian", *Pallas* 40 (1994), 145-165. O estilo de vida de Marco Aurélio no campo é evocado em uma carta ao seu tutor, Fronto, em *Cartas a Marco*, 4, 6, também incluída em Caillan Davenport e Jennifer Manley, *Fronto: Selected Letters* (Bloomsbury, 2014) n. 6; a visita à Vila de Trajano é descrita em Plínio, *Epístolas* 6, 31. O documento da casa em Albano (referente à disputa entre Falério e Fermo, p. 229) está traduzido em Robert K. Sherk, *The Roman Empire from Augustus to Hadrian* (Cambridge UP, 1988), n. 96; a carta de Tíbur está reproduzida em grego por Oliver, *Greek Constitutions* (seção "Prólogo"), n. 74 *bis* (fragmentada demais para traduzir).

O melhor apanhado geral da Vila de Adriano em inglês, incluindo o envolvimento de artistas posteriores, é MacDonald e Pinto, *Hadrian's Villa* (seção "Capítulo 3"); e, mais brevemente, Thorsten Opper, *Hadrian: Empire and Conflict* (British Museum Press, 2008), 130-165. Em italiano, o trabalho de Eugenia Salza Prina Ricotti tem sido influente, incluindo *Villa Adriana: Il sogno di un imperatore* (L'Erma di Bretschneider, 2001). A estética da exposição de esculturas é explorada por Thea Ravasi, "Displaying Sculpture in Rome", em *A Companion to Ancient Aesthetics*, editado por Pierre Destrée e Penelope Murray (Blackwell, 2015), 248-260. Em "The Antinoeion of Hadrian's Villa: Interpretation and Architectural Reconstruction", *American Journal of Archaeology* 111 (2007), 83-104, Zaccaria Mari e Sergio Sgalambro apresentam as novas descobertas no sítio e argumentam (de forma não inteiramente convincente) que são a tumba de Antínoo. Algumas escavações em outros locais são discutidas em Wilhelmina F. Jashemski e Salza Prina Ricotti, "Preliminary Excavations in the Gardens of Hadrian's Villa", *American Journal of Archaeology* 96 (1992), 579-597. Os túneis subterrâneos são o tema de Marina De Franceschini, "Villa Adriana (Tivoli, Rome). Subterranean Corridors", *Archeologia Sotterranea* 2012 (periódico on-line: www.sotterraneidiroma.it/rivista-online). Gemma C. M. Jansen, "Social Distinctions and Issues of Privacy in the Toilets of Hadrian's Villa", *Journal of Roman Archaeology* 16 (2003), 137-152, é uma análise inteligente dos lavatórios. O único texto literário usado para identificar as diferentes áreas é *História Augusta, Adriano* 26.

Lugares para visitar: As principais residências do imperador em Roma são abertas a visitantes, do próprio Palatino (embora atualmente não os níveis neronianos) à Casa Dourada. Para uma visão dos *horti*, o "Auditório de Mecenas" está aberto (recomendam-se reservas em adiantado), assim como o novo museu dos *horti Lamiani* ("Museo Ninfeo"). Boa parte do luxuoso material dos "jardins" imperiais está em exibição no Museu do Capitólio (e uma boa quantidade de esculturas encontra-se no Museu Ny Carlsberg de Copenhague). O grafite da crucificação costuma ficar exposto no Museu do Palatino. Fora de Roma, além das salas de jantar (seção "Capítulo 3"), a Vila de Adriano em Tivoli é de fácil acesso (apesar de o lugar ser muito grande), mas também é possível explorar a Vila de Nero em Ânzio, a Vila dos Quintílios nos arredores da cidade (entre Roma e o aeroporto de Ciampino) a Vila de Trajano no Arcinazzo Romano e partes da Vila de Nero em Subiaco. Algumas seções da Vila de Domiciano podem ser vistas nos jardins do Castel Gandolfo (há diversas opções de turnês pelo Museu do Vaticano). Os remanescentes da Vila de Tibério são um dos pontos altos da atual Capri.

Capítulo 5

O poema sobre o pai de Cláudio Etrusco é Estácio, *Silvae* 3, 3; sua carreira no palácio é discutida por P. R. C. Weaver, "The Father of Claudius Etruscus: Statius, *Silvae* 3, 3", *Classical Quarterly* 15 (1965), 145-154. Estudos recentes da cultura da corte romana são mencionados na seção

"Prólogo". Além das referências às idiossincrasias da corte encontradas facilmente em biografias antigas relevantes (ou em Marco Aurélio, *Anotações para si mesmo*), observe o seguinte. As trupes de crianças são mencionadas em Dião Cássio 48, 44. A presença do jovem Tito na morte de Britânico é registrada por Suetônio, *Tito* 2. A comparação entre cortesãos mais velhos e crianças fica implícita em Arriano, *Manual de Epiteto*, 4, 7. Tácito, *Anais* 15, 23, fala da exclusão de Trásea Peto, e um dos ensaios de Plutarco (*Sobre a loquacidade* 11) reconta a história do suicídio de Fúlvio. A proibição de beijos por causa do surto de herpes é reconstituída de Plínio, *História natural* 26, 3, e Suetônio, *Tibério* 34. Sêneca, *Sobre benefícios* 2, 12, menciona os beijos nos pés de Calígula. A bajulação praticada pelo velho Vitélio é descrita na biografia de Suetônio do filho dele, *Vitélio* 2. A sátira sobre o robalo está em Juvenal, *Sátiras* 4, bem introduzida por Christopher S. van den Berg, "Imperial Satire and Rhetoric", em *A Companion to Persius and Juvenal*, editado por Susanna Braund e Josiah Osgood (Blackwell, 2012), esp. 279-281, com a agora clássica análise de Gowers, *The Loaded Table* (seção "Capítulo 3"), 202-211. O significado de "vender fumaça" é dissecado por Jerzy Linderski, "*Fumum vendere* and *fumo necare*", *Glotta* 65 (1987), 137-146.

O escravo, e ex-escravo, imperial doméstico é o tema de P. R. C Weaver, *Familia Caesaris: A Social Study of the Emperor's Freedmen and Slaves* (Cambridge UP, 1972), Rose MacLean, *Freed Slaves and Roman Imperial Culture: Social Integration and the Transformation of Values* (Cambridge UP, 2018), 104-130 (focado em ex-escravos), e um valioso ensaio de Jonathan Edmondson em *The Roman Emperor and his Court*, editado por Kelly e Hug (seção "Geral"), vol. I, 168-203. Os grafites dos escravos no Palatino são discutidos em Solin e Itkonen-Kaila, *Graffiti del Palatino* (seção "Capítulo 4"). O médico de Tito aparece em Alison E. Cooley e M. G. L. Cooley, *Pompeii and Herculaneum: A Sourcebook* (2ª ed., Routledge, 2014), 110; Garrett G. Fagan, "Bathing for Health with Celsus and Pliny the Elder", *Classical Quarterly* 56 (2006), 190-207, é, estranhamente, um desmancha-prazeres. Susan Treggiari discute os empregados de Lívia em "Jobs in the Household of Livia", *Papers of the British School at Rome* 43 (1975), 48-77. Musicus Scurranus é, de modo breve, discutido por Keith Bradley em *Slavery and Society at Rome* (Cambridge UP, 1994), 2-3; o epitáfio está traduzido em Harvey,

Roman Lives (seção "Capítulo 3"), n. 68 (juntamente com uma seleção de outros textos sobre escravos imperiais, inclusive o guardião das "roupas íntimas" de Trajano, n. 77). A inscrição detalhando a carreira do provador está traduzida em Harvey, *Roman Lives* n. 74, e em *The Roman Emperor and his Court*, editado por Kelly e Hug, vol. II, n. 5.11; o epitáfio de Coeto Herodiano é mencionado na seção "Capítulo 3". Fedro, *Fábulas* 2, 5, conta a história de Tibério e o escravo, discutida por John Henderson em *Telling Tales on Caesar: Roman Stories from Phaedrus* (Oxford UP, 2001), 9-31. Em *Anais* 15, 35 e 16, 8, Tácito se refere a casos contra os que tinham secretariados no "estilo imperial".

A ideia de libertos poderosos é abordada por Henrik Mouritsen em *The Freedman in the Roman World* (Cambridge UP, 2011), 66-119, e por P. R. C. Weaver, "Social Mobility in the Early Roman Empire: The Evidence of the Imperial Freedmen and Slaves", em *Studies in Ancient Society*, editado por M. I. Finley (Routledge, 1974), 121-140. A história de Epiteto sobre o sapateiro pode ser encontrada em Arriano, *Manual de Epiteto* 1, 19. A carreira de Palas é discutida por MacLean, *Freed Slaves*, 107-111, e a reação de Plínio por McNamara, "Pliny, Tacitus and the Monuments of Pallas", em *Classical Quarterly* 71 (2021), 308-329 (em cuja tradução da carta eu me baseei). Suas propriedades fundiárias estão documentadas em um papiro atualmente em Londres (*P.Lond* II, 195 recto): https://www.bl.uk/manuscripts/FullDisplay.aspx?ref=Papyrus_195(A-B.) A estatueta de Palas no relicário é mencionada por Suetônio, *Vitélio* 2. Fílon ataca Hélico em diversos pontos em *Embaixada a Caio*, 168-206; o caso contra Cleandro é resumido por A. R. Birley em *Cambridge Ancient History* vol. 11 (2ª ed. Cambridge UP, 2000), 189-190. A recusa de Horácio ao trabalho como secretário de Augusto é mencionada em Suetônio, *Horácio* (uma série paralela de vidas literárias). Para o retrato de Trimalquião, ver seção "Capítulo 3". A descrição de Tácito da missão do liberto de Nero (Policlito) está em *Anais* 14, 39. Plínio, *Epístolas* 10, 63 e 67, mostra-o servindo a um liberto imperial.

As representações da (e fantasias sobre a) vida erótica dos imperadores são bem discutidas por Caroline Vout, *Power and Eroticism in Imperial Rome* (Cambridge UP, 2007) (incluindo discussões sobre Antínoo, Esporo, Eárino e Panteia), com Anise K. Strong, *Prostitutes and Matrons in the Roman World* (Cambridge UP, 2016), 80-96. Além de passagens sobre parceiros e façanhas sexuais sexual nas relevantes biografias antigas, observe o seguinte. A piada de Juliano sobre Trajano é contada em *Os Césares*, 311c, o poema de Estácio sobre Eárino está em *Silvae* 3, 4, a riqueza de Caenis é mencionada por Dião Cássio, *História de Roma* 65, 14 (sua lápide é ilustrada em *The Roman Emperor and his Court*, editado por Kelly e Hug, vol. II, n. 3.50, seção "Geral").

    O papel das esposas e de parentes mulheres do imperador é parte importante de quase todas as discussões modernas sobre as políticas da corte e história imperial, e biografias de imperatrizes se tornaram uma pequena indústria editorial (algumas das minhas favoritas são citadas na seção "Geral"). Uma análise recente e esclarecedora sobre mulheres imperiais ao longo dos três primeiros séculos do governo de um homem só é de Mary T. Boatwright, *Imperial Women of Rome: Power, Gender, Context* (Oxford UP, 2021). Estudos notáveis e não estritamente biográficos são (sobre Lívia) Nicholas Purcell, "Livia and the Womanhood of Rome", *Proceedings of the Cambridge Philological Society* 32 (1986), 78-105, e (sobre Agripina, a Jovem) Judith Ginsburg, *Representing Agrippina: Constructions of Female Power in the Early Roman Empire* (Oxford UP, 2006). Para referências específicas, além das facilmente encontráveis em Suetônio ou na *História Augusta*, anotem o seguinte. A afirmação ostensiva de Lívia ter sido responsável pela sucessão de Tibério está registrada em Dião Cássio 57, 3. Tácito, *Anais* 13, 5, explica que foi Sêneca quem instou Nero a descer da plataforma para encontrar Agripina. Dião Cássio 78, 18, fala de Júlia Domna assumindo o controle da correspondência de Caracala. O ato de Júlia fazendo sexo nos *rostra* é criticado por, entre outros, Sêneca, *Sobre os benefícios* 6, 32, e a competição de Messalina com a prostituta, por Plínio, *História natural* 10, 172. Levick, *Faustina I and II* (seção "Geral"), 79-80, desfaz a história de Faustina e o gladiador e as teorias decorrentes. Dião Cássio 58, 2, observa que alguém chamou Lívia de "Mãe da sua Pátria" (uma versão ligeiramente diferente é dada por Tácito, *Anais* 1, 14). A carta de Plotina a Adriano é discutida em detalhes (com tradução) por Riet van Bremen, "Plotina to all her Friends: The Letter(s) of the Empress Plotina to the Epicureans in Athens", *Chiron* 35 (2005), 499-532; a intervenção de Lívia em favor dos samosianos por Joyce Reynolds, *Aphrodisias and Rome* (Society for the Promotion of Roman Studies, 1982), n. 13 (104-106); o discurso de Adriano sobre Matídia é discutido (com tradução) por Christopher P. Jones, "A Speech of the Emperor Hadrian", *Classical Quarterly* 54 (2004), 266-273 (Jones sugere que o discurso foi feito na sua deificação formal, não no funeral). Tácito se refere à reprovação da influência de Lívia em *Anais* 3, 17. A inscrição é o tema de Alison E. Cooley em *The Senatus Consultum de Pisone Patre: Text, Translation. And Commentary* (Cambridge UP, 2023). Suetônio, *Cláudio* 36, talvez seja menos enfeitado que a versão moderna preferida que venho usando (literalmente, ele não fez "nada além de perguntar se seu trono estava seguro"). A piada de Júlia sobre adultério é citada por Macróbio, *As Saturnálias* 2, 5. Traduções de algumas inscrições que citei, ou partes delas, estão incluídas em *The Roman Emperor and his Court*, editado por Kelly e Hug (seção "Geral"), vol. II, n. 3.27 (Lívia e os samosianos), 3.29 (Lívia influenciando o julgamento), 3.32 (Plotina e os efésios), 3.34 (Júlia Domna e os efésios).

O ensaio mordaz na voz de Septímio Severo é de Keith Hopkins, "How to be a Roman Emperor: An Autobiography", em *Sociological Studies in Roman History*, editado por Christopher Kelly (Cambridge UP, 2018), 534-548. *The Cambridge Companion to Galen*, editado por R. J. Hankinson (Cambridge UP, 2008), e Susan P. Mattern, *The Prince of Medicine: Galen in the Roman Empire* (Oxford UP, 2013) são boas introduções a Galeno e sua obra. Claire Bubb, *Dissection in Classical Antiquity* (Cambridge UP, 2022) é um bom guia sobre o lugar de Galeno na história da dissecação (citando material não disponível nas traduções padrão). *Sobre a prevenção do sofrimento*, encontrado por Antoine Pietrobelli, foi traduzido para o inglês como *Galen: Psychological Writings*, editado por P. N. Singer (Cambridge UP, 2013), e é bem discutido em *Galen's Treatise* Peri Alupias (De indolentia) *in Context: A Tale of Resilience*, editado por Caroline Petit (Brill, 2019), uma coletânea que inclui o ensaio de Matthew Nicholls sobre as opiniões de Galeno a respeito de Cômodo, 245-262. Traduções e discussões sobre as consultas imperiais de Galeno podem ser encontradas em Mattern, *The Prince of Medicine*, 200-201 (as amígdalas de Cômodo), 205-207 (Marco Aurélio e o mingau), e 207-212 (teriaga).

A redescoberta de Fronto e seu relacionamento com a família imperial são apresentados com clareza por Davenport e Manley, *Fronto* (seção "Capítulo 4"), que traduzem uma informativa série de cartas:

por exemplo, ns. 20 e 21 (doença), 24 (rabugice), 26 (doença) = *Cartas a Marco* 5, 55; 5, 23; 4, 12; 5, 25, seguindo o mais recente padrão de numeração. A preocupação com doença na correspondência é o tema de Annelise Freisenbruch, "Back to Fronto: Doctor and Patient in his Correspondence with an Emperor", em *Ancient Letters: Classical and Late Antique Epistolography*, editado por Ruth Morello e A. D. Morrison (Oxford UP, 2007), 235-256. Minhas curtas citações sobre doença foram extraídas de *Cartas a Marco* 5, 27-30. As doenças de Élio Aristides são descritas em seus *Discursos sagrados*. A dimensão erótica das cartas é enfatizada por Amy Richlin em *Marcus Aurelius in Love: The Letters of Marcus and Fronto* (Chicago UP, 2006), incluindo uma série de outras cartas. Minhas citações são de Richlin ns. 1, 3, 9 (*Cartas a Marco* 3, 9; cartas adicionais 7; *Cartas a Marco* 3, 3).

A maioria das traduções das *Anotações* de Marco Aurélio tem o título de *Meditações* (que evitei, por parecer profundo ou místico demais). Todas as minhas referências podem ser facilmente encontradas lá. Uma boa introdução a diferentes aspectos do texto, bem como à biografia do imperador, é *A Companion to Marcus Aurelius*, editado por Marcel van Ackeren (Blackwell, 2012). A história dos macacos é de Fedro, *Fábulas* 4, 13 (com Henderson, *Telling Tales on Caesar*, 177-180).

Capítulo 6

O cargo de Plínio na Bitínia-Ponto é bem discutido por Gibson, *Man of High Empire*, 190-237. A correspondência com Trajano é analisada por Greg Woolf, "Pliny/Trajan and the Poetics of Empire", *Classical Philology* 110 (2015), 132-151, e Myles Lavan, "Pliny *Epistles* 10 and Imperial Correspondence", em *Roman Literature under Nerva, Trajan and Hadrian: Literary Interactions, AD 96-138*, editado por Alice König e Christopher Whitton (Cambridge UP, 2018), 280-301. A linguagem das interações é o tema de Kathleen M. Coleman, "Bureaucratic Language in the Correspondence between Pliny and Trajan", *Transactions of the American Philological Association* 142 (2012), 189-238. O papel do secretariado na escrita das cartas de Trajano é discutido por A. N. Sherwin-White, "Trajan's Replies to Pliny: Authorship and Necessity",

Journal of Roman Studies 52 (1962), 114-25. O Livro 10 de *Epístolas* de Plínio é de fácil acesso, mas para alguns temas que mencionei: 10, 17b-18 e 39-40 (arquitetos e agrimensores); 10, 23-24 (termas em Prusa); 10, 33-34 (brigadas de incêndio); 10, 41-42 e 61-62 (o lago); 10, 53 (frases curtas padrão); 96-7 (cristãos). A empolgação de Élio Aristides com as cartas do imperador está em seu *Elogio de Roma* 33, e o "coral esperando por seu instrutor" está em *Elogio de Roma* 32 (sigo a tradução de J. H. Oliver em "The Ruling Power", *Transactions of the American Philosophical Society* 43 [1953], 871-1003). "Governo por correspondência" vem do título do artigo de Fergus Millar, "Trajan, Government by Correspondence", no segundo volume de *Rome, the Greek World and the East*, editado por Cotton and Rogers (seção "Capítulo 1"), 23-46. Fronto enfatiza o papel das cartas no governo imperial em *A Marco Aurélio, Sobre a eloquência* 2.7.

O papel do imperador em decisões judiciais ou respondendo a petições é um dos temas de biografias imperiais. Além das passagens na *Vida* relevante, ver o seguinte. As multidões de Antioquia são mencionadas por Dião Cássio 68, 24, a resposta de Antonino ao homem de Selêucia em Filóstrato, *Vidas dos sofistas* 2, 5. A inscrição registrando a comitiva de Éfeso na Britânia é brevemente discutida (por outras razões) por A. J. Graham, "The Division of Britain", *Journal of Roman Studies* 56 (1966), 92-107 (esp. 100-101). Vespasiano recebendo o pedido de dinheiro é uma vinheta em Filóstrato, *Vida de Apolônio de Tiana* 5, 38. O caso da falsa confissão é resumido no *Digesto de Justiniano* 48, 18, 27 (traduzido por Alan Watson, University of Pennsylvania Press). A melhor versão das respostas dadas por Septímio Severo e Caracala (a essa altura, ainda nem adolescente) está em William Linn Westermann e A. Arthur Schiller, *Apokrimata: Decisions of Septimius Severus on Legal Matters* (Columbia UP, 1954), apesar de acréscimos e melhorias posteriores do texto. O papiro sugerindo um número possivelmente atípico de seiscentas petições por dia ao governador (*PYale* 1, 61) é, de modo breve, discutido por William V. Harris em *Ancient Literacy* (Harvard UP, 1989), 215. A inscrição de Scaptopara não mais existe. Uma versão traduzida é dada por Connolly em *Lives behind the Laws* (seção "Prólogo"), 167-173. O poema de Estácio dirigido ao *ab epistulis* é *Silvae* 5, 1. O brilhante escritor fantasma é elogiado por Filóstrato em *Vidas dos Sofistas* 2, 24. Plutarco, *Júlio César* 17 mostra um César multitarefas, Aulo Gélio, *Noites áticas* 3, 16, as pesquisas obstetras de Adriano. Calígula lendo é descrito por Fílon, *Embaixada a Caio*, Marco Aurélio chorando por Filóstrato, *Vidas dos Sofistas* 2, 9. O importante trecho de Galeno (*Doenças da Mente* 4) é traduzido por Thomas Wiedemann em *Greek and Roman Slavery* (Routledge, 1981), n. 198. "Eloquência emprestada" é um termo de Tácito em *Anais* 13, 3. A piada de Juliano sobre Trajano está em *Os Césares* 327.

O registro da disputa entre Falério e Fermo ("assinado" na vila albana de Domiciano) está traduzido em Sherk, *The Roman Empire from Augustus to Hadrian* (seção "Capítulo 4"), n. 96. A resposta de Cômodo aos fazendeiros arrendatários é traduzida por Dennis Kehoe em *The Economics of Agriculture on Roman Imperial Estates in North Africa* (Vandenhoeck & Ruprecht, 1988) 67-68 (e reproduzida on-line, com mais discussões: https://www.judaism-and-rome.org/coloni-north-africa--complain-mistreatment-romanofficials-cil-viii-10570). Os documentos no "Muro do Arquivo" de Afrodísias estão traduzidos e discutidos em Reynolds, *Aphrodisias and Rome* (seção "Capítulo 5"); o imposto sobre pregos, n. 15. Como se dirigir ao imperador é explicado por Menandro, o Retor, em *Tratado* 2, 12. A insistência de Alexandre Severo de que o povo não deveria ser desencorajado a apelar ao imperador está registrada em um papiro discutido e traduzido por Oliver, *Greek Constitutions of Early Roman Emperors* (seção "Geral"), n. 276. A piada sobre dar um tostão a um elefante é citada por Macróbio em *As Saturnálias* 2, 4, e também em Suetônio, *Augusto* 53. O problema de caça de pássaros é o tema de uma determinação imperial, citada no *Digesto de Justiniano* 8, 3, 16. As treze respostas de Septímio Severo e Caracala são discutidas por Westermann e Schiller, *Apokrimata*. O problema de requisição de transporte é bem analisado por Stephen Mitchell, "Requisitioned Transport in the Roman Empire", *Journal of Roman Studies* 66 (1976), 106-131; as regulamentações de Adriano de 129 estão em Tor Hauken e Hasan Malay, "A New Edict of Hadrian from the Province of Asia", em *Selbstdarstellung und Kommunikation*, editado por Rudolf Haensch (C. H. Beck, 2009), 327-348 (ver também, para um exemplo ligeiramente posterior, Christopher P. Jones, "An Edict of Hadrian from Maroneia", *Chiron* 41 [2011], 313-25). A reforma de Nerva está documentada numa moeda, fig. 52. A violação da regra por Plínio obviamente está em *Epístolas* 10, 120-21.

O modelo do imperador romano como essencialmente reativo foi um marco na abordagem de Millar em *The Emperor in the Roman World* (seção "Geral"), e de forma mais sucinta em seu artigo "Emperors at Work", *Journal of Roman Studies* 57 (1967), 9-19. Tácito, *Anais* 14, 38-9, descreve os acontecimentos na Britânia e os denunciantes. As regulamentações do imperador sobre café e alimentos são bem discutidas por Annalisa Marzano, "Food, *Popinae* and the Emperor", em *The Past as Present*, editado por Giovanni Alberto Cecconi et al. (Brepols, 2019), 435-458 (embora ela considere as regulamentações menos simbólicas do que eu); trechos-chave de Dião Cássio incluem 60, 6 (Cláudio), 65, 10 (Vespasiano). Outras regulamentações (inclusive a do uso da "toga") podem ser encontradas nas biografias relevantes de Suetônio. O discurso de Cláudio e todo seu pano de fundo são o tema de S. J. V. Malloch, *The Tabula Lugdunensis* (Cambridge UP, 2020), ainda que ele seja mais generoso com Cláudio do que eu; com uma versão literária de Tácito, *Anais* 11, 23-5. Falo sobre o édito de cidadania de Caracala em meu *SPQR* (seção "Capítulo 1"), 527-529. É o tema de um estudo a fundo de Alex Imrie, *The Antonine Constitution: An Edict for the Caracallan Empire* (Brill, 2018), que discute, entre outras coisas, aspectos da situação dos cofres imperiais. Myles Lavan, "The Spread of Roman Citizenship, 14–212 CE", *Past and Present* 230 (2016), avalia o impacto do édito no número total de cidadãos romanos.

A economia do Império Romano é o tema de muitos estudos recentes (e concorrentes). *The Cambridge Economic History of the Greco-Roman World*, editado por Walter Scheidel et al. (Cambridge UP, 2007), fornece um pano de fundo confiável para os tópicos que menciono aqui, e de forma mais resumida Garnsey e Saller, *The Roman Empire* (seção "Geral"). Um relato não técnico das perfurações profundas na Groenlândia e outros lugares é apresentado por Philip Kay em *Rome's Economic Revolution* (Oxford UP, 2014), 46-49. A avaliação feita por Estrabão da Britânia está em sua *Geografia* 2, 5. Suetônio e a *História Augusta* se referem a muitas das medidas econômicas de imperadores específicos. Observe também o seguinte. Assim como Suetônio (*Domiciano* 7), Estácio fala do fracasso do édito do vinho em *Silvae* 4, 3; há uma pequena introdução sobre as controvérsias a respeito em Brian W. Jones, *The Emperor Domitian* (Routledge, 1992), 77-78. O mais completo relato sobre o terremoto e a resposta de Tibério está em Tácito, *Anais* 2, 47. A venda da propriedade de Cômodo é relatada em *História Augusta, Pertinax* 7-8. Evidências em documentos em papiro dispersos de propriedades de imperadores no Egito foram reunidas por G. M. Parassoglou, *Imperial Estates in Roman Egypt* (Hakkert, 1978), e mais sucintamente por Dorothy J. Crawford, "Imperial Estates", em *Studies in Roman Property*, editado por Moses I. Finley (Cambridge UP, 1976), 35-70. "Nero's Farm" (Saltus Neronianus) é discutido por Mariette de Vos, "The Rural Landscape of Thugga", em *The Roman Agricultural Economy*, editado por Alan Bowman e Andrew Wilson (Oxford UP, 2013), 143-218. Levick, *Faustina I and II* (seção "Geral"), 23 e 178, faz referências aos tijolos de Faustina. Números ligeiramente diferentes da grande herança de Augusto são dados por Suetônio, *Augusto* 101, Tácito, *Anais* 1, 8, e Dião Cássio 56, 32. A história do coral é contada em Macróbrio, *As Saturnálias* 2, 28. A agenda diária de Septímio Severo é resumida por Dião Cássio 77, 17. Tácito, *Anais* 12, 1-3, reconta as discussões sobre o casamento de Cláudio.

Lugares para visitar: Em Roma, visitas ao "Monte de Cacos" (Monte Testaccio) podem ser agendadas, porém o local nem sempre está aberto para se entrar. Muitas das inscrições a que tenho me referido estão guardadas em subsolos de museus, mas as que ficam normalmente expostas incluem, em Lyon, o texto do discurso de Cláudio, no Museu Galo-Romano, e em Londres, no Museu Britânico, a lápide de Caio Júlio Classiciano, o denunciante. Um olhar atento poderá localizar muitos escravos e libertos imperiais nos pequenos epitáfios não rotulados nas paredes das antigas galerias do Museu Capitolino de Roma.

Capítulo 7

O relato integral de Cômodo no anfiteatro e de sua obsessão por gladiadores está em Dião Cássio 73, 17. As biografias antigas costumam se referir ao que os imperadores se dedicavam no seu tempo livre, e a maioria das minhas referências pode ser encontrada aqui. A atitude positiva de nadar pode ser inferida do fato de Suetônio criticar Calígula especificamente por não saber nadar (*Calígula* 54). Apesar de o latim (de Suetônio, *Júlio César* 32) ser agora a versão padrão, a frase de César ao atravessar o Rubicão foi falada em grego (como em Plutarco, *Pompeu* 60). "Pão e circo" é de *Sátira* 10, 77-81, de Juvenal. Visões esclarecedoras dos espetáculos e entretenimentos romanos de diversos tipos podem ser encontradas em *Gladiators and Caesars: The Power of Spectacle in Ancient Rome*, editado por Eckart Köhne e Cornelia Ewigleben (University of California Press, 2000); Kathleen Coleman, "Entertaining Rome", em *Ancient Rome: The Archaeology of the Eternal City*, editado por John Coulston e Hazel Dodge (Oxbow, 2000), 210-258; David S. Potter, "Spectacle", em *A Companion to the Roman Empire*, editado por Potter (seção "Capítulo 1"), 385-408; e Nicholas Purcell, "'Romans, play on!': City of the Games", em *The Cambridge Companion to Ancient Rome*, editado por Paul Erdkamp (Cambridge UP, 2013), 441-458. *The Roman Games: Historical Sources in Translation*, editado por Alison Futrell (Blackwell, 2006), reúne evidências antigas do anfiteatro e das corridas. Katherine Dunbabin, em *Theater and Spectacle in the Art of the Roman Empire* (Cornell UP, 2016), foca o visual das imagens preservadas.

O Coliseu e seus espetáculos são o foco do meu livro, escrito com Keith Hopkins, *The Colosseum* (Profile, 2005), no qual a maioria dos tópicos levantados aqui pode ser acompanhada. No entanto, existem muitas outras abordagens esclarecedoras sobre a cultura do anfiteatro romano, que incluem: Jerry Toner, *The Day Commodus Killed a Rhino: Understanding the Roman Games* (Johns Hopkins UP, 2014), de quem tomei emprestada a comparação com a ópera; Garrett G. Fagan, *The Lure of the Arena: Social Psychology and the Crowd at the Roman Games* (Cambridge UP, 2011); Jonathan Edmondson, "Dynamic Arenas: Gladiatorial Presentations in the City of Rome", em *Roman Theater and Society*, editado por W. J. Slater (University of Michigan Press, 1996), 69-112. Katherine E. Welch, em *The Roman Amphitheatre: From Its Origins to the Colosseum* (Cambridge UP, 2007), examina as formas arquitetônicas da arena. Os jogos organizados por um imperador específico e sua atitude na arena costumam ser mencionados nas principais biografias de Suetônio ou na *História Augusta*. Além destas, atente ao seguinte. Augusto dá o total de gladiadores em exibição em *O que eu fiz*, 22. Dião Cássio 68, 15 fala dos 11 mil animais mortos nos jogos de Trajano, mas em 43, 22, alerta para o exagero de tais números. A depreciação de Marco Aurélio da violência por ser "entediante" é feita em *Anotações para si mesmo*, e sua aversão à sanguinolência é apontada por Dião Cássio 72, 29. O comentário (feito por um senador) sobre "contaminação" pode ser encontrado em James H. Oliver e Robert E. A. Palmer, "Minutes of an Act of the Roman Senate", *Hesperia* 24 (1955), 320-349, esp. 340. "Estrelas da própria destruição" é a pertinente expressão de Toner em *The Day Commodus Killed a Rhino* 10; "farsas fatais" vem do título de um artigo seminal de K. M. Coleman, "Fatal Charades: Roman Executions Staged as Mythological Enactments", *Journal of Roman Studies* 80 (1990), 44-73. O elogio de Marcial à abertura dos jogos no Coliseu se encontra em seu pequeno *Sobre os espetáculos* (a volta do público é enfatizada no poema 2). As farpas de Juvenal sobre a mulher do senador estão em *Sátira* 6, 82-113. A legislação contra o comparecimento da elite à arena é discutida por Barbara Levick em "The *Senatus Consultum* from Larinum", *Journal of Roman Studies* 73 (1983), 97-115. As acusações de hipocrisia de Septímio Severo são citadas em Dião Cássio 76, 8.

Corridas de bigas são o tema de Fik Meijer em *Chariot Racing in the Roman Empire* (Johns Hopkins University Press, 2010). A arqueologia e a função dos circos no Império, inclusive do Circo Máximo, são discutidas em detalhe por John Humphrey, *Roman Circuses: Arenas for Chariot Racing* (University of California Press, 1986). *Circus Factions: Blues and ssossat Rome and Byzantium* (Oxford UP, 1976), de Alan Cameron, é uma história das corridas e de seus participantes de Augusto ao Império Bizantino. O lado erótico do Circo é evocado de forma brilhante por John Henderson, "A Doo-Dah-Doo-Dah-Dey at the Races: Ovid *Amores* 3. 2 and the Personal Politics of the *Circus Maximus*", *Classical Antiquity* 21 (2002), 41-65.

A ligação entre o palácio e o Circo é brevemente discutida por Wulf-Rheidt, "The Palace of the Roman Emperors on the Palatine in Rome" (seção "Capítulo 4"), 13. O calendário do século IV é o chamado *Cronógrafo de 354*, discutido por Michele Renee Salzman, "Structuring Time: Festivals, Holidays and the Calendar", em *The*

Cambridge Companion to Ancient Rome, editado por Erdkamp, 478-496. O novo *pulvinar* de Augusto é mencionado em *O que eu fiz*, e discutido por Cooley, Res Gestae Divi Augusti (seção "Capítulo 1"), 187-188. Ovídio, *Arte de amar* (Ars Amatoria), 136-162, brinca sobre as possibilidades de paquera no Circo. A desaprovação de Plínio está registrada em *Epístolas* 9, 6, Tertuliano, *Sobre os espetáculos* 16. A "igualdade" de Trajano no Circo é elogiada por Plínio, *Panegírico de Trajano*. Herodiano, *História* 4, 7 e 11, se refere a Caracala em corridas no exterior, Dião Cássio 73, 17 a Cômodo conduzindo bigas no escuro. O suicídio do torcedor dos Vermelhos é relatado por Plínio em *História natural* 7, 186; o ato de cheirar esterco por Galeno, *Sobre o método da medicina* 7, 6 (traduzido na Loeb Classical Library). Assim como Suetônio (*Calígula* 55), Dião Cássio 59, 14 fala sobre os mimos com Incitato, e 74, 4, se refere a Pertinax, cavalo de Cômodo, e ao presságio do nome. Adriano usando um arauto no Coliseu é comentado por Dião Cássio 69, 6. Josefo, *Antiguidades judaicas* 19, 24, vai direto à lógica da posição do imperador perante as demandas populares. Os protestos contra Dido Juliano e Cleandro são descritos por Dião Cássio 74, 12-13 e 73, 13 (referindo-se explicitamente à questão da segurança "no anonimato da multidão" em 79, 20).

Uma boa introdução ao alcance da performance teatral romana está em Richard C. Beacham, *The Roman Theatre and its Audience* (Harvard UP, 1996). A construção de teatros é o foco de Frank Sear, *Roman Theatres: An Architectural Study* (Oxford UP, 2006). As reações em relação a Mnester são relatadas por Dião Cássio 60, 28. O problema de Nero e o palco é bem apresentado por Catharine Edwards, "Beware of Imitations: Theatre and the Subversion of Imperial Identity" em *Reflections of Nero*, editado por Elsner e Masters (seção "Capítulo 3"), 83-97, Opper, *Nero* (seção "Capítulo 3"), 158-73, e é analisado em detalhe por Bartsch, *Actors in the Audience* (seção "Capítulo 1"), 1-62. O desmoronamento do teatro é relatado por Tácito, *Anais* 15, 33-4. Existem relatos ligeiramente diferentes sobre Nero "tocar lira enquanto Roma queima" por Suetônio, *Nero* 38, Tácito, *Anais* 15, 39, e Dião Cássio 62, 18. As máscaras teatrais de Nero são comentadas por Dião Cássio 62, 9. As reflexões de Filóstrato estão em sua *Vida de Apolônio de Tiana*. Os relatos ligeiramente diferentes do conflito de Nero com Montano (Suetônio, *Nero*

26, Tácito, *Anais* 13, 25, Dião Cássio 61, 9) são discutidos por Bartsch em *Actors in the Audience*, 16-20.

J. K Anderson, com *Hunting in the Ancient World* (University of California Press, 1985), dá uma visão geral da caça em Roma e na Grécia, com observações mais recentes de Steven L. Tuck, "The Origins of Imperial Hunting Imagery: Domitian and the Re-definition of *Virtus* under the Principate", *Greece and Rome* 52 (2005), 221-245; Eleni Manolaraki, "Imperial and Rhetorical Hunting in Pliny's *Panegyricus*", *Illinois Classical Studies* 37 (2012), 175-198; e Matthew B. Roller, "Dining and Hunting as Courtly Activities", em *The Roman Emperor and his Court*, editado por Kelly e Hug (seção "Geral"), vol. I, 318-348, esp. 336-348. As cenas de caça de Adriano no Arco de Constantino são discutidas por Mary Taliaferro Boatwright em *Hadrian and the City of Rome* (Princeton UP, 1987), 190-202 (que também faz referência às "moedas de caça" de Adrianotera), e por Opper, *Hadrian* (seção "Capítulo 4"), 171-173. A piada sobre coçar as pernas pode ser encontrada em fragmentos de Varrão, *Sátiras Menipeias* 293-296 (traduzido para o francês por J.-P. Cèbe em seu Varron *Satires Ménippées*, vol. 8). O estilo de caça de Plínio é descrito em Plínio, *Epístolas* 1, 6; Fronto em *Cartas a Marco* 4, 5 (traduzido para o inglês por Richlin, *Marcus Aurelius in Love* [seção "Capítulo 5"], n. 38). A comparação entre as caçadas de Trajano e de Domiciano é feita por Plínio, *Panegírico de Trajano* 81-82; e entre o bom imperador e o mau imperador por Dião Crisóstomo, *Discurso* 3, 133-138. Traduções do poema de Adriano "A Eros" são capciosas. Birley, *Hadrian: The Restless Emperor* (seção "Geral"), 184-185, contém uma versão parcial; uma tradução da íntegra (e discussão) é dada por Ewen Bowie, "Hadrian and Greek Poetry", em *Greek Romans and Roman Greeks: Studies in Cultural Interaction*, editado por Erik Nis Ostenfeld et al. (Aarhus UP, 2002), 172-197 (esp. 180-181). O texto principal dos versos de Pancrácio vem de Ateneu, *Deipnosofistas* (*Sofistas no Banquete*) 15, 21, combinado com mais de trinta linhas em papiro, *POxy* 8, 1085 (= Loeb Classical Library, *Select Papyri* 3, n. 128). As implicações eróticas são discutidas por Vout, *Power and Eroticism* (seção "Capítulo 5"), 59-60. O poema de Adriano sobre Borístenes pode ser encontrado na Loeb Classical Library, *Minor Latin Poets* vol. II, Hadrian n. 4.

Lugares para visitar: O Coliseu é a maior atração turística de Roma; é tremendamente impressionante visto de fora, mas é difícil ter uma boa noção da sua aparência original interna. O acesso ao que resta do Circo Máximo é gratuito, assim como à parte externa do Teatro de Marcelo. As ruínas escavadas de um teatro menor na cidade, o Teatro de Balbo (Crypta Balbi), também são abertas ao público. As esculturas de Adriano caçando ainda são visíveis no Arco de Constantino, ao lado do Coliseu.

Capítulo 8

Falo sobre a estátua cantante em meu *Civilizações* (Gradiva, 2022). Estrabão, *Geografia* 17, 1 é cético em relação ao som. A poesia é discutida por T. Corey Brennan, "The Poets Julia Balbilla and Damo at the Colossus of Memnon", *Classical World* 91 (1998), 215-234, e Patricia A. Rosenmeyer, *The Language of Ruins: Greek and Latin Inscriptions on the Memnon Colossus* (Oxford UP, 2018). Birley, em *Hadrian: The Restless Emperor* (seção "Geral"), 246, fornece uma tradução do poema na Pirâmide (agora só conhecido pela cópia de um manuscrito medieval). O monumento de Balbila a Filopapo é discutido por Ian Worthington em *Athens after Empire: A History from Alexander the Great to the Emperor Hadrian* (Oxford UP, 2021), 299-302. Os papiros com detalhes da preparação da visita de Adriano são de mais fácil acesso na tradução on-line, https://papyri.info/ddbdp/sb;6;9617.

Boas introduções às viagens de Adriano se encontram em Elizabeth Speller, *Following Hadrian: A Second-Century Journey Through the Roman Empire* (Review, 2003), e, mais sucintamente, Danziger e Purcell, *Hadrian's Empire* (acima, "Geral"), 129-138. O epitáfio de Vital está traduzido em Brian Campbell, *The Roman Army, 31 BC – AD 337: A Sourcebook* (Routledge, 1994), n. 196, e em Purcell e Danziger, 163. As evidências da atenção de Adriano a tumbas estão reunidas e são discutidas em Mary T. Boatwright, *Hadrian and the Cities of the Roman Empire* (Princeton UP, 2000), 140-142; Septímio Severo prestando honrarias ao túmulo de Pompeu é mencionado por Dião Cássio 76, 13. Boatwright, 144-157, também fornece uma boa revisão das relações de Adriano com Atenas, da arqueologia de suas "melhorias" e das esparsas fontes escritas a respeito; assim como Worthington em *Athens after Empire* 302-331 (com uma esclarecedora discussão do significado do Portão de Adriano). Filóstrato, *Vidas dos Sofistas* 1, 25, registra que o intelectual falando na inauguração do templo de Zeus foi Polemo, de Esmirna, na atual Turquia; o escritor deslumbrado é Pausânias, em *Descrição da Grécia* 1, 18. O sistema de datação é discutido por Julia L. Shear, "Hadrian, the Panathenaia, and the Athenian Calendar", em *Zeitschrift für Papyrologie und Epigraphik* 180 (2012), 159-172. O papel da elite local de Atenas é brevemente discutido por Dylan K. Rogers, "Roman Athens", em *The Cambridge Companion to Ancient Athens*, editado por Jenifer Neils e Rogers (Cambridge UP, 2021), 421-436 (esp. 430-432). O retrato de Adriano dentro do Partenon é comentado por Pausânias, *Descrição da Grécia* 1, 24.

A obra de referência sobre as viagens dos imperadores de forma geral é Helmut Halfmann, *Itinera principum; Geschichte und Typologie der Kaiserreisen im Römischen Reich* (Frank Steiner, 1986), mas há também um curto artigo de Halfmann em inglês, "Imperial Journeys", em *The Roman Emperor and his Court*, editado por Kelly e Hug (seção "Geral"), vol. I, 267-287. Suetônio, *Tibério* 10, sugere várias razões para a ida a Rodes. Os principais relatos literários da visita de Nero à Grécia são: Suetônio, *Nero* 19 e 22-24; Dião Cássio 62, 8-18; com boas discussões recentes de Susan Alcock, "Nero at Play? The Emperor's Grecian Odyssey", em *Reflections of Nero*, editado por Elsner e Masters (seção "Capítulo 3"), 98-111, e Shushma Malik, "An Emperor's War on Greece: Cassius Dio's Nero", em *Emperors and Political Culture in Cassius Dio's Roman History*, editado por Davenport e Mallan (seção "Geral"), 158-176. O ensaio hostil é *Nero* (ou *A escavação do Istmo*), atribuído ao satirista do século II Luciano, embora quase certamente não seja dele; conta com uma análise inteligente de Tim Whitmarsh, "Greek and Roman in Dialogue: the Pseudo-Lucianic Nero", *Journal of Hellenic Studies* 119 (1999), 142-160. O que ainda resta da obra de Nero no canal foi analisado por David Pettegrew, *The Isthmus of Corinth: Crossroads of the Mediterranean World* (University of Michigan Press, 2016), 166-205. O texto do discurso concedendo liberdade à Grécia, e a réplica, está traduzido em Sherk, *The Roman Empire from Augustus to Hadrian* (seção "Capítulo 4"), n. 71 e, em inglês, com o original em grego, on-line em https://

www.judaism-and-rome.org/nero-and-freedom-greece. Plutarco, *Flamínio* 10, registra a proclamação original da liberdade da Grécia. A visita de Germânico ao Egito é comentada por Tácito, *Anais* 2, 59-61, com uma discussão recente de Benjamin Kelly, "Tacitus, Germanicus and the Kings of Egypt", *Classical Quarterly* 60 (2010), 221-237. Dião Cássio 54, 7, registra a estátua cuspindo sangue; e um ensaio atribuído a Plutarco, *Ditos dos Romanos*, "César Augusto" 13, cita sua raiva em relação a Atenas. Augusto quebrando o nariz de Alexandre é citado por Dião Cássio 51, 16.

O aristocrata elizabetano, de baixa escala, era Sir Henry Lee, que se opôs à visita da rainha em carta a Robert Cecil, datada de 13 de junho de 1600, apesar (ou talvez pela razão) de tê-la recebido antes. Esses convites (e as recusas) são discutidos por Sue Simpson, em *Sir Henry Lee (1533–1611): Elizabethan Courtier* (Ashgate, 2014). As exigências de Caracala são criticadas por Dião Cássio 78, 9. A evidência da iminente visita de Alexandre Severo é discutida por J. David Thomas e W. Clarysse, "A Projected Visit of Severus Alexander to Egypt", em *Ancient Society* 8 (1977), 195-207, e Peter Van Minnen e Joshua D. Sosin, "Imperial Pork: Preparations for a Visit of Severus Alexander and Iulia Mamaea to Egypt", em *Ancient Society* 27 (1996), 171-181. Há uma introdução pertinente aos papiros de Panópolis em Roger Rees, *Diocletian and the Tetrarchy* (Edinburgh UP, 2004), 33-36, com algumas traduções úteis, n. 21. Os documentos originais estão publicados em T. C. Skeat, *Papyri from Panopolis in the Chester Beatty Library Dublin* (Chester Beatty Monographs 1, 1964); os que se referem à visita imperial estão no primeiro rolo de papiro.

O protagonismo militar do imperador é inteiramente coberto por J. B. Campbell em *The Emperor and the Roman Army, 31 BC to AD 235* (Oxford UP, 1984). "Guerra destruidora de homens" é o termo usado no Livro 20 dos *Oráculos Sibilinos* (linhas 19-23); esse pouco conhecido gênero de literatura antiga, e esse trecho em particular, é discutido por David Potter em *Prophets and Emperors: Human and Divine Authority from Augustus to Theodosius* (Harvard UP, 1994), 71-97, 99-110, 137-145 (esp. 140-141). Uma antiga tradução, mas não muito confiável, dos *Oráculos Sibilinos* encontra-se disponível on-line em https://www.sacred-texts.com/cla/sib/index.htm. O contexto de campanhas militares específicas pode ser encontrado em histórias gerais citadas anteriormente, na seção "Geral". Além dos envolvimentos militares (ou não) de imperadores específicos mencionados em suas antigas biografias, note o seguinte. Tácito, em *Anais* 1, 11 registra o conselho de Augusto a Tibério. A fluidez das fronteiras é discutida por David Cherry, "Frontier Zones", em *The Cambridge Economic History of the Greco-Roman World*, editado por Scheidel et al. (seção "Capítulo 6"), 720-740. As controvérsias sobre a função da Muralha de Adriano são resumidas sucintamente em Richard Hingley, *Hadrian's Wall: A Life* (Oxford UP, 2012), 298-299. A profecia de Júpiter sobre o "império sem limites" é dada por Virgílio, *Eneida* 1, 279. Roland R. R. Smith faz um apanhado esclarecedor do Grande Altar de Antonino em Éfeso em "The Greek East Under Rome", em *A Companion to Roman Art*, editado por Barbara E. Borg (Blackwell, 2015), 471-495 (esp. 476-477). O termo "Grande Estratégia" foi tirado do outrora influente livro de Edward N. Luttwak, *The Grand Strategy of the Roman Empire: From the First Century CE to the Third* (edição revisada, Johns Hopkins UP, 2016, publicada originalmente em 1979). O papel da Britânia na imaginação (e na política) romana é bem discutido por David Braund em *Ruling Roman Britain: Kings, Queens, Governors and Emperors from Julius Caesar to Agricola* (Routledge, 1996). Dião Cássio 60, 19-22, faz um relato da invasão, inclusive da hesitação das tropas, dos discursos encorajadores, da convocação de Cláudio e dos elefantes. A avaliação cínica de Tácito sobre a "romanização" da Britânia está em seu *Agricola* 21. Amiano Marcelino, em *História Romana*, 16, 10, descreve o impacto causado pelo Fórum de Trajano no imperador Constâncio II em 357 d.C., em sua primeira visita a Roma. As campanhas de Trajano contra os partos são analisadas por Bennett, *Trajan Optimus Princeps* (seção "Capítulo 2"), 183-204. Dião Cássio 68, 17-33 cobre a campanha, do início ao fim, e sua motivação – e é a principal evidência quanto aos detalhes.

Plínio, no *Panegírico de Trajano* 15 parabeniza Trajano como um *commilitio*; a metáfora de Dião Crisóstomo com as ovelhas está em *Discurso* 1, 28. A imagem de Virgílio de Otaviano/Augusto na Batalha de Ácio está em *Eneida* 8, 678-681; os eventos reais são explicados por Strauss em *A guerra que moldou o Império Romano* (seção "Capítulo1"), 183-186. As histórias de Trajano improvisando as ataduras e de Septímio

Severo e a água são contadas por Dião Cássio 68, 8 e 75, 2; a história das características militares positivas de Caracala por Herodiano, *História* 4, 7. O texto integral e a tradução do discurso de Adriano aos soldados em Lambésis podem ser encontrados em Michael P. Speidel, *Emperor Hadrian's speeches to the African Army – a new Text* (Römisch-Germanischen Zentralmuseum, 2006). Detalhes sobre o histórico e a cerimônia de triunfo, inclusive as falsas versões, são integralmente discutidos no meu *The Roman Triumph* (supracitado, "Capítulo 1"). A cerimônia de Nero é descrita por Dião Cássio 62, 20, bem como em todas as seções relevantes de Suetônio (*Nero* 25). O satirista romano Pérsio, em *Sátiras* 6, 43-7 faz piada com a esposa de Calígula mandando fazer as roupas dos chamados "cativos". O falso triunfo de Domiciano é criticado por Plínio no *Panegírico de Trajano* 16, por Tácito em *Agricola* 39 e por Dião Cássio 67, 7 (empréstimo nas lojas). A cerimônia póstuma de Trajano é mencionada em *História Augusta, Adriano* 6.

Lugares para visitar: Muitos dos monumentos de Adriano em Atenas continuam visíveis. O que resta da Biblioteca de Adriano, perto da atual praça Monastiraki, fica aberto todos os dias – mas é necessária certa imaginação para perceber sua glória original. No entanto, é impossível deixar de ver as imensas colunas do Templo do Zeus Olímpico, a leste da Acrópole, mesmo que a intenção não seja pagar para chegar perto; o portal (ou arco) de Adriano fica numa rua próxima.

Capítulo 9

Ambos os "sonhos do imperador" são de Artemidoro, *Sobre a interpretação dos sonhos*, inclusive com o presságio de morte. Peter Thonemann, em *An Ancient Dream Manual: Artemidorus' The Interpretation of Dreams* (Oxford UP, 2020), 198-204, discute o papel do imperador nesse manual (com uma boa tradução moderna de Martin Hammond na série Oxford World's Classics). Jennifer Trimble, "*Corpore enormi*: The Rhetoric of Physical Appearance in Suetonius and Imperial Portrait Statuary", em *Art and Rhetoric in Roman Culture*, editado por Jaś Elsner e Michel Meyer (Cambridge UP, 2014), 115-154, é uma sofisticada discussão sobre a diferença entre a escultura e as descrições de Suetônio. O longo histórico da apropriação moderna de imagens de imperadores romanos é o principal tema do meu *Doze Césares: imagens de poder do mundo antigo ao moderno* (Todavia, 2022), que também discute em detalhes algumas das questões sobre a identificação de antigas estátuas de "retratos" tratadas aqui brevemente (em particular, as diferentes imagens antigas que se consideram representar Júlio César).

As muitas estátuas de Júlio César são mencionadas por Dião Cássio 44, 4; os pedestais são analisados por Antony E. Raubitschek, "Epigraphical Notes on Julius Caesar", *Journal of Roman Studies* 44 (1954), 65-75, e por Jakob Munk Højte, *Roman Imperial Statue Bases: From Augustus to Commodus* (Aarhus UP, 2005), 97. O catálogo de referência de imagens de Augusto é de Dietrich Boschung, *Die Bildnesse des Augustus* (Gebr. Mann, 1993). Jane Fejfer, *Roman Portraits in Context* (Walter de Gruyter, 2008), 373-429, apresenta uma visão geral da ideologia, execução, reformulação e exibição de retratos dos imperadores, com Caroline Vout, *Exposed: The Greek and Roman Body* (Profile, 2022), 235-268, e Susan Wood, "Portraiture", em *The Oxford Handbook of Roman Sculpture*, editado por Elise A. Friedland et al. (Oxford UP, 2015), 260-275. Clifford Ando, em *Imperial Ideology and Provincial Loyalty in the Roman Empire* (University of California Press, 2000), 206-245, foca o significado social e político de imagens imperiais. O papel dos modelos e de suas identificações por meio de estilos de penteado são discutidos por R. R. R. Smith, "Typology and Diversity in the Portraits of Augustus", *Journal of Roman Archaeology* 9 (1996), 30-47 (uma resposta ao catálogo de Boschung), Caroline Vout, "Antinous, Archaeology and History", *Journal of Roman Studies* 95 (2005), 80-96 (levantando algumas perguntas céticas), e Klaus Fittschen, "The Portraits of Roman Emperors and their Families", em *The Emperor and Rome*, editado por Ewald e Noreña (seção "Capítulo 1"), 221-246 (uma resposta erudita, mas ligeiramente ranzinza, a Vout). O amigo de Adriano é Arriano, em seu *Périplo* (ou *Circumnavegação*) 2 (tradução para o inglês de Aidan Liddle, Bristol Classical Press, 2003). John Pollini, em *The Portraiture of Gaius and Lucius Caesar* (Fordham UP, 1987), 100 e 101, faz referências a identificações rivais das duas estátuas mais contestadas. Diferentes explicações para a barba de Adriano são exploradas por Paul Zanker em

The Mask of Socrates (University of California Press, 1996), 217-233, Caroline Vout, "What's in a Beard? Rethinking Hadrian's Hellenism", em *Rethinking Revolutions Through Ancient Greece*, editado por Simon Goldhill e Robin Osbourne (Cambridge UP, 2006), 96-123, e Opper, *Hadrian* (seção "Capítulo 4"), 69-72 (focando uma famosa estátua de Adriano com barba, que acabou sendo erroneamente restaurada).

Os retratos de Lívia foram reunidos por Elizabeth Bartman em *Portraits of Livia: Imaging the Imperial Woman in Augustan Rome* (Cambridge UP, 1999). O papel das perucas em estátuas de retratos de mulheres é analisado por Helen I. Ackers, "The Representation of Wigs in Roman Female Portraiture of the Late 2nd to 3rd Century AD", *BABESCH* 94 (2019), 211-234. R. R. R. Smith, "Roman Portraits: Honours, Empresses, and Late Emperors", *Journal of Roman Studies* 75 (1985), apresenta diversos exemplos de retratos de mulheres imperiais modelados com base em imperadores (214-215). Todo o grupo de estátuas dinásticas em Veleia é discutido por C. Brian Rose em *Dynastic Commemoration and Imperial Portraiture in the Julio-Claudian Period* (Cambridge UP, 1997), 121-126 (com um plano em Kelly e Hug, seção "Geral", vol. II, n. 5.7); a estátua de Messalina é discutida por Susan E. Wood, "Messalina, Wife of Claudius: Propaganda Successes and Failures of his Reign", *Journal of Roman Archaeology* 5 (1992), 219-234 (esp. 219-230), com estudo do protótipo grego por Amy C. Smith, em *Polis and Personification in Classical Athenian Art* (Brill, 2011), 110-112. A escultura e a história da construção em Afrodísias são expostas em detalhes por R. R. R. Smith em *The Marble Reliefs from the Julio-Claudian Sebasteion* (*Aphrodisias* VI) (Philipp von Zabern, 2013) – o painel com Nero e Agripina é o n. A1. Os relevos imperiais são discutidos mais brevemente por Smith em "The Imperial Reliefs from the Sebasteion at Aphrodisias", *Journal of Roman Studies* 77 (1987), 88-138. O termo "conquista emblemática" é de Smith (em *The Marble Reliefs*, 142). R. R. R. Smith (de novo) discute o camafeu mostrando Agripina e Nero em "*Maiestas Serena*" (seção "Capítulo 4"), n. 39. Analiso com mais detalhes a associação construtiva entre imperatriz e deidade em *Doze Césares* 247-249. A placa de ouro de Colchester (hoje no Museu Britânico) é brevemente discutida por Catherine Johns em *The Jewellery of Roman Britain: Celtic and Classical Traditions* (UCL Press, 1996), 191.

As fichas de jogo com Lívia são explicadas por Anthony A. Barrett em *Livia: First Lady of Imperial Rome* (Yale UP, 2002), 263-264. Dahmen, em *Untersuchungen* (seção "Prólogo"), avalia muitos dos berloques imperiais. O papel e a representação de imperadores em templos egípcios são discutidos por Martina Minas-Nerpel, "Egyptian Temples", em *The Oxford Handbook of Roman Egypt*, editado por Christina Riggs (Oxford UP, 2012), 362-382. A falsa identificação da estátua de Marco Aurélio é um dos temas de Peter Stewart, "The Equestrian Statue of Marcus Aurelius", em *A Companion to Marcus Aurelius*, editado por Van Ackeren (seção "Capítulo 5"), 264-277.

As pinturas (ou estátuas pintadas) são mencionadas por Fronto, *Carta a Marco* 4, 12 (e também em Davenport e Manley, *Fronto*, seção "Capítulo 4", n. 24). Plínio, na *História Natural* 35, 51, conta a história do quadro de Nero; Herodiano, *História* 5, 5 explica o quadro de Elagábalo. O quadro preservado da família de Septímio Severo (inclusive a não confiável evidência em papiro) é discutido por Thomas F. Mathews, com Norman E. Muller, em *The Dawn of Christian Art* (J. Paul Getty Museum, 2016), 74-83, com uma tradução parcial e fiel do papiro por Jane Rowlandson, em *Women and Society in Greek and Roman Egypt: A Sourcebook* (Cambridge UP, 1998), n. 44. "Relativamente tosca" é o julgamento de Jaś Elsner em *The Art of the Roman Empire* (2ª ed., Oxford UP, 2018), 51; "qualidade excepcional" é o de Mathews, 74. A colossal estátua de Nero é discutida por Barrett em *Rome is Burning* (seção "Capítulo 4"), 199-201, e Fred C. Albertson, "Zenodorus's 'Colossus of Nero'", *Memoirs of the American Academy in Rome* 46 (2001), 95-118. A admiração de Plínio pelo colosso é expressa em sua *História natural* 34, 45-47. Dião Cássio 65, 15 se refere às feições de Tito (apesar de sugerir que a estátua foi realmente erguida sob Vespasiano); *História Augusta, Adriano* 19, fala de sua realocação; e Herodiano *História* 1, 15, Dião Cássio 73, 22 e *História Augusta, Cômodo* 17, dos ajustes feitos por Cômodo. A colossal estátua de Domiciano é o tema de Estácio, *Silvae* 1, 1, discutida por Newlands, *Statius' Silvae* (seção "Capítulo 3"), 51-73, e Daira Nocera, "Legacy Revisited: Augustus and Domitian in the Imperial Fora and the Roman Forum", em *Domitian's Rome and the Augustan Legacy*, editado por Raymond Marks e Marcello Mogetta (University of Michigan Press, 2021), 57-75 (esp. 65-74).

Augusto menciona as estátuas de prata em *O que eu fiz*, 24; a recusa de Marco Aurélio e Lúcio Vero está registrada em uma inscrição (*Die Inschriften von Ephesos* I n. 25) discutida on-line em detalhes, mas sem uma tradução completa. Ver: https://www.judaism-and-rome.org/re-casting-imperial-imagesephesus-under-marcus-aurelius. A questão-chave em relação às figuras colossais é se foram erguidas no tempo de vida dos imperadores. Com certeza é o caso, por exemplo, da estátua maior que o tamanho natural de Augusto na carruagem no Fórum de Augusto, porém outras, incluindo alguns fragmentos preservados, só foram erguidas depois da sua morte. Marcial, em *Epigramas* 8, 44, pode estar se referindo a um colosso construído durante seu reinado. A complicada história da colossal estátua de Tibério, atualmente conhecida com base em uma antiga cópia da sua base, é analisada por Ando em *Imperial Ideology and Provincial Loyalty*, 311. Rutledge, em *Ancient Rome as a Museum* (seção "Capítulo 4"), 215-220, considera a monstruosidade do colosso. O "cancelamento" de imagens é discutido por Peter Stewart em *Status in Roman Society: Representation and Response* (Oxford UP, 2003), 267-290. O mito da merda lambuzada é descartado por Mathews, com Muller, em *The Dawn of Christian Art*, 80. A cabeça de Méroe é analisada em detalhe por Thorsten Opper em *The Meroë Head* (British Museum Press, 2014). Discussões sobre os relevos de Adriano no Arco de Constantino são mencionadas anteriormente, na seção "Capítulo 7". Estácio, *Silvae* 1, 1, 84-87, faz piadas sobre a cabeça de César. O remodelamento de estátuas imperiais é o principal tema de *From Caligula to Constantine: Tyranny and Transformation in Roman Portraiture*, editado por Eric R. Warner (Michael C. Carlos Museum, Emory University, 2000), esp. 9-14, com muitos exemplos específicos explicados no catálogo.

A história de Oto ser posto num pedestal é contada por Tácito, *Histórias* 1, 36, e a das provações de Calídromo, por Plínio, *Epístolas* 10, 74. A percepção do poder imperial das estátuas é discutida por S. R. F. Price em *Rituals and Power: The Roman Imperial Cult in Asia Minor* (Cambridge UP, 1984), 191-205, e (focando também as imagens nas moedas) por Ando em *Imperial Ideology and Provincial Loyalty*, 206-239 (referências específicas podem ser encontradas nas relevantes biografias antigas). A coleção de retratos imperiais de Acqua Traversa é abordada por Fejfer em *Roman Portraits*, 422-425, com uma detalhada discussão de Valentina Mastrodonato, "Una residenza imperiale nel suburbio di Roma: La villa di Lucio Vero in località Acquatraversa", em *Archeologia Classica* 51 (1999-2000), 157-235.

Lugares para visitar: A maioria dos principais museus tem ao menos alguns bustos com retratos de imperadores romanos. Um dos mais evocativos é o do Salão dos Imperadores no Museu Capitolino de Roma, com uma fileira de imperadores e suas esposas, desde Júlio César, primeiramente reunida nos anos 1730. As famosas estátuas de Cômodo como Hércules e de Marco Aurélio a cavalo estão expostas em outras áreas do museu. Hoje, a de Augusto da Vila de Lívia em Prima Porta está nos Museus do Vaticano. Fora de Roma, as estátuas de Veleia estão no Museu Arqueológico de Parma, no norte da Itália. As esculturas de Afrodísias estão no museu no sítio no sudoeste da Turquia. Os relevos com Augusto do templo de Dendur encontram-se atualmente no Metropolitan Museum de Nova York.

Capítulo 10

Christopher L. Whitton, "Seneca, *Apocolocyntosis*", em *A Companion to the Neronian Age*, editado por Emma Buckley e Martin Dinter (Blackwell, 2013), 151-169, é uma excelente introdução à paródia. As circunstâncias do falecimento e as palavras no leito de morte podem ser normalmente encontradas nas biografias antigas mais relevantes (em que, em geral, são um dos temas principais). A tentativa fracassada de abdicação foi de Vitélio (Tácito, *Histórias* 3, 68-70; Suetônio, *Vitélio* 15). O suicídio de Júlia Domna ao receber as cinzas é uma das versões de sua história, dada por Herodiano, *História* 4, 13 (diferentes versões são discutidas por Barbara Levick, *Julia Domna: Syrian Empress* [Routledge, 2007], 105-6). A principal evidência de um funeral na República é Políbio, *Histórias* 6, 53-54 (traduzido em Beard ct al., *Religions of Rome*, vol. II [seção "Capítulo 4"], n. 9.3, com uma tradução do relato de Dião Cássio, 75, 4-5, do funeral de Pertinax); o ritual funerário é discutido por Harriet I. Flower, "Spectacle and Political Culture in the

Roman Republic", em *The Cambridge Companion to the Roman Republic*, editado por Flower (Cambridge UP, 2004), 331-337. O funeral de Augusto é descrito por Dião Cássio 56, 34-43, e por Suetônio, *Augusto* 100. Herodiano, *História* 4, 2, detalha o funeral de Septímio Severo. Eve D'Ambra, "The Imperial Funerary Pyre as a Work of Ephemeral Architecture" e Javier Arce, "Roman Imperial Funerals *in effigie*", discutem diferentes aspectos dos funerais em *The Emperor and Rome*, editado por Ewald e Noreña (seção "Capítulo 1"), 289-308 e 309-23. Lápides imperiais são o tema central de Davies, *Death and the Emperor* (seção "Capítulo 2"). Boatwright, em *Hadrian and the City of Rome* (seção "Capítulo 7"), 161-181, e Opper, *Hadrian* (seção "Capítulo 4"), 208-216, se focam no mausoléu de Adriano. Os textos dos epitáfios imperiais podem ser encontrados no *Corpus Inscriptionum Latinarum* (seção "Geral") VI, 886 (e 40372) (Agripina), 887 (Tibério), 992 (Cômodo) – 887 e 992 só são conhecidos por cópias de manuscritos medievais; uma tradução do epitáfio de Agripina pode ser encontrada em Emily A. Hemelrijk, *Women and Society in the Roman World: A Sourcebook of Inscriptions from the Roman West* (Cambridge UP, 2020), 304.

A consagração de imperadores e o culto imperial no geral têm sido um dos principais temas dos estudos modernos do Império Romano. Beard et al., em *Religions of Rome*, vol. I, 206-210 e 348-363, faz uma introdução geral ao tópico. Simon Price, "From Noble Funerals to Divine Cult: The Consecration of Roman Emperors", em *Rituals of Royalty: Power and Ceremonial in Traditional Societies*, editado por David Cannadine e Price (Cambridge UP, 1987), 56-105, foi uma análise seminal dos funerais imperiais e dos rituais de apoteose – assim como a análise de Price da veneração ao imperador no império oriental *Rituals and Power* (seção "Capítulo 9"), que também considerou os precedentes sob os primeiros reis da região. Ittai Gradel, em *Emperor Worship and Roman Religion* (Oxford UP, 2004), foca Roma e Itália. Tácito critica a deificação bajulatória da nenê Cláudia em *Anais* 15, 23. Testemunhas da ascensão do novo deus são mencionadas por Dião Cássio 56, 46 e 59, 11 (sobre as honrarias a Drusila); os dois trechos falam da recompensa em dinheiro. Calendários de sacrifícios a (ou em favor de) imperadores e suas famílias estão traduzidos em Beard et al., *Religions of Rome*, vol. II, ns. 3.3b e c, 3.4 e 3.5 (o calendário de Dura Europo). A chamada de atenção pelo governador local está registrada em uma inscrição traduzida em Sherk, *Rome and the Greek East* (seção "Prólogo"), n. 101, e on-line, com uma discussão detalhada, em https://www.judaism-and-rome.org/augustus%E2%80%99s-birthday-andcalendar-reform-asia. O papel do culto imperial na rebelião de Boudica é confirmado por Tácito em *Anais* 14, 31 (embora Duncan Fishwick, "The Temple of Divus Claudius at Camulodunum", *Britannia* 26 [1995], 11-27, analise parte das incertezas a respeito).

Boas visões gerais da característica do paganismo tradicional romano incluem: Beard et al., *Religions of Rome*, vols. I e II; John Scheid, *The Gods, The State and The Individual: Reflections on Civic Religion in Rome* (University of Pennsylvania Press, 2015); e Jörg Rüpke, *Pantheon: A New History of Roman Religion* (Princeton UP, 2018). Faço uma análise minuciosa dos sacerdotes em "Priesthood in the Roman Republic", em *Pagan Priests: Religion and Power in the Ancient World* (Duckworth, 1990), 17-48. Alguns dos capciosos enigmas são discutidos em detalhe por S. R. F. Price em *Rituals and Power* (seção "Capítulo 9"), 207-233, e "Between Man and God: Sacrifice in the Roman Imperial Cult", *Journal of Roman Studies* 70 (1980), 28-43 (sobre convenções precisas de sacrifícios); de Price, "Gods and Emperors: the Greek Language of the Roman Imperial Cult", *Journal of Hellenic Studies* 104 (1984), 79-95 (sobre a terminologia); de D. S. Levene, "Defining the Divine in Rome", em *Transactions of the American Philological Association* 142 (2012), 41-81 (sobre a linha divisória entre deuses e humanos); e de David Wardle, "*Deus* or *Divus*: The Genesis of Roman Terminology for Deified Emperors", em *Philosophy and Power in Graeco-Roman World*, editado por Gillian Clark e Tessa Rajak (Oxford UP, 2002), 181-192 (uma tentativa de definir a diferença). Abordo as estranhas imagens visuais de apoteoses com John Henderson em "The Emperor's New Body: Ascension from Rome", em *Parchments of Gender: Deciphering the Bodies of Antiquity*, editado por Maria Wyke (Oxford UP, 1998), 191-220.

Emperors Don't Die in Bed (Routledge, 2004), de Fik Meijer, é um livro popular que descreve a morte de todos os imperadores de Júlio César ao século V d.C. A paródia sobre as últimas palavras de Cláudio está em Sêneca, *Apocolocyntosis* 4. Dião Cássio 77, 15 e 17, relata as últimas palavras de Septímio Severo, e 78, 2, as últimas palavras de

Geta. Dião Cássio 56, 30 parece interpretar as palavras de Augusto moribundo como uma zombaria da humanidade. D. Wardle, "A Perfect Send-Off: Suetonius and the Dying Art of Augustus (Suet. *Aug.* 99)", em *Mnemosyne* 60 (2007), 443-63, vê sua morte como uma performance perfeita.

Lugares para visitar: Apesar de o mausoléu de Augusto em Roma estar atualmente fechado ao público, o mausoléu de Adriano (o Castelo Sant'Angelo) está aberto à visitação.

Epílogo

A morte de Alexandre Severo é recontada por Herodiano em *História* 6, 8-9, e na *História Augusta*, *Alexandre Severo* 59-62 (escrutinando a Britânia como o local do seu assassinato). Kenneth Painter e David Whitehouse, "The Discovery of the Vase", *Journal of Glass Studies* 32 (1990), 85-102, discutem a possível tumba em Roma. Os acontecimentos do período após a morte de Alexandre Severo são expostos em algumas das narrativas históricas citadas na seção "Geral". A questão da "crise" do século III (e até mesmo se *houve* uma crise) tem sido debatida há décadas. *Crises and the Roman Empire*, editado por Olivier Hekster et al. (Brill, 2007), é uma boa mostra das diferentes abordagens e respostas. Um breve contexto do relevo de Sapor pode ser encontrado em Touraj Daryaae, "The Sasanian Empire (224-651 CE)", em *The Oxford Handbook of Iranian History*, editado por Daryaae (Oxford UP, 2012), 187--207 (esp. 189-190). Christopher Kelly, "Pliny and Pacatus: Past and Present in Imperial Panegyric", em *Contested Monarchy: Integrating the Roman Empire in the Fourth Century AD*, editado por Johannes Wienand (Oxford UP, 2015), 215-238, argumenta que o rompimento com o estilo "um de nós" do imperador não foi tão agudo como se costuma apresentar. Baseei minhas observações nos números de cristãos de Keith Hopkins, "Christian Number and its Implications", em *Sociological Studies in Roman History*, editado por Kelly (seção "Capítulo 5"), 432-480, com um valioso adendo de Kate Cooper, 481-487 (de onde também tirei a frase "não se envolva demais"). O tratamento dos cristãos por

Nero é descrito por Tácito em *Anais* 15, 44. *Roman Games*, editado por Futrell (seção "Capítulo 7"), 160-188, inclui a tradução de alguns dos principais relatos de martírios e a reação romana aos cristãos (os eventos de Lyon, 176-179). O governante por curto período foi Décio (249- -251 d.C.). Os detalhes exatos do que ele exigiu são incertos, mas alguns certificados que comprovam que indivíduos realizaram sacrifícios foram preservados (uma tradução pode ser encontrada em Beard et al., *Religions of Rome*, vol. II [seção "Capítulo 4"], n. 6.8c). A radical revolução política e cultural que se seguiu ao cristianismo é resumida de forma clara e sucinta por Kelly em *The Roman Empire* (seção "Geral"), 78-94.

Lugares para visitar: O que se acredita ser o mausoléu de Alexandre Severo e de sua mãe – hoje conhecido como Monte del Grano (Monte do Grão, por seu formato) – não fica longe da Vila dos Quintílios, entre o centro de Roma e o aeroporto de Ciampino; está aberto ao público, mas normalmente é necessário pré-agendar a visita. O Vaso de Portland, uma impressionante peça de vidro antiga, mesmo sem conter as cinzas de Alexandre Severo, é uma das grandes atrações das galerias romanas do Museu Britânico em Londres.

LISTA DE IMAGENS

Imagens em cores

1. L. Alma-Tadema, *As rosas de Heliogábalo* (1888). Foto: © Whitford Fine Art, London, UK / Bridgeman Images
2. Manuel Dominguez Sanchez, *A morte de Sêneca* (1871). Foto: © Fine Art Images / Bridgeman Images
3. Tondo: Painel da família de Septímio Severo, *c.* 200 d.C., Museus Estatais, Berlim. Foto: © Bridgeman Images
4. Jardim pintado na Vila de Lívia, 20-30 a.C., Palazzo Massimo alle Terme, Museu Nacional de Roma. Foto: © Carlo Bollo / Alamy Stock Photo
5. Camafeu com Lívia segurando um busto de Augusto (14-37 d.C., turquesa). Foto © 2023 Museum of Fine Arts, Boston. Todos os direitos reservados. / Henry Lillie Pierce Fund / Bridgeman Images
6. Turistas italianos visitando os barcos do lago Nemi, 1932. Foto: © agefotostock / Alamy Stock Photo
7. Cópia de pintura parietal por A. Ala, mostrando Teseu e Ariadne da Casa de Caccia Antica (caçada antiga). Foto: © Florilegius / Bridgeman Images
8. Salão das Grinaldas de Pinheiros, Casa de Augusto (afresco). Foto: © DeAgostini Picture Library / Scala, Florença
9. Reconstrução do Saguão de Audiência Real, Monte Palatino, Roma. Foto: Balage Balogh / archaeologyillustrated.com

10. Mosaico mostrando pombos bebendo água de um vaso, da Vila de Adriano em Tivoli, Itália. Foto: © DEA / G. DAGLI ORTI/De Agostini via Getty Images
11. Cena de banquete na Casa dos Amantes Castos, Pompeia. Foto: © Alessandra Benedetti/Corbis via Getty Images
12. *Messalina* de Peder Severin Krøyer. Foto: © Painters / Alamy Stock Photo
13. Cabeça de bronze de uma estátua maior que o tamanho natural de Augusto, também conhecida como "Cabeça de Méroe". Foto: © The Trustees of the British Museum
14. Moeda comemorativa celebrando a vitória de Trajano sobre os partos e a tomada de Ctesifonte. Foto: The Trustees of the British Museum
15. e 16. (Esquerda) Augusto de Prima Porta, Museu do Vaticano, Roma. (Direita) Molde pintado do original, Museu Ashmolean. Foto: © Azoor Photo / Alamy Stock Photo e © Ashmolean Museum/Heritage Images / Getty Images
17. O Grande Camafeu da França, Paris. Foto: © Pictures from History / Marie-Lan Nguyen / Bridgeman Images
18. Teto da Domus Transitoria, Roma. Foto: Alessandro Serrano / Photoshot/agefotostock
19. Projeto de teto à maneira antiga, baseado na Domus Transitoria e atribuído a Agostino Brunias. Foto: © Christie's Images / Bridgeman Images
20. Decoração parietal, *horti* Lamiani, Museu Capitolino, Palazzo dei Conservatori, Roma. Foto: Roma, Sovrintendenza Capitolina ai Beni Culturali
21. Augusto como faraó, do templo de Ísis em Dendur, agora montado no Metropolitan Museum, Nova York. Foto: Robin Cormack
22. Mosaico mostrando uma corrida no Circo Máximo, Lyon. Foto: © Photo Josse / Bridgeman Images
23. Retrato de um jovem, de Faium. Foto: Pictures from History / Bridgeman Images
24. Pavão de bronze dourado. Foto: © Governatorato do Vaticano – Diretoria dos Museus do Vaticano

Imagens

1. Busto em mármore de Elagábalo. Foto: Bridgeman Images 16
2. A "Mesa de Lyon". Foto: G. Dagli Orti /© NPL – DeA Picture Library / Bridgeman Images 27
3. Réplica de um antigo molde de confeitaria. Foto: © Museu Histórico de Budapeste, Museu Aquincum, Budapeste, Hungria – Estoque n. 51595 28
4. Brinco: retrato de Septímio Severo. Foto: © The Trustees of the British Museum 28
5. Detalhe do papiro Oxirrinco 35. Cortesia do Museu Penn, imagem E2749 33
6. Capa da revista *IstoÉ*, n. 2.592, agosto de 2019. Foto: *IstoÉ*/Editora Três 34
7. Escultura de mármore retratando Domiciano, cerca de 90 d.C., 59,6 cm de altura, 41,3 cm de largura. Foto: Toledo Museum of Art (Toledo, Ohio), Presente de Edward Drummond Libbey e de Florence Scott Libbey. Legado em Memória do Pai dela, Maurice A. Scott, 1990.30 40
8. Escultura retratando Trajano, Museus Vaticanos. Foto: © Album / Alamy Stock 40
9. Cabeça de Júlio César de uma moeda, cunhada por M. Mettius 44 a.C. Foto: Wikimedia GNU Free Documentation License / Classical Numismatic Group, Inc. http://www.cngcoins.com 47
10. Relevo mostrando a batalha naval de Ácio, Córdoba, Espanha. Foto: © Album / Alamy Stock Photo 48
11. Fórum de Augusto, Roma. Foto: © iStock / Getty Images Plus 55
12. Detalhe da taça de Boscoreale, mostrando Tibério triunfante. Foto: © RMN-Grand Palais /Dist. Photo SCALA, Florence 59
13. Mausoléu de Augusto, Roma. Foto: lickr/ Jamie Heath CC BY-SA 2.0 68
14. Inscrição votiva em mármore dedicada por Antônio, um *libertus* ou escravo libertado, com partes apagadas. Foto: The Trustees of the British Museum 84
15. Moeda de ouro mostrando o rosto de Nerva. Foto: The Trustees of the British Museum 87

16. *Triclinium* de Verão, Casa do Efebo em Pompeia, Itália. Foto: © Manuel Cohen / Scala, Florença 95
17. O chamado "Bagni di Livia" (sala de jantar), em seu estado atual. Foto: Associated Press / Alamy Stock Photo 98
18. Reconstrução em corte dos Bagni di Livia, reproduzido em *Nero: the Man Behind the Myth* (British Museum Press). Foto: The Trustees of the British Museum 99
19. O que resta da grande área de jantar do palácio de Domiciano. Foto: © iStock / Getty Images Plus 102
20. Reconstrução de recorte da sala de jantar do palácio de Domiciano. Foto: Cortesia da Escola Britânica de Roma, Sheila Gibson Archive 102
21. Salão de Jantar de Canopo, Vila de Adriano. Foto: © Adam Eastland / Alamy Stock Photo 104
22. Lápide de Tito Élio Primitivo. Foto: Governorate da Cidade-Estado do Vaticano – Diretoria dos Museus Vaticanos 110
23. Lápide de Tibério Cláudio Zózimo. Foto: © Gabinetto Fotografico delle Gallerie degli Uffizi 110
24. Vista da área de jantar e da caverna de Sperlonga. Foto: © Carole Raddato CC-by-SA-2.0 122
25. Detalhe do cegamento de Polifemo, talvez cópia romana de um grupo estatuário helenístico, Sperlonga. Foto: © DeAgostini Picture Library / Scala, Florença 123
26. Mergulhador com uma estátua retratando um companheiro de Odisseu, no Ninfeu de Cláudio, Baias, Nápoles. Foto: © BIOSPHOTO / Alamy Stock Photo 125
27. Estátua do século V a.C. de uma das filhas de Níobe correndo, do *horti Sallustiani*, atualmente em Copenhague. Foto: Ny Carlsberg Glyptotek, Copenhagen / Ole Woldbye 132
28. Vista aérea das ruínas da Vila de Tibério em Capri. Foto: © Gianpiero Chirico 133
29. Papa João XXIII em sua residência de verão em Castel Gandolfo, 6 de agosto de 1961. Foto: © TopFoto 134
30. Encanamento de chumbo dos *horti Lamiani*. Foto: © Roma – Soprintendenza Speciale di Roma / Museo Ninfeo – Fondazione Enpam 135

31. Interior do Auditório de Mecenas, Roma. Foto: © Sebastiano Luciano 137
32. Reconstrução hipotética da Domus Aurea, de "Staging Nero", em *The Cambridge Companion to the Age of Nero* (2017). Foto: Publicada com permissão do licenciador via PLSclear 143
33. A sala octogonal na Casa Dourada. Foto: © Alberto Pizzoli / Sygma / Sygma via Getty Images 144
34. Restauração de afresco do palácio da Domus Aurea, Roma, 2014. Foto: © Marco Ansaloni / Science Photo Library 145
35. A Casina Farnese (alojamento do jardim) no palácio do Palatino. Foto: © Adam Eastland / Alamy Stock Photo 148
36. O estádio do Palatino. Foto: © iStock / Getty Images Plus 153
37. Rampa levando do Fórum até o palácio do Palatino. Foto: Associated Press / Alamy Stock Photo 155
38. Grafite da crucificação localizado no palácio do Palatino. Foto: ©Zev Radovan / Alamy Stock Photo 160
39. (Esquerda) A musa Urânia. (Direita) A musa Érato, no Museu do Prado, Madri. Foto: © Album / Alamy Stock Photo 165
40. Quatro cariátides enfileiradas, Tivoli, Itália. Foto: Mauritius images GmbH / Alamy Stock Photo 167
41. Busto retratando Antínoo, encontrado em Tivoli, agora no Louvre, em Paris. Foto: Flickr © Carole Raddato CC-by-SA-2.0 168
42. Villa Adriana: passagem subterrânea. Foto: Buffetville/ Bridgeman Images 169
43. Templo de Vênus na Villa Adriana, com estátua de Afrodite, Itália. Foto: Photo: © Moment Open / Getty Images 170
44. Estátua de bronze de Marco Aurélio, Museu Capitolino, Roma. Foto: © Paul Williams / Alamy Stock Photo 177
45. Banheiro com várias latrinas no palácio de Nero, Monte Palatino, Roma. Foto: © ALBERTO PIZZOLI/AFP via Getty Images 178
46. Reconstrução do século XVIII da tumba comunal da casa de Lívia, em Antonio Francisco Gorio (1727), *Monumentum sive columbarium libertorum Liviae Augustae et Caesarum*. Foto: archive.org 186
47. Epitáfio de Musicus Scurranus. Foto: Governatorato do Vaticano – Diretoriae dos Museus Vaticanos 188

48. Fragmentos de uma inscrição registrando a carreira de Suetônio, descoberta no sítio de Hippo Regius, Argélia. Fotos: (acima) de G. B. Townend "The Hippo Inscription", *Historia*, 61 – domínio público; (abaixo) Livius.org, com permissão 193
49. Moeda com a cabeça da imperatriz Faustina. Foto: © agefotostock / Alamy Stock Photo 199
50. Papiro de Septímio Severo. Foto: Columbia Rare Book and Manuscript Library 222
51. Seção do "Muro do Arquivo" em Afrodísias, Turquia. Foto: © 2007 King's College London 228
52. Moeda de bronze celebrando a abolição de transporte requisitado, emitida sob Nerva. Foto: © Classical Numismatic Group, LLC https://www.cngcoins.com 232
53. Lápide de Júlio Classiciano. Foto: © The Trustees of the British Museum 234
54. Vala escavada no Monte Testaccio, "Monte de Cacos", Roma. Foto: © Whitney Jones 240
55. Joaquin Phoenix como Cômodo em *Gladiador*. Foto: © Maximum Film / Alamy Stock Photo 250
56. Busto retratando Cômodo como Hércules, Museu Capitolino, Roma. Foto: Viktor Onyshchenko / Alamy Stock Photo 250
57. Arquibancadas e arena parcialmente restauradas do Coliseu, Roma. Foto: © imageBROKER/ Getty Images 253
58. Uma visão do Circo Máximo a partir do palácio Palatino, Roma. Foto: © Moment/ Getty Images 264
59. Obelisco originalmente do Circo Máximo, hoje na Piazza del Popolo, Roma. Foto: © Mauritius images GmbH / Alamy Stock Photo 265
60. Exterior do Teatro de Marcelo, Roma. Foto: © Apostolis Giontzis / Shutterstock 272
61. Painel em baixo-relevo mostrando Adriano caçando, Arco de Constantino, Roma. Foto: Carole Raddato/Following Hadrian 277
62. Os Colossos de Mêmnon, perto de Luxor, no Egito. Foto: © Bildagenturonline / Universal Images Group via Getty Images 282

63. Memorial de Júlia Balbila ao seu irmão, Filopapo, Atenas. Foto: © Archivio J. Lange / © NPL – DeA Picture Library / Bridgeman Images 283
64. Detalhe do poema de Júlia Balbila, inscrito no pé esquerdo do Colosso. Foto: © Jackie Ellis / Alamy Stock Photo 284
65. Ruínas do Templo de Zeus Olímpico, Atenas. Foto: © Classic Image / Alamy Stock Photo 289
66. Portão de Adriano, Atenas. Foto: © Robin Cormack 290
67. Estátua de Adriano com armadura, Antalya, Turquia. Foto: © Paul Williams / Alamy Stock Photo 298
68. Cena da Coluna de Trajano, concluída em 113 d.C., Roma. Foto: © JAUBERT French Collection / Alamy Stock Photo 299
69. Cena da coluna de Marco Aurélio, Roma. Foto: © Andrea Izzotti / Alamy Stock Photo 300
70. Cena do monumento de Éfeso, Selçuk, Turquia. Foto: © Azoor Photo Collection / Alamy Stock Photo 301
71. Moeda de bronze emitida por Nero. Foto: The Trustees of the British Museum 313
72. Dezoito imperadores: Tibério (© DeAgostini Picture Library / Scala, Florence); Calígula (© Prisma Archivo / Alamy); Cláudio (©INTERFOTO / Alamy Stock Photo); Nero (© Alfredo Dagli Orti / The Art Archive / Corbis); Vespasiano (© Prisma / Universal ImagesGroup via Getty Images); Tito (© Anderson / Alinari via Getty Images); Domiciano (Toledo Museum of Art, Ohio); Nerva (© DEA/G. Dagli Orti / De Agostini / Getty Images); Trajano (© Album / Alamy Stock Photo); Adriano (© Paul Williams / Alamy Stock Photo); Antonino Pio (© Bibi Saint-Pol); Marco Aurélio (© DEA / G. Nimatallah / De Agostini / Getty Images); Lúcio Vero (© Album / Alamy Stock Photo); Cômodo (© Viktor Onyshchenko / Alamy Stock Photo); Septímio Severo (© 360b / Alamy Stock Photo); Caracala (© Lanmas / Alamy Stock Photo); Elagábalo (© Bridgeman Images); Alexandre Severo (© Peter Horree / Alamy Stock Photo) 319
73. Rei George I vestido como imperador romano, estátua de mármore de John Michael Rysbrack. Foto: © The University of Cambridge, imagem reproduzida com permissão do Museu Fitzwilliam 320

74. Busto encontrado em Arles, França, parte da coleção do Musée de l'Arles antique. Foto: ©REUTERS/Jean-Paul Pelissier 322
75. Diagrama do estilo de penteado de Augusto, baseado em D Boschung, *Die Bildnisse des Augustus* (1993) 323
76. Busto verístico do período da República. Foto: © Alinari / Bridgeman Images 324
77. Estátua de Lúcio Vero, Museu Arqueológico Nacional, Nápoles. Foto: © Album / Alamy Stock Photo 326
78. Estátua de Tibério de toga, Louvre, França. Foto: Photo © DeAgostini Picture Library/Scala, Florença 326
79. Busto de imperador desconhecido. Foto: © The Trustees of the British Museum 328
80. Busto retratando Vespasiano, Gliptoteca Ny Carlsberg, Copenhague, Dinamarca. Foto: © Prisma/Universal Images Group via Getty Images 330
81. Seis imperatrizes: Lívia (© World History Archive / Alamy Stock Photo); Agripina, a Jovem (© Fine Art Images / Heritage Images / Getty Image); Domícia Longa (© PHAS / Universal Images Group via GettyImages); Plotina (Flickr © Carole Raddato); Faustina (© DeAgostini Picture Library / Scala, Florença); Júlia Domna (© Peter Horree / Alamy Stock Photo) 332
82. Três mulheres imperiais de um grupo de treze estátuas preservadas encontradas em Veleia, norte da Itália, atualmente no Museu Arqueológico Nacional, Parma. Foto: © Mario Bonotto / Photo Scala, Florence 334
83. Estátua em tamanho natural de Messalina, hoje no Louvre, Paris. Foto: ©RMNGrand Palais /Dist. Photo SCALA, Florença 335
84. Painel em relevo mostrando Agripina coroando o filho Nero, encontrado em Afrodísias, Turquia. Foto: © Paul Williams / Alamy Stock Photo 336
85. A mais antiga representação da Britânia, escultura encontrada em Afrodísias, Turquia. Foto: © Paul Williams / Alamy Stock Photo 337
86. Painel em relevo mostrando Júlia Domna coroando o filho Caracala, provavelmente da Síria. Foto: © DCOW/EUB / Alamy Stock Photo 338

87. Estátua mostrando Cláudio como Júpiter, Vaticano, Itália. Foto: ©INTERFOTO / Alamy Stock Photo 339
88. Berloques mostrando imperadores: anel com moeda com cabeça de Caracala. Foto: The Trustees of the British Museum; medalhão de vidro mostrando Tibério. Foto: presente de J. Pierpont Morgan, 1917 (17.194.18) The Met, Nova York; centro de peça de cerâmica mostrando Augusto. Foto: presente de J. Pierpont Morgan, 1917 (17.194.18) The Met, Nova York 341
89. Mão do imperador Constantino I, o Grande, Museu Capitolino, Roma. Foto: © Nevena Tsvetanova / Alamy Stock Photo 346
90. Anel com pedra ametista com gravação de Nero. Foto: © bpk / Antikensammlung, SMB / Johannes Laurentius 347
91. Busto de Nero reconfigurado para retratar Vespasiano. Foto: The Trustees of the British Museum 351
92. Três retratos de Lúcio Vero encontrados em sua vila, Acqua Traversa, atualmente no Louvre, Paris. Foto: © RMN-Grand Palais / Dist. Photo SCALA, Florença 354
93. Base da Coluna de Trajano, Roma. Foto: © Adam Eastland / Alamy Stock Photo 362
94. Mausoléu de Adriano, Castel Sant'Angelo, Roma. Foto: © Dorling Kindersley/UIG / Bridgeman Images 363
95. Lápide de Agripina, a Velha, Museu Capitolino, Palazzo dei Conservatori, Roma. Foto: Roma, Sovrintendenza Capitolina ai Beni Culturali 364
96. Painel mostrando Tito ascendendo ao céu sobre uma águia, Arco de Tito, Roma. Foto: Wikipedia/ MiguelHermoso / CC BY-SA 3.0 365
97. Detalhe de papiro [do calendário] de Feriale Duranum, atualmente na Universidade de Yale, EUA. Foto: Domínio público 368
98. Cena de um sacrifício, Arco dos Argentarii. Roma. Foto: © Bridgeman Images 373
99. Apoteose de Antonino Pio e Faustina, Roma. Foto: © Sueddeutsche Zeitung Photo / Alamy Stock Photo 376
100. Epitáfio de Cláudia Ecloge, Museu Capitolino, Arquivo Fotográfico do Museu Capitolino, Roma. Foto: Roma, Sovrintendenza Capitolina ai Beni Culturali 379

101. Relevo escavado em pedra de imperadores prestando homenagem ao rei da Pérsia, Sapor. Foto: Wikipedia / Diego Delso, delso. photo/ CC BY-SA 4.0 385
102. O Missorium de Teodósio I. Foto: WHPics / Alamy Stock Photo 389

Embora tenham sido feitos todos os esforços para entrar em contato com os detentores dos direitos autorais das ilustrações, a autora e a editora agradecem por informações sobre quaisquer figuras que não conseguiram identificar e prometem fazer correções em edições futuras.

LINHA DO TEMPO

FIGURAS LITERÁRIAS	DATAS	EVENTOS	GOVERNANTES, PERÍODOS, GUERRAS
		49 César atravessa o Rubicão	DITADURA DE JÚLIO CÉSAR E SUAS CONSEQUÊNCIAS
		48 Batalha de Farsália, morte de Pompeu no Egito	Guerra entre César e Pompeu
		46 Triunfo de César	
		44 (JANEIRO) César é eleito ditador "para sempre" (MARÇO) Assassinato de César	
CÍCERO assassinado	43	43	Guerra entre os assassinos e os herdeiros de César
		42 Batalha de Filipos: derrota de Bruto e Cássio	
Éclogas de Virgílio	39		
		37 Otaviano e Lívia se casam	
HORÁCIO ativo	de 35 em diante		
		31 Batalha de Ácio	Guerra entre Otaviano e Marco Antônio
		30 Suicídio de Antônio e Cleópatra: Egito torna-se uma província de Roma	
Geórgicas de VIRGÍLIO; possivelmente começa a escrever a *Eneida*	29	29 Otaviano retorna à Itália	
		27 Otaviano ganha o título de Augusto	OS JÚLIO-CLÁUDIOS **AUGUSTO**
Morte de VIRGÍLIO	19		
		8 O mês "Sextilis" é renomeado como "Augustus" (agosto)	

		4	Augusto adota formalmente Tibério	
		2	Inauguração do Fórum de Augusto	
OVÍDIO exilado para Tômis	8			
		9	Batalha da Floresta de Teutoburgo	
ESTRABÃO ativo		14	Morte de Augusto	**TIBÉRIO**
FEDRO E VELEIO PATÉRCULO ativos	20+			
		26	Tibério se muda para Capri	
		29	Morte de Lívia	
		33	Data tradicional da crucificação de Jesus	
		37	Morte de Tibério	**CALÍGULA**
SÊNECA, O JOVEM ativo	40 em diante	40	Tentativa de Calígula de invadir a Britânia? Embaixada judaica a Calígula	
		41	Assassinato de Calígula	**CLÁUDIO**
		43	Invasão da Britânia por Cláudio	
		44	Triunfo de Cláudio na Britânia	
		48	Discurso de Lyon por Cláudio Execução de Messalina, esposa de Cláudio	
SÊNECA, *Apocolocyntosis*	50+			
		54	Morte de Cláudio	**NERO**
		55	Morte de Britânico	
PLÍNIO, O VELHO, LUCANO, PETRÔNIO, PÉRSIO ativos	60+	c. 60	Rebelião de Boudica	
Nascimento de PLÍNIO, O JOVEM	61/2			
		64	"Grande Incêndio" de Roma Início da construção da Casa Dourada	
SÊNECA e LUCANO se suicidam	65			

PETRÔNIO se suicida	66	66	Turnê de Nero pela Grécia; concede "liberdade" à Grécia	1ª REVOLTA JUDAICA (66-73/74)
		68	Morte de Nero	
		68-69	Guerra civil: assim chamada "O Ano dos Quatro Imperadores"	GUERRA CIVIL GALBA, OTO, VITÉLIO
		69		OS FLAVIANOS VESPASIANO
		70	Destruição do Templo de Jerusalém	
VALÉRIO FLACO, ESTÁCIO, MARCIAL, EPITETO ativos	70+- 100+	73/4	Primeira Revolta Judaica termina com a queda de Massada	
JOSEFO começa a publicar *Guerra Judaica*	75			
		79	Erupção do Vesúvio, destruição de Pompeia e Herculano	TITO
PLUTARCO ativo pela primeira vez	80	80	Conclusão do Coliseu	
		81	Morte de Tito	DOMICIANO
		final 80	Jantar negro de Domiciano	
JOSEFO, *Antiguidades judaicas*	93/4			
		96	Assassinato de Domiciano	IMPERADORES "ADOTIVOS"
Consulado de TÁCITO	97		Nerva adota Trajano	NERVA
		98	Morte de Nerva	TRAJANO
PLÍNIO, *Epístolas* Livros 1-9	c. 99-109			
JUVENAL, *Sátiras*	c. 100 em diante			
Consulado de PLÍNIO e *Panegírico* de Trajano	100			
				1ª GUERRA DÁCIA (101-102)
				2ª GUERRA DÁCIA (105-106)

TÁCITO, *Histórias*	109	109-110	Plínio governador de Bitínia-Ponto	
PLÍNIO, *Epístolas* Livro 10 (a Trajano)	110			
		113	Trajano invade a Pártia Conclusão da Coluna de Trajano	**CAMPANHAS DE TRAJANO** no Oriente (113-117)
TÁCITO, *Anais*	117	117	Morte de Trajano	**ADRIANO**
		c. 118 em diante	Construção da Vila de Adriano em Tivoli	
SUETÔNIO, *As vidas dos doze Césares*	120	120+	Construção da Muralha de Adriano	
		121-125	Primeira "turnê" de Adriano pelo Império	
		128-134	Segunda "turnê" de Adriano pelo Império Adriano visita Lambésis (128) Antínoo morre afogado no Nilo (130) Comitiva de Adriano visita a estátua cantante (130)	
		138	Morte de Adriano	**ANTONINO PIO**
FRONTO, AULO GÉLIO, LUCIANO, APULEIO, FLÉGON ativos	140+-180+			
ARISTIDES, *Elogio a Roma*	144			
PAUSÂNIAS e GALENO ativos	c. 160+-170+	161	Morte de Antonino Pio	**MARCO AURÉLIO E LÚCIO VERO**
		167	Peste em Roma e no império	
		169	Morte de Lúcio Vero	**MARCO AURÉLIO**
ARTEMIDORO ativo	180 diante	180	Morte de Marco Aurélio	**CÔMODO**
		192	Exibições de Cômodo no Coliseu Assassinato de Cômodo	
		193	O chamado "Ano dos Cinco Imperadores"	**GUERRA CIVIL PERTINAX, DÍDIO JULIANO, PESCÊNIO NÍGER, CLÓDIO ALBINO**

		193		OS SEVEROS **SEPTÍMIO SEVERO**
				CAMPANHAS DE SEPTÍMIO SEVERO NO ORIENTE (195-198)
DIÃO CÁSSIO começa sua história	*c.* 202			
Consulado de DIÃO CÁSSIO	*c.* 205			
				CAMPANHAS DE SEPTÍMIO SEVERO NA BRITÂNIA (208-211)
FILÓSTRATO ativo	210+ em diante			
		211	Morte de Septímio Severo Caracala manda matar Geta	**CARACALA E GETA**
		212	Cidadania estendida a todos os habitantes livres do Império	
		217	Assassinato de Caracala	**MACRINO**
		218	Assassinato de Macrino	**ELAGÁBALO**
		220+	Calendário de Dura Europo	
		222	Assassinato de Elagábalo	**ALEXANDRE SEVERO**
		235	Assassinato de Alexandre Severo e de sua mãe, Júlia Mameia	
		238	Petição de Scaptopara (reinado de Gordiano III)	
HISTÓRIA AUGUSTA escrita	final 300+			

AGRADECIMENTOS

Durante o longo tempo que levei para escrever *Imperador de Roma*, incorri em muitas dívidas (intelectuais e outras). O germe da ideia do livro remonta a um curso que ministrei em Cambridge nos anos 1990 com John Henderson e outros, intitulado "O imperador romano: construção e desconstrução de uma imagem". Aprendi muito com meus colegas, professores e alunos nesse curso, e mais recentemente com os alunos de mestrado de Cambridge que acompanharam uma série de seminários que coordenei sobre Suetônio. Eles despertaram meu interesse para (e me esclareceram) muitos aspectos da biografia imperial.

Ao escrever, me senti grata ao contar com a experiência e a ajuda generosa de muitos amigos e colegas: Christopher Burden-Strevens, Emlyn Dodd, Lisa Fentress, Roy Gibson, Christopher Kelly, Pamela Takefman, Peter Thonemann, Carrie Vout, Andrew Wallace-Hadrill e Peter Wiseman. O texto todo foi lido integralmente por Peter Stothard (que por vezes viu o que eu estava tentando passar para o papel, quando nem eu mesma tinha identificado bem), pelos maravilhosos olhos de águia de Bob Weil, da Liveright, e por Penny Daniel e Andrew Franklin, da Profile. Debbie Whittaker reverificou tudo e me poupou de quaisquer equívocos constrangedores. Entre meus outros amigos da Profile (e relacionados com a Profile), sinto-me particularmente grata a Claire Beaumont, Catherine Clohessy-McCarthy, Peter Dyer (que criou a capa), Alex Elam, Emily Hayward-Whitlock (do The Artists Partnership), Susanne Hillen, Ruth Killick (da Ruth Killick Publicity),

Niamh Murray, Flora Willis e Valentina Zanca. Agradeço também a Lesley Hodgson pela pesquisa de imagens e a James Alexander (da Jade Design) pelo projeto gráfico. Nos Estados Unidos, sou muito grata a George Lucas (da Inkwell Management) e a Peter Miller e Haley Bracken (da Norton e da Liveright).

Como sempre, minha família – do mais velho ao mais novo (Robin, Zoe e Akin, Raph e Pamela, além de Ifeyinka, Ayodeji e Elijah) –, que aguentou muito de mim.

ÍNDICE REMISSIVO

Referências a páginas em *itálico* indicam imagens ou fotos
il. indica caderno de ilustrações

A

Acaia, província romana da 57, 292
acessibilidade, ao imperador 23-5, 317
Ácio, Batalha de (31 a.C.) 48-9, 49, 67, 111, 308
adoção: Antonino Pio adota Marco Aurélio 114, 162, 212; Augusto adota Tibério 69, 328, 395; Cláudio adota Nero 271, 394; e sistema de governo de um homem só 76-79; Elagábalo adota Alexandre Severo 29, 31, 77, 383; "imperadores adotivos" (dinastia Antonina) 77, 79, 80, 82, 114, 162, 212, 271, 328, 330; Júlio César adota postumamente "Augusto" 48, 50, 49-50, 371-2, 394; Nerva adota Trajano 77, 79, 85; Septímio Severo alega adoção por Marco Aurélio 77, 79, 328, 394-5; Trajano adota Adriano 79-80, 330
Adriano, imperador: acessibilidade 23-4, 316-7; adoção por Trajano e ascensão 79, 80, 198; Adrianotera 278, 287; Antínoo 166, 168, 169-70, 194-5, 277, 278-80, 281,284, 287, 25, 350; Atenas, visita 288-90, 289, *289*, 392; caçando 275-6, 277, 278-280; Coliseu e gladiadores 251, 268; correspondência 23, 162, 202, 226, 227, 231; discurso fúnebre para a sogra, Matídia 202; Egito, visita ao 22, 166, 281-2, 282, 283, 287, 285-6, 285, 295, 342; e Plotina 79, 198, 202; exército 57, 309, 310, 315, 317; imagem pública/representações de *319, 298, 325*, 327, 328, 330-1, *351*, 364-5; jantar 93, 103-7, 108, 112, 118, 122; Lambésis, visita forte em 237-8, 309; mausoléu de Adriano, Roma 364-5, 365-6, 377; morte 380; move colosso, 349; Muralha de Adriano 240, 300; pelos faciais 330-1; revolta judaica, repressão à 300-1; viagens 280, 281-2, *282, 283, 284, 286, 289, 290*, 292, 293, 295, 305, 309; Vila de Tivoli 28-9, 103-4, *104,*107, 113, 123, 130-1, 132, 133, 136, 137-8, 156, 163-71, 163, *165*, 166, *167, 168, 169, 289, il. 10*; Yourcenar, *Memórias de Adriano* 206, 211, 379-80
Adrianotera 278, 287

África (Norte): imperadores da 30, 74, 75; governadores da 221, 385; romanos na e originários da 209, 227, 237, 243, 278, 309-10

Afrodísias 227, *228*, 336, *336*, *337*, 339, 369

Afrodite (deusa) 227, 278; Templo de, em Cnido *170*, 170, 196

Agripa, Marco Vipsânio 178, 308

Agripina, a Jovem (esposa de Cláudio e mãe de Nero): autobiografia de, perdida 200; casa-se com Cláudio 190; imagem/representações de 333-2, *334*, 336-7, *336*, 339, 30, 369; incesto, rumores a respeito 197, 275; morte 124; morte de Cláudio 68, 69, 197-8, 357; Senado, rumores de ter ouvido as sessões 198-9

Agripina, a Velha (mãe de Calígula) 334, 334,*364*, 365

Alexandre, o Grande 45, 238,294, 307, 25, 350, 372

Alexandre Severo, imperador: ascensão 23, 29, 76, 197-8, 370, 383; assassinato 30, 180, 329, 359, 367, 383-4, 385, 386; "bom" imperador 23, 29, 384; "burocracia" 23, 29, 228; deificação 367, 370; e a mãe (Júlia Mameia) 160-1, 197, 383; Egito, visita 295; Elagábalo adota 29, 31, 77, 383; imagem/representações de *319*, 327, 330, 341; jantar 113, 120, 157; palácios 157, 160-1; tumba 383-4

Alexandria, Egito 26-7, 111, 127-9, 130, 121, 191, 219-20, 237, 293-4, 297

Amenhotep III, faraó 281-2

Antínoo 166, *168*, 169-70, 194-5, *277*, 278--280, 281, 284, 287, 309, 325, 350, 418

Antinoópolis, Egito 195, 283, 284, 287

Antioquia 360; terremoto (115 d.C.) 219, 228-9

Antonino Pio imperador: Circo Máximo 262; e *Anotações para si mesmo*, de Marco Aurélio 211; édito de cidadania atribuído a 238; imagem pública/representações de *319*, *376*; morte e deificação 359, 368, 370, 376, *376*,*379*; personalidade 31; petições a 148-9, 223; presságios sobre a ascensão 73; sucessão 75; vila e área de jantar de 113, 162

Antônio, Marco (Marcus Antonius) 48, 49, 111-2, 294

Ânzio, Vila de Nero em 133

Apolo (deus) 96, 116, 140, *272*, 312, 313, 348

apoteose 25-26, 357-9, 366-7. *Ver também* deificação

archimagiros ("*chef de cuisine*") 109, 110

Arcinazzo Romano, Vila de Trajano em 135

Arco de Constantino, Roma *277*, 350

Arco de Tito, Roma *365*, 365, 366-7

Aristides, Élio 210, 217, 218

Armênia 338

Artemidoro 20-1, 317

Atatürk, Kemal 53

Atena (deusa) 165, 195-6, 294

Atenas, Grécia 165, 170, 201, 202, 210, 282, 288-9, 289, 290, 294, 295

Augusto (Otaviano), imperador: Ácio, Batalha de 48-9, 67, 111, 308; adoção por Júlio César 48, 50, 77, 394; aparência 315, 317, 357; ascensão 48-50, 53, 77; assassinato, aflição a respeito 50; "Auditório de Mecenas" 136-7, *137*; "Augusto" como nome 49-50, 394, 395; Augusto nomeado em homenagem a 49-50; autobiografia de, pessoal 211; batalha da Floresta de Teutoburgo (9 d.C.) 299-300; benefícios/presentes 54, 245, 246; "camaleão" 52-3; casamento/esposa *ver* Lívia; "caso do penico que caiu", Cnido 13-14, 229; cerimônia de triunfo 57-8, 311-2; Circo Máximo *264*, 265, 266; correspondência/julgamentos 13-4, 209-10, 217, 225, 230, 231, 232, 233, 247, 266; corte de 177-8, 179, 189; deificação 357, 367, 369, 370, 371, 372, 375-6, 378 desfloramento de virgens 196; e *Apocolocyntosis* 357; e Horácio 192; e lutas de gladiadores 255, 260; e Virgílio 100, 136-7, 308; exército, reforma do 57-8, 72; expansão do império, restrições 299-300, 301,

303, 314; Fórum de Augusto, Roma 55; Fórum, regras para 235; Grécia, visitas 294; imagem pública (retrato/esculturas/estátuas) 29, 54-5, 55, 315, 318, 323-8, 328, 331, 338, 342, 347, 348, 349, 350, 351-2, 387, *il. 13, 28, 29, 30,* 33; impostos sobre herança 60; jantares 111, 113, 116-7, 119; lema da *civilitas* 59; mausoléu de Augusto, Roma 67, *68,* 362, 364-5, 376-7; moedas e imagens de 54, 2, 323, 324, 354, 358; morte e funeral 60, 65, 68, 69, 79-80, 359-60, 367, 369, 370, 371, 372, 379-81, 383, 392; nomeações políticas 59-60; *O que eu fiz* (*Res Gestae*) 56-7, 56, 57, 60, 139, 211, 244, 264, 348, 365, 369, 374; planos de construções e restaurações 54-55,54, 256, 374; províncias, divisão de 57; residências 129, 137, 138, 140-8, 145, *151,* 152, 158, 159, *il. 8*; samosianos, carta aos 202, 203, 227; Senado/senadores, relações com 59-60, 61; sucessão 31, 67-73, 70-1, 77, 79-80; Teatro de Marcelo 270, 271, *272*; Templo de Marte, "o Vingador" 54, *55*; Tibério adotado por 69, 394;

B

Baias, Vila de Cláudio em *125,* 133, 161-2, 272
Balbila, Júlia 281-5, *282,* 283
bárbaros 192, 208, 297, 297, 298, *301*
barcos de divertimento, de Calígula 103,113, *il. 6*
bares, regulamentos imperiais para 235
Beaufort, duque de 99
beijo 39, 180
bibliotecas 28, 168, 175, 207, 289-90, 305; biblioteca e divisão bibliotecária do palácio 189, 192, *193*
bigas: corridas 152, 252, 262, 266, 267, 264-6, 270, 271, 292; triunfais ou funerárias 54, 310, 311-2, 312, 360, 361
Bitínia-Ponto 215-6, 247, *286,* 293, 353

Bolsonaro, Jair 33-4, *34*
Borístenes 279-80
Boudica 192, 233, *234,* 303, 370
Britânia 74, 85, 241, 337, 341, 371, 383; Adriano visita 285, 297; Cláudio invade 303-5, 336, 337; exaustão dos recursos de Roma 30-1, 305; invasão abortada de Calígula 297-8; Nero substitui governador da 194, 233, 234, *234,* 303, 370; rebelião de Boudica 192, 233, *234,* 303, 370; Septímio Severo e Caracala em 220
Britânico 118-9, 179, 285, 335
Bruto, Marco Júnio 47, 65
Bucéfalo 279
bufões 178, 183
buril 225-6, 241
Byron, Lord 150

C

caçada 41, 275-6, *277,* 287, 350;
caçada de animais na arena 62-3, 249-250, 255, 257, 262
Caenis, Antônia 197
calendário, romano 46, 50, 263, 367, 369, 370
Calídromo 353, 441
Calígula, imperador 173, 191, 358, 367; aparência 315; ascensão 75-6, 80; assassinado 65,76, 79, 80, 83, 128, 141, 154, 181, 270, 313, 359; barcaças de divertimento 103, 113, *il. 6*; Britânia, invasão abortada da 297-8, 303, 312; correspondência 225; e cerimônia de triunfo 311, 312; e as disputas dos alexandrinos 127-8, 129; e o Circo Máximo 262, 267, 269, 270, 268; e o exército 297-8, 309, 313; imagem pública/representações de 315, *319,* 328, 350; "Incitatus" ("Velocidade Total") (cavalo de corrida), paixão por/ proposta para ser cônsul 21, 30, 63, 63, 273, 279, 280; jantares 103, 104, 113, 114, 115, 117, 118, 119-20, 120-6;

moedas, lançadas do teto dos edifícios do Fórum 244-5; morte de Tibério 371; nome 309, 313, 314, 394, 395; residências 127-8, 140, 141, 154; senadores, relações com 62, 63
Canal de Canopo, delta do Nilo, Egito 103, 165, 165
Canopo, sala de jantar, Vila de Tivoli 103--4, *104*, 107, 131, 136, 156, 163, 166, 167
Capri, ilha de 107-8, 131-3, 134, 135, 159, 161, 162, 167, 380
Caracala, imperador: assassinato de 68, 73, 359, 360; cidadania, estende para todos os habitantes livres do Império 238; corridas de bigas e quadrigas 266, 267; e Geta, 76-7, 150,154, 158, 304-5, 350, 379; e petições *libelli* 220, 222, 330; Egito, visita 221, 222, 230; exército 309, 312; funeral 359; imagem pública/representações de *319*, 338, 341, *341*, 342, 344, 350, 353, *il. 3*; Júlia Domna, filha natural de 198, 199-200, *338*, 339; nome 393, 394, 395; Septímio Severo, governo em conjunto com 76; sucessão 77; túmulo 362; viagens 295
Carras, Batalha de (53 a.C.) 43, *55*
"Casa da Antiga Caçada", Pompeia *il. 7*
"Casa de Augusto", Monte Palatino, Roma 149, *il. 8*
"Casa de Lívia", Monte Palatino, Roma 140
"Casa do Efebo", Pompeia 94, *95*
"Casa dos Amantes Castos", Pompeia *il. 11*
Casa Dourada, Roma (*Domus Aurea*) 97, 142-8, 143, 144, *145*, 146, 147, 157, 166, 256, 329
Cássio (Caio Cássio Longino) 65
Castel Gandolfo, Vila de Domiciano 133, 134, *134*, 152
Castel Sant'Angelo, Roma 364. *Ver também* mausoléus
Castor e Pólux, Templo de, Roma 140
Castração 139, 157, 197, 235
Cerimônia de triunfo 57, *58*, 310-3, 361, 363, 372, 381, 383, 392

César, Caio (neto de Augusto) 329
César, Caio Júlio (ditador): adoção de "Augustus" 48, 50, 77, 394; assassinado 47-8,54, 57, 65, 154, 225-6, 359, 359; "atravessa o Rubicão" (marcha com o exército sobre Roma) 45, 252; Britânia, tentativa de invasão da 303, 304; calendário, reforma do 47, 50, 369; "César" como título 46, 50, 390, 394, 394; comentários de Cícero sobre a autoridade de 19, 46-7; correspondência 22, 225, 226; deificação de 367, 368, 369, 370, 371, 372; ditador de Roma, 45, 47; e Suetônio *As vidas* 46; festividades públicas 104; funeral 359; Gália, conquista da 236; imagem pública/ representações de 46, *47*, 54-5, 246, 320-1, 322, 25, 350; jantares 105, 116, 120; memórias 52, 211; moedas e imagem de 46, *46*, 246, 321; Pompeu 44-5, 46, 47, 51, 287, 361; salão de votação, Roma 61; *Veni, vidi, vici* ("Vim, vi, venci") 311
"César" como título 46, 72
César, Lúcio (neto de Augusto) 328
Cícero, Marco Túlio 20, 46-7, 116, 138, 169
Cidadania: ateniense 288; Caracala estende cidadania romana para todos os habitantes livres do império 238-9; e o serviço militar 57
Circo Máximo, Roma 143, *151*, 152, 159, 262-66, 263, *263*, *264*, 268, 317, 391, *il. 22*
Civilitas 59, 60, 72
Classiciano Júlio Alpino (*Classicianus, Julius Alpinus*) 233, 234, *234*, 428
Cláudia (Cláudia Augusta) (filha de Nero) 366, 367-8, 372
Cláudio, imperador: adormecer, hábito de 221; *Apocolocyntosis* 25, 357-8, 367, 366, 375-6, 377, 379; ascensão 65, 72, 75, 79, 303-4; Britânia, conquista da 303-5, 310-1, 337, *337*, 446; deificação de 25, 34, 357-8, 366, 367, 368, 370, 371, 375,

377; e cerimônia de triunfo 311; e *Eu, Cláudio* 206, 211, 367; envenenamento de 67, 68,75, 79, 80, 118, 271, 379; esposas 67-8, 181, 190, 191, 198, 204-5, 247, 334, 335, *335*; funeral 226, 367; imagem pública/representações de *319*, 337, 338, 339-40, *339*, 342, 350, 390; jantares 117, 120, 124-5; jogos de azar 252; palácios 133, 141, 153, 154, 179; proposta de permitir que homens da Gália assumissem cargos políticos em Roma 27, *27*, 236-7; senadores, relações com 61, 65; tribunais 221; vaiado no teatro 273;
Cleandro 191, 269-70
Cleópatra, rainha 48-9, 67, 111-2
Cnido 24, 170, *170*, 196, 229
cogovernantes 76-7, 118-9, 149-50, 154, 387
Colchester 31
Coliseu, Roma *143*, 253-9, *253*, *254*, 280, 329, 349, 391; camarote imperial 250, 253, 256, 262, 266, 391; Circo Máximo 152, 262-25, 268; construção do 146-7, 256, 258, 329; exibições de Cômodo no 17-18, 62-3, 249-50, 260, 261-2, 276; festividades públicas 104-5, 106, 108, 113; inauguração do 146, 258; nome 146-7; sistema de ocupação dos lugares 253-4, 254, 255, 256, 270-1
Coluna de Marco Aurélio, Roma 54, 297, 300, *300*
Coluna de Trajano, Roma 30, 54, *299*, 305, 308, 308-9, 362, *362*, 364, 407
Cômodo, imperador: ascensão de 76, 79; assassinato, 58, 79, 154, 208, 249, 260, 365; Cleandro 191; como Hércules 250, *250*, 261, 349, 372; correspondência 221, 226, 227, 243; corridas de bigas e quadrigas 267; e o Circo Máximo 269-70; deificação 370; Galeno 176, 206, 207, 208; *Gladiador* (filme) 18, 250, *250*; gladiador e caça a feras selvagens 18, 61-62, 249-50, 250, 260, 261, 262, 263, 275, 276, 380; imagem pública/representações de *250*, *319*, 349, 365, 372; jantares 119, 121; nome 394, 395; parentesco 200, 249, 260; Pertinax (cavalo) 268, 270, 280; Vila dos Quintílios 132-3, 269
Constantino, imperador: Arco de Constantino, Roma *277*, 350; confundido com Marco Aurélio 343, 346; reinado (como cristão) 387, 389
cônsules e consulados: Alexandre Severo celebrado como 369; Calígula propõe nomear o cavalo 21, 30, 63, 83, 267, 279; Cômodo 191, 251; duração 59; Filopapo celebrado como *282*; hierarquia do cargo em Roma 31, 60, 191; imperador nomeado 22, 60, 61, 72; jantares 120, 121; nomeações, controle do imperador dos 59-60; Plínio como 37-8, 31, 157, 215; Pompeu como único cônsul 44-5; Tibério celebrado como 365; venda de 191
Copreae ("merdinhas") 109, 220
Corinto, Grécia 292, 293
corte, do imperador (*aula*): 173-214; bufões 178, 183; códigos de etiqueta 176-7, 182-3; "contador, chefe" (*a rationibus*) 173-4, 187, 188, 189, 190; crianças na 178-9, 187; divisão de finanças 173-4, 187, 188, 189, 190; e médicos 176, 178, 185, 186, 187, 207-9, 314; e o "pai de Cláudio Etrusco" 173-6, 184, 187, 190, 194, 223, 247, 391; e sexo 194-6, 202-6; escravos/ex-escravos na 167, 175, 179, 183, 182, 184-189, 196, 198, 205, 206, 207, 213-4; hierarquia da 174, *174*, 175-6, 187, 188-9, 191, 192 194; influência "inapropriada" de escravos na 190-5; Juvenal ridiculariza a 181-2; mulheres na 197-201, 199; riscos e perigos, mundo de 174-5; "vender fumaça" (negociar influência com o imperador) 182
cozinhas 107-8, 111
cozinheiros 107, 109, 110, *110*, 109, 111, 187
Crasso, Marco Licínio 43, *55*
cristianismo 32, 207, 209, 297, 343; Coliseu 253, 258, 263, 390; crucifação

de Cristo representada em alojamento de serviçais no Monte Palatino 129, *160*, 160-1; e a deificação de imperadores 357, 371, 373; imperadores cristãos 258, 263, 343, 387, 390, 390; martírio 253, 258, 263, 387-90; Nero castiga cristãos pelo incêndio de Roma; Plínio pede conselho a Trajano a respeito 26, 216, 387

Ctesifonte 306

Cubiculum (recinto de privacidade e intimidade) 136, 147, 150, 157, 190, 359

cunhagem e moedas: Calígula joga moedas para cidadãos romanos do teto do Fórum 244-5; com a cabeça do imperador, origens 46, 46, 47, 246, 321; com Faustina, esposa de Marco Aurélio *199*, 200; de Adriano 3; de Augusto 54, 323, 324, 325, 353; de Caracala 341, *341*; de Elagábalo 17; de Júlio César 46, *47*, 47, 246, 321; de Nerva *87*, *232*; de Pompeu 44-5; de Trajano 307, *il. 14*; desvalorização das 238-9, 241; e a imagem pública do imperador 46, *47*, 48, 246, 317, 319, 320, 321, 322, 323, 324, 342, 341, 353, *il. 14*; mulheres em 202, 333; requisição de transporte, abolição do sistema celebrado em 231-2, *232*

D

Dácia/Guerras Dácias (101-102, 105-106 d.C.) 30, *299*, -7, 309, 353, 371

Dato 271-2, 27

deificação *ver* morte

Delator ("informante") 89

Dião Crisóstomo ("Boca de Ouro") 278, 308

Dião, Lúcio Cássio: autor da *História romana* 17, 51-2, 62-3, 85-6, 91-2, 133, 201-2, 238, 246, 249, 250, 256, 269--70, 275, 295, 305, 321, 349, 361

Dídio Juliano, imperador 75, 269

Diocleciano, imperador 296, 359, 387

Dispensatores (funcionários especializados em dinheiro/bens) 245

ditadura: Júlio César torna-se ditador de Roma 45, 47; Lúcio Cornélio Sula como ditador de Roma 44,

diversidade, geográfica/étnica de imperadores 15, 17, 12, 30, 74-75

Divisão de finanças, chefe da (a *rationibus*) ("contador-chefe") 173-4, 187, 188, 189, 190

Divus/diva (imperadores e membros da família deificados) 367-8, 371, 372, 375-6

Domícia Longa (mulher de Domiciano) 85, *332*, 333,

Domiciano, imperador: aparência 317, 321-2; assassinato 39, 85-6, 147, 154, 181-2, 359; caçando 278; calvície *40*, 319, 323; cerimônia de triunfo 311, 312; conspirações contra o imperador 65; corridas de biga 266; *Discurso de louvor*, ou *Panegyricus* 40, 85-88; Eárino 196; espetar moscas 16, 25, 226, 252; e Tácito 88; falerianos, inscrições registrando decisões a favor dos 227, 228; imagem pública/representações de *40*, *319*, 329-1, 344, 345, 346, 349, 350, 355; jantar e jantar negro 62, 91-2, 93, 100-3, 101, 102, 105-6, 113, 119, 123, 387; "pai de Cláudio Etrusco" 173; palácios e propriedades 123, 129, 133, 147, 148, 149, 154-5, 162, 181; Plínio, relações com 86-7; vinhas, regulamento sobre plantações de 243

Domus Aurea ver Casa Dourada, Roma

Domus Tiberiana ("o palácio tiberiano"), Roma 141, *155*

Drusila (irmã de Calígula) 367

Dura Europo *368*, 369, 375-6

E

Eárino 196

Ecloge, Cláudia 379, *379*

Éfeso 162, 200-1, 220, *301*, 302, 348

Egito: Adriano visita 23, 166, 171, 173, 278, 280, 281-2, *282*, *283* 284, 285, 297, 294, 342; Alexandre Severo visita

470 IMPERADOR DE ROMA

295; Antínoo se afoga no 166, 169, 194-5, 281, 280, 281, 285; Augusto visita 294; Canal de Canopo, delta do Nilo 103,167, 168; Diocleciano visita 295-6; disputas em Alexandria 127-9, 130, 191, 219-20; e Cleópatra 48, 49, 111; Germânico visita 293; imagens de imperadores no 342-4, 349-53, *il. 21, 23*; morte de Pompeu no 45; propriedades da família do imperador no 243; propriedades de Palas no 190, 243-4; Septímio Severo e Caracala visitam 221, 222, 230; Tivoli e 103-4, 112, 154, 165, 166, 158, 169-70; Vespasiano realiza milagre no 73; visitas imperiais ao, preparativos para 23, 28, 296

Elagábalo, imperador: adoção de Alexandre Severo 29, 31, 77; almofadas flatulentas, 15, 18, 61; anfitrião de jantares/festas 15-6, 8-9, 10, 92, 106, 119, *il. 1*; ascensão 19, 21, 31, 68, 73, 76, 344; assassinato 15, 19, 359, 383; biografia de 26, 80, 383; Circo Máximo 262-7; e sacrifícios humanos de crianças 16, 19; "Elagabal" substitui Júpiter como principal deus de Roma 16, 374; imagem pública/representações de 16, *319*, 330, 344, *il. 1*; mundo distópico de 20, 21, 198, 274, 392; nome 17, 393, 394, 395; origens de 15, 20, 30, 74-75; redesignação de gênero 16, 51, 167; sucessão de 23, 59, 72; Virgem Vestal, casamento 16, 17

Emesa 16, 25, 74, 81

Eneias 337, 372

Epiteto 26, 62, 176, 179, 190

equestres 174, 191-2, 255, 260, 264

escravos/escravidão: Adriano apunhala 226; como commodities 94, 189, 353; e a corte do imperador 173-6, 179, 182, 184-9, 195, 197, 198, 204-5, 206, 213-4; e jantares 93-4, 94, 95, 97, 107, 108-9; e a linguagem do poder romano 41; ex-escravos (libertos) 106-9, 113, 116-7, 174, 175, 176, 184-9, 197, 199, 204, 205, 233, 238, 241, 244, 357, 269, 285, 357; grafites feitos por 184; lápides 92, 108, 109, 110, 184-7, *186, 188*; palácios 129, 154, 159-60, 162, 166, 167

Esculturas, retratos: 315-7; acurácia 318-21; ajustes/reformulações 33-4, 84, 350-1, *351*; Augusto e origens da revolução imperial nos 321-2, *323, 324*; e a sucessão/transmissão de poder 329-32; e as mulheres da família imperial 331- 40, *332, 334, 335, 336, 337, 338*; e Tivoli 104, 137, 158-9, 163-9, *165*, 195; em casas particulares/em miniatura 340-2; e pelos faciais 330-1; "esquema de cachos" 323, *323*; estilo republicano com "verrugas e tudo" 324, 326, 329-30, *320*; imperadores como os que os viam 354- 5; Júlio César e origens da revolução imperial nos 320-1; metal precioso 347-8; perdidas 343-9, 347; poder das imagens imperiais 352-4; similaridades/ individualidade dos 327-31, *334, 330*; tamanho 318, 324, 339, 341, 345-48, *346*, 348-51; tradições idealizadoras 224-8, *325, 326*. Ver também imperador específico

"Escudo de Minerva, O" (bandeja) 106-7, 108

Esmirna 173, 225-6

Esporo 196

Estácio, Públio Papínio *101-3*, 105-6, 108, 147, 152, 155, 173-4, 185, 190, 194,197, 223, 346-7, 350, 387

estátuas do imperador *ver* esculturas

Estrabão 241, 285-6

Etruscos 237

eunucos 93, 139, 195, 196-7

exército romano: cerimônia de triunfo 57-8, 310-4; custo do 57-8, 241-2, 307- -10; imagem pública do imperador, campanhas planejadas para servir 302-7; insurreição e rebelião dentro do território romano 80, 300-1; invasão de Cláudio a Britânia 303-5; lealdade/

relações do imperador com soldados 307-9; Maximino Trácio ("Thrax"), declarado imperador em 385-6; nacionalização do 57-8; pagamento e pensões 57-8, 307-8; reforma de Augusto 57-8, 59, 72; religião dos 368-9; tamanho do 57, 307

F

Falério 227
Faustina (a Jovem) (esposa de Marco Aurélio) 199-200, 200, 201, 204, 206, 213, 259, 273, 333
Faustina (a Velha) (esposa de Antonino Pio) 199-200, 341, 368, 369, *376*, 377
Fedro: *Fábulas* 176, 190, 191, 210, 213-4
Fermo 227, 228
Fídias 196
Filipe, "o Árabe", imperador *385*, 386
Fílon 127, 126, 191, 219-20, 228
Filopapo, Caio Júlio 282-3 *283*
Filóstrato 219, 220, 275
Flégon 159
Fórum de Augusto 54, *56*, 361
Fórum de Trajano 305-6, *362*
Fórum Republicano 138, 140, 152, 154, 155, 184, 198, 220, 235, 244-5, 255, 345, 346, 359-61, 367, 368, 374, 493
Fronto, Marco Cornélio, e suas *Cartas* 162, 209-10, 212, 218, 225, 233, 277, 343-4
Funerais *ver* morte

G

Galba, imperador 315-6, 352, 372
Galeno (Aelius Galenus) 176, 206-8, 226, 267; *Sobre a prevenção do sofrimento* 207
Gália (e "Gália cabeluda") 27, *27*, 45, 52, 57, 187, 211, 236, 236-8, 274, 284
Gemelo, Tibério 76, 120
Germânia e germânicos 141, 173, 285, 293-4, 305, 312-4, 346, 359, 383
Germânico (neto de Lívia) 27-8, 141, 203, 237, 243, 293-4, 309

Geta, imperador 75-6, *84*, 149-50, 150, 154, 238, 305, 344, 349, 379, 380, *il. 3*
Gibbon, Edward: *Declínio e queda do Império Romano* 77-8, 79, 80, 238
Gladiador (filme) 18, 250, *250*
gladiadores: adultério de Faustina com, boatos sobre 200, 205, 259; antecedentes 257; Cômodo atuando como 18, 61-2, 249-50, 251, 260, 261, 262, 275, 380-1; e o Coliseu 253, 256-7, 258; e o Império Romano cristão 389--90; imagem dos 259-61
Gordiano I & II, imperadores 386, 387
Gordiano III, imperador 222-3, 223, 224, 385, 386
grafite 129, 144-5, 159, 160, *160*, 184
Graves, Robert: *Eu, Cláudio* 62, 206, 211, 367
Grécia: Adriano visita 287, 288-10; arte da 157, 165, 170-1, 196, 271, 324, 326, 335; imagem de Adriano como "amante da Grécia" 330; língua 53, 52, 111, 206, 224, 380; Nero visita 292-293; secretariado grego (*ab epistulis Graecis*) 189, 223, 224
Guarda Pretoriana 56, 58, 65, 73, 74, 75, 141, 168, 175, 180, 191, 203-4, 230, 287, 379-80
guerra civil 49-44 a.C. 45, 46, 47-8, 50, 51, 52, 211, 252, 352; 30-31 d.C. 47-9, 48, 67, 111, 294, 308, 374; 68-69 d.C. 73, 75-6, 117, 145, 181, 359, 378-9, 386-7; 193 d.C. 58, 76, 77, 147, 269; Rômulo e Remo 50; século III d.C. 384
Guerra de Troia 32, 122, *122*, *123*, 274, 281, 288, 337, 348
Guerra, imperadores na: 297-302; cerimônia de triunfo 57-8, *59*, 310-3, 361, 363, 372, 380, 383, 292; e restrição da expansão imperial 299-300, 301, 303, 314; exército, relações do imperador com 307-10; imagem pública do imperador, campanhas projetadas para servir 302-7; insurreições/rebeliões dentro do território romano 300-1; "projetos de vaidade" 302; processo de

decisão para ações militares 303--4; ridicularizando a capacidade do imperador no campo de batalha 297-9. *Ver também* exército romano *e conflito individual e nome do imperador*

H

Hélico 191
Herculano 184
Hércules 100, 163, *250*, 257-8, 261, *349*, 354, 357, 372, 373
Herodes Agripa, rei da Judeia 117
Herodiano 361-2, 366-7
Herodiano, Coeto 111, 188
História Augusta 26-7, 62, 79, 81, 103, 147, 167, 181, 243-4, 279, 316, 317-8, 331, 384-5, 389
Homero 100, 279, 357-8; *Odisseia* 122-5, 122, *123*, 124
Horácio 192
Horti 130-1, 128, *132*, 133, 137, 147, 161, 169, 187-8, 344, 354
Horti Lamiani 130-1 *132*, *il. 20*

I

imperadores "bons" e "maus" 19, 24, 41, 63, 66, 80-8, 114, 119, 180, 194, 242, 246, 280, 318-20, 353, 376-7, 384
Imperator 51-2, 74, 297, 305, 308, 310, 390, 393-4
Império Parta 43-4, 54, *55*, 106, 306, 312-3, 353
Império Persa 383, 386

J

jantar negro, de Domiciano 91-2, 93, 117, 119
jantares: barcaças de divertimento 103, 113, *il. 6*; caverna de Polifemo 121-2, *122*, *123*, *125*; comida nos jantares imperiais 15, 39, 106-7, 108; cozinhas 107-8, 111; Domiciano como anfitrião 62, 99-102, 100, 101, 104-5, 113, 124, 387; e imperadores 91-125; Elagábalo como anfitrião 15-6, 18-9, 20, 92, 106, 115, *il. 1*; empregados "abaixo das escadas" 108-112; jantar negro de Domiciano 91-2,93, 119; locais e arranjos para jantar (*triclinia*) 94-103, *95, 98, 99, 102, 102, 104, il. 1, 4, 6, 7, 11*; Nero como anfitrião 97-103 *98*, 99, 112, 113, 116, 118-9, 124, 144, *il. 18, 19*; Nerva, banquete organizado por (97 d.C.) 91; Védio Pólio e Augusto no jantar 116-7
Jardins Farnese, Roma 140, 141, *148*
Jerusalém 285-6; cerco de (final dos anos 60/70 d.C.) 308; Templo de 117, 146, 158, 225
Jesus 160, 390
Jogos Ístmicos 292
Josefo 141, 268-9, 269
judeus: Calígula e o Templo Judeu 117, 225; disputas em Alexandria (40 d.C.) 127-8, 130, 191, 219-20; Guerra Judaico--Romana (66-73/4 d.C.) 146, 256, 273-4, 287, 311; Revolta (Bar Kokhba) Judaica (132-6 d.C.) 300
"Julgamentos por traição" 61-2, 63, 87
Júlia Domna (esposa de Septímio Severo) 30, 74-5, 197, 198, 200, 202, 219, 231, 333, *338*, 339, 344, *360*, *373*, *il. 3*
Júlia Mameia (mãe de Alexandre Severo) 161, 197, 383
Juliano, imperador 25, 52, 196-7, 211, 226
Júlio César *ver* César, Caio Júlio
Júpiter (deus) 17, 58, 63, 83, 147, *151*, 152, 198, 311-2, 310, 312, 339, *339*, 360, 372, 372, 390
Juvenal 182-3, 252, 259

L

Lambésis 237-8, 309
Laocoonte 157
lavatórios 135, 155,178, *178*, 184, 353
lazer (*otium*): caça 275, *277*; do imperador 249-80; drama/teatro 270-6, 271; no

Circo Máximo 262-6, *263*, *264*, *265*, *il. 22*; no Coliseu 253-63, 254, 255; passatempos idiossincráticos 251; pesca 276; pintura 251. *Ver também* Cômodo, gladiador e caça a feras selvagens
Libelli (pedaços de papiro) 187-8, 220, 221
Libertos (ex-escravos) 106-9, 113, 116-7, 174,175, 176, 184-9, 196, 198, 204, 205, 233, 238, 241, 244, 247, 269, 304, 358
Lívia Drusila (mulher de Augusto): "As Termas de Lívia" 97; cartas de Augusto a 303; "Casa de Lívia" 140; e Germânico 27-8; e a morte de Augusto *68*, 72, 79-80, 360, 367, 369, 380; e o Senado 203; favorece Tibério 69, 197, *il. 5*; imagem pública/representações de 331, 333, 334, 341, *il. 5*, *17*; jantar ("Sala dos Jardins de Lívia") 94, *il. 4*; morte 200; preparação de virgens 196; residências/propriedade de terras 243, 357; Samos, tentativa de intervir a favor do povo de 227-8; túmulo comunal de 185-6, *186*
Lucila (filha de Marco Aurélio) 200
Lúcio Vero, imperador: arruaças noturnas 252; casamento 198; casos jurídicos 221, 223; cogovernante com Marco Aurélio 80, 92, 118, 221, 223, 348, 387; imagem pública/representações de *319*, *326*, 348--9, *354*, 354-5; jantares 91, 118; morte 76, 118; Panteia amante de 195; propriedade em Acqua Traversa *354*, 355; Volucer ("Voador") (cavalo) 268, 280
Lyon (Lugdunum), Gália *26*, 236-8

M

Macrino, imperador 73
Magna Mater ou "Grande Mãe", Templo de, Roma 138
Marcelo (sobrinho de Augusto): casado com a filha de Augusto 200; Teatro de Marcelo, Roma 270, 271, *272*
Marcial (Marcus Valerius Martialis) 146,147, 258-9

Marco Aurélio, imperador: adoção por Antonino Pio e ascensão 75,162, 212; *Anotações para si mesmo* (*Meditações*) 32, 52, 176, 178-9, 208, 211-4, 256; atitudes com gladiadores 256; casamento/esposa (Faustina, a Jovem) 198, *199*, 200, 204, 213, 259, 271-2, 333; cogovernante com Lúcio Vero 76, 80, 221, 223, 348; Coluna de, Roma 54, *299*, *300*, 300; correspondência e casos jurídicos 217, 221, 223, 225, 247; e *Cartas* de Fronto 162, 209-10, 218, 233, 276, 247, 343-4; e Cômodo 76, 78-79; e Galeno 176, 206, 208-9; estátua de bronze a cavalo, Monte Capitolino 177, 297, 343; imagem pública/representações de 54, *177*, 300, *300*, *319*, 328, 330, 333, 343-4, 348, 350; nome 394, 395; Septímio Severo se proclama retroativamente filho adotado de 77, *78*, 328, 395
Marte, "o Vingador", Templo de, Roma 54, *55*
martírio 257, 263, 387-90
Matídia (sogra de Adriano) 202
Maurício, Júnio 89-90
Mausoléu de Adriano, Roma *363*, 362-3, 365, 377, *il. 24*
Mausoléu de Augusto, Roma *68 69*, *364*, 365, *365*, 377
Maximino Trácio ("Thrax"), imperador 30, 180, 385-6
Mecenas: "Auditório de", Roma 136, *137*; papel cultural do 135, 178
médicos 26, 176, 178, 184, 185, 187, 206-9, 361-2
Mêmnon, estátuas de, Tebas 281-2, *282*, *283*
Méroe 350, 386, *il. 13*
Mesopotâmia 267, 295, 313
Messalina (esposa de Cláudio) 181, 191, 197 204-5, 247, 273, 311-2, *335*, *il. 12*
Messalino, Cátulo 89, 181
Mnester (ator) 273
Montano, Júlio 275-6
"Monte de Cacos" (Monte Testaccio), Roma 240, *240*

morte: Adriano renova lápides 287-8; deificação 25-6, 357-9, 366-70; e imperadores 357-81; funerais 93, 118, 202, 226, 257, 259, 267, 357, 359, 359-60, 366-7, 371, 372; jantar de morte de Domiciano 91-2, 93, 119; memoriais em lápides de escravos e ex-escravos imperiais, e soldados 108-112, *110, 110,* 186-7, *186, 188,* 191-2, 287; tumbas de cavalo imperial 268; tumbas e lápides de imperadores e família 53, 67-8, 58, 85, 158-9, 364, *365,* 363-6, *364,* 383-4; últimas palavras 378-81

mulheres: Circo Máximo 265, 271; como amantes do imperador 23, 195, 196; como fazedoras de reis 69, 72, 197-8; corte do imperador e poder das 197--205; cunhagem de moedas 202, 333; e prostituição 244, 29, 198-9, 204, 295; e as imagens públicas da família imperial 202-3, 331, *332, 334, 335, 336, 336, 337;* e o Coliseu 255, 259, 271; incesto 197-8, 275; jantares 95, 107, 113, 120; transgressões sexuais 196, 198, 198-200, 203-5, 213, 260

Muralha de Adriano 240, 300
Mussolini, Benito 53, 67, 262

N

Nemi, lago 103, 113
Nero, imperador: África do Norte, confisca terras na 243; arruaças noturnas 252, 275; ascensão (papel de Agripina) 69, 198; Canal de Corinto 293; "Casa Dourada" 129, 142-8, *143, 144, 145,* 157, 158, 166, 256, 329; cerimônia de triunfo 310-1; cristãos, punição como bodes expiatórios do incêndio de Roma 388; e Oto 236; e Palas 190, 191; e Trimalquião 106; envenenamento de Britânico 118-9, 179; espetáculos com gladiadores 256, 258-9, 262; Esporo 196; filha (Cláudia) deificada 366, 367-8, 371; Grécia, visita 292-293, 311; "harpejando enquanto Roma queima" 17-8, 33-4, *34,* 274; imagem pública/representações de *319,* 313, 336, 338, 343, 345, 344-5, 346, 347, 348-9, 350-1, *351;* jantares 94, 97-102, *98, 99,* 100, 113, 114, 117, 119, 120, 124, 140, *137,* 178, *il. 18, 19;* mãe (Agripina) 69, 124, 198, 199, 271, 275, 336-7, *337,* 339, 340; "Nerópolis", plano para rebatizar Roma 145; nome 394, 395; Petrônio 106; Policleto 233-4; queda e suicídio 80, 85, 378-4; residências (além da Casa Dourada) 97, *98, 99,* 133, 135, 177, *177, il. 18, 19;* revolta de Boudica e desdobramentos 238, 303, 370; Sêneca 25, 64, 89, 93, 247; teatro 271, *272-3;* tentativa de golpe contra (65 d.C.) 64, 89; tumba 84, *379*

Nerva, imperador: ascensão 77, 86; e imperadores "adotivos" 77-8; imagem pública/representações de 87, *319,* 327, 350; jantares organizados por (97 d.C.) 91-2, 181; morte e enterro *360, 362;* nome 394; requisição de transporte, abolida na Itália 231-2, *232;* Trajano adotado por *79-80, 81, 86*

nomeações políticas 60-1, 192, *193,* 236-7

O

Otávia (esposa de Nero) 118-9
Otávia (irmã de Augusto) 69
Oto, imperador 89, 234, 315-6, 352
Ovídio 265, 311

P

"Pai de Cláudio Etrusco" 173-6, 184, 187, 190, 194, 247, 391
Palas, Marco Antônio 190, 191-2
Palatino, Monte, Roma: assassinatos no 141, 147-8, *148,* 149-50; "Casa de Augusto" 140, *il. 8;* "Casa de Lívia" 140; configuração 149, *151,* 153-6, *153,* 156, *il. 8, 9;* cozinhas 106; evolução do 137, 138-

-42, *143*, 147, *150*, *151*, *153*; incêndios
142, 149; Palatino republicano e
anterior 137,138-41, 152; *palatium* 28,
134; rampa de acesso 153, *155*, 156; sala
de jantar de Domiciano 100-4, *102*, *102*;
sala de jantar de Nero 97-103, *102*
Pancrates 278, 279
Panópolis, Egito 296
Panteia (amante de Lúcio Vero) 195
"Pão e circo" (*panem et circenses*) 181, 252
Parrásio 157
Partenon, Atenas 196, *296-7*, 288
Pax, Templo da, Roma 158
pelos faciais 338, 330-1
Pertinax (cavalo de Cômodo) 268, 270, 280
Pertinax, imperador 21-2, 147, 150, 243,
270, 362, 394
petições (e *libelli*) 189, 190, 191, 22-3,
225, 236, 265. *Ver também imperador
específico*
Peto, Trásea 179
Petrônio: *Satyricon* 106, 192
piadas/sátira 26, 27, 31, 35, 36, 37, 43, 62,
63, 109, 114, 115, 119, 121, 169-1, *160*,
182-3, 183, 211, 220, 226, 237, 259, 271-2,
304, 317-8, 328-9, 350, 357-9, 367, 375,
379, 380
Pláucio, Aulo 304, 312
Plínio, o Jovem (Gaius Plinius Secundus):
Bitínia-Ponto, governador de 26, 37,
215-8, 247 293, 303, 367; cônsul 35-6,
65, *65*; critica jogos de circo 265, 266;
Discurso de louvor, ou *Panegyricus* 37-41,
46, 53, 59, 60, 65, 77-8, 79, 85-8, 179,
194, 246, 276-8, 308, 393; Domiciano
e a carreira de Plínio 87-9, 93; *Epístolas*
86, 215-6; erupção do Vesúvio (79
d.C.), descrição da 37, 86; jantares
39, 89-90, 97, 111, 162-3; nascimento
e formação 37; Palas, sobre honrarias
prestadas a 191, 192; permissões de
viagem, infringe regras para 231;
propriedades/terras 97, 98, 131, 152, 169;
visita residência de Trajano no litoral
162-3, 180-1

Plínio, o Velho 148, 157, 199, 267, 344, 348
Plotina (esposa de Trajano) 148, 150, 155,
198, 202, 307,
Plutarco 111, 120
Plutógenes, Aurélio 296-7
Políbio 42
Policlito 233-4
Polifemo 122-5, *122*, *123*, *125*, 133
Pólio, Públio Védio 116-7
Pompeia 28, 95-6, *95*, *104*, *il. 7*, *11*
Pompeu, o Grande (Gnaeus Pompeius
Magnus) 44-5, 46, 47, 52, 287, 361
Praxíteles 170
Primitivo, Tito Élio 109, *110*, 111
princeps ("líder") 50, 51, 66, 72, 325, 390
Prosopas 187
provador (*praegustator*), comida 92, 105,
107, *110* 118, 119, 187, 189

Q

quadros de imperadores 343-5, 349
Quérea, Cássio 180

R

Rafael 142, 166
rei (*rex* ou *basileus*), título *33*, 50-1
República Romana: Augusto reconfigura
os cargos tradicionais da 60-61;
cerimônia de triunfo durante 57-8,
310; e Júlio César 45-6; e a ascensão de
Cláudio 65; e o Palatino 138-9, 141, 152;
expansão entre os séculos III e I a.C.;
mulheres na aristocracia republicana
202; prelúdios da autocracia durante
44-49; sistema de governo com
compartilhamento de poderes; 37-44,
45; tradições funerárias 361
residências de imperadores: 127-71; Ânzio,
Vila de Nero 133; Arcinazzo Romano,
Vila de Trajano 135; Baias, Vila de
Cláudio *125*, 133, 160-1, 271; Capri,
ilha particular 107-8, *131-3*, *132*, 134,
158, 160, 162, 166, 380; Casa Dourada

97, 142-7, *143*, *144*, *145*, 157, 158, 166, 256, 329, *346*; Castel Gandolfo, Vila de Domiciano 133, 134, *134*, 162; *Domus Tiberiana* ("o palácio Tiberiano"), Roma 141, *155*; *horti* 129-30, *132*, 136, 139, 147, 156, 160, 189-90, 344, 354; Sperlonga, vila em 122-5, *122*, *123*, 124, 133; Subiaco, Vila de Nero 132, 135; Tivoli, Vila de Adriano 28-9, 103-4, *104*, 107, 113, 124, 131, 132, 135, 137-8, 152, 163-71, *164*, *165*, *167*, *168*, *169*, *170*, 287, *il. 10*; Vila dos Quintílios 133, 134, 269; Villa Magna (Antonino Pio e Marco Aurélio) 113-4, 162

Rômulo 41-42, 50, 51, 138-9, 310, 361, 372

S

Sabina (esposa de Adriano) 281, 282, 283-4, 287, 377
Salutatio ("saudação") 148-9, 150, 153, 206
Samos, Grécia 202, 203, 227
Sapor, rei *385*, 386
Scaptopara: petição de (238 d.C.) 223-4, 227, 229, 231
Scurranus, Musicus 187, *188*
"Secretariado" (*ab epistulis Graecis/Latinis*) 187, 189, 192, *193*, 223-4
Secretariado latino (*ab epistulis Latinis*) 187, 223-4
"Secretário particular" (*a studiis*) 192, *193*
Sejano (chefe da guarda) 204
Selêucia 219
Senado e senadores romanos: Agripina comparece às sessões 198; e Augusto 57, 61, 64, 65, 66; e a deificação de imperadores 357, 357, 366, 374, 375; e o Coliseu 250, 255, 259-60, 261, 262; e o funeral do imperador 361, 363; e o poder de Lívia 203-4; "coimperadores" e "colaboradores" 65-66; homens da Gália se tornam membros do 27, 236; relações com os imperadores 61-66; riqueza 156; Tibério transfere eleições para o 60

Sêneca, Lúcio Aneu: *Apocolocyntosis* 25, 357-8, 366, 366, 375, 377, 379; complô contra Nero e suicídio 64-5, *il. 2*; propriedade 243; sobre ensaiar para a morte 93; *Tratado sobre a clemência* 247; tutor e escritor fantasma de Nero 64-5, 226
Septímio Severo, imperador: ascensão 74-6; Britânia, campanhas na 220; Caracala e Geta, cogovernantes com 76; casamento/esposa (Júlia Domna) 30, 74-5, 333, 344, 345, *379*, *il. 3*; cerimônia de triunfo 309; Cômodo lutando como gladiador, defende *250*; e Galeno 176, 206, 208; e o exército 309; e petições/*libelli* 220, 224, 230; Egito, visita 221, *222*, 230, 287; filho adotivo de Marco Aurélio, proclamado retroativamente como 77, 328, 395; funeral 359-60; imagem pública/ representações de *28*, 29,*319*, 328, 333, 341, 344, *il. 3*; morte 239, 361-2, 380, 381; nome 393-4; origens 30, 74-5; rotina diária 246-50; signo no teto do palácio 157, 220
sexo 195-7; Adriano e Antínoo 195-6; adultério 20, 196, 197, 198-9, 204-5, 213, 335; Augusto desflora virgens 196; Calígula em jantar 113; e gladiadores 260, 273; mulheres imperiais 199-200; incesto 197, 275; Nero e Esporo 196; redesignação de gênero de Elagábalo 17, 20 51, 196; Tibério em Capri 130-1, 162; Trajano e jovens rapazes 196
Síria 15, 17, 19, 30, 75, 76, 207, 247, 285, 286, 369, 374
"sistema" econômico, Império Romano 238-246
Sócrates 54, 210, 288
Sperlonga, vila em 122-5, *122*, *123*, *124*, 133
Subiaco, Vila de Nero 132, 135
Suetônio (Gaius Suetonius Tranquillus): *As vidas dos doze Césares* 25, 45, 62, 113, 114, 89, 140-1, 260, 275, 276, 202, 303, 315,

318, 333, 372, 378, 379, 380, 381; carreira
176, 192, *193*, 224
Sula, Lúcio Cornélio (ditador) 44,45
Sura, Lúcio Licínio 226

T

Tácito 25, 51, 60, 65, 118-9, 192, 194, 198,
203, 226, *233-4*, 236, 247, 293, 305, 352,
366, 370; carreira sob Domiciano 88
Teatro 26, 98, 113, 157, 152, 186, 227, 268,
270-33
Teatro de Marcelo, Roma 271, 272, *272*
Tebas (atual Luxor) 281, *286*, 293
Teodósio I *389*
termas: particulares imperiais 97, 131, 141,
163; públicas 26, 142-3, 157, 223, 235,
235, 271, 289, 316-7
terremotos 219, 225, 243, 348
Tertuliano 265
Teutoburgo, Floresta, batalha da (9 d.C.)
299-300
Tibério, imperador: ascensão 69, 197;
Augusto, filho adotivo de 69, 328;
Capri, vila em 107, 131-2, *133*, 135, 151,
162, 167; cerimônia de triunfo 58, *59*;
contra a visita de Germânico ao Egito
293; imagem pública/representações
de *58, 319, 327*, 329, 328, *341*, 348, *il.
5, 17*; impostos 242; jantares 93, 17-8,
108, 119, 120, 121, 123-4, 124, 252; Lívia
favorece 69, 197, *il. 5*; manifestação de
protesto no teatro 272; memorial 365;
mitologia, interesse em 252; morte 80;
muda-se para Rodes durante reinado de
Augusto 291-292; nome 394; planos de
sucessão 76; residências 107-8, 131, 133,
134, 142, 157, 160, 162, 167, 188; Sejano
204; Senado 60, 63-4
Tito, imperador: Arco de, Roma *365*, 367;
ascensão 76, 82; caligrafia, imita 252;
cerco de Jerusalém, servindo no 308;
Coliseu, construção do 255, 256; Egito,
propriedade de terras no 243; imagem
pública/representações de *319*, 333,

348-9, *365*, 367, 376; nome 394, 395;
residências 147, 156, 179
Trácio, Maximino ("Thrax"), imperador
30, 180, 385
Trajano, imperador: Adriano, adoção de
79, 80, 198, 330; ascensão 79, 85-6;
caçando 275-6, 277-8, 279; casamento/
esposa (Plotina) 148, 307; Circo
Máximo 252, 266; Coluna, Roma 30,
54-5, 297, *299*, 305-6, 308-9 346, *362*,
364; correspondência com Plínio como
governador de Bitínia-Ponto *ver* Plínio,
o Jovem; deificação 367, 370; *Discurso
de louvor, ou Panegyricus ver* Plínio, o
Jovem; e o terremoto de Antioquia 219;
Fórum e Basílica de, Roma 305-6, *362*;
Guerras Dácias, 30, *299*, 305-6, 309, 353,
364; imagem pública/representações
de 38, *319*, 327, 330, 341, 342, *362, il.
14*; jantares 37, 106, 205; Lúcio Lucínio
Sura escreve discursos de 226; modelo
de cera na cerimônia de triunfo 361-2,
366, 380, 392; morte 303, 307, 364,
380; Nerva adota 77, 79, 85; nome
394; origens de 30, 75; papel militar e
expansionista de 294, *299*, 303, 305-7,
308-9,309-10, 313, 327, *il. 14*; rapazes,
sexo com 196-7; residências 135, 148,
181-2; tumba 362; Vila de, Arcinazzo
Romano 135
transporte, requisição de 230, *232*
tumbas *ver* morte *e* mausoléus

U

últimas palavras de imperadores 378-81

V

Valeriano I, imperador *385*, 386
vaso de Portland 384
Vehiculatio ver transporte, requisição de
Veleia 333-5, *334*
"vender fumaça" (negociar influência com
o imperador) 182

Vespasiano, imperador: Antônia Caenis 197; aparência 317; aparentemente um tipo com os pés no chão *330*, 330-1, 378; ascensão 72-73, 74-6, 116; burocracia/ administração 23, 220, 221, 246, 380, 381; cerimônia de triunfo 309; Coliseu, construção do, 145-6, 256, 258; e deificação 357, 367, 375, 378; e as Guerras Judaico-Romanas 146, 157, 256, 311; imagem pública/representações de *319*, 328-32, 348, *350*, 350; imposto sobre urina 242-4; morte 23, 80, 358, 375, 378, 380; nome 394, 395; residências 145-6, 157, 160; rotina diária 246-51; servindo no exército 285; sucessão de Tito 76, 82; teatro 274, 275; Templo da "Pax", Roma 158

Vesúvio, erupção do (79 d.C.) 37, *59*, 86, 95-6, 185

Viagens de imperadores: 281-96; Augusto visita a Grécia 294; Germânico visita o Egito 293-4; impacto das visitas imperiais nos lugares 293-6; Tibério se muda para Rodes 291-2; viagem de Adriano 280, 281-90, *282*, *283*, *284*, *285*, *286*, *289*, 292, 293, 295, 309; visita de Nero à Grécia 292-3

Vila dos Quintílios, Roma 132-3, 134, 269-70

Villa Magna, Lácio 113-4, 162

Virgens Vestais 16, 18, 255, 374

Virgílio 93; *Eneida* 136-7, 301, 308

Vital, Lúcio Mário 287

Vitélio, Lúcio, imperador 21, 106, 107, 145, 146, 181, 267

Y

Yourcenar, Marguerite: *Memórias de Adriano* 205, 211, 379

Z

Zenodoro 349, 352
Zózimo, Tibério Cláudio 109-10, *110*

**Acreditamos
nos livros**

Este livro foi composto em Adobe Garamond
Pro e impresso pela Geográfica para a Editora
Planeta do Brasil em junho de 2024.